贵州民族文化宫珍贵民族古籍译注丛书

彝文古籍

阿哲君长世系

贵州民族文化宫（贵州省民族博物馆）编

贵州出版集团
贵州民族出版社

图书在版编目（CIP）数据

阿哲君长世系：彝文古籍：彝文、汉文对照 / 贵州民族文化宫（贵州省民族博物馆）编．-- 贵阳：贵州民族出版社，2020.12

（贵州民族文化宫珍贵民族古籍译注丛书）

ISBN 978-7-5412-2570-3

Ⅰ．①阿… Ⅱ．①贵… Ⅲ．①彝族－民族谱系－古籍－汇编－贵州－彝、汉②彝族－民族文化－古籍－汇编－贵州－彝、汉 Ⅳ．① K820.9 ② K281.7

中国版本图书馆 CIP 数据核字 (2020) 第 226852 号

贵州民族文化宫珍贵民族古籍译注丛书

彝文古籍

阿哲君长世系

YIWEN GUJI AZHEJUNZHANG SHIXI

贵州民族文化宫（贵州省民族博物馆） 编

出版发行	贵州民族出版社
地　　址	贵阳市观山湖区会展东路贵州出版集团大楼
邮　　编	550081
印　　刷	贵阳德堡印务有限公司
开　　本	787mm × 1092mm　1/16
印　　张	18.75
字　　数	300 千字
版　　次	2020 年 12 月第 1 版
印　　次	2020 年 12 月第 1 次印刷
书　　号	ISBN 978-7-5412-2570-3
定　　价	128.00 元

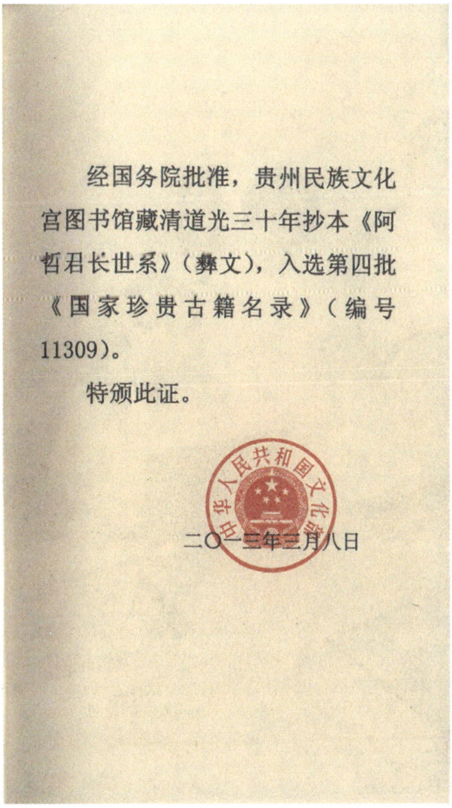
经国务院批准，贵州民族文化宫图书馆藏清道光三十年抄本《阿哲君长世系》（彝文），入选第四批《国家珍贵古籍名录》（编号11309）。

特颁此证。

二〇一三年三月八日

国家珍贵古籍名录证书

贵州民族文化宫与译注者王继超研究彝文古籍翻译工作

贵州民族文化宫彝文古籍整理

布摩使用彝文主持仪式

祭水祈福仪式

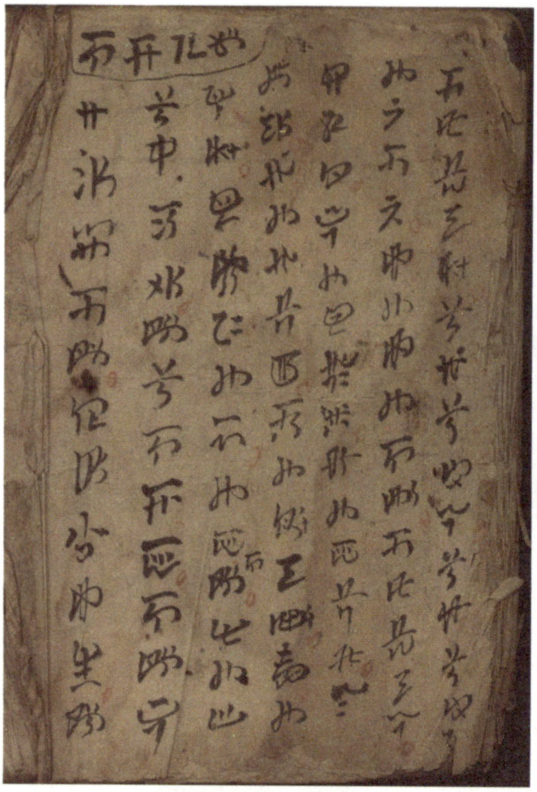
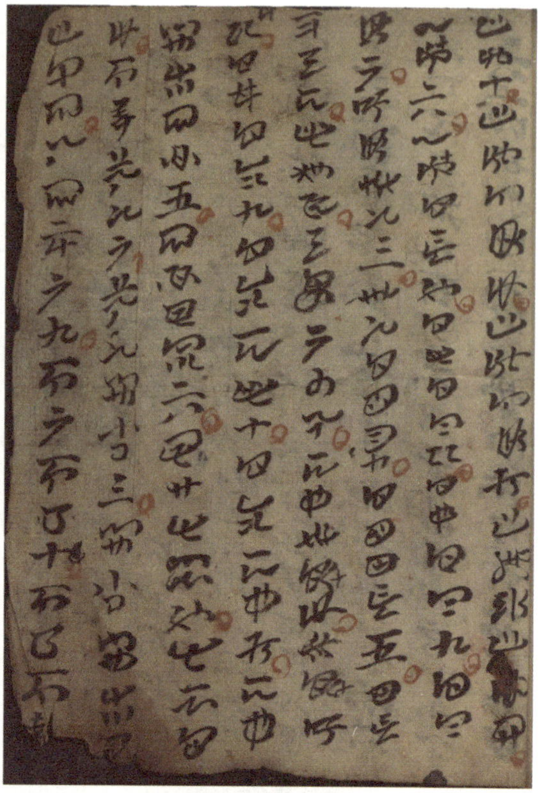
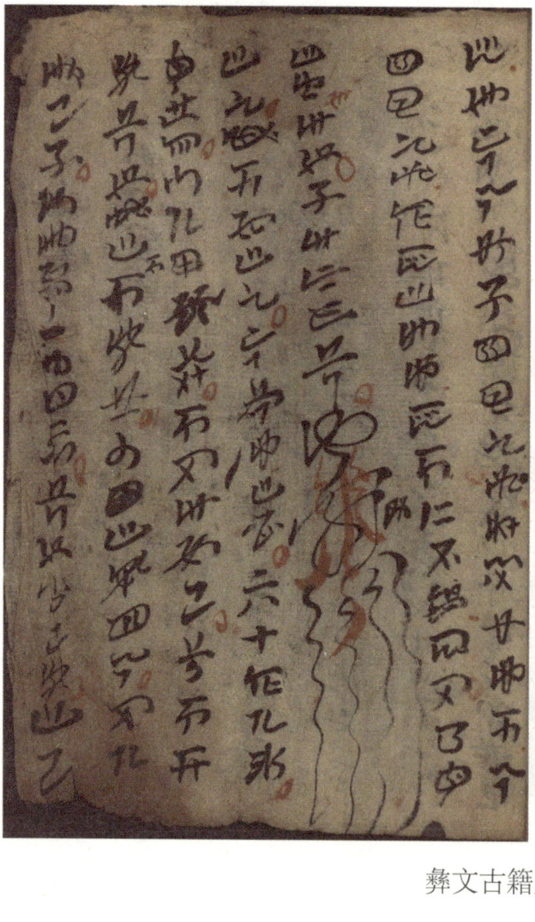
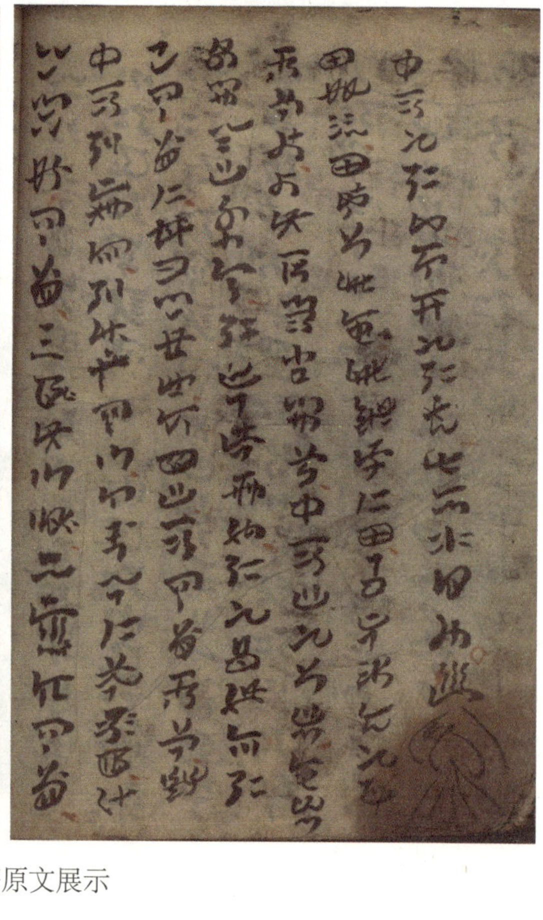

彝文古籍原文展示

导　读

《阿哲君长世系》是贵州地区彝族古籍文献抄本中一部具代表性的抄本，系毕节市七星关区大屯乡三官村陈章正布摩家所收藏的清道光三十年（公元 1850 年）的抄本。2011 年 10 月，此书由贵州民族文化宫图书馆委托毕节市彝族文献翻译研究中心的陈大进先生征集所得。因该抄本的年代和文献价值等具备国家珍贵古籍入选条件，2013 年，《阿哲君长世系》与同时申报的《嫁歌歌词集》《婚仪诵本》等五件彝文古籍入选"第四批国家珍贵古籍名录"。至此，贵州民族文化宫特将这部彝文文献《阿哲君长世系》翻译面世，以揭示《国家珍贵古籍名录》中彝文古籍的神秘面纱。

《阿哲君长世系》汇集了谱牒世系、祈福消灾、向神灵献酒三种不同类别的内容。三者内容并无直接的联系，抄书者为了自己方便和充分利用纸张资源，将三个内容合为一本书。

《阿哲君长世系》部分内容涉及的时空信息丰富，时间上及汉光武帝（公元 30 年），下至清康熙三十七年（公元 1698 年），时跨 1700 年左右；空间范围涉及云贵高原二十余万平方公里。

约公元前八世纪，彝族"六祖"武、乍、糯、恒、布、默在今云南省昆明市东川境内分支，其中第六支的默支系传到二十代时，约在公元前一世纪左右的默德施支系在金沙江和牛栏江流域之间日渐强盛。君长毕额勿生了勿阿克、勿阿纳、勿阿轮、勿阿娄"四王子"，勿阿克按彝族宗法制度继承王位，守住基业，另外"三王子"向外图谋发展。二王子勿阿纳筚路篮缕，以启山林，踏上开疆拓土的征程。据《大定府志·旧事志五》引《白皆土目安国泰〈夷书〉九则》载:"恩阿纳(勿阿纳),闷畔今东川。君之少子。其父爱之,其嫂嫉焉,谮于其兄。父死,兄立,逐之。惟老奴乌突希珠从之,携米一升,瓦鬲一具,煮粥松下,松枝堕,鬲毁粥覆,希珠号伤。阿纳曰'勿悲,丈夫贵自立耳,行将太牢食也。'其后创业,为芒部、水西之始祖。"勿阿纳以今云南省辖宣威一带作创业基地向东拓展。是时,先期占据鲁旺(今贵州黔西北)的卢夷阿着仇和乍、恒支系先后让出辖地。于是,勿阿纳向东迈进,历尽艰辛,越竹子岭,经巴底(今贵州威宁)直到可乐(今贵州赫章可乐)立足。经过其后半生的努力,占领了"西起牛栏江,东抵总机河"的地盘,其众多子孙有了"牛肉来饱食"。录入《大定府志》的《白皆土目安国泰〈夷书〉九则》的原本早已亡佚,而难能可贵的是在《阿哲君长世系》里见到彝文记录的勿阿纳与乌突希珠的依据,而在其它文献里尚未见有关记载,这是该文献弥足珍贵的点之一。

汉晋以后,今贵州的毕节除西边的威宁彝族回族苗族自治县、赫章县外,西从今七星关区往东到修文、开阳、清镇、贵阳、都匀、龙里、贵定等地,东南到六枝、水城等地均属阿哲部(勿阿纳系)的控制区或势力范围,而勿阿克系的慕役部则控制了今安顺市辖的关岭布依族苗族自治县一带,与之相连的今黔西南地区属的晴隆、普安、兴仁和六盘水市属的盘州市一带,为勿阿纳弟弟勿阿洛的后裔阿窝惹部所控制。勿阿纳传四代后到阿哲部(即后来的水西部)第二十四代妥阿哲君长(被汉文献讹传为济火)时期,以今大方县为中心建立政权。妥阿哲因助诸葛亮南征有功,被封为罗甸国王,从此世长水西地区,直到清康熙年间被吴三桂借清廷之名而剿灭。《大定府志》载:"安氏至汉后主建兴三年至康熙三十七年,凡千四百七十四年世长水西,受命于中朝,为蛮长,为罗甸王,为姚州刺使,水西宣慰司为贵州宣慰使,为水西宣慰使,号凡六更。故自济火至今有千余年,世长其土,勒四十八部,部之长曰头目"。

《阿哲君长世系》记录了阿哲部从勿阿纳到安胜祖的六十五代父子连名谱,亦即君长传承谱(本书遗漏了陇赞霭翠和陇弟朴直二代)。在所记录的六十余代谱系中,着重介绍了施默武、勿阿纳、妥阿哲、额尼阿赤、洛那阿阔、濮色阿尼、阿尼阿诺、那苦布则、陇奋、安坤等数代君长的功绩伟业。其中,水西部第六十世君长濮险阿尼(阿榨)时期,阿哲部属地的鸭池河以西,元初称为"亦溪不薛",明代以来习称"水西",鸭池河以东相应地习称"水东"。元世祖至元十五年(公元1278年),罗氏鬼国君长阿榨内附(水东),亦溪不薛(水西)也一同内附,立罗氏鬼国安抚司,同时管辖水西与水东,被元王朝任命为宣抚使，佩虎符。水西部第六十一世君长阿尼阿诺（阿能阿脑·阿腻）时期即至元十七年（公元1280年）改罗氏鬼国为顺元路，升安抚司为宣慰司。至元十九年（公元1282年），置顺元宣慰司，立亦溪不薛三路达鲁花赤，分别是亦溪不薛、阿苴、笮龙。至元二十年（公元1283年），置亦溪不薛宣慰司，分为三路土官，不久又以亦溪不薛为军民总管府，阿腻（阿里）入觐，受封为亦溪不薛总管。这是水西部六十五代君长世袭过程中由君长演化为土司的时代，自此贵州彝族地区君长制度转变为土司制度。

《阿哲君长世系》的记载反映了在阿哲莫翁的时期，阿哲蔺（尼）的彝族方国政权形态升格为慕俄勾政权，完成了由"蔺"到"勾"的转型。"蔺"（也称"尼"）政权和"勾"（也称"格"）政权的区别，"蔺"政权是以一个家族为主构建，而"勾"政权则是以一个家族为主同时联合多个家族甚至多个民族来构建。这种转型是血缘关系向地缘关系的过渡，在彝族方国政权史上具有重大影响。

阿哲部的"慕俄勾"政权，在云贵两省彝族的乌蒙、播勒、阿着仇等十二个称"勾"的政权中带有典型意义，即其政权结构紧密，体系发育完善，在内阁设置上引进、借鉴了唐代在云南受封的南诏国奴隶制政权的"九爽"制度，称之为"九扯"，即九个部门，所谓"九扯九纵"即是"九个部门，九位主官"。在"慕俄勾"政权下属的地方机构设置上，把水西统治区域按十三个行政区来划分为十三"则溪"，"慕俄勾"政权中央直隶一个慕胯则溪，十二宗亲各辖一个则溪。则溪之下又分四十八目，百十二骂依，千一百夜所，按宗法制度序列分层管理。

《阿哲君长世系》特别记录反映了明代彝族土司安疆臣应征协助明朝廷平定播州杨应龙反叛事件。万历二十六年（公元1598年），贵州宣慰使安疆臣因为杀死部属安定，被贵州巡抚江东之弹劾，认为他有谋反的萌孽，要求朝廷趁早治罪。同年，播州宣慰使杨应龙反叛，接替江东之任贵州巡抚的郭子章因为播州兵事正急，就接受了监军杨寅秋的建议，向朝廷秘密报告，先宽恕安疆臣之罪，以免安疆臣因急生事而附和杨应龙造反，以断绝播州杨应龙的应援。朝廷命安疆臣杀贼立功自赎。安疆臣看破朝廷用心，上书辩白说："播警方殷，臣心未白，诸臣督责，进退皆罪，恐难立功。"万历皇帝优诏褒答。于是安疆臣由总督李化龙调遣，率兵三万帮助保卫省城贵阳。第二年又率兵随总兵官童元镇、参将朱鹤龄攻打播州杨应龙。安疆臣属部水西兵作战英勇，又有大象参战，与官军一起攻拔河渡关。次年三月，播州军用步骑冲象阵，水西“象兵”尽被杀死，象阵反走入官军，掷火器的兵士又误将火器掷入本部，河渡关被播州军夺回。随后，播州兵数万人伪装成水西兵，歼灭了参将杨显所带领的永顺官军，又伪装成永顺军进军乌江，攻打没有防备的童元镇所部谢崇爵的三万官军，官军大败，尸体阻断了乌江水流，所剩兵士不到十分之一。谢崇爵兵败被李化龙处决。安疆臣的弟弟安尧臣，改名为陇澄到芒部（今云南镇雄一带）任士官，受命与官军及水西兵联合平播州之乱。四月，水西兵与芒部兵联合攻克桃溪，焚烧了杨应龙的屋舍、家庙，进入播州。五月，总兵要应祥率领水西土兵与芒部土兵联合部队直抵杨应龙据守的海龙屯，与各路官军形成合围。官军怀疑水西兵与杨应龙勾结，安疆臣斩杀、绑缚了二十多个被怀疑的对象。六月六日，官军与土兵联合攻克海龙屯，杨应龙死，播州叛乱被平定。万历二十九年（公元 1601 元），朝廷下诏分播州地，以播州设遵义隶属四川，革五司地为平越军民府而隶属贵州，改土设流。

播州平叛之初，安疆臣向贵州巡抚郭子章请求平播州后，归还安万铨时所得播州的水烟、天旺二地，郭子章准许。平叛之后，总督王象乾要求清理旧疆，向安疆臣索取水烟、天旺二地。郭子章与朝廷中主张“二地”给安疆臣与以王象乾为首主张“清疆”的两派互相上疏辩论。最后，尚书萧大亨采纳巡按李时华的建议上奏，两地归安疆臣。朝廷为安疆臣加官进爵，加布政司左参议，拜怀远将军，封定远侯，赐飞鱼服。安疆臣母亲去世，朝廷赐祭。万历三十年（公元 1602 年），播州杨应龙余党吴洪、卢文秀重新聚众作乱，安疆臣出兵悉数擒拿交给官军处置。《阿哲君长世系》记录安疆臣助明朝廷平定杨应龙反叛的史实，属彝文献中的孤本，这是此文献弥足珍贵的点之二。

《阿哲君长世系》中的祈福消灾部分，有《破除伤害经》《破除依附鬼》《除日常伤害鬼》《除游荡伤害鬼》《破本命年灾》《险恶系数》《破除邪祟之灾》《破除祸祟》《破除土地神之灾》《除霉运》《破除火灾》《破除食人鬼》《破除诅咒伤害》《破除谣言》《破除凶兆》《解冤孽》《破鬼灾》《破恶梦灾》《破偶像灾》《破龙灾》《破祭祖带的灾》《破灾星》《破灵桶灾》《破鼠灾》《纠布的评价》《扫焚尸柴》《破司署鬼》《破除家鬼》《赎性命》《收灾祸》《门槛锁住灾》等，多达三十二个篇目。

清末民初之际，在祖宗崇拜的环境背景下，彝族家庭消灾祈福的活动十分频繁。家族有人死亡，被认为是病灾死灾所伤害的结果，因而在举行丧葬祭祀的活动中，有大量的仪式活动是与为死者消灾除灾的内容相关的，而为死者消灾的寓意也在于是为死者的家庭、死者的子孙后代消除因死者的死亡所带来的灾难。《黔书》等汉文献称“居平远、大定、黔西、威宁者为黑罗罗……病不延医，惟用巫，号曰大奚婆。”所谓“病不延医，惟用巫”，也就是当时彝族民间所频繁举行的祈福消灾活动。

面对生病、不育、犯水火等各种灾难，特别是被人诅咒，都无不请布摩举行消灾仪式。这类消灾仪式用的经书即是家园消灾祈福类经书。凡人丁不旺、六畜不兴、疾病缠身、口舌诉讼、灾祸连绵等，均请布摩做家园禳解。这种禳解可做大，也可做小。大的即全部家园禳解；小的单类有祈子活动、祛病驱邪、消解身灾、招魂安魂、解除诅咒、破除灾害等，彝语称“叟卡陡苏”（禳解不详之兆）。凡生病体弱、仇人陷害、受到惊吓、被死人的灵魂牵绊、鬼魂诱惑等，不仅要对当事人治病、禳解，还要招魂，安慰安定魂，以牲畜或特定的草木作替身，去为犯灾的人替死或赎回生命，以图保障人的生命安全。基于这种观念，于是就有了以上所列篇目的内容。

“叟卡陡”中“叟”意为发现、察觉，“卡”意为难，“陡”意为禳解、清除，全意即“禳解清除难以察觉的不祥之兆”。“叟卡”按《算死亡书》的说法，它与天地父母、司署鬼等神鬼有着同样的职能，有捉魂夺命的手段与使命。灾难之神“叟卡”将降死病之灾于人，先发布信息，让蛇蛙等异物进入家里带信，或以母鸡叫、甄子鸣、狗上房等数十种形式昭示，根据预兆发生的年、月、日、时结合预兆类型，对凶兆进行占算预测，并提示预防措施，进行排解。诅咒的灾难彝语谓之“辞求”，若是由诅咒产生的，有十二方可把诅咒带去，禳解诅咒，请日月收去。替君与臣解诅咒，除灾难，为人们招魂，护好根基，理顺秩序。反诅咒、退诅咒，把诅咒还与咒人者，把诅咒送往外地，送往远方。退打仗时敌方的诅咒，退由布摩口中收了带去，让诅咒产生的灾难降临在发出诅咒的地方，落在发出诅咒的人身上，收拢所有的“辞求”灾难，禳解所有的灾难，送走所有的灾难，为被诅咒设防，随时返还他人的诅咒。

在《纠布的评价》中，出现“月女性为布摩……云为布摩……灰鹰为布摩……刺老包为布摩，苦叶木为布摩……青竹为布摩……老虎为布摩，兔子为布摩……花斑龙为布摩，盘岩龙为布摩”等，反映了彝族先民最古老、最原始的崇拜。这是人类在漫长的历史长河中留下的记忆。

彝族礼仪文化的积淀深沉而厚重，探究《阿哲君长世系》中的两篇并不完整的《献酒书》，无论究其内容，还是看其记录的形式，剥开其神秘的原始信仰外壳，反映的是极其古老的礼仪文化内涵，这正是这部《阿哲君长世系》的历史文化价值所在。

前　言

贵州省是一个多民族省份,有 17 个世居少数民族。各少数民族在长期的历史发展中都创造和累积了丰富多彩的历史文化,留下了浩如烟海、灿若星辰的古籍文献。这些古籍承载着丰厚的文化内涵,蕴含着各民族特有的精神价值和思维方式,是中华文明延续数千年、一脉相承的历史见证,也是人类文明的瑰宝。古籍具有不可再生性,保护和整理好这些古籍,对促进文化传承、凝聚民族情感、弘扬民族精神、维护国家统一和社会稳定,具有重要作用。

贵州民族图书馆作为贵州民族文化宫的内设机构,长期致力于民族古籍文献的抢救保护与收藏整理工作。2013 年 12 月,贵州省民族古籍整理办公室正式授牌成立"贵州省民族古籍收藏保护中心"。截至目前,我馆收藏民族古籍共 2000 多册,入选"国家珍贵古籍名录"古籍 8 本,其中彝文 5 本、水书 3 本。

为进一步做好少数民族古籍整理、翻译、出版和研究工作,贵州民族图书馆在 2013 年、2014 年相继整理出版了《贵州清水江流域明清土司契约文书·九南篇》和《贵州清水江流域明清土司契约文书·亮寨篇》,广受好评。为了让众多馆藏珍品"活起来",我馆萌生了将馆藏精品民族古籍译注汇编成丛书的想法,并从 2014 年开始,聘请专家陆续对馆藏民族古籍进行审定、摘要、注释等加工整理。历经数载积淀,《贵州民族文化宫珍贵民族古籍译注丛书》的出版初具雏形。

近年来,我们与业内专家合作,《贵州民族文化宫珍贵民族古籍译注丛书》精选馆藏国家级珍贵民族古籍以及特色民族古籍文献进行译注,图文并茂或择选配套少数民族语音诵读。本书的译注体例严格参照行业标准,采取目前少数民族古籍翻译中较为完善的四行对照译注法：第一行为原文，第二行用国际音标对原文注音，第三行为汉语逐字翻译，第四行为汉语意译，旨在方便读者参照阅读。本丛书计划逐年陆续汇集出版，经过若干年后能显出系统性来，为少数民族文化研究提供查考。

由于时间仓促、编者水平有限，不足之处，希望海内外读者予以批评指正，帮助我们把这套丛书做好。

编者

2020 年 5 月

目　录

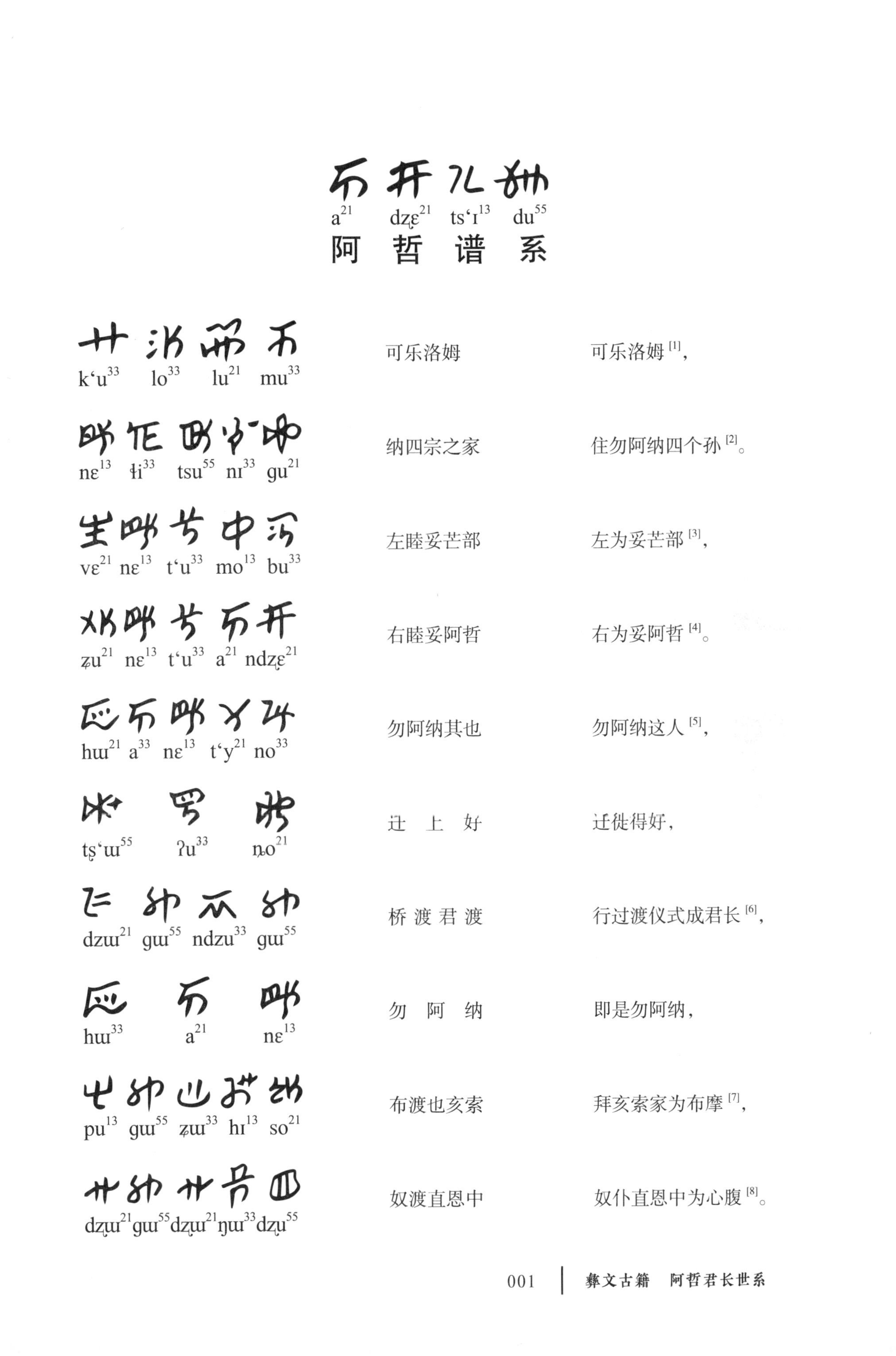

a^{21} dʐɛ^{21} ts‘ɪ^{13} du^{55}

阿 哲 谱 系

k‘u^{33} lo^{33} lu^{21} mu^{33}	可乐洛姆	可乐洛姆[1]，
nɛ^{13} ɬi^{33} tsu^{55} nɪ^{33} gu^{21}	纳四宗之家	住勿阿纳四个孙[2]。
vɛ^{21} nɛ^{13} t‘u^{33} mo^{13} bu^{33}	左睦妥芒部	左为妥芒部[3]，
ʐu^{21} nɛ^{13} t‘u^{33} a^{21} ndʐɛ^{21}	右睦妥阿哲	右为妥阿哲[4]。
hɯ^{21} a^{33} nɛ^{13} t‘y^{21} no^{33}	勿阿纳其也	勿阿纳这人[5]，
tʂ‘ɯ^{55} ʔu^{33} n̥o^{21}	迁 上 好	迁徙得好，
dzɯ^{21} gɯ^{55} ndzu^{33} gɯ^{55}	桥 渡 君 渡	行过渡仪式成君长[6]，
hɯ^{33} a^{21} nɛ^{13}	勿 阿 纳	即是勿阿纳，
pu^{13} gɯ^{55} ʐɯ^{33} hɪ^{13} so^{21}	布渡也亥索	拜亥索家为布摩[7]，
dʐɯ^{21}gɯ^{55}dʐɯ^{21}ŋɯ^{33}dʐu^{55}	奴渡直恩中	奴仆直恩中为心腹[8]。

 tɕʻi^{55} gɯ^{55} ba^{13} ʂɛ^{13} ɖu^{21}	骑渡平黄骝	枣骝马过关[9]，
 vɛ^{21} gɯ^{55} ɣo^{13} hu^{21} lu^{33}	灵渡珠马牛	祖灵饰品过关，
 xɛ^{21}gɯ^{55} na^{33} ʂu^{55} ndʑo^{13}	甲渡黑封纹	黑纹铠甲过关，
 da^{13} gɯ^{55} hɛ^{33} ŋɯ^{55} nɯ^{21}	戟渡战观红	利戟过了关，
 lu^{33} gɯ^{55} ɳɪ^{55} mu^{33} ɳɪ^{21}	牛渡彝样青	黄牛过了关，
 gu^{21} gɯ^{55} gu^{21} a^{33} ʑɛ^{33}	盾渡盾也大	巨盾过了关。
 mu^{33} ŋo^{21} xɯ^{21} ʂɛ^{13} tɛ^{13}	慕鄂侯舍立	先住慕鄂侯舍[10]，
 mu^{33} ŋo^{21} xɯ^{21} ʂɛ^{13} tʂʻɯ^{55}	慕鄂侯舍迁	再迁出慕鄂侯舍，
 tʻu^{33} dzo^{33} tʻu^{33} tʻy^{33} tɛ^{13}	妥佐妥体立	到妥佐妥体立足[11]。
 tʻu^{33} dzo^{33} tʻu^{33} tʻy^{33} no^{33}	妥佐妥体呢	妥佐妥体这地方，
 tʻu^{33} ʔu^{33} tʻu^{21} bi^{21} tsʻɯ^{21}	松上松果落	松树掉松果，
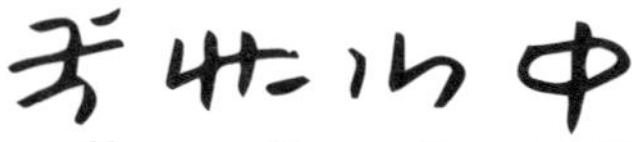 dʑi^{33} pʻu^{21} tʻa^{21} mo^{13}	铜 锅 一 口	将一口铜锅，

	nde^{33} tʂɯ^{55} ʐɯ^{21} ndo^{21} dɛ^{33}	打收去倾覆	打翻倒下了。
	sɯ^{55} pʻu^{55} bu^{33} ɳy^{13} dʐu^{55}	似遇滚哭诉	直恩中大哭，
	nɛ^{13} a^{33} tsu^{55} tʻy^{21} no^{33}	纳阿宗他呢	纳阿宗劝道[12]：
	tʻa^{21} ɳy^{13} ndu^{21}	别　哭　了	不要哭了，
	ʂʅ^{33} hu^{55} mu^{33} gɯ^{55} kʻɯ^{33}	草绿天那到	等时机到来，
	lu^{21} no^{33} ko^{55} tsʻɯ^{21} nde^{33}	刚乃罐落打	铜罐算什么，
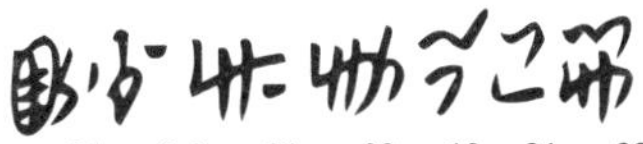	ʐu^{21} nɪ^{33} pu^{21} ʐɛ^{33} tɛ^{13} lɪ^{21} lu^{33}	样乃锅大放来了	那时安放好大锅，
	ŋgu^{21} nɪ^{33} ʔu^{33} ndɛ^{33} ɳɪ^{13}	租者头上见	收的上等租，
	tʂʻʅ^{21} ʈʻu^{13} tʂa^{13} lɪ^{21} lu^{33}	稻白煮来了	吃的白米饭！
	tʻu^{33} dzo^{33} tʻu^{33} tʻy^{21} tʂʻɯ^{55}	妥佐妥体迁	从妥佐妥体迁出，
	lo^{21} dzo^{21} dzu^{21} mu^{33} tɛ^{13}	洛佐足姆立	到洛佐足姆立足[13]。
	lo^{21} dzo^{21} dzu^{21} mu^{33} no^{33}	洛佐足姆呢	洛佐足姆这地方，

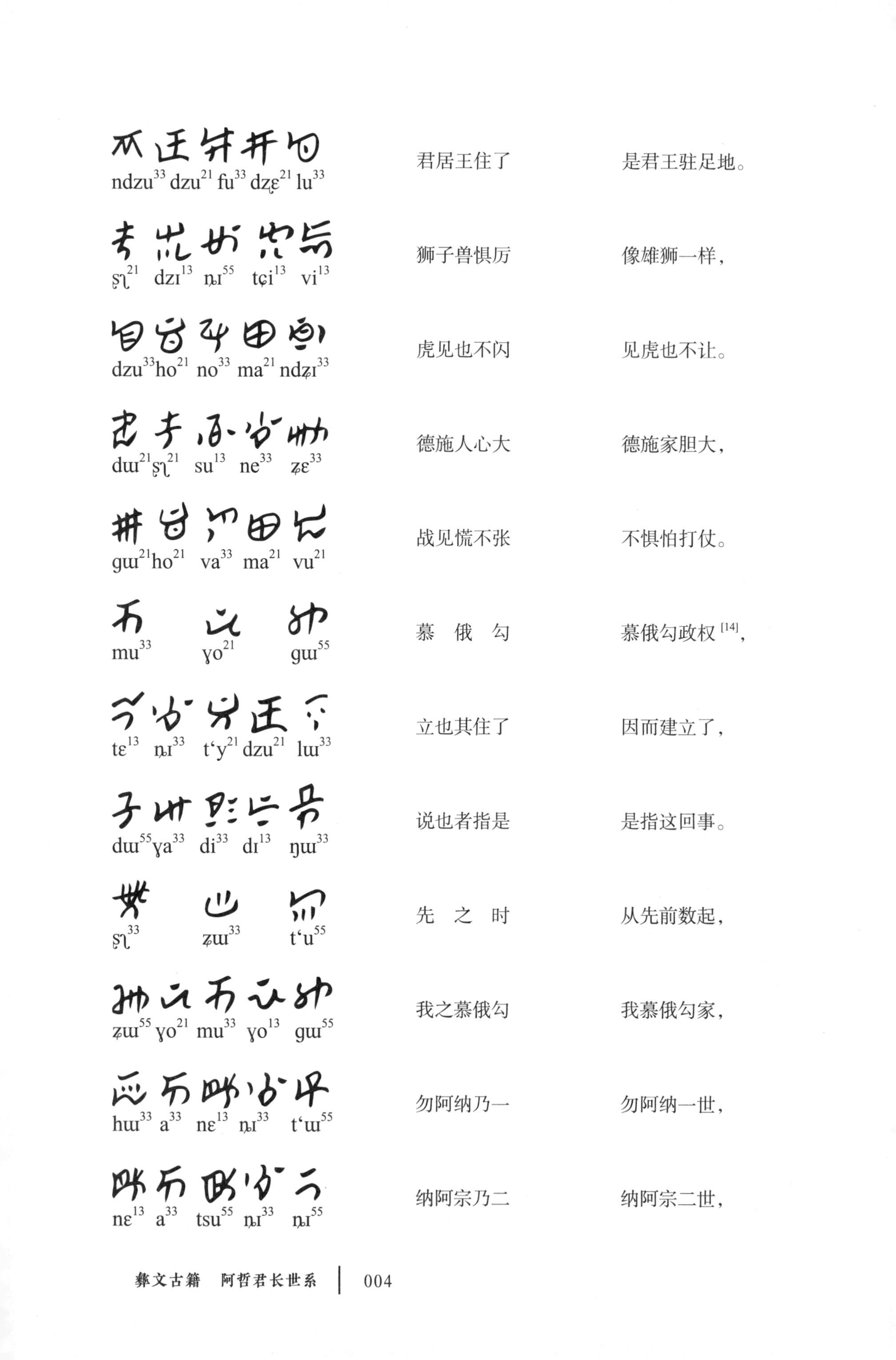

ndzu^{33} dzu^{21} fu^{33} dʐɛ^{21} lu^{33}	君居王住了	是君王驻足地。
ʂʅ^{21} dzɪ^{13} ȵɪ^{55} tɕi^{13} vi^{13}	狮子兽惧厉	像雄狮一样，
dzu^{33}ho^{21} no^{33} ma^{21} ndʐɪ^{33}	虎见也不闪	见虎也不让。
dɯ^{21}ʂʅ^{21} su^{13} ne^{33} ʐɛ^{33}	德施人心大	德施家胆大，
gɯ^{21}ho^{21} va^{33} ma^{21} vu^{21}	战见慌不张	不惧怕打仗。
mu^{33} ɣo^{21} gɯ^{55}	慕　俄　勾	慕俄勾政权[14]，
tɛ^{13} ȵɪ^{33} t‘y^{21} dzu^{21} lɯ^{33}	立也其住了	因而建立了，
dɯ^{55}ɣa^{33} di^{33} dɪ^{13} ŋɯ^{33}	说也者指是	是指这回事。
ʂʅ^{33} ʐɯ^{33} t‘u^{55}	先　之　时	从先前数起，
ʐɯ^{55} ɣo^{21} mu^{33} ɣo^{13} gɯ^{55}	我之慕俄勾	我慕俄勾家，
hɯ^{33} a^{33} nɛ^{13} ȵɪ^{33} t‘ɯ^{55}	勿阿纳乃一	勿阿纳一世，
nɛ^{13} a^{33} tsu^{55} ȵɪ^{33} ȵɪ^{55}	纳阿宗乃二	纳阿宗二世，

tsu^{55} ɣa^{33} bu^{33} ɳɿ^{33} sɯ^{33}	宗雅补乃三	宗雅补三世，
bu^{33} ɣa^{33} ʂo^{21} ɳɿ^{33} ɬi^{33}	补雅勺乃四	补雅勺四世，
ʂo^{21} ɣa^{33} t‘u^{33} ɳɿ^{33} ŋu^{33}	勺雅妥乃五	勺雅妥五世。
ʂo^{21} ɣa^{33} t‘u^{33} zɛ^{21} no^{33}	勺雅妥世呢	勺雅妥时期，
lu^{33} nde^{33} hɯ^{21} ɣa^{33} fu^{13}	陇邓衡也婚	与陇邓衡家通婚[15]，
hɯ^{21} ɣa^{33} mi^{13} ʈ‘ɯ^{55} fe^{13}	衡雅咪啻许	嫁衡雅咪啻，
ba^{33} ty^{21} t‘u^{33} ʈ‘e^{13} tʂɛ^{55}	巴底妥太嫁	嫁到巴底妥太[16]，
t‘u^{21} ɣɯ^{21} zu^{33} ɳɿ^{55} gu^{21}	妥之子二房	为勺雅妥生二子。
vɛ^{21} nɛ^{13} nɛ^{13} lo^{13} lɯ^{55}	左亲亲了去	其兄长居左，
xɛ^{21} hɛ^{33} dʐu^{55} ʂɛ^{13}t ɛ^{13}	赫海珠舍住	住赫海珠舍[17]。
t‘u^{33} a^{21} ndʐɛ^{33} ɳɿ^{33} t‘ɯ^{55}	妥阿哲乃一	妥阿哲一世。
t‘u^{33} a^{21} ndʐɛ^{21} zɛ^{21} no^{33}	妥阿哲世呢	妥阿哲时期，

lu^{33} nde^{33} ŋgu^{21} ɣa^{33} fu^{13}

陇邓谷也婚　　与陇邓谷家开亲[18]，

ŋgu^{21} ɣa^{33} mi^{55} ʔu^{33}

谷雅咪吾　　其女谷雅咪吾，

mu^{33} ɣo^{21} gɯ^{55} ʑɯ^{33} tʂɛ^{55}

慕俄勾也嫁　　嫁给慕俄勾家，

k‘ɯ^{21} ʑɯ^{33} sɯ^{21} k‘o^{13} lo^{13}

迎也三年了　　迎娶三年后，

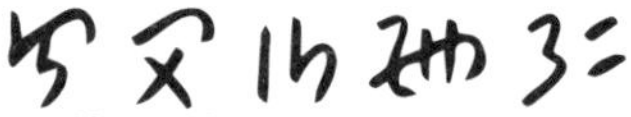

zu^{33} hɛ^{33} t‘a^{55} ʑo^{21} ʑo^{33}

子好一个生　　生个好儿子。

ʑo^{33} ʑɯ^{33} mu^{33} lu^{21} no^{33}

生的行为呢　　儿子的行为规范，

pu^{13} ɣo^{21} mu^{55} ɣo^{21} ʑɛ^{33} lɪ^{21} hɯ^{55}

布者长者大来护　　布摩长者来教诲，

gu^{21} ȵɪ^{33} ma^{21} ɣo^{21} ɣɯ^{33}

后乃兵有愿　　有军事才能，

ma^{21} ɣo^{21} ɣɯ^{33} sɿ^{33} tʂ‘ʅ^{21}

兵有愿兮此　　献身于军事，

dʑi^{21} tʂ‘ɯ^{55} ɣa^{33} hu^{21} ndʑo^{21}

日移月也行　　如日月经天。

t‘u^{21} dɯ^{33} zu^{33} ʑo^{33} ba^{55}

妥地子已挂　　妥氏之子修性，

ŋɯ^{55} lɯ^{33} nu^{33} va^{13} ʑo^{33}

稳的功绕生　　取得了功名。

	ʂo^{13} ɣa^{33} lu^{21}	松 也 林	松林边，
	a^{33} vu^{33} gu^{21}	阿 武 家	住阿哲阿武[19]，
	hɛ^{21} dzo^{33}lɯ^{55} lo^{33} tɛ^{13}	亥佐娄洛立	地名亥佐娄洛[20]。
	k‘ɯ^{21}ʑɯ^{33}sɯ^{21}k‘o^{13} lo^{13}	迎也三年了	又过三年后，
	a^{21} ndʐɛ^{21} bi^{21} ɣɯ^{21} ʑo^{33}	阿哲毕额生	生阿哲毕额，
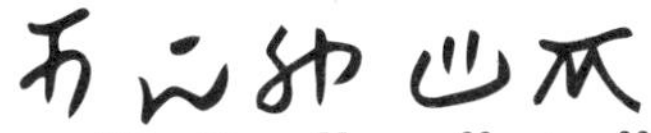	mu^{33}ɣo^{21}gɯ^{55} ʑɯ^{33}ndzu^{33}	慕俄勾也主	为慕俄勾君长。
	a^{21} ndʐɛ^{13}tɕ‘i^{13} ʑɯ^{33} gu^{21}	阿哲琪也家	阿哲琪一支，
	ku^{33} ɣɯ^{21} ʑi^{21} ŋɯ^{55} tɛ^{13}	古额益欧住	住古额益欧[21]。
	bi^{21} ɣɯ^{21} mo^{13} ɣo^{21} hɪ^{13}	毕额莫翁八	毕额莫翁八世，
	mo^{13} ɣo^{21} ʂo^{21} ȵɪ^{33} tɕy^{33}	莫翁勺乃九	莫翁勺九世，
	ʂo^{21} ɣa^{33} dɛ^{21} ȵɪ^{33}ts‘ɯ^{21}	勺雅德乃十	勺雅德十世。
	dɛ^{21} a^{21} tu^{13} ȵɪ^{33} t‘ɯ^{55}	德雅杜乃一	德雅杜一世，

	tu^{13} ɣa^{33} vɛ^{21} ɲɪ^{33} ɲɪ^{55}	杜雅维乃二	杜雅维二世，
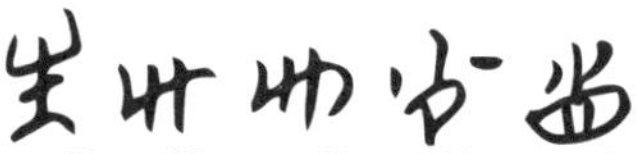	vɛ^{21} ɣa^{33} tʂʻʅ^{21} ɲɪ^{33} sɯ^{33}	维雅赤乃三	维雅赤三世，
	tʂʻʅ^{21} ɣa^{33} ɖu^{33} ɲɪ^{33} ɬi^{33}	赤雅笃乃四	赤雅笃四世，
	ɖu^{33} ɣa^{33} dɛ^{21} ɲɪ^{33} ŋu^{33}	笃雅德乃五	笃雅德五世，
	dɛ^{21} ɣa^{33} du^{33} ɲɪ^{33} tɕʻo^{13}	德雅堵乃六	德雅堵六世，
	du^{33} a^{33} ɖɛ^{21} ɲɪ^{33} ɕi^{55}	堵阿叠乃七	堵阿叠七世。
	a^{21} ɖɛ^{21} ʑi^{21} dʐʅ^{33} gu^{21}	阿叠益旨家	阿叠益旨家，
	lo^{21} dzo^{21} ɲɪ^{55} ʑi^{21} tɛ^{13}	洛佐尼益立	取“洛佐尼益”为姓[22]；
	a^{2} ɖɛ^{21} a^{21} fu^{33} gu^{21}	阿叠阿法家	阿叠阿法家，
	tsʻu^{33} nɯ^{21} ɲɪ^{55} ʑi^{21} tɛ^{13}	楚奈尼益立	取“楚奈尼益”为姓；
	a^{21} ɖɛ^{21} pʻu^{55} tɕi^{13} gu^{21}	阿叠铺纪家	阿叠铺纪家，
	bu^{21} so^{33} ɲɪ^{55} ʑi^{21} tɛ^{13}	博所尼益立	取“博所尼益”为姓。

	su^{21} sɯ^{33} xɯ^{55} gu^{21} k‘ɯ^{33}	人三姓家同	三姓人同根，
	su^{21} tɕ‘o^{13} xɯ^{55} gu^{21} t‘o^{33}	人六姓家共	六家人共祖。
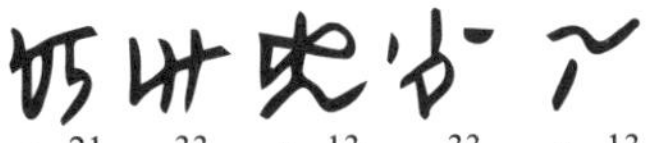	ɖɛ^{21} ɣa^{33} do^{13} ɳɪ^{33} hɪ^{13}	叠雅铎乃八	叠雅铎八世，
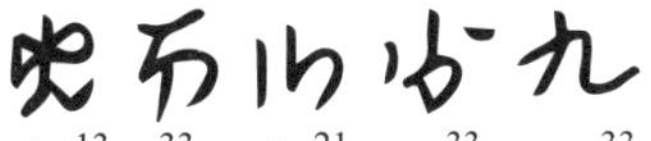	do^{13} a^{33} t‘a^{21} ɳɪ^{33} tɕy^{33}	铎阿沓乃九	铎阿沓九世。
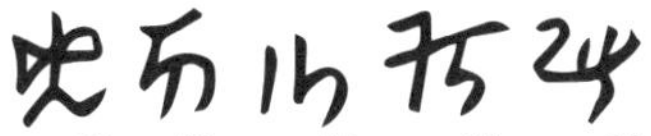	do^{13} a^{33} t‘a^{21} zɛ^{21} no^{33}	铎阿沓世呢	铎阿沓时代，
	a^{21} t‘a^{21} dɯ^{33} ʐɯ^{33} gu^{21}	阿沓德额家	阿沓德额家[23]，
	tʂɯ^{55} p‘u^{21} ɳɪ^{55} ʑi^{21} tɛ^{13}	支朴尼益立	取“支朴尼益”为姓。
	t‘a^{21} a^{33} tɕ‘y^{55} ɳɪ^{33} ts‘ɯ^{21}	沓阿区乃十	沓阿区十世，
	tɕ‘y^{55} ɣa^{33} fu^{33} ɳɪ^{33} t‘ɯ^{55}	区雅甫乃一	区雅甫一世，
	fu^{33} na^{33} tʂɯ^{55} ɳɪ^{33} ɳɪ^{55}	甫那知乃二	甫那知二世，
	na^{33} tʂɯ^{55} ɖu^{21} sɛ^{21} sɯ^{33}	那知笃色三	那知笃色三世，
	ɖu^{21} sɛ^{21} a^{33} kɯ^{55} ɬi^{33}	笃色阿勾四	笃色阿勾四世。

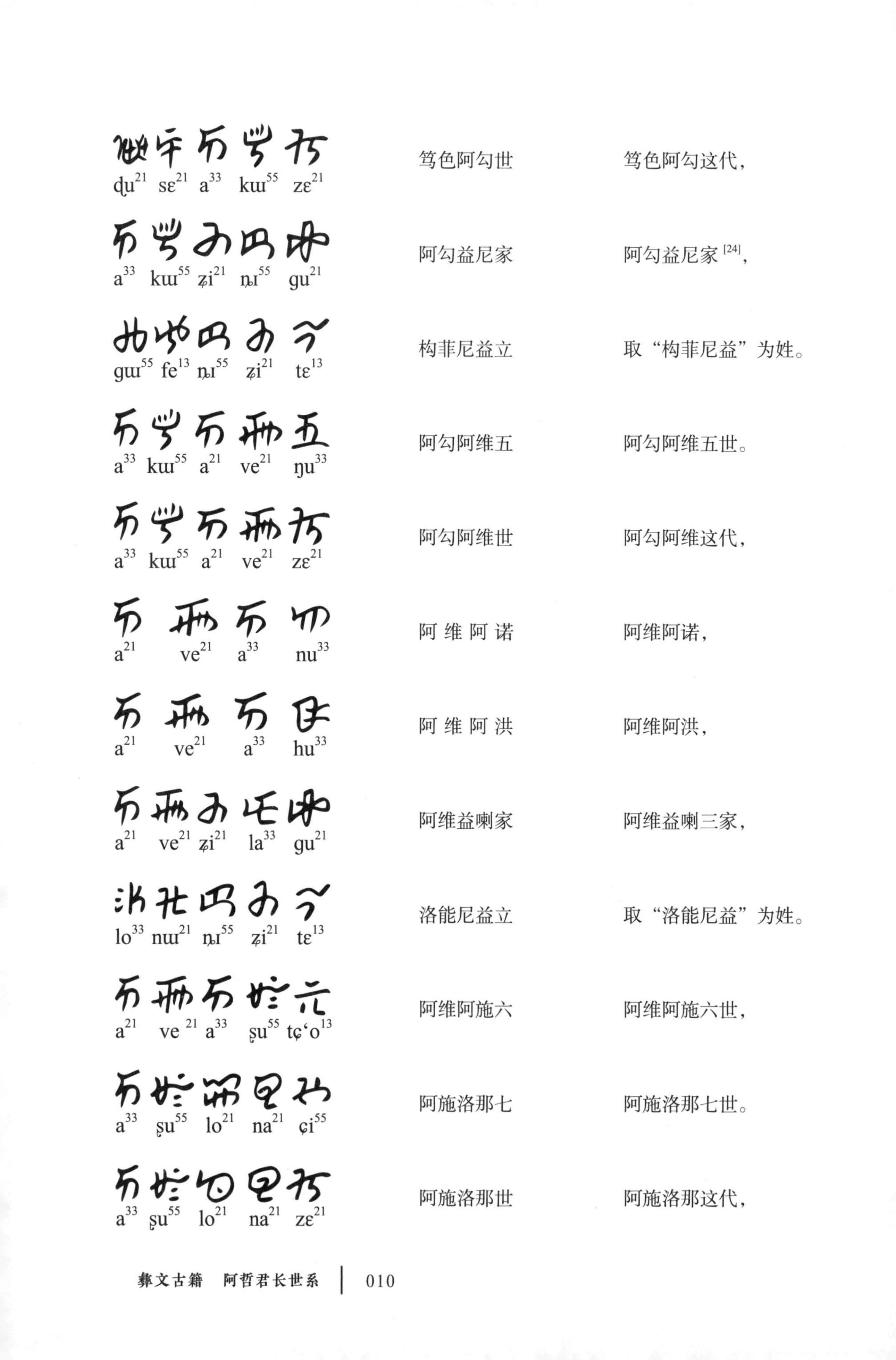

ɖu^{21} sɛ^{21} a^{33} kɯ^{55} zɛ^{21}	笃色阿勾世	笃色阿勾这代，
a^{33} kɯ^{55} ʐi^{21} ȵɹ^{55} gu^{21}	阿勾益尼家	阿勾益尼家[24]，
gɯ^{55} fe^{13} ȵɹ^{55} ʐi^{21} tɛ^{13}	构菲尼益立	取“构菲尼益”为姓。
a^{33} kɯ^{55} a^{21} ve^{21} ŋu^{33}	阿勾阿维五	阿勾阿维五世。
a^{33} kɯ^{55} a^{21} ve^{21} zɛ^{21}	阿勾阿维世	阿勾阿维这代，
a^{21} ve^{21} a^{33} nu^{33}	阿 维 阿 诺	阿维阿诺，
a^{21} ve^{21} a^{33} hu^{33}	阿 维 阿 洪	阿维阿洪，
a^{21} ve^{21} ʐi^{21} la^{33} gu^{21}	阿维益喇家	阿维益喇三家，
lo^{33} nɯ^{21} ȵɹ^{55} ʐi^{21} tɛ^{13}	洛能尼益立	取“洛能尼益”为姓。
a^{21} ve^{21} a^{33} ʂu^{55} tɕʻo^{13}	阿维阿施六	阿维阿施六世，
a^{33} ʂu^{55} lo^{21} na^{21} ɕi^{55}	阿施洛那七	阿施洛那七世。
a^{33} ʂu^{55} lo^{21} na^{21} zɛ^{21}	阿施洛那世	阿施洛那这代，

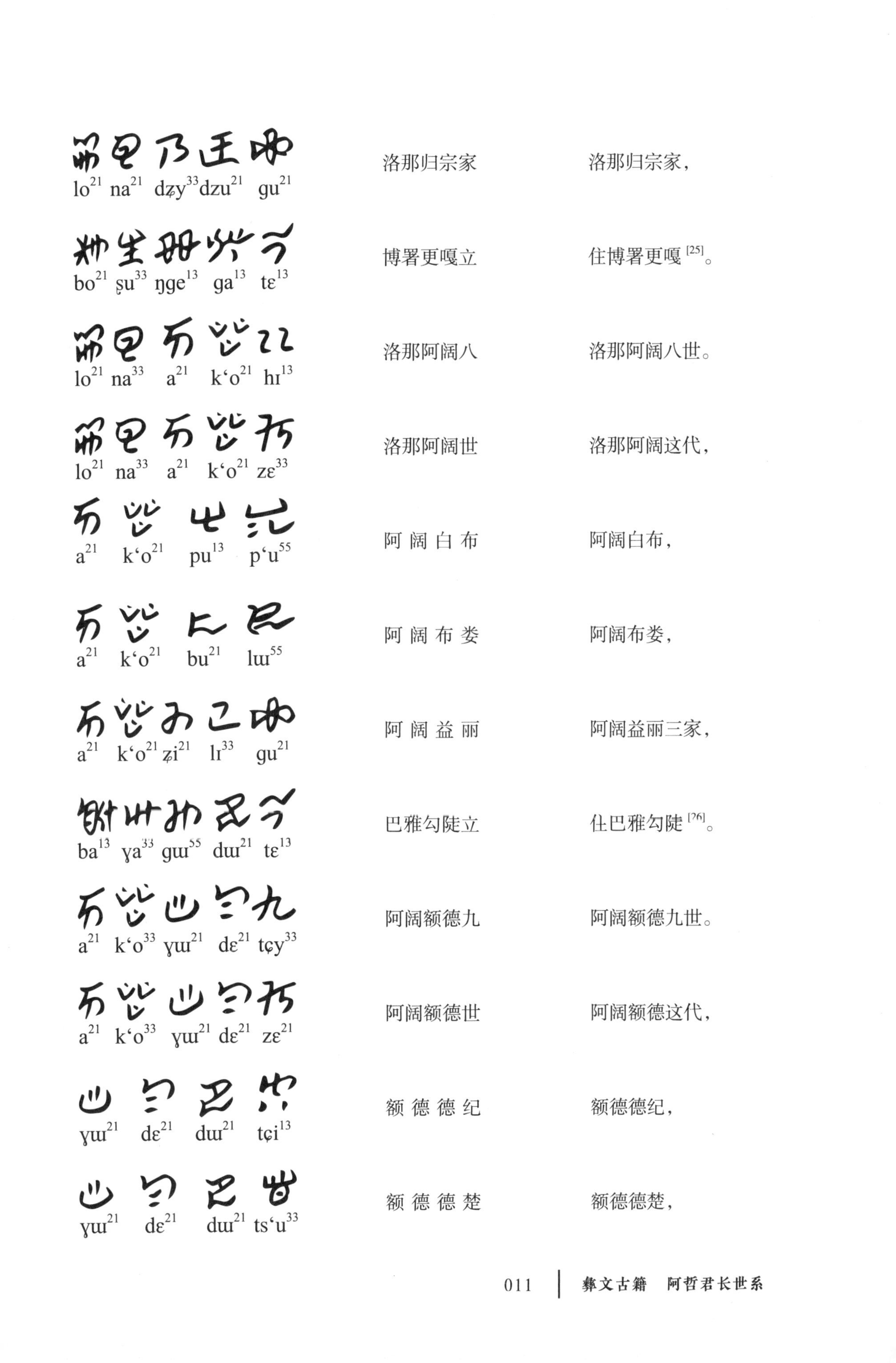

lo^{21} na^{21} dʑy^{33} dzu^{21} gu^{21}	洛那归宗家	洛那归宗家，
bo^{21} ʂu^{33} ŋge^{13} ga^{13} tɛ^{13}	博署更嘎立	住博署更嘎[25]。
lo^{21} na^{33} a^{21} k‘o^{21} hɪ^{13}	洛那阿阔八	洛那阿阔八世。
lo^{21} na^{33} a^{21} k‘o^{21} zɛ^{33}	洛那阿阔世	洛那阿阔这代，
a^{21} k‘o^{21} pu^{13} p‘u^{55}	阿 阔 白 布	阿阔白布，
a^{21} k‘o^{21} bu^{21} lɯ^{55}	阿 阔 布 娄	阿阔布娄，
a^{21} k‘o^{21} ʑi^{21} lɪ^{33} gu^{21}	阿 阔 益 丽	阿阔益丽三家，
ba^{13} ɣa^{33} gɯ^{55} dɯ^{21} tɛ^{13}	巴雅勾陡立	住巴雅勾陡[26]。
a^{21} k‘o^{33} ɣɯ^{21} dɛ^{21} tɕy^{33}	阿阔额德九	阿阔额德九世。
a^{21} k‘o^{33} ɣɯ^{21} dɛ^{21} zɛ^{21}	阿阔额德世	阿阔额德这代，
ɣɯ^{21} dɛ^{21} dɯ^{21} tɕi^{13}	额 德 德 纪	额德德纪，
ɣɯ^{21} dɛ^{21} dɯ^{21} ts‘u^{33}	额 德 德 楚	额德德楚，

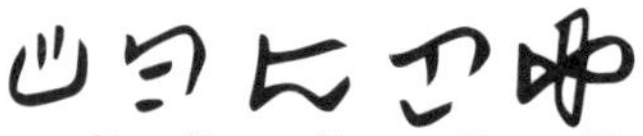 ɣɯ^{21}dɛ^{21} bu^{21} gɯ^{21} gu^{21}	额德布革家	额德布革三家，
 ʑi^{21} lɯ^{55} ȵɪ^{55} ʑi^{21} tɛ^{13}	益喽尼益立	以“益喽尼益”为姓。
 su^{21}sɯ^{33} ɣɯ^{55} gu^{21} k‘ɯ^{33}	人三姓家同	三姓人同根，
 su^{21}tɕ‘o^{13} xɯ^{55} gu^{21} dɛ^{13}	人六姓共界	六家人共祖。
 ɣɯ^{21}dɛ^{21}ndzu^{33}tɕ‘y^{13}ts‘ɯ^{21}	额德自杞十	额德自杞十世，
 ɣɯ^{21} dɛ^{21}ndzu^{33}tɕ‘y^{13} zɛ^{21}	额德自杞世	额德自杞这代，
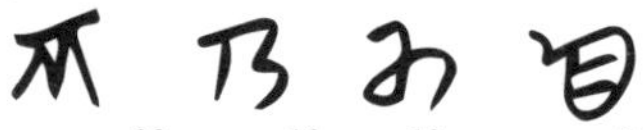 ndzu^{33} tɕ‘y^{13} ʑi^{12} dzu^{33}	自 杞 宜 阻	自杞宜阻，
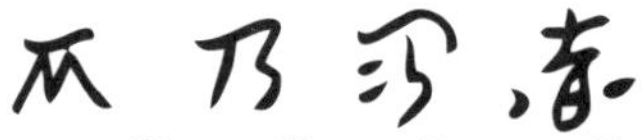 ndzu^{33} tɕ‘y^{13} bu^{21} dʑɪ^{21}	自 杞 布 吉	自杞布吉，
 ndzu^{33} tɕ‘y^{13} fa^{13} tɕ‘i^{33}	自 杞 法 启	自杞法启，
 ndzu^{33}tɕ‘y^{13}mo^{21} tɕi^{13} gu^{21}	自杞莫纪家	自杞莫纪六家，
 bo^{21} ȵy^{21} ȵɪ^{55} ʑ i^{21} tɛ^{13}	博尼尼益立	取“博尼尼益”为姓[27]。
 su^{21} sɯ^{33}xɯ^{55} gu^{21} k‘ɯ^{33}	人三姓家同	三家人同根，

	su^{21} tɕʻo^{13}xɯ^{55} gu^{21} te^{33}	人六姓家共	六家人共祖。
	ndzu^{33}tɕʻy^{13}zɯ^{33}ɣɯ^{21}tʻɯ^{55}	自杞仁额家	自杞仁额家，
	ndzu^{33}tɕʻy^{13}zɯ^{33}ɣɯ^{21} zɛ^{33}	自杞仁额世	自杞仁额这代，
	zɯ^{33} ɣɯ^{21} tʂo^{13} dzʅu^{55}	仁 额 卓 珠	仁额卓珠，
	zɯ^{33} ɣɯ^{21} ʑi^{21} ʂu^{55}	仁 额 益 施	仁额益施，
	zɯ^{33}ɣɯ^{21} no^{13} tsɿ^{13} gu^{21}	仁额诺则家	仁额诺则三家，
	ɣo^{21} ʈʻu^{13} ȵɿ^{55} ʑi^{21} tɛ^{13}	俄吐尼益立	取“俄吐尼益”为姓。
	su^{21} sɯ^{33} xɯ^{55} gu^{21} kʻɯ^{33}	人三姓家同	三姓人同根，
	su^{21} tɕʻo^{13} xɯ^{55} gu^{21} te^{33}	人六姓家共	六家人共祖。
	zɯ^{33}ɣɯ^{21} pʻu^{21} ʑɛ^{33} ȵɿ^{55}	仁额濮额二	仁额濮额二世，
	pʻu^{21}ʑɛ^{33} ɣɯ^{21} tsɯ^{21} sɯ^{33}	濮额额梓三	濮额额梓三世，
	ɣɯ^{21}tsɯ^{21} lu^{33} ʂu^{21} ɬi^{33}	额梓鲁勺四	额梓鲁勺四世。

 ɣɯ^{21}tsɯ^{33} lu^{33} ʂo^{21} zɛ^{33}	额梓鲁勺世	额梓鲁勺这代，
 zɛ^{55} ɣo^{33} a^{21} fu^{33} gu^{21}	热卧阿甫家	热卧阿甫家，
 gɯ^{55} lɯ^{21} hu^{21} k'ɛ^{33}	勾 娄 洪 凯	住勾娄洪凯地方[28]。
 lu^{21} ʂo^{21} ɖu^{21} zɪ^{13} ŋu^{33}	鲁勺笃任家	鲁勺笃任家，
 lu^{21} ʂo^{21} ɖu^{21} zɪ^{13} zɛ^{21}	鲁勺笃任世	鲁勺笃任这代，
 ɖu^{21} zɪ^{13} ɣɯ^{21} kɛ^{55} gu^{21}	笃任额陔家	笃任额陔家，
 bo^{21} ȵɪ^{21} ȵɪ^{55} ʑi^{21} tɛ^{13}	博尼尼益立	以“博尼尼益”为姓。
 ɖu^{21} zɪ^{13} a^{33} tsu^{55} tɕ'o^{13}	笃任阿租六	笃任阿租六世，
 a^{33} tsu^{55} ɣɯ^{21} ko^{33} ɕi^{55}	阿租额果七	阿租额果七世，
 ɣɯ^{21}ko^{33} p'u^{21} sɛ^{21} hɪ^{13}	额果濮色八	额果濮色八世，
 p'u^{21} sɛ^{21} a^{21} ȵɪ^{55} tɕy^{33}	濮色阿尼九	濮色阿尼九世[29]，
 a^{21} ȵɪ^{55} a^{33} no^{13} ts'ɯ^{21}	阿尼阿诺十	阿尼阿诺十世[30]。

	a^{33} no^{13} a^{21} tɕʻi^{33}tʻɯ^{55}	阿诺阿瞿一	阿诺阿瞿一世，
	a^{21} tɕʻi^{33} ʈa^{13} ɣo^{21} ɳɪ^{55}	阿瞿达俄二	阿瞿达俄二世，
	ʈa^{13} ɣo^{21} lu^{33} ne^{33} sɯ^{33}	达俄鲁乃三	达俄鲁乃三世，
	lu^{33} ne^{33} lu^{33} dzɪ^{13} ɬi^{33}	鲁乃鲁载四	鲁乃鲁载四世，
	lu^{33} dzɪ^{13} a^{33} tɕʻy^{55} ŋu^{33}	鲁载霭翠五	鲁载霭翠五世[31]，
	a^{33} tɕʻy^{55} lu^{33} ndy^{55}tɕʻo^{13}	霭翠陇弟六	霭翠陇弟六世，
	lu^{33} ndy^{55} pʻu^{21} dʐʅ^{21} ɕi^{55}	陇弟朴直七	陇弟朴直七世[32]，
	pʻu^{21}dʐʅ^{21} na^{33} kʻu^{33} hɪ^{13}	朴直那苦八	朴直那苦八世，
	na^{33} kʻu^{33} pu^{13} dʐɛ^{55} tɕy^{33}	那苦布则九	那苦布则九世，
	pu^{13} dʐɛ$^{\varepsilon 55}$ lu^{33} tʂɯ^{55}tsʻɯ^{21}	布则鲁知十	布则鲁知十世。
	lu^{33} tʂɯ^{55} lu^{33} pʻu^{55} tʻɯ^{55}	鲁知鲁铺一	鲁知鲁铺一世，

	lu^{33} p'u^{55} bu^{21} ndʑo^{33} ȵɪ^{55}	鲁铺布局二	鲁铺布局二世。
	lu^{33} p'u^{55} bu^{21} ndʑo^{33} zɛ^{21}	鲁铺布局世	鲁铺布局这代，
	bu^{21} ndʑo^{33} fa^{13} ʂɛ^{13} ɣo^{55}	布局化沙家	布局化沙，
	bu^{21} ndʑo^{33} bu^{21} lɯ^{55}	布 局 布 娄	布局布娄两家，
	ȵɯ^{33} dʐa^{33} ȵɪ^{55} ʑi^{21} tɛ^{13}	纽札尼益立	以“纽札尼益”为姓。
	bu^{21} ndʑo^{33} dʐɯ^{21} ba^{55} sɯ^{33}	布局直罢三	布局直罢三世，
	dʐɯ^{21} ba^{55} ŋa^{33} tsu^{55} ɬi^{33}	直罢安宗四	直罢安宗四世，
	ŋa^{33} tsu^{55} dʐɯ^{21} ɣo^{21} ŋu^{33}	安宗直俄五	安宗直俄五世，
	dʐɯ^{21} ɣo^{21} lu^{33} dzu^{21} tɕ'o^{13}	直俄鲁则六	直俄鲁则六世，
	lu^{33} dzu^{21} bu^{33} ɕi^{21} ɕi^{55}	鲁则布晰七	鲁则布晰七世，
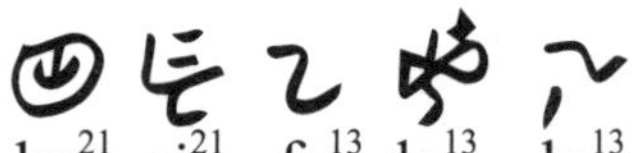	bu^{21} ɕi^{21} fe^{13} ɬo^{13} hɪ^{13}	布晰奋陇八	布晰奋陇八世，
	fe^{13} ɬo^{13} lu^{33} ŋgu^{21} tɕy^{33}	奋陇鲁谷九	奋陇鲁谷九世，

 lu^{33} ŋgu^{21} lu^{33} dɛ^{21}ts‘ɯ^{21}	鲁谷鲁德十	鲁谷鲁德十世。
 lu^{33} dɛ^{21} lu^{33} tɛ^{13} t‘ɯ^{55}	鲁德鲁岱一	鲁德鲁岱一世，
 lu^{33} tɛ^{21} ɣɯ^{21} fe^{33} ȵɪ^{55}	鲁岱额奋二	鲁岱额奋二世，
 ɣɯ^{21} fe^{33} mi^{21} tsu^{55} sɯ^{33}	额奋明宗三	额奋明宗三世。
 ɣɯ^{21} fe^{33} mi^{21} tsu^{55} zɛ^{33}	额奋明宗世	额奋明宗时期，
 ɣɯ^{21} mɛ^{21} lo^{13} ɣɯ^{21}	荒 落 了 故	背井离乡，
 ɣo^{13} dza̜^{33} ȵy^{33} hu^{21} tɛ^{13}	卧札女洪立	立足于卧札女洪[33]。
 ʂʅ^{33} mo^{13} vu^{33} zɛ^{21} no^{33}	施默武世呢	施默武时期[34]，
 mɛ^{21} vu^{33} na^{33} gu^{21}	默 武 那 谷	分出默武那谷，
 ba^{13} ɣa^{33} gɯ^{55} dɯ^{21} tɛ^{13}	巴雅勾陡立	居住在巴雅勾陡[35]。
 ʂʅ^{33} mo^{13} vu^{33} zɛ^{21} no^{33}	施默武世呢	施默武时期，

 lu^{33} nde^{33} ŋgu^{21} ʑɯ^{33} fu^{13}	陇邓谷也婚	与陇邓谷家开亲，
 lu^{13} vu^{33} nɯ^{13} ndo^{55} ȵɪ^{33}	鲁吾诺哆呢	有鲁吾诺哆，
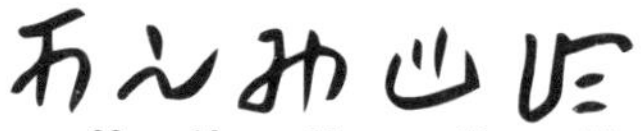 mu^{33}ɣo^{13}gɯ^{55} ʑɯ^{33} tʂɛ^{55}	慕俄勾也嫁	嫁慕俄勾家。
 k'ɯ^{21}ʑɯ^{33}sɯ^{33} hu^{21} lo^{13}	迎也三月了	迎娶三月后，
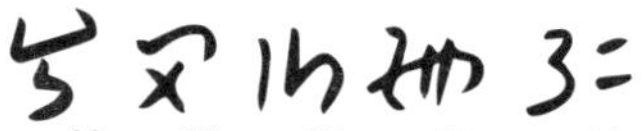 zu^{33} hɛ^{33} t'a^{21} ʑo^{21} ʑo^{33}	子好一个生	生了个儿子，
 pu^{21}ɣo^{21} mu^{55}ɣo^{21}ʑɛ^{33}lɪ^{21}dɯ^{55}	布者长者大来说	大布摩长者说，
 ne^{33} ma^{21} bu^{21}	心　不　通	对他无信心，
 ɣɯ^{21}ma^{21}bu^{21} ɣɯ^{21} sʅ^{33}	愿不通也兮	也不寄希望，
 zu^{33}ʑo^{33} ŋɯ^{55} ʂʅ^{33} lɯ^{21}	子生桩草了	犹如荒山草，
 nu^{33} va^{13} ʑo^{33} ma^{21} ʂo^{13}	功缠绕不受	不授予功名，
 a^{21} ȵɪ^{55} ma^{21} ɣɯ^{21} gu^{21}	阿尼麻额家	称阿尼麻额家，
 lo^{21} na^{21} ȵɪ^{55} ʑi^{21} tɛ^{13}	洛那尼益立	以“洛那尼益”为姓。

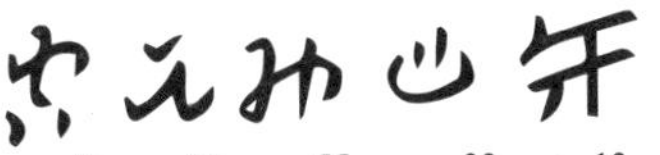	tɕi^{13} ɣo^{21} gɯ^{55} ʐɯ^{33} fu^{13}	纪俄勾也婚	与纪俄勾家开亲[36]，
	lu^{33} mo^{21} mi^{13} hɛ^{33} ʐu^{21}	鲁莫靡海范	有鲁莫靡海，
	mu^{33} ɣo^{21} gɯ^{55} ʐɯ^{33} tʂɛ^{55}	慕俄勾也嫁	嫁慕俄勾家，
	k‘ɯ^{21} ʐɯ^{33} sɯ^{21} ha^{33} lo^{13}	迎也三夜了	迎娶三天后，
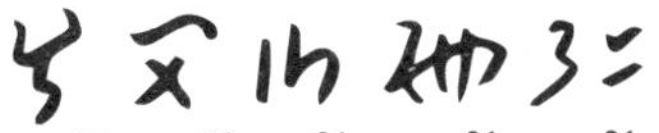	zu^{33} hɛ^{33} t‘a^{21} ʐo^{21} ʐo^{21}	子好一个生	生了个儿子。
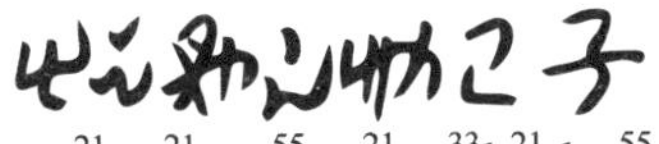	pu^{21} ɣo^{21} mu^{55} ɣo^{21} ʐɛ^{33} lɪ^{21} dɯ^{55}	布者长者大来说	大布摩长者说，
	ʐɛ^{33} ndzo^{33} lu^{33}	大 后 了	长大后，
	vi^{13} ŋɯ^{33} vi^{2}	害 的 害	是祸害，
	ne^{33} lɪ^{21} k‘ɛ^{21}	心 来 记	记在心上，
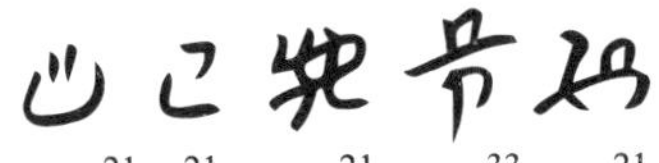	ɣɯ^{21} lɪ^{21} k‘ɛ^{21} ŋɯ^{33} vi^{21}	愿来记是焉	不能忘了。
	ḍu^{21} ɣɯ^{21} a^{33} k‘ɛ^{21} mu^{33}	笃额阿克作	这人叫笃额阿克，
	ʐi^{21} ɣɯ^{21} k‘u^{33} p‘a^{33} tɛ^{13}	益额苦帕立	住在益额苦帕[37]。

	hɛ^{33} tsʻɪ^{13} ndʐu^{55} po^{33} tʻu^{33}	贤代美堆厚	好传统厚重，
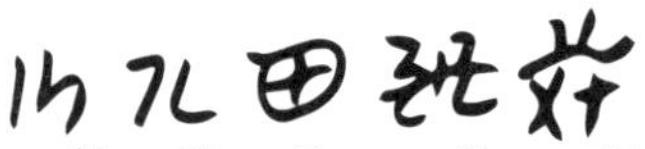	tʻa^{21} tsʻɪ^{13} ma^{21} ndʐɯ^{33} ndʐo^{21}	一代不错乱	无一代错乱，
	a^{21} hɛ^{21} ɣa^{33} kʻɯ^{33} lɪ^{21}	而今也到老	一直传下来。
	tʻu^{33} a^{21} ndʐɛ^{21} ʑɯ^{33} ɣo^{55}	妥阿哲之家	妥阿哲家，
	ɖu^{21} mi^{33} zɛ^{21} ʑɯ^{33} ɣo^{21}	笃慕世以后	在笃慕以后，
	tʻy^{21} mu^{21} gu^{21} ʑɯ^{33} su^{13}	其经历也者	传承的历史，
	tɕʻo^{13} tsʻɯ^{21} ɬi^{33} tsʻɪ^{13} lo^{13}	六十四世了	有六十四世[38]。
	ɣɯ^{21} tɕi^{13} ndʑo^{33} ɣa^{33} vi^{21}	后先过也焉	从古到今，
	dɯ^{55} ɣa^{33} dɪ^{13} tɯ^{33} ŋɯ^{33}	说也的就是	是这样说的。

	vu^{55} na^{33} ɣo^{21} ga^{13}	乌 那 峨 嘎	乌那峨嘎[39]，
	ɬi^{33} hɯ^{21} ɣɯ^{21} tʂʻʅ^{21} gu^{21}	四勿故居处	是勿氏四弟兄故居[40]。

	hɯ^{33} a^{21} nɛ^{13}	勿 阿 纳	勿阿纳其人，
	mɛ^{21} nɯ^{33} ɳɪ^{13}	默 穗 幼	默氏中居幼，
	p‘u^{13} hɛ^{33} no^{13} ndʐu^{55} bo^{21}	地好土美有	有肥田沃土，
	ʑo^{21} t‘y^{21} tɛ^{13} ʑɯ^{21} dɯ^{55}	己其立也说	自己所追求。
	vu^{55} na^{33} ɣo^{21} ga^{13}tʂ‘ɯ^{55}	乌那峨嘎迁	从乌那峨嘎迁出，
	dʐʅ^{21} nu^{33} gu^{21} mu^{33} tɛ^{13}	直诺谷姆立	住直诺谷姆[41]。
	dʐʅ^{21} nu^{33} gu^{21} mu^{33}tʂ‘ɯ^{55}	直诺谷姆迁	从直诺谷姆出，
	a^{21} vu^{33} ʂʅ^{33} tɕ‘y^{13} tɛ^{13}	阿武史瞿立	到阿武史瞿[42]。
	a^{21} vu^{33} ʂʅ^{33} tɕ‘y^{13}tʂ‘ɯ^{55}	阿武史瞿迁	从阿武史瞿迁出，
	ʑi^{21} bu^{33} ʐa^{13} ga^{13} tɛ^{13}	益布亚嘎立	到益布亚嘎[43]。
	ʑi^{21} bu^{33} ʐa^{13} ga^{13}tʂ‘ɯ^{55}	益布亚嘎迁	从益布亚嘎迁出，
	ɣo^{21} p‘e^{33} ʑi^{21} ndʐɛ^{21} tɛ^{13}	峨培益哲立	到峨培益哲[44]。

	ɣo^{21} pʻe^{33} ʑi^{21}ndʐɛ^{21}tʂʻɯ^{55}	峨培益哲迁	从峨培益哲迁出，
	tʻo^{33} na^{33} ʈʻo^{21} ʑi^{21} tɛ^{13}	妥那陀益立	到妥那陀益[45]。
	tʻo^{33} na^{33} ʈʻo^{21} ʑi^{21} no^{33}	妥那陀益呢	在妥那陀益，
	ʔu^{33} ʑɯ^{33} ʈʻo^{21} ɣo^{21} ŋgo^{33}	首也办道门	办第一件事，
	ndzu^{33} ʈʻo^{21}lɯ^{55} fe^{13} ʂu^{55}	君办的令号	为君发号令；
	dʐo^{13}ʑɯ^{33}ʈʻo^{21} ɣo^{21} ŋgo^{33}	中也办道门	办第二件事，
	mu^{55}ʈʻo^{21} lɯ^{55} kʻu^{33} kʻɪ^{33}	臣办的案断	为臣把案断；
	mɛ^{13}ʑɯ^{33} ʈʻo^{21} ɣo^{21} ŋgo^{33}	末也办道门	办第三件事，
	ɣɯ^{21} ʈʻo^{21} lɯ^{55} kɛ^{55} tsy^{13}	舅办的贵召	舅家召富贵，
	su^{55} ʈʻo^{21} lɯ^{55} fu^{33} ɬu^{33}	甥办的富唤	甥家唤富贵。
	hɯ^{33} a^{33} nɛ^{13} tʻy^{21} no^{33}	勿阿纳他呢	勿阿纳说，
	dɯ^{21}ʂʅ^{21} tʂʻɯ^{55} no^{33} ʑɯ^{33}	德施迁乃衍	德施迁徙才繁衍，

 sy^{33} sɛ^{21} ɖu^{33} no^{33}ndʐu^{55}	血虹现乃美	彩虹现身才美丽。
 tʂʻɯ^{55}ne^{33} pʻu^{21} dʑi^{33} lɯ^{55}	迁乃地首去	迁往好地方，
 tɕi^{13} ku^{33} lu^{33} dɯ^{33} gɯ^{55}	纪古鲁堵渡	渡过纪古鲁堵[46]，
 tɕy^{33} ɲɪ^{21} tɕy^{33} gɯ^{55} to^{21}	九天九渡备	准备九天全渡过。
 ndzu^{33}gɯ^{55}hɯ^{33} a^{33} nɛ^{13}	君渡勿阿纳	君长勿阿纳过关，
 pu^{13}gɯ^{55} ɣɯ^{21} hɛ^{13} lo^{33}	布渡额亥咯	布摩额亥家过关，
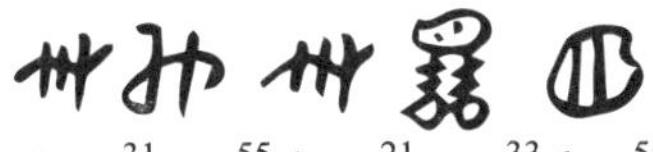 dʐɯ^{31}gɯ^{55}dʐɯ^{21} ŋɯ^{33}dʐu^{55}	奴渡直恩中	奴隶直恩中过关，
 hu^{21} gɯ^{55} ba^{13} ɳɯ^{33} ɖu^{21}	马渡恋短骝	爱骑枣骝马过关，
 vɛ^{21} gɯ^{55} ɣo^{13} hu^{21} lu^{33}	灵渡丽马牛	祭祖灵的肥牛马过关。
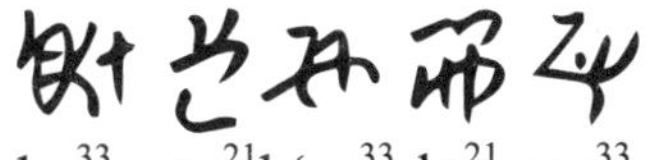 ba^{33} ty^{21}kʻɯ^{33} lu^{21} no^{33}	巴底到了呢	到巴底地方，
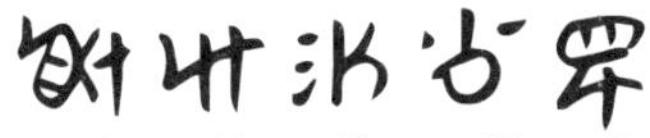 ba^{13} ɣa^{33} lo^{33} ne^{33} tu^{33}	恋也与心起	有心于此地，
 bu^{21} ʈʻu^{13} ɬi^{33} tso^{33} ɬy^{33}	羊白四插仰	仗着有群羊。

 fu^{13} ɣa^{33} lo^{33} ne^{33} tu^{33}	婚也与心起	担心开亲事，
 mɛ^{33} k‘ɛ^{21} ɬi^{55} ɣo^{21} mu^{33}	丝线四有作	有富足丝绸。
 ba^{33} ty^{21} tʂ‘ɯ^{55} ne^{33} k‘ɯ^{33}	巴底迁乃到	迁徙到巴底，
 lu^{21} no^{33} lu^{33} t‘ɯ^{13} bu^{21}	城乃城敞开	城门敞开着。
 hɪ^{21} ŋgo^{21} bu^{21} ʈ‘u^{13} tɕy^{33}	灵招羊白献	用绵羊招祖灵，
 hɪ^{21} ŋgo^{21} gu^{55} ɣa^{33} ȵɪ^{55}	灵招沽也尼	招沽、尼秩序的祖灵，
 hɪ^{21} ŋgo^{21} tɕu^{55} ɣa^{33} pu^{33}	灵招纠也哺	招纠、哺秩序的祖灵，
 hɪ^{21}ŋgo^{21}p‘u^{21}mu^{33}dʑo^{21}ɣa^{33}tu^{33}	灵招群的制也尊	遵守招灵习俗。
 nɛ^{13} a^{33} tsu^{55} lɯ^{21} no^{33}	纳阿宗传呢	纳阿宗继承传统，
 gɯ^{55} ʈ‘u^{13} p‘u^{21} hɪ^{21} ŋgo^{21}	鹤白地根招	白鹤招社稷根本，
 ɣo^{13} ȵy^{21} no^{13} hɪ^{21} ŋgo^{21}	鹃青土根招	青鹃招社稷根基，
 ɕɪ^{33} tʂu^{13} lɯ^{55} ȵɪ^{55}	迎 奉 喽 尼	贡奉喽尼祖灵。

 hɪ^{21} ɕɪ^{33} ŋa^{33} na^{33} pu^{13}	灵招鸟黑布	招的灵如黑鸟成群，
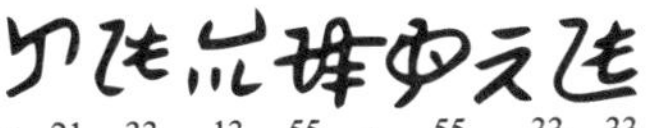 hɪ^{21}ɕɪ^{33}tsɪ^{13}ʈo^{55}ndʐu^{55} ȵɪ^{33}ɕɪ^{33}	灵招云雀鸣样迎	招灵的声音如云雀鸣，
 p‘u^{21} mu^{33} dʑo^{21}	地 的 路	按管理社稷的规律，
 no^{21} mu^{33} dʑo^{21} k‘o^{21} tu^{33}	土的路作立	依管理社稷的规距，
 mu^{33} gɯ^{55} ɣa^{33} lo^{33} dzu^{21}	慕勾也与居	以慕俄勾的名号，
 ŋu^{33}ts‘ɪ^{13} ndzu^{33}ts‘ɯ^{21} ʐo^{33}	五代君十位	五代十君长，
 dʑi^{21} ku^{33} hu^{21} tɕ‘o^{13}	日 轨 月 象	如日月经天，
 t‘a^{21} ȵɪ^{21} ma^{13} xɪ^{13} ɬy^{13}	一日无新旧	天天一个样，
 kɯ^{55} lɯ^{21} ȵɪ^{55} ʑi^{21}	勾 娄 尼 益	以“勾娄尼益”为姓氏，
 su^{21} t‘a^{21} p‘u^{21} mu^{33}dzu^{21}	人一群的居	凝聚一族人，
 t‘y^{21} tɛ^{13} t‘y^{21} dzu^{21} lɯ^{33}	其立其住了	建立了基业。

 ndzu^{33}mu^{55}zɯ^{33}ʑɯ^{21} zɛ^{21}	君长仁育世	君长仁育一生，
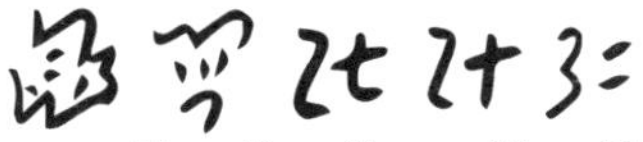 ndʐu^{55}dʑi^{21} ʈu^{21} zɯ^{33}zɯ^{33}	耀日光闪闪	如太阳灿烂，
 ɣo^{21} hu^{21} ʑi^{55} dzɛ^{21} dzɛ^{21}	皎月花朗朗	似皎月朗朗，
 mi^{33}k‘ɛ^{33}ndʐu^{55} dʐa^{33} tɛ^{13}	慕柯珠扎立	治理慕柯珠扎[47]。
 zɯ^{33} ɣɯ^{21} pu^{13} ʂo^{13}	仁 额 朵 聚	仁额像花朵，
 ve^{33} ɣɯ^{21} t‘a^{2} ^{1}ʈu^{33} ɖu^{21}	花也一瓣样	一朵璀璨的花；
 ku^{21} tʂ‘ʅ^{21} kɯ^{55}xɯ^{21} ʈ‘u^{13}	如谷昌沿海白	如谷昌湖水，
 hɪ^{21} hɛ^{33} t‘ɯ^{21} ʑɯ^{33}mbo^{55}	世好地也盖	永覆盖大地。
 ndzu^{33}mu^{55}zɯ^{33}ɣɯ^{21} lo^{33}	君长仁额与	君长仁额，
 k‘ɯ^{33}lɪ^{21} ŋɯ^{33} ʑɯ^{33} lo^{13}	到来是也了	生平是这样。
 ndzu^{33}mu^{55}zɯ^{33}ɣɯ^{21} zɛ^{33}	君长仁额世	君长仁额时期，
 mi^{21} ts‘ɪ^{13} mi^{13} hɛ^{33} ta^{21}	万世地好讨	拓万代疆土，

	t‘a^{21}tʂ‘ʅ^{21} ʐɯ^{33} t‘y^{21} mu^{33}	一番也他为	有一番作为，
	sɯ^{33}mu^{21} ʐɯ^{33} tɕ‘o^{13}nu^{55}	三为也六事	所有的事迹，
	tɕu^{33} t‘a^{21} ɖu^{33} lo^{13} sʅ^{33}	传一番了兮	流传了下来。
	do^{13} mi^{13} ɳɪ^{55} p‘u^{21} ɣo^{21}	齐地两片有	为治理地方，
	t‘u^{33} a^{21} ndʐɛ^{21} ɣɯ^{33} ɣo^{21}	妥阿哲之家	妥阿哲家，
	ndzu^{33} ɣo^{13} lu^{21} k‘u^{33}	君 者 民 为	君者为民，
	mu^{33}tʂ‘o^{21} ʐɪ^{13} so^{21} nu^{33}	穆濯夜所多	穆濯和夜所多[48]，
	mɛ^{21}mɛ^{55} ʐo^{21} dzu^{21} ɣo^{21}	各自己住有	各都有属地，
	dɯ^{55} ŋɯ^{33} kɯ^{13} ɣo^{21} no^{33}	说是会有呢	有这种说法。
	lu^{33} mu^{33} tʂ‘o^{33} sɛ^{21}	陆 姆 濯 色	如陆姆濯色[49]，
	lo^{21} na^{13} dʑy^{33} dzu^{21}	洛 那 归 宗	洛那归宗家[50]，

 nɛ^{13}lɯ^{55}ndzu^{33}tɕʻy^{13}ndʐɯ^{55}	友者君角分	君长家分支，
 fa^{13} kʻɛ^{55} ve^{33} ʐɯ^{33} ʐu^{21}	岩上花也样	像崖上的花，
 bo^{21} ʂu^{33} ɳɪ^{55} ʐi^{21} tɛ^{13}	博署尼益立	以“博署尼益”为姓，
 tɕʻa^{13}ʈʻu^{13} ɣo^{21} lu^{33} dʐɛ^{21}	弓白凤凰挂	凤凰落在神枝上，
 no^{33}ʐɯ^{33} ndʐʅ^{33}du^{33} dzɯ^{55}	神也祭样花	祭祀出神奇。
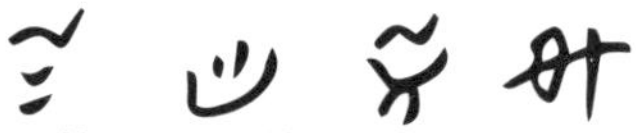 lu^{33} ɣɯ^{33} xɛ^{21} da^{13}	兵 器 甲 戟	坚兵和利甲，
 gɯ^{21} ʐɪ^{33} lɪ^{21} lu^{33} ʂo^{13}	战争来的受	为打仗准备；
 bi^{21} tʂʻo^{21} dzu^{33} ndʐi^{21}	毕 濯 阻 吉	毕濯阻吉[51]，
 fu^{13} fu^{13} ɣa^{33} ndʐu^{55} dɪ^{13}	命命也该者	必俯首听从，
 sɯ^{55}ʔɯ^{55} ʐɯ^{21} da^{33} ʂu^{21}	样应也上聚	呼应而凝聚，
 lu^{21} ɣa^{33} dʐɯ^{21} ʂu^{13} ko^{13}	民也奴聚轴	民的主心骨，
 tʻa^{21} xɯ^{33} ko^{21} mo^{21} pʻu^{55}	一姓地瓜父	一族人慈父，

	t‘a^{21} ʑi^{55} nɛ^{13} mi^{33}ndzu^{33}	一度春天君	一度的天君，
	sɯ^{33}mu^{21} ʐɯ^{33} tɕ‘o^{13} nu^{55}	三作也六事	所有的事迹，
	tɕu^{55} t‘a^{21} ɖu^{33} lo^{13} sʅ^{33}	传一番了兮	流传了下来。
	ɣa^{13} dɯ^{55} dʐo^{21} nu^{55}dʐɯ^{33}	叫说在曾哟	有这种说法，
	dɯ^{55}ɣa^{33} dɪ^{13} tɯ^{33} ŋɯ^{33}	说也者就是	在此做介绍。

	lu^{21} va^{13} dʐo^{21} ʐɯ^{33} ɣɯ^{55}	鲁旺在内外	在鲁旺内外，
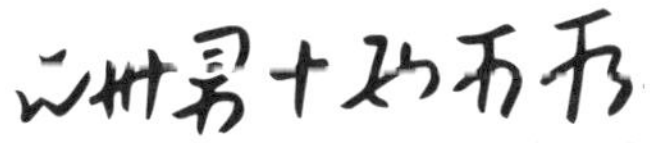	ɣo^{21}ɳɪ^{33}ɬi^{33}ts‘ɯ^{33}ɕi^{55}mu^{21}tʂ‘o^{21}	有乃四十七穆濯	有四十七穆濯，
	hu^{21} ɳɪ^{21} tsɯ^{13} ma^{13} ʑɪ^{13}	百二十玛依	百二十玛依，
	tu^{13} tɪ^{13} hu^{21} ʑi^{13} so^{21}	千一百夜所	千一百夜所，
	ndzu^{33} ʑi^{55} lu^{21} ʑi^{55} ʐɛ^{33}	君势民势大	君民声势大，
	ndzu^{33}tɛ^{55} lu^{21} tɛ^{55} dʐu^{33}	君议民议闻	关系很交融，

 ʑo^{21} t'y^{21} mu^{21} ŋɯ^{33} vi^{21}	己其为是焉	是这般景象。
 t'y^{21}dʐo^{21} ty^{21} ʑɯ^{33} ɣo^{21}	其在其以内	家族史上，
 lu^{33} nde^{33} a^{21} mɛ^{13}	陇邓姑娘	陇邓氏女子，
 ʔɯ^{55} ɣa^{33} mi^{55} ʈ'ɯ^{55} fe^{13}	欧雅咪梯许	名叫欧雅咪梯的，
 ba^{33} ty^{21} t'u^{33} ʈ'e^{13} tʂɛ^{55}	巴底妥太嫁	嫁到巴底妥太[52]，
 t'u^{21} ʑɯ^{33} zu^{33} ȵɪ^{55} mo^{21}	妥也子二个	为妥氏生两子。
 t'u^{33} a^{21} ndʐɛ^{21}ʑɯ^{33} ɣo^{55}	妥阿哲之家	妥阿哲家，
 ne^{33} ʑɯ^{33} mo^{21} mo^{21}	心也样样	样样有数，
 ɕi^{55} hu^{21} tɕɪ^{13} mu^{33} nu^{33}	七月星宿多	如七月繁星，
 ʈ'ɯ^{55}k'o^{21} da^{33} lu^{33} ɬo^{33}	放所上者越	凡事都成功，
 ʑi^{33} tʂu^{13} ʂo^{13} ma^{21} ȵɪ^{13}	雅赋受不小	收获都不小。

 gɯ^{55} ɣo^{13} ʐo^{12} mi^{13} fe^{13}	鹤鹃己地司	君臣治本邦，
 ɕi^{55} dʑi^{21} mi^{33} ʈʻu^{13} ʐɯ^{21}	七日天白行	如太阳当空。
 mu^{33} ɣo^{21} gɯ^{55}	慕 俄 勾	慕俄勾之邦，
 tɛ^{13} dzu^{21} lɪ^{21} ʐɯ^{33} ɣo^{21}	立住来以后	自建立以来，
 mi^{33} mi^{13} ʐɛ^{33} dʑi^{21} lu^{21}	天地大命运	受天地大运，
 dʑi^{21} ɖo^{33} tsy^{13} ɣo^{21} ŋgo^{33}	日出召道门	如旭日东升，
 mɛ^{13} ʑi^{55} sɯ^{21} ʐɯ^{33} ʈʻɯ^{55}	绸花似也展	如锦绣展示，
 ʑi^{21} na^{21} ʂo^{13} ʐɯ^{33} hu^{21}	夜郎受也魂	传夜郎精神，
 gɯ^{55} ʈʻu^{13} ŋo^{21} hɛ^{33} ɖɪ^{13}	鹤白样鸣晰	白鹤声清晰，
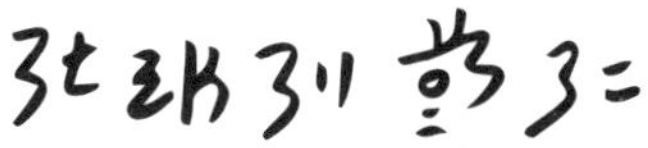 ʈu^{13} so^{21} tɕʻu^{55} zu^{21} zu^{21}	鸣雅声朗朗	杜鹃鸣朗朗，
 zɛ^{21} ʐɯ^{33} nu^{13} dʐu^{33}	世 世 听 闻	世代闻名，
 dʐa^{33} su^{13} tʻɯ^{13} ma^{21} ŋu^{33}	样者叙不必	暂且不叙述。

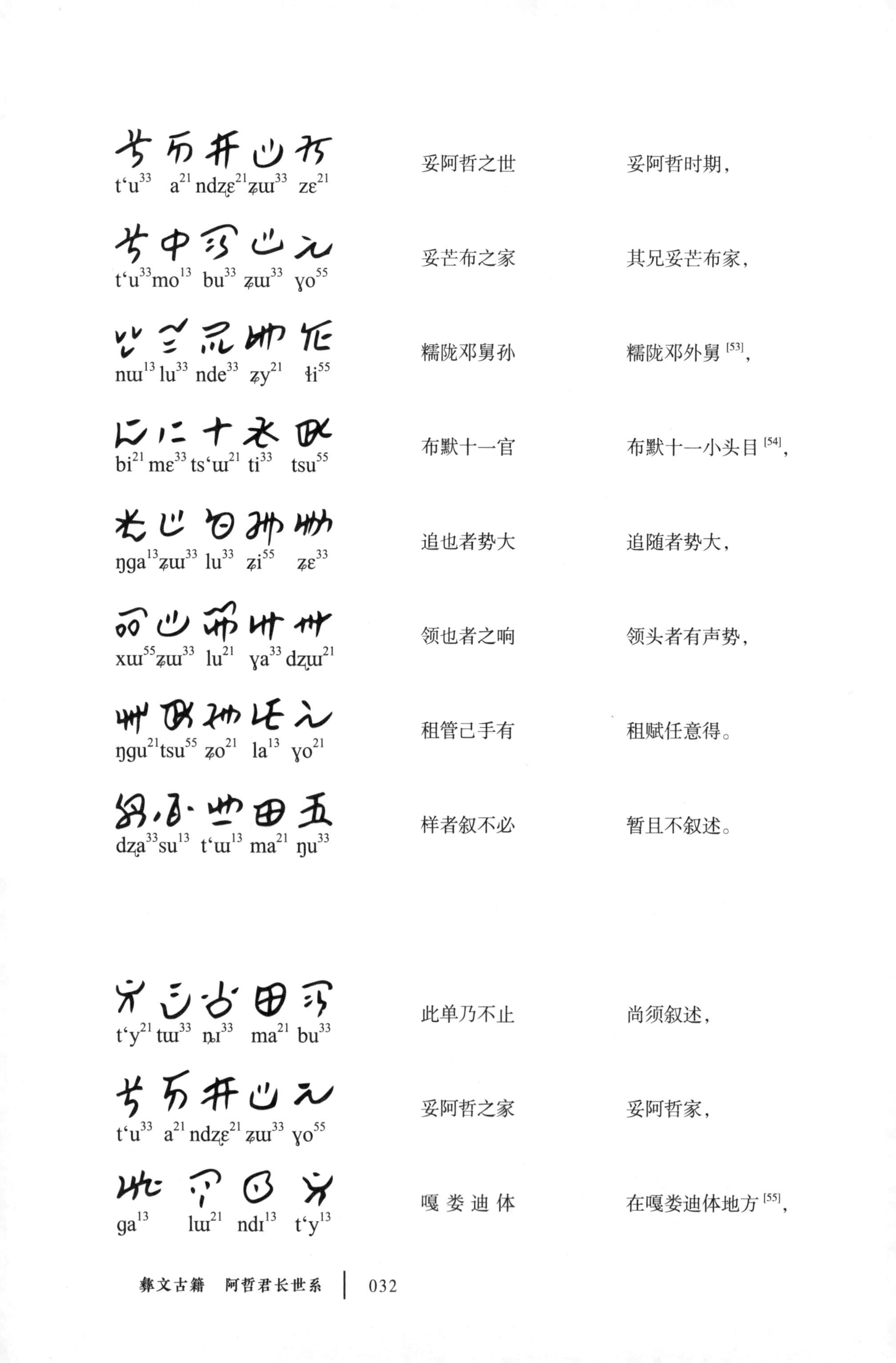

t‘u^{33} a^{21} ndʐɛ^{21} ʑɯ^{33} zɛ^{21}	妥阿哲之世	妥阿哲时期，
t‘u^{33}mo^{13} bu^{33} ʑɯ^{33} ɣo^{55}	妥芒布之家	其兄妥芒布家，
nɯ^{13} lu^{33} nde^{33} ʑy^{21} ɬi^{55}	糯陇邓舅孙	糯陇邓外舅[53]，
bi^{21} mɛ^{33} ts‘ɯ^{21} ti^{33} tsu^{55}	布默十一官	布默十一小头目[54]，
ŋga^{13}ʑɯ^{33} lu^{33} ʑi^{55} ʑɛ^{33}	追也者势大	追随者势大，
xɯ^{55}ʑɯ^{33} lu^{21} ɣa^{33} dʐɯ^{21}	领也者之响	领头者有声势，
ŋgu^{21}tsu^{55} ʑo^{21} la^{13} ɣo^{21}	租管己手有	租赋任意得。
dʐa^{33}su^{13} t‘ɯ^{13} ma^{21} ŋu^{33}	样者叙不必	暂且不叙述。
t‘y^{21} tɯ^{33} ɳɹ^{33} ma^{21} bu^{33}	此单乃不止	尚须叙述，
t‘u^{33} a^{21} ndʐɛ^{21} ʑɯ^{33} ɣo^{55}	妥阿哲之家	妥阿哲家，
ga^{13} lɯ^{21} ndɹ^{13} t‘y^{13}	嘎 娄 迪 体	在嘎娄迪体地方[55]，

 ɣɯ^{21} lu^{33} fu^{33} p‘u^{21} lɯ^{55}	愿牛杀地量	为丈量土地杀牛，
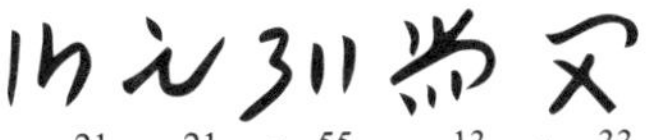 t‘a^{21} ɣo^{21}tɕ‘u^{55} ʂo^{13} hɛ^{33}	一有境受好	一次就成功。
 zɛ^{55} bu^{21} ndɪ^{21} lɯ^{55}	热 哺 迪 娄	在热哺迪娄[56]，
 t‘a^{21} ɣo^{21} fe^{13} hɛ^{33} mu^{21}	全有司好作	全都管好了。
 ɣɯ^{21} tsu^{55} ts‘o^{13}	愿 制 设	建良好制度，
 ndʐu^{55}mu^{21} ʑi^{55} p‘e^{33} tʂ‘ʅ^{21}	美作雅展示	把美景展示，
 gɯ^{55} ʈ‘u^{13} ʈu^{21} zu^{33} zu^{33}	鹤白鸣朗朗	如白鹤朗朗鸣，
 ndʐu^{55}sɯ^{33}tɕ‘y^{13}p‘o^{21} bu^{21}	美三顶光明	光把天空照，
 ndʐu^{55}mu^{21}ɣɯ^{33} ʑi^{55} dɪ^{13}	美作也辉生	犹锦上添花，
 dɯ^{33}dɯ^{33} ʂu^{55} k‘o^{21} mu^{33}	处处施凡作	号令所及处，
 ɕi^{55} mi^{33} ndʐu^{55}ʑɯ^{33} ʂu^{21}	七天美也聚	依天命凝聚，
 t‘a^{21} hɪ^{21} ve^{33} ʑɯ^{33}ndʐu^{55}	一界花也美	似遍地花繁，

	dʐɯ^{33} dʐa^{33} ga^{13} lɯ^{21}	响 在 嘎 娄	在嘎娄出名，
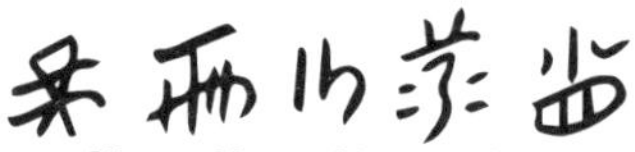	tɕu^{55} ve^{33} tʻa^{21} tʂʻɛ^{13} sɯ^{55}	莲花一棵似	像一棵莲花。
	dʐa^{33}su^{13} tʻɯ^{13} ma^{21} ŋu^{33}	样者叙不必	语言难形容，
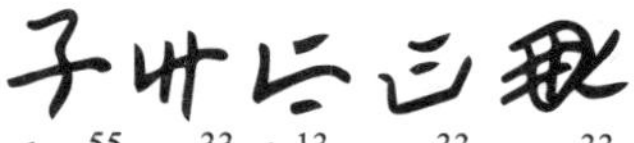	dɯ^{55}zɯ^{33} di^{13} tɯ^{33} ŋɯ^{33}	说也的就是	是有所指的。

	mu^{33} gɯ^{55} du^{33} a^{33} ɖɛ^{21}	慕勾地也宽	慕勾地方广，
	ɣɯ^{21} ȵɪ^{33} a^{33} tʂʻʅ^{21}	额 尼 阿 赤	君长额尼阿赤，
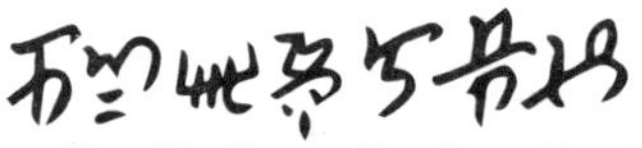	mi^{33}mi^{13}sʅ^{33}ndzu^{33}zu^{33}ŋɯ^{33}vi^{21}	天地神子是焉	是天地间神人，
	ȵɪ^{21} kʻu^{33} lɪ^{33}	日 威 来	遇到好日子，
	ȵɪ^{21} tsʻɯ^{21} lɪ^{33}	日 落 来	或不利日子，
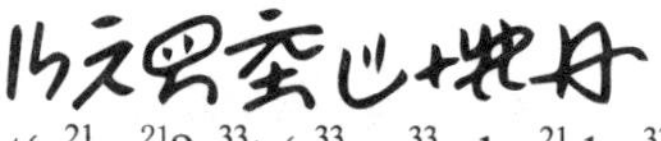	tʻa^{21}ȵɪ^{21}ʔu^{33}tsʻʅ^{33}ʐɯ^{33}ndzu^{21}dzo^{33}	一日头洗也髻绾	无日不洗发绾髻，
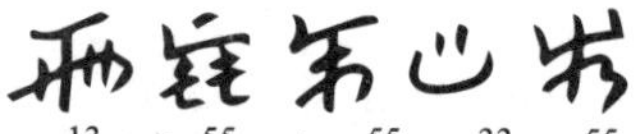	ve^{13} ɬɛ^{55} ndʐu^{55}ʐɯ^{33} gu^{55}	穿换美也戴	很讲究穿戴，

	dzu^{33}ʑi^{21} ndzu^{33} lu^{21} ɖɯ^{21}	阻依主了越	影响超越阻依地方[57]，
	mu^{33} gɯ^{55} du^{33} a^{33} ɖɛ^{21}	慕勾地也宽	慕勾地盘宽，
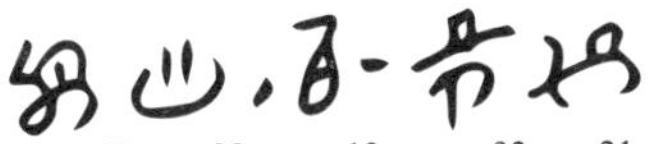	dʐa^{33}ʑɯ^{33} su^{13} ŋɯ^{33} vi^{21}	样也者是焉	就是这样的。
	mi^{33}mi^{13} lu^{33} ʈʻe^{13}ndzu^{33}	天地龙变君	天地间龙君，
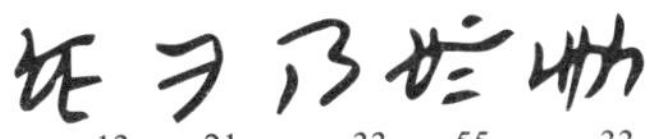	dɯ^{13} do^{21} dʑy^{33} ʂu^{55} ʑɛ^{33}	道朵举舒额	道朵氏君长举舒额[58]，
	kʻɯ^{33} kʻɛ^{55} za^{13}	顶 上 下	从天而降，
	ɖu^{21}ndzu^{33}lu^{21} na^{33} kʻo^{21}	人君洛那阔	化身人君洛那阿阔。
	ʑɿ^{33}ʑɯ^{33} mi^{33} ʈʻu^{13} bu^{33}	影也大白明	光彩照苍天，
	dɯ^{33} so^{21} ɳɯ^{55} ɬi^{55} lu^{33}	处雅片生了	开辟好地方，
	tɕʻo^{13}pʻi^{55} ʑɿ^{33} ɣa^{33} xɛ^{55}	六祖影也带	带六祖形象，
	xɛ^{21} kʻu^{33} da^{13} hu^{21}	甲 威 戟 势	尚武精神，
	pʻi^{55} tʻu^{21} ɬi^{33} lɿ^{21} tu^{13}	祖创孙来承	孙来传祖制。

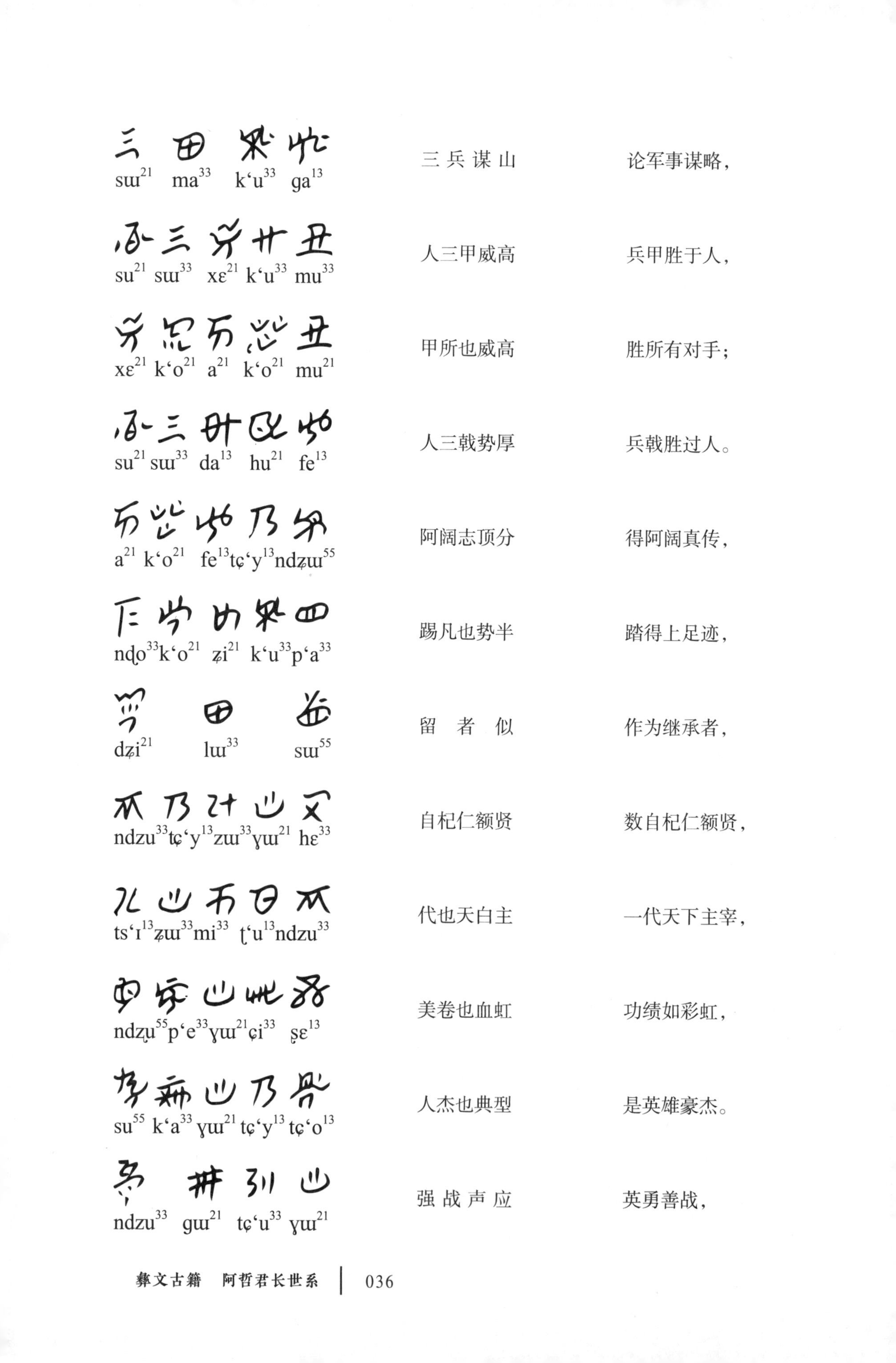

sɯ^{21} ma^{33} k‘u^{33} ga^{13}	三 兵 谋 山	论军事谋略，
su^{21} sɯ^{33} xɛ^{21} k‘u^{33} mu^{33}	人三甲威高	兵甲胜于人，
xɛ^{21} k‘o^{21} a^{21} k‘o^{21} mu^{21}	甲所也威高	胜所有对手；
su^{21} sɯ^{33} da^{13} hu^{21} fe^{13}	人三戟势厚	兵戟胜过人。
a^{21} k‘o^{21} fe^{13} tɕ‘y^{13} ndʑɯ^{55}	阿阔志顶分	得阿阔真传，
ndɖo^{33} k‘o^{21} ʑi^{21} k‘u^{33} p‘a^{33}	踼凡也势半	踏得上足迹，
dʑi^{21} lɯ^{33} sɯ^{55}	留 者 似	作为继承者，
ndzu^{33} tɕ‘y^{13} zɯ^{33} ɣɯ^{21} hɛ^{33}	自杞仁额贤	数自杞仁额贤，
ts‘ɿ^{13} ʑɯ^{33} mi^{33} ʈ‘u^{13} ndzu^{33}	代也天白主	一代天下主宰，
ndʐu^{55} p‘e^{33} ɣɯ^{21} ɕi^{33} ʂɛ^{13}	美卷也血虹	功绩如彩虹，
su^{55} k‘a^{33} ɣɯ^{21} tɕ‘y^{13} tɕ‘o^{13}	人杰也典型	是英雄豪杰。
ndzu^{33} gɯ^{21} tɕ‘u^{33} ɣɯ^{21}	强 战 声 应	英勇善战，

	va^{33} zɪ^{33} ndzɯ^{21} lu^{33}dzu^{33}	镇压议牛吃	为取胜而杀牛，
	vu^{55} na^{33} ma^{13} lɯ^{55} ʑɯ^{21}	鸟黑兵的出	出动了大兵，
	mi^{33} k‘ɛ^{33} tɕy^{33} tu^{13} mu^{33}	天北九千灭	在北歼敌九千。
	dʑy^{33} ȵɪ^{55} dʑy^{33} ʑɛ^{21}	野 兽 野 物	山上的动物，
	lu^{33} ʑɯ^{21} ʂɛ^{13} lɪ^{21} tʂɯ^{55}	兵器长来收	用兵器降服。
	dʑy^{33} tɕu^{55} dʑy^{33} mo^{33}	野 果 野 实	山上的果实，
	xɛ^{21} dʑo^{21} ʈ‘u^{13} lɪ^{21} so^{21}	路道辟来还	开道路收集。
	nɛ^{13} vu^{33} ʈ‘u^{13} ʂu^{55} ʈ‘u^{13}	近远管收管	远近都顾及，
	ʑɯ^{21}no^{33}k‘ɯ^{33}ʑɯ^{33}ŋu^{21}lɪ^{21}no^{33}	去乃到也样来呢	来去都自如，
	mɛ^{33}dʐɛ^{55} tɛ^{55} so^{33} ŋu^{21}	名挂商好样	名望用礼仪。
	vu^{55} hɪ^{21} k‘ɯ^{33} lu^{21} no^{33}	家屋到来呢	回到家之后，
	vu^{33} ʑɯ^{33} t‘a^{21} gɯ^{21} ʑɪ^{33}	远也一仗打	往远处攻打，

 nɛ^{13} ʑɯ^{33} tʻa^{21} sʅ^{55} so^{21}	近也一交好	在近处交好，
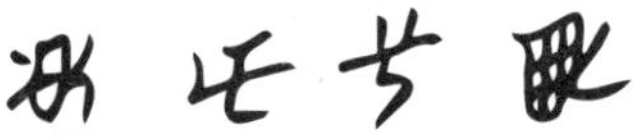 ta^{33} la^{13} tʻu^{33} ʑu^{21}	抱 手 心 象	掌握在手心，
 tʻa^{21}ʑi^{55} kʻa^{33} ndʐʅ^{33} bi^{55}	一番强奠献	把英雄奖励。
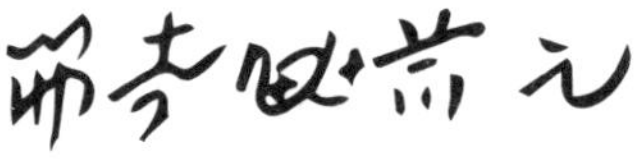 lu^{21} ʂu^{21} ɖu^{21} zɪ^{13} ɣo^{55}	鲁勺笃任家	鲁勺笃任君长，
 dʑi^{21} ku^{55} hu^{21} tɕʻo^{13}	日轨月象	像日月当空，
 ʑɪ^{33} dɯ^{13} tɕʻo^{13}sɯ^{55} tɕʻy^{13}	影出添样粗	不断添光彩，
 hɛ^{33} tɛ^{55} mo^{21} ma^{21} te^{33}	贤商高不让	居高不让人，
 mbo^{55}ɣo^{21}tsʻɛ^{13} ʂɛ^{13} no^{33}	盖也采舍呢	如采舍强势，
 tʻu^{33} lu^{33} ɬi^{33} ʈʻu^{55}	宇 宙 四 面	在东南西北，
 lu^{33} ɣɯ^{33} xɛ^{21} da^{13}	兵 器 甲 戟	以坚兵利甲，
 xɯ^{21}gu^{21} gɯ^{55} ʑɯ^{33} tʂʻʅ^{21}	湖处鹤也展	如鹤居湖中，
 mo^{21}ɣo^{13} ʑɯ^{33} ʑɯ^{21} ʂʅ^{33}	大下也起兴	有大人风范。

tɛ^{13} mɛ^{33} vu^{55} tɕ‘u^{33} so^{21}　　云尾鸟声雅　　如天际鸟声，

ʈu^{21} so^{21} ku^{33} ʐɯ^{33} vu^{55}　　鸣雅穹也远　　优雅传得远，

hɛ^{33} ʐɯ^{33} hu^{21} nu^{33} lɯ^{55}　　好也山后去　　传到山外去，

dʐa^{33} su^{13} t‘ɯ^{13} ma^{21} ŋu^{33}　　样者叙不必　　语言难形容，

dɯ^{55} dʐo^{21} ɣo^{21} dɪ^{13} dʐɯ^{33}　　说在有者响　　影响流传着，

dɯ^{55} ɣa^{33} dɪ^{13} tɯ^{33} ŋɯ^{33}　　说也者就是　　是这样说的。

ʂʅ^{33} ɣɯ^{33} t‘u^{55}　　先　前　时　　从前的时候，

na^{33} k‘o^{21} pu^{13} ndzu^{33} ɣo^{55}　　那苦布则家　　那苦布则君长，

ʐɪ^{33} ɣo^{13} ɳɪ^{33} tʂ‘a^{33} ʂɛ^{13}　　影内乃蒂长　　影响时间长，

ndzu^{33} t‘o^{21} mo^{21} ma^{21} te^{33}　　强底高不让　　居高不让人，

ku^{33} sɛ^{21} lɯ^{55} lɪ^{21} k‘u^{33}　　穹主上来求　　守制求上进，

 dʐɯ^{33}tɪ^{13} ʑi^{55} dzɛ^{21} dzɛ^{21}	响在花朗朗	名声有光彩，
 kʻu^{33} hu^{33} tɕi^{13} tɕʻo^{21} ʑɛ^{33}	威福形象大	形象威福大。
 lu^{33} pʻu^{55} bu^{21} ndʑo^{33} ɣo^{55}	鲁铺布局家	鲁铺布局君长，
 sa^{13} ʑɪ^{33} ŋɛ^{21} hu^{21}	气 影 浊 魂	精神志气，
 ndzu^{33}dɯ^{13}tʂʻʅ^{21}tɕy^{33}tsʻɪ^{13}	君出此九代	九代君长中，
 ɣo^{13} lɯ^{55} hɪ^{21} tʻi^{55} tʂʻɛ^{21}	丽的干依台	都属于上乘。
 mi^{33} ʈʻu^{13} ʈu^{21} zɯ^{33} zɯ^{33}	天白亮晶晶	苍天般光明，
 dʐa^{33}su^{13} tʻɯ^{13} ma^{21} ŋu^{33}	样者叙不必	语言难形容，
 dɯ^{55}ɣa^{33} dɪ^{13} tɯ^{33} ŋɯ^{33}	说也者就是	是这样说的。

 ʂʅ^{33} ɣɯ^{33} tʻu^{55}	先 前 时	从前的时候，
 ndzu^{33}mu^{55}dʐɯ^{21}ba^{33}ɣo^{55}	君长直罢家	君长直罢家，

	ɣo^{13} lɯ^{55} ʈʻu^{13} ŋɯ^{33} ŋɯ^{33}	丽的明晃晃	光明磊落，
	hɛ^{33}tʂʻa^{33} ɖu^{21} ɣo^{21} dʑi^{33}	恩蒂落有境	恩泽于境内，
	tsʻɛ^{13}ɣo^{13} pʻi^{21} kʻu^{33} mu^{33}	细里制威高	制度讲细微，
	tʻa^{21}tʂʻa^{33}ndʐu^{55}dɯ^{13}dzɯ^{55}	一蒂美出花	犹锦上添花，
	tʂɯ^{55}kʻu^{33} mu^{33} bi^{21} bi^{21}	治威高昂昂	权力威望高，
	lu^{33} tɕʻɯ^{21} bu^{33} pʻi^{21} ɣo^{21}	民间善制有	民间尊善道，
	dɯ^{13} do^{21} mu^{21} ʑɪ^{33} ʑi^{55}	道朵天影朗	道朵氏依天意，
	hɛ^{33} ʑɯ^{33} tsʻɪ^{13} za^{13} lɪ^{33}	贤也代降来	把贤君降下，
	pʻu^{21} kɯ^{55} ɖɛ^{21} ʑɯ^{33} ɖu^{21}	地岸满也人	境内的人们，
	mu^{33}kʻɛ^{33}ndʐu^{55}dʐa^{33}bu^{21}	慕柯珠扎博	在慕柯珠扎博[59]，
	ȵy^{21} nɯ^{21} ʂɿ^{21} ʂo^{21} ndzo^{13}	尼能什勺效	仿效尼能和什勺[60]。
	gɯ^{55} tɕʻi^{13}ʑɯ^{33} ʈa^{13} du^{21}	鹤脚也鹰翅	如鹤脚鹰翅展开，

 ndzu^{33}dzu^{21}k‘u^{33}bi^{21} bi^{21}	君住威凛凛	君长威风凛凛，
 tsu^{55}ts‘o^{13}ʑɯ^{33} p‘e^{33} tʂ‘ʅ^{21}	官持也卷展	安邦展才华，
 hɛ^{33} mu^{21} tʂ‘a^{33} lu^{33} lo^{13}	善作源与了	从头理善源，
 nɯ^{55}ʑɯ^{33}ʑo^{21} k‘u^{33} hu^{33}	彝也已法魂	彝家的传统。
 mu^{55}mu^{33} tʂa^{33} ʔu^{33} tɪ^{13}	臣为算头带	大臣有谋略，
 fe^{13} zɯ^{33} tɕy^{33} ŋɯ^{21} ŋɯ^{21}	权掌九样样	掌权很复杂。
 dʐɯ^{21}mu^{55}xɯ^{21}tʂa^{33} ts‘o^{13}	奴老铁链持	老奴持刑具，
 k‘o^{21}ʂu^{21} me^{13} ʈ‘o^{21} ʈ‘o^{21}	法执累疲疲	执法很累人。
 dʐa^{33}su^{13} t‘ɯ^{13} ma^{21} ŋu^{33}	样者说不必	语言难形容，
 dɯ^{55}ɣa^{33} dɪ^{13} tɯ^{33} ŋɯ^{33}	说也者就是	是这样说的。

 ndzu^{33}mu^{55}fe^{13} ɬo^{13} ɣo^{55}	君长奋陇者	陇奋君长[61]，

 ndu^{21}gu^{21} mu^{21} mu^{21}tʂɛ^{55}	宫殿样样聚	宫殿一排排，
 ndzu^{33}hɛ^{33} fe^{13} tsu^{55}ts‘o^{13}	君贤政道持	贤君来安邦。
 mi^{33} ku^{55} ɬi^{33} lu^{21} lu^{21}	天穹四边边	在天下四方，
 tɕ‘o^{13}ʑɛ^{33} ʂu^{55} du^{33} mo^{21}	六大施眼大	面面都顾及，
 lu^{21} ɣa^{33} dʐɯ^{21} ʂu^{21} ko^{13}	民也奴聚靠	把民众体贴，
 ŋɯ^{13} ŋo^{55} lo^{33} mɛ^{13}	恩 敖 与 近	赶上恩敖氏[62]。
 nu^{55} lɪ^{21} su^{13} ndʑo^{13}	事 来 人 上	事在人为，
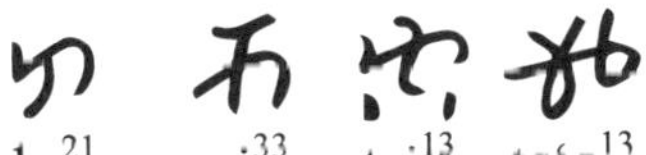 hɪ^{21} mi^{33} tɕi^{13} ts‘ɛ^{13}	十 大 根 探	探索天道，
 ndy^{55} ȵɪ^{33} ga^{13} ma^{21}t‘ɯ^{13}	想也山不越	追求无出入，
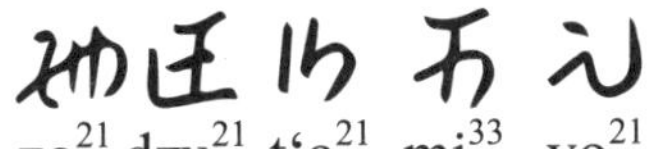 ʑo^{21} dzu^{21} t‘a^{21} mi^{33} ɣo^{21}	己居一天得	得一片天下，
 dzu^{21}dʐa^{33}su^{13} ŋɯ^{33} vi^{21}	居在者是焉	与机遇有缘，
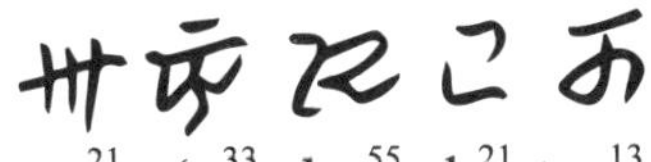 ȵy^{21} p‘e^{33} lɯ^{55} lɪ^{21} tsy^{13}	青卷阳来召	青史载天道。

	mu^{33} t‘a^{21} t‘u^{55} ʐɯ^{33} no^{33}	天一时也呢	在那个时间[63]，
	ndʐo^{21} ɣa^{33} lu^{21} dʑi^{33} ɣo^{55}	杨应龙的家	杨应龙家，
	ʈ‘u^{13} vu^{33} ʑɛ^{33}	白　力　大	尚白色的势力大，
	t‘a^{21} lɯ^{33} gu^{21} ʐɯ^{33} lɯ^{55}	一个中也往	我行我素，
	tu^{13} lu^{33} to^{55} lɪ^{21} ŋgɛ^{21}	怂的恿来行	聚集起来进攻，
	ɣɪ^{13} mu^{33} de^{33} mu^{33}	锯 的 割 的	或砍或杀，
	dzɯ^{33} na^{33} vu^{33} lɯ^{21} sɯ^{55}	鹞黑聚的似	像鹞群聚集。
	p‘ɛ^{33} ȵy^{21} p‘ɛ^{33} nɯ^{21}	旗 青 旗 红	青红旗帜，
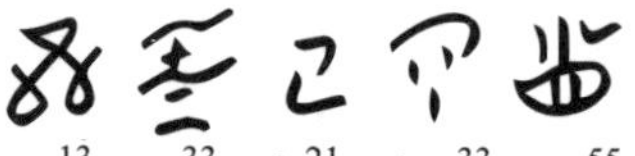	sɛ^{13} vɛ^{33} lɪ^{21} lɯ^{33} sɯ^{55}	虹横来的似	犹如彩虹出，
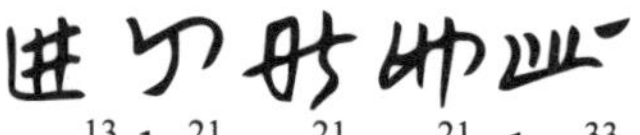	ma^{13} hɪ^{21} ʐɯ^{21} ʑy^{21} dzo^{33}	兵万滑流栽	上万兵涌进，
	ɬi^{33} lu^{21} lu^{21} ʂɛ^{13} ȵɪ^{21}	四处处阵设	四处设阵地，
	pu^{55} ho^{21} lo^{33} t‘a^{33} ɖu^{55}	大雨石上落	如大雨击石。

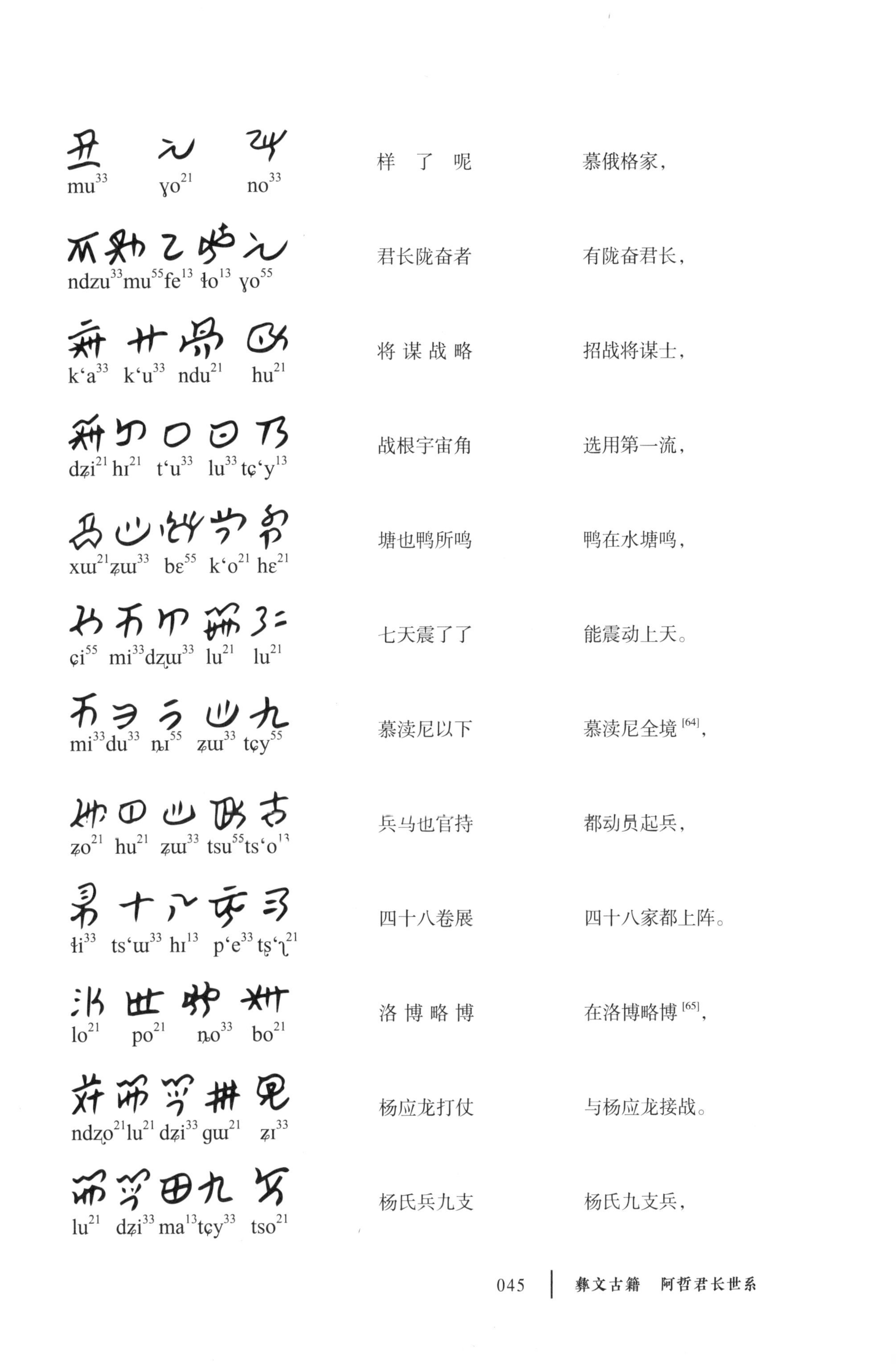

mu^{33} ɣo^{21} no^{33}	样 了 呢	慕俄格家，
ndzu^{33}mu^{55}fe^{13} ɬo^{13} ɣo^{55}	君长陇奋者	有陇奋君长，
k‘a^{33} k‘u^{33} ndu^{21} hu^{21}	将 谋 战 略	招战将谋士，
dʑi^{21} hɪ^{21} t‘u^{33} lu^{33} tɕ‘y^{13}	战根宇宙角	选用第一流，
xɯ^{21}ʑɯ^{33} bɛ^{55} k‘o^{21} hɛ^{21}	塘也鸭所鸣	鸭在水塘鸣，
ɕi^{55} mi^{33}dʐɯ^{33} lu^{21} lu^{21}	七天震了了	能震动上天。
mi^{33}du^{33} ȵɪ^{55} ʑɯ^{33} tɕy^{55}	慕渎尼以下	慕渎尼全境[64]，
ʑo^{21} hu^{21} ʑɯ^{33} tsu^{55}ts‘o^{13}	兵马也官持	都动员起兵，
ɬi^{33} ts‘ɯ^{33} hɪ^{13} p‘e^{33} tʂ‘ʅ^{21}	四十八卷展	四十八家都上阵。
lo^{21} po^{21} ȵo^{33} bo^{21}	洛 博 略 博	在洛博略博[65]，
ndʐo^{21}lu^{21} dʑi^{33} gɯ^{21} ʑɪ^{33}	杨应龙打仗	与杨应龙接战。
lu^{21} dʑi^{33} ma^{13}tɕy^{33} tso^{21}	杨氏兵九支	杨氏九支兵，

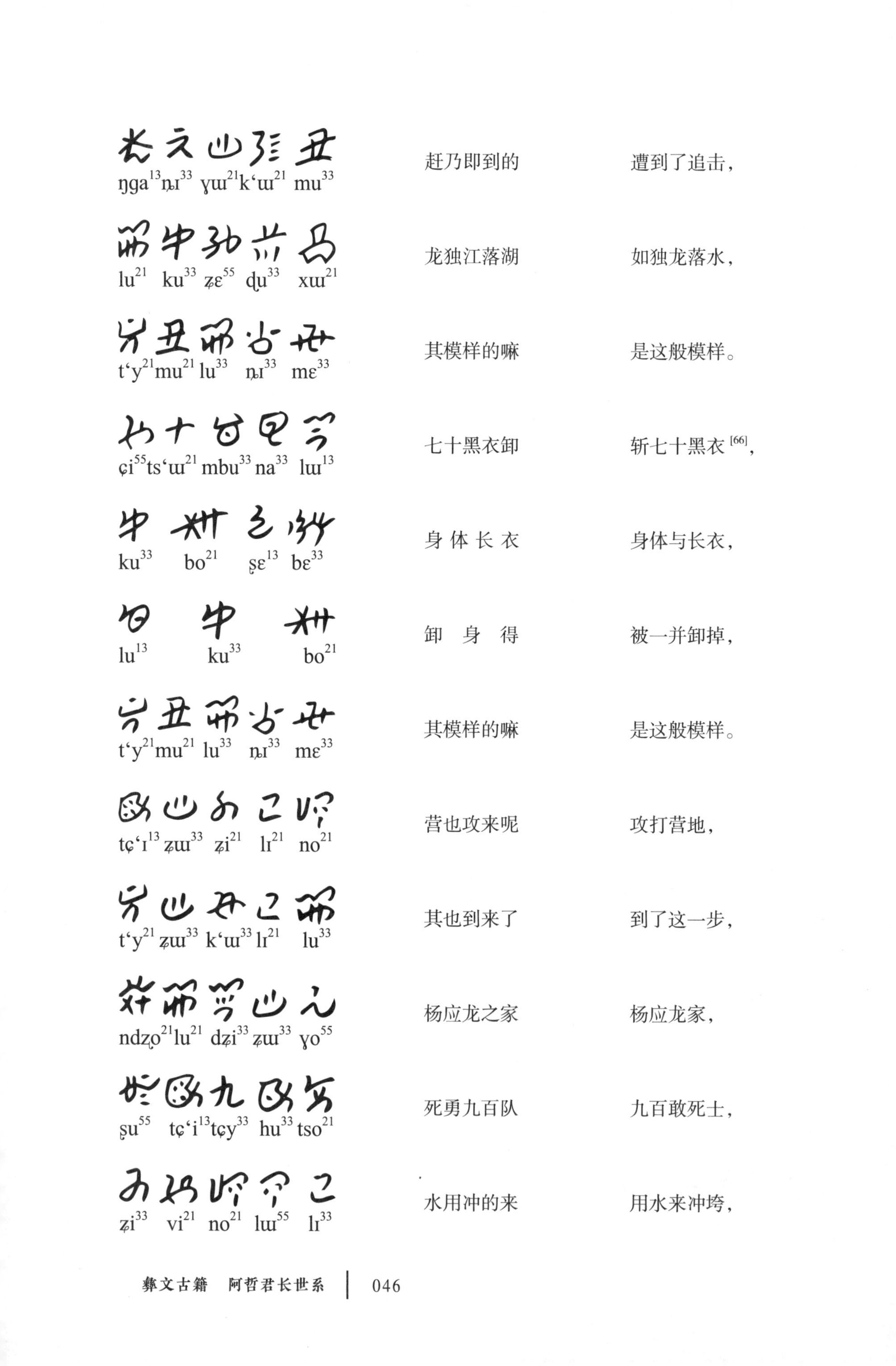

ŋga^{13}ȵɪ^{33} ɣɯ^{21}k‘ɯ^{21} mu^{33}	赶乃即到的	遭到了追击，
lu^{21} ku^{33} ʑɛ^{55} ɖu^{33} xɯ^{21}	龙独江落湖	如独龙落水，
t‘y^{21}mu^{21} lu^{33} ȵɪ^{33} mɛ^{33}	其模样的嘛	是这般模样。
ɕi^{55}ts‘ɯ^{21} mbu^{33} na^{33} lɯ^{13}	七十黑衣卸	斩七十黑衣[66]，
ku^{33} bo^{21} ʂɛ^{13} bɛ^{33}	身 体 长 衣	身体与长衣，
lu^{13} ku^{33} bo^{21}	卸 身 得	被一并卸掉，
t‘y^{21}mu^{21} lu^{33} ȵɪ^{33} mɛ^{33}	其模样的嘛	是这般模样。
tɕ‘ɪ^{13} ʑɯ^{33} ʑi^{21} lɪ^{21} no^{21}	营也攻来呢	攻打营地，
t‘y^{21} ʑɯ^{33} k‘ɯ^{33} lɪ^{21} lu^{33}	其也到来了	到了这一步，
ndʐo^{21}lu^{21} dʑi^{33} ʑɯ^{33} ɣo^{55}	杨应龙之家	杨应龙家，
ʂu^{55} tɕ‘i^{13}tɕy^{33} hu^{33} tso^{21}	死勇九百队	九百敢死士，
ʑi^{33} vi^{21} no^{21} lɯ^{55} lɪ^{33}	水用冲的来	用水来冲垮，

tɕʻi^{13} ʑɯ^{33} ʑi^{21} lɪ^{33} no^{33}	营也攻来呢	攻打营地，
tʻy^{21} ʑɯ^{21} lu^{33} ɳɪ^{33} mɛ^{33}	其模样的嘛	是这般模样。
lu^{21} dʑi^{33} ɣo^{21} ɣo^{33}pʻo^{21}	杨氏速速逃	杨氏速溃逃，
a^{21} ndʐɛ^{21} ɣo^{21} ɣo^{21} ŋga^{13}	阿哲速速追	阿哲速追杀。
bɛ^{55} lɛ^{33} fa^{13} ʈʻu^{13} ʈʻɯ^{21}	播勒法吐越	越过播勒法吐[67]，
ndʐo^{21}lu^{21} dʑi^{33} ʑɯ^{33} ɣo^{55}	杨应龙之家	杨应龙的兵，
tʻa^{21} hɪ^{21} fa^{13} ʑɯ^{33} ʈʻɯ^{33}	一万崖也坠	坠崖上万人，
vu^{33} ʔu^{33} tɕy^{33} hu^{33} lɯ^{33}	武头九百个	九百个首级，
bɛ^{55} lɛ^{33} fa^{13} ʈʻu^{13}tʂʻɛ^{55}	播勒法吐挂	挂在播勒法吐。
bɛ^{55} lɛ^{33} fa^{13} ʈʻu^{13}	播 勒 法 吐	播勒法吐崖，
lu^{21} dʑi^{33} ʔu^{33} tʂʻɛ^{55} fa^{13}	罗举翁车法	罗举翁车法[68]。
tʻy^{21} mu^{21} lu^{33} ɳɪ^{33} mɛ^{33}	它模样乃名	是这般模样。

t‘o^{21} po^{33} tʂu^{13} ɣo^{21} tʂo^{13}	踏返打也转	凯旋归来后，
vu^{55} hɪ^{21} k‘ɯ^{33} lɪ^{21} no^{33}	家屋到来呢	回到家总结：
pu^{13} ʑɯ^{33} t‘a^{21} gɯ^{21} ʑɪ^{33}	勃乃一打仗	奋力打一仗，
nɛ^{13} ʑɯ^{33} t‘a^{21} sɿ^{55} so^{21}	春也一顺利	才得到安宁。
fa^{13} go^{33} hu^{21} so^{33}	法戈雄所	在法戈雄所，
t‘a^{21} ʑi^{55} t‘u^{55} ɳɪ^{13} mu^{21}	一番时祭祖	举行祭祖仪式。
ʈ‘u^{13} ʈu^{55} ʂɛ^{13} ba^{13}	银 片 金 块	银片金块，
tʂɛ^{55} ʑɯ^{33} hɪ^{21} hu^{21} lu^{33}	顶也天山岳	堆到山顶，
kɛ^{55} fu^{33} ne^{33} ʑɯ^{21} hɪ^{21}	贵富乃也根	把富贵展示，
sa^{13} sɯ^{55} ɣa^{33} t‘a^{21} dɯ^{55}	怎似也莫云	别说是过分。
t‘a^{21} ʑi^{55} t‘y^{21} mu^{21} nu^{55}	一番其为曾	曾有过这事。

 ndzu^{33}mu^{55}lu^{33}ndʑu^{13}ɣo^{55}	君长鲁局家	鲁局君长家，
 p‘o^{21}lɯ^{21} ku^{33} ɣo^{21} tsɪ^{13}	光辉穹里为	有辉煌事迹，
 ndʑo^{13}su^{13} hɪ^{21} gu^{21} ts‘o^{13}	上人天空操	大人遵天道，
 fe^{13} zɯ^{33} k‘u^{33} ha^{13} lo^{13}	权掌境守了	掌权守社稷，
 tɛ^{13} mo^{21} hu^{21} p‘o^{21} bu^{33}	云高山明亮	如蓝天下高山，
 dʑo^{21} ɣa^{33} ʂʅ^{33} xo^{21} lu^{33}	在也顺通了	心胸坦荡了。
 ndzu^{33}mu^{55} ȵɪ^{55} ve^{33} ȵɪ^{13}	君长二兄弟	君长两弟兄[69]，
 ndʐu^{55}dʑi^{21}ɣo^{13} hu^{21} bu^{21}	耀日皎月亮	如耀日皎月，
 bo^{21} ʐɯ^{33} no^{33} tsɛ^{13} tsɛ^{13}	亮也光闪闪	光明磊落，
 t‘a^{21} lɯ^{33} lo^{13} lu^{21} no^{33}	一个是了呢	人品是这样。
 ndzu^{33}mu^{55} ve^{13} tɕu^{55} ɣo^{21}	君长兄二者	君长两弟兄，
 ʑɪ^{33} ɣo^{13} ȵɪ^{33} mu^{21} mu^{21}	影内也高高	高风亮节，

 ve^{13}ndzu^{33}lɯ^{21} ɣo^{21} ʂɛ^{13}	兄君去也长	君兄去得早，
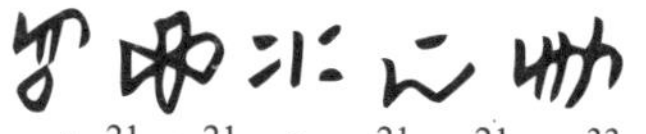 ndu^{21}gu^{21}ndzɯ^{21}ɣo^{21} ʐɛ^{33}	宫殿议也大	宫内议大事，
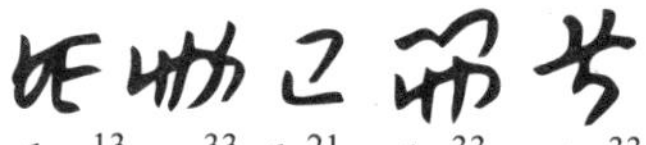 dɯ^{13} ʐɛ^{33} lɪ^{21} lu^{33} t‘u^{33}	出大来者创	开拓创新，
 lɯ^{55} hɪ^{21} ɳɪ^{55} tʂ‘ʅ^{21} ɣo^{13}	屋室大厅内	在大殿上，
 ʐɛ^{33} tɕ‘u^{33} ʐɛ^{33} lɪ^{21} ha^{13}	长威长来护	护长者威信，
 mi^{55}mu^{21} ɳɯ^{13} mo^{55} lɯ^{21}	话作依靠圆	语言上周到。
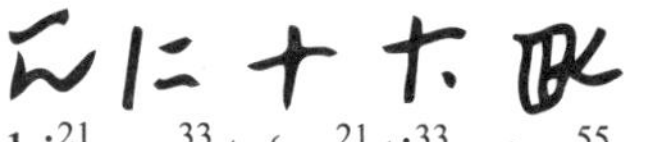 bi^{21} mɛ^{33} ts‘ɯ^{21} ti^{33} tsu^{55}	布默十一官	布默十一位头目，
 dʐʅ^{21}mi^{55} ku^{33} ʐɯ^{33} tu^{33}	真话中也放	都坦诚相待，
 xɯ^{55}ʐɯ^{33} lu^{21} ɣa^{33} dʐɯ^{21}	引也民与奴	引导亲随者，
 ɣɯ^{21}dzu^{21}p‘u^{21} ɖɛ^{21} ɖu^{21}	内居地满人	与境内民众，
 fe^{13} ɣa^{33} ɣo^{13} mu^{33} hɯ^{13}	志也腹的护	大志满腹，
 ɕi^{55} mu^{33}k‘o^{21} mu^{21} sɯ^{55}	七天凡高似	像天一样高。

 hu^{21} dʐɛ^{55} va^{33} ma^{21} vu^{21}	魂升惊不慌	处变不惊，
 ndʑo^{55} ʑo^{33} tɕʻo^{13} tʂʻa^{33} ʂɛ^{13}	藤长六蒂长	藤茂盛蒂长长，
 hɪ^{21} bɛ^{33} tʻu^{55} ʑɯ^{33} ɣɯ^{55}	根粗厚以内	根粗内厚实，
 pʻi^{55} lɪ^{21} gɯ^{21} fe^{13} zɯ^{33}	祖来嫡权掌	祖权的嫡传，
 ŋɯ^{33} ʑɯ^{33} ʂʅ^{33} xo^{21} lu^{33}	真也顺通了	真正理顺了。
 ndzu^{33} mu^{55} ve^{13} tɕu^{55} ɣo^{55}	君长兄二者	君长二兄弟，
 tʂʻu^{33} mbo^{33} tsʻɯ^{21} ŋu^{33} hu^{21}	孤满十五月	孤儿长到十五月，
 na^{21} tɕʻu^{33} ma^{21} ho^{21} mi^{13}	你容不见地	兄长不见了，
 tʻy^{21} lo^{33} vu^{33} ɣo^{21} no^{33}	此与远也呢	渐行渐远了。
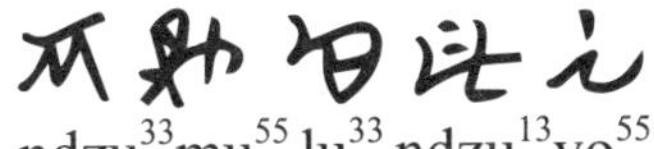 ndzu^{33} mu^{55} lu^{33} ndʑu^{13} ɣo^{55}	君长鲁局家	鲁局君长家，
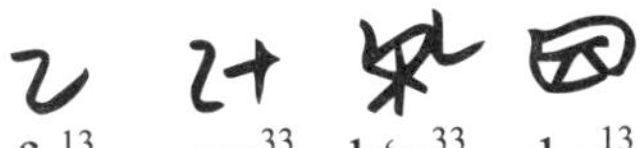 fe^{13} zɯ^{33} kʻu^{33} ha^{13}	权 掌 境 守	掌权守社稷，
 nɯ^{13} dʐɛ^{55} hu^{21} pʻo^{21} bu^{33}	雾升山光明	雾散山明朗，

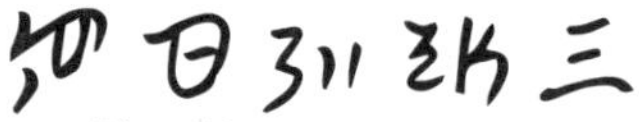 dzɛ^{21}ʈ‘u^{13}tɕ‘u^{33} so^{21} sɯ^{55}	鼓白声雅似	如大鼓声雅，
 dʐo^{21}ɣa^{33} dɪ^{13} ŋɯ^{33} lu^{33}	在也者是了	是这样的人。
 ndzu^{33}mu^{55}lu^{33}ndʑu^{13}ɣo^{55}	君长鲁局者	鲁局君长，
 fe^{13} zɯ^{33} k‘u^{33} ha^{13}	权 掌 境 守	掌权守社稷，
 ts‘o^{13}k‘u^{33} lɪ^{21} tɯ^{13} ȵɪ^{33}	持愿来唯居	作唯一追求，
 ma^{13} hɪ^{21} tʂ‘u^{33} ʑɯ^{33} vɛ^{33}	未午半也晚	时不我待，
 fi^{55} ʑɯ^{33} vu^{33} ʂa^{33}	东 也 远 汉	东面的汉人，
 tɕ‘o^{13}p‘i^{55}ɖu^{21} mu^{33} mu^{21}	六祖人睦和	与彝人和睦。
 t‘y^{21} lo^{33} vu^{33} ɣo^{21} no^{33}	此与远也呢	就在这以后，
 mu^{33} ɣo^{21} gɯ^{55}	慕 俄 勾	慕俄勾，
 t‘u^{33} a^{21} ndʑɛ^{21}ʑɯ^{33} ɣo^{55}	妥阿哲之家	妥阿哲家，
 lɯ^{55} hɪ^{21} fe^{13} zɯ^{33} ndzu^{33}	屋室权掌君	主政的君长，

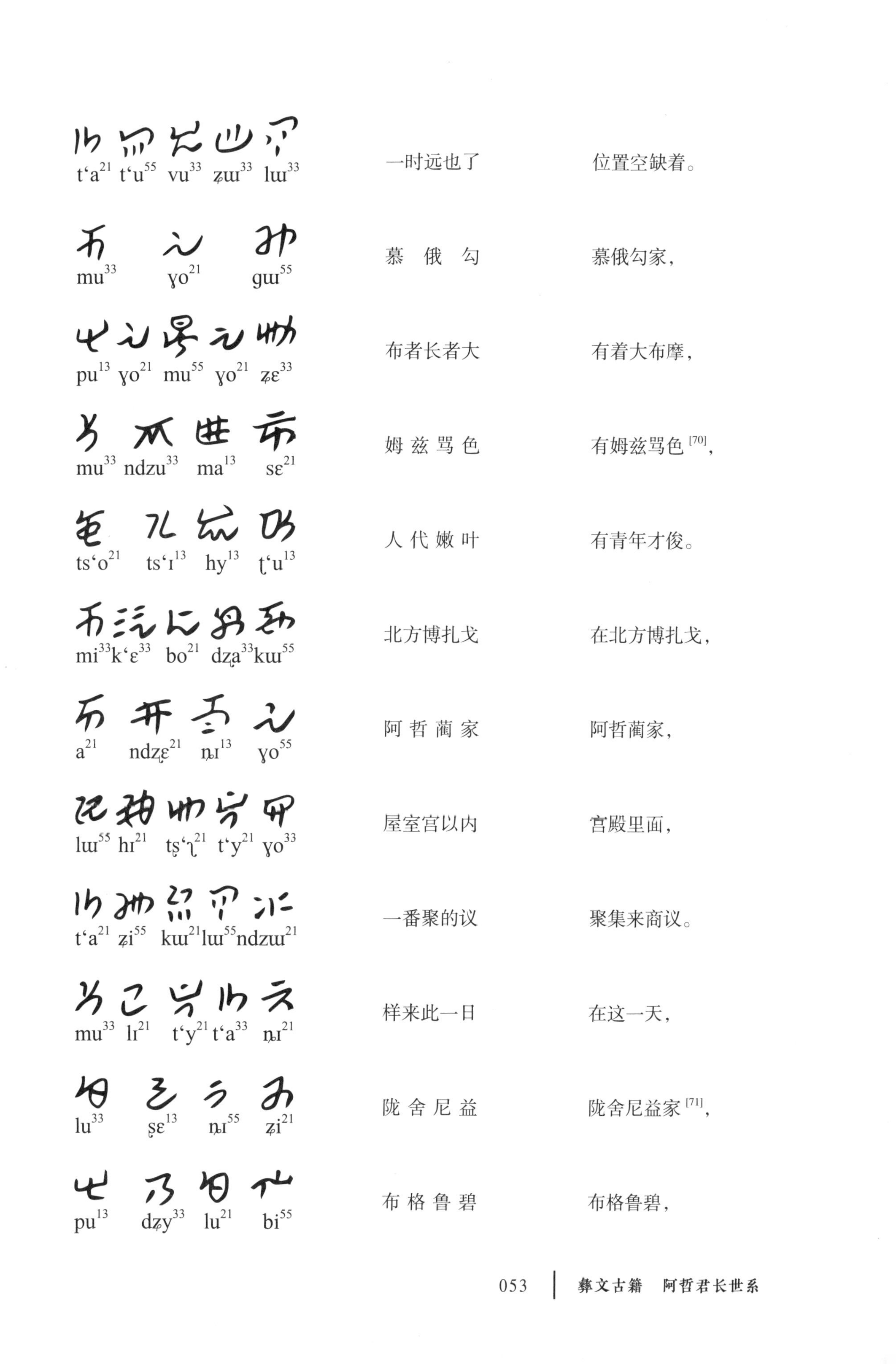

t‘a^{21} t‘u^{55} vu^{33} ʑɯ^{33} lɯ^{33}	一时远也了	位置空缺着。
mu^{33} ɣo^{21} gɯ^{55}	慕 俄 勾	慕俄勾家，
pu^{13} ɣo^{21} mu^{55} ɣo^{21} ʑɛ^{33}	布者长者大	有着大布摩，
mu^{33} ndzu^{33} ma^{13} sɛ^{21}	姆 兹 骂 色	有姆兹骂色[70]，
ts‘o^{21} ts‘ɪ^{13} hy^{13} ʈ‘u^{13}	人 代 嫩 叶	有青年才俊。
mi^{33}k‘ɛ^{33} bo^{21} dʐa^{33}kɯ^{55}	北方博扎戈	在北方博扎戈，
a^{21} ndʐɛ^{21} ɳɪ^{13} ɣo^{55}	阿 哲 蔺 家	阿哲蔺家，
lɯ^{55} hɪ^{21} tʂ‘ʅ^{21} t‘y^{21} ɣo^{33}	屋室宫以内	宫殿里面，
t‘a^{21} ʑi^{55} kɯ^{21}lɯ^{55}ndzɯ^{21}	一番聚的议	聚集来商议。
mu^{33} lɪ^{21} t‘y^{21} t‘a^{33} ɳɪ^{21}	样来此一日	在这一天，
lu^{33} ʂɛ^{13} ɳɪ^{55} ʑi^{21}	陇 舍 尼 益	陇舍尼益家[71]，
pu^{13} dʑy^{33} lu^{21} bi^{55}	布 格 鲁 碧	布格鲁碧，

	t‘y^{21}ʐɯ^{33} ʐu^{21}mba^{33} lɯ^{33}	他也取讲了	开了口说道：
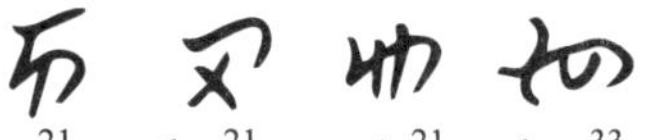	a^{21} hɛ^{21} tʂ‘ʅ^{21} dʐo^{33}	而 今 现 在	目前现在，
	mu^{33}du^{33} ȵɪ^{55} ʐɯ^{33} tɕy^{55}	慕度尼之间	在慕度尼全境，
	pu^{13} ɣo^{21} mu^{55} ɣo^{21} ʐɛ^{33}	布者长者大	有着大布摩，
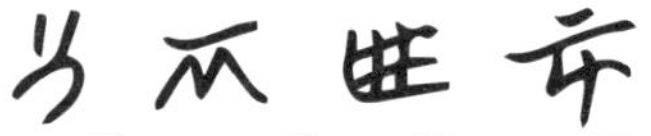	mu^{33} ndzu^{33} ma^{13} sɛ^{21}	姆 兹 骂 色	有姆兹骂色，
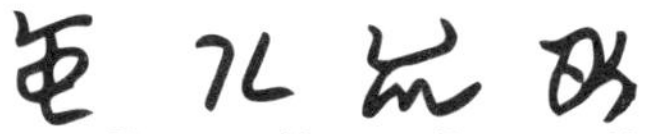	ts‘o^{21} ts‘ɪ^{13} hy^{13} ʈ‘u^{33}	人 代 嫩 叶	有青年才俊，
	tʂ‘u^{33}ʐɯ^{33}k‘o^{21} hɛ^{13} su^{13}	此也凡站者	凡是在座的，
	mu^{55}ʐo^{33} tɕ‘ɪ^{13} t‘u^{55} tɛ^{55}	长者导开议	长者来开导，
	ȵy^{33} nu^{33} ɬi^{33} tɕ‘y^{13} pa^{33}	牛耳生角伴	如竖起的牛耳，
	ga^{13} mu^{33} nu^{13} lo^{33} ma^{21}	专注听了嘛	要仔细听着。
	tʂ‘ʅ^{21} ha^{33} mi^{33} tʂ‘ʅ^{21} t‘u^{55}	今夜天此时	今夜这时候，
	na^{21} ɕi^{33} mu^{33} ɣo^{21}gɯ^{55}	你咱慕俄勾	咱们慕俄勾，

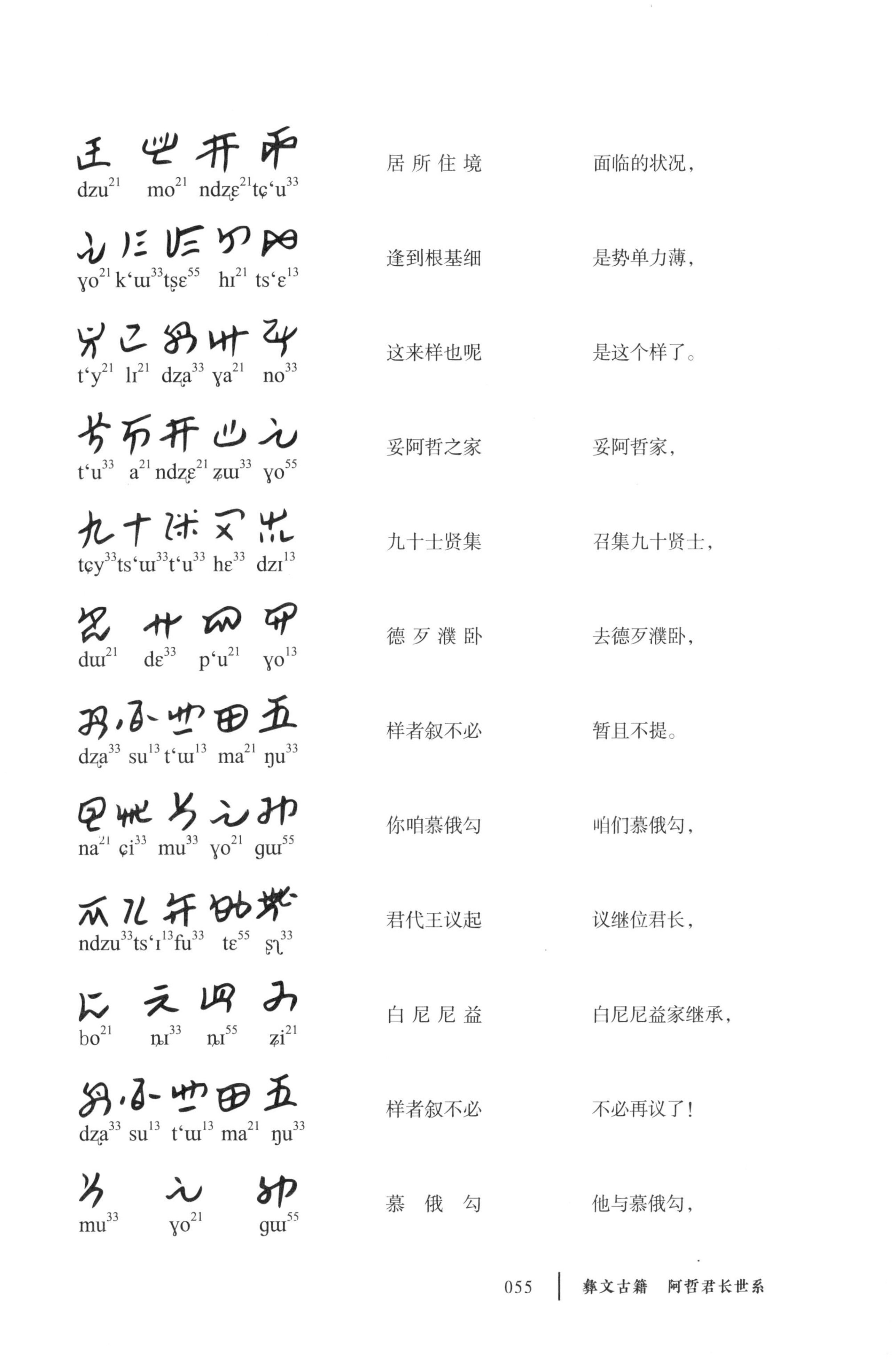

dzu^{21} mo^{21} ndʐɛ^{21}tɕ'u^{33}	居 所 住 境	面临的状况，
ɣo^{21} k'ɯ^{33}tʂɛ^{55} hɪ^{21} ts'ɛ^{13}	逢到根基细	是势单力薄，
t'y^{21} lɪ^{21} dʐa^{33} ɣa^{21} no^{33}	这来样也呢	是这个样了。
t'u^{33} a^{21} ndʐɛ^{21} ʑɯ^{33} ɣo^{55}	妥阿哲之家	妥阿哲家，
tɕy^{33}ts'ɯ^{33}t'u^{33} hɛ^{33} dzɪ^{13}	九十士贤集	召集九十贤士，
dɯ^{21} dɛ^{33} p'u^{21} ɣo^{13}	德 歹 濮 卧	去德歹濮卧，
dʐa^{33} su^{13} t'ɯ^{13} ma^{21} ŋu^{33}	样者叙不必	暂且不提。
na^{21} ɕi^{33} mu^{33} ɣo^{21} gɯ^{55}	你咱慕俄勾	咱们慕俄勾，
ndzu^{33}ts'ɪ^{13}fu^{33} tɛ^{55} ʂʅ^{33}	君代王议起	议继位君长，
bo^{21} ȵɪ^{33} ȵɪ^{55} ʑi^{21}	白 尼 尼 益	白尼尼益家继承，
dʐa^{33} su^{13} t'ɯ^{13} ma^{21} ŋu^{33}	样者叙不必	不必再议了！
mu^{33} ɣo^{21} gɯ^{55}	慕 俄 勾	他与慕俄勾，

 bo^{21} ʐɯ^{33} nɯ^{55} mu^{33} lɯ^{55}	山移彝地去	如山立彝地，
 mu^{33} ʐɯ^{33} p‘i^{55} k‘ɯ^{33}	高 乃 同 祖	与祖先同高，
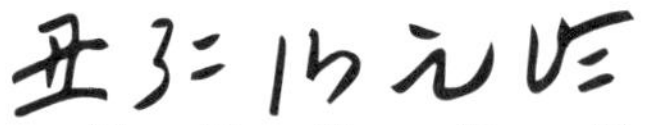 mu^{21}mu^{21} t‘a^{21} ɣo^{21} tʂɛ^{55}	天高一者根	同一个祖人，
 nɛ^{21} ʐɯ^{33} p‘i^{33} k‘ɯ^{33}	低 也 妣 同	高矮都同宗。
 du^{33} lu^{33} t‘a^{21} ɣo^{21} tso^{33}	地里一者蒂	共一个祖母，
 hu^{21} lu^{33} ʂo^{13} ɣa^{33} ʂʅ^{33}	山岳松也柏	犹高山松柏，
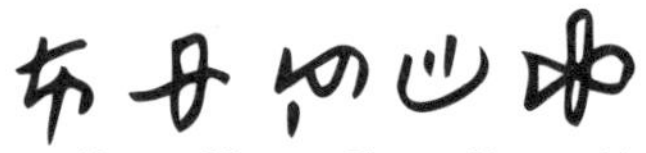 ka^{13} nu^{33} dzɛ^{21} ʐɯ^{33} gu^{21}	枝多本也壮	枝多树干粗，
 ku^{21}tʂ‘ɯ^{21} kɯ^{55} xɯ^{21}ʈ‘u^{13}	谷昌岸海白	像功昌海水，
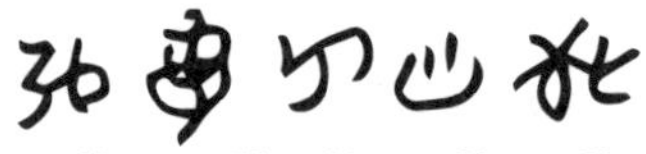 ʐɛ^{55} mbo^{55} hɪ^{21} ʐɯ^{33} te^{33}	水盖源也沾	水漫源自豪，
 t‘a^{21}ts‘ɪ^{13}ma^{21}ndʐɯ^{33}ndʐo^{21}	一代无错乱	无一代错乱，
 a^{21} hɛ^{21} ɣa^{33} k‘ɯ^{33} lɪ^{21}	而今也到来	一直到如今。
 ɣɯ^{55} ʐɯ^{33} mu^{33} t‘a^{21} t‘u^{55}	前之天一时	在不久之前，

	mu^{33} ɣo^{21} gɯ^{55}	慕 俄 勾	慕俄勾家，
	lɯ^{55} hɪ^{21} ndzu^{33} tsʻɪ^{13} tsa^{13}	屋室君代续	君位的继承，
	tʻa^{21} tʻu^{55} vu^{33} ɕi^{33} tʻu^{55}	一时远之时	一直空缺着。
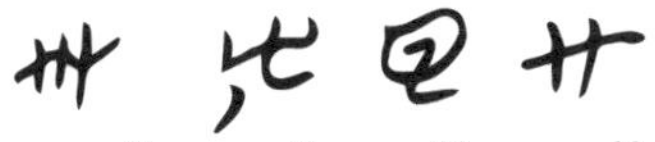	dʐɯ^{21} tʂo^{13} na^{33} kʻu^{33}	直 卓 那 苦	将直卓那苦，
	ʑu^{21} ɣo^{21} lu^{33} tɕʻɯ^{21}mu^{33}	取为鲁启者	改名为鲁启，
	hɛ^{33} mu^{33} tʻo^{33} pu^{13} dɪ^{13}	好的踏朵带	以好的开端，
	a^{21} hɛ^{21} ɣa^{33} kʻɯ^{33} lɪ^{21}	而今也到来	到而今眼前，
	ho^{21} tɕʻi^{13} ʂu^{21} to^{13} ɕi^{55}	羊圈萤火似	如羊圈萤火，
	gu^{21} ʑɯ^{33} vi^{13} dɯ^{55} lu^{33}	尽也厉说了	也算厉害了，
	pu^{13} ɣo^{21} mu^{55} ɣo^{21} ʑɛ^{33}	布者长者大	有着大布摩，
	mu^{33} ndzu^{33} ma^{13} sɛ^{21}	姆 兹 骂 色	有姆兹骂色，
	tsʻo^{21} tsʻɪ^{13} hy^{13} ţʻu^{13}	人 代 嫩 叶	有青年才俊。

 t‘y^{21} ʑɯ^{33} k‘o^{21} hɛ^{13} su^{13}	此也凡站者	凡是在座的，
 tu^{13} ndy^{55} hɪ^{21} ndʑo^{33}	千 思 万 想	千思万想，
 ndzɯ^{21} lɪ^{33} t‘a^{21} ɣo^{21} mi^{13}	议来一者语	得一致意见，
 tɕy^{33} ts‘ɯ^{33} tɕy^{33} tu^{13} mu^{33}	九十九千者	绝大多数人，
 bu^{21} ȵy^{33} ȵɪ^{55} ʑi^{21}	白 尼 尼 益	同意从白尼尼益家，
 ɣɯ^{21} dzɯ^{21} no^{13} nu^{33} ʑu^{21}	额则诺努继	过继额则诺努，
 lu^{33} ndʑu^{13} lu^{33} dɛ^{21} mu^{33}	鲁局鲁德作	改名鲁局鲁德，
 lɯ^{55} hɪ^{21} ndzu^{33} ts‘ɪ^{13} tsa^{13}	屋室君代续	承袭君长位。
 ɣo^{21} k‘o^{13} mi^{33} t‘y^{21} t‘u^{55}	次年天此时	到了第二年，
 dɯ^{21} dɛ^{33} p‘u^{21} ɣo^{13}	德 歹 濮 卧	乌蒙氏之女[72]，
 ndzu^{33} dzu^{21} ts‘ɪ^{13} mu^{33} tu^{33}	君袭代的立	为给君长传宗接代，
 mu^{33} ɣo^{21} gɯ^{55} ʑɯ^{33} tʂɛ^{55}	慕俄勾也嫁	嫁慕俄勾家，

 nu^{33} ȵɪ^{13} tɛ^{13} sɿ^{33} tʻu^{55}	诺尼德兮立	立为尼德夫人。
 lɯ^{55} hɪ^{21} mu^{21} ʐɯ^{33} ȵɪ^{33}	屋室的也居	在家里面，
 nu^{33} ɣo^{21} tʂʻʅ^{21} dʐɯ^{21} xɛ^{55}	信也家奴领	操持家务，
 ɣɯ^{21} tʂʻɯ^{21} go^{21} ʐɯ^{33} ɖu^{33}	额车门也到	拜访居住额车的布摩，
 lu^{33} mu^{33} mu^{33} dzɯ^{55} sɛ^{21}	龙马马珍牵	牵珍贵龙马，
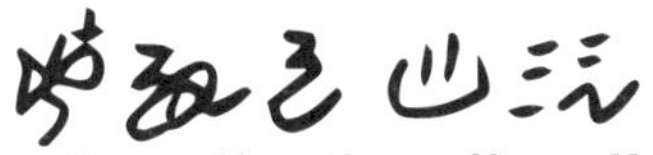 ɬo^{21} dʐʅ^{21} ʂɛ^{13} ʐɯ^{33} kʻɛ^{55}	厩体长也拴	拴在长厩里，
 nɛ^{13} dʑi^{33} dʐɯ^{33} ʐɯ^{33} ȵɪ^{33}	春日响也在	如春日润物，
 nɛ^{13} dʑi^{21} tʻɯ^{21} ʐɯ^{33} dʑi^{33}	春日地也下	像春光洒地，
 dzu^{21} dʐa^{33} su^{13} ŋɯ^{33} lu^{33}	居在者是了	是有作为者，
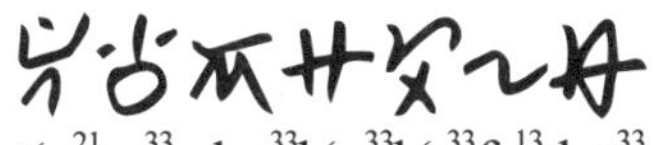 tʻy^{21} ȵɪ^{33} ndzu^{33} kʻu^{33} kʻɪ^{33} fe^{13} dzo^{33}	其乃君案断权在	有谋断君权在手。
 dɯ^{55} ɣa^{33} dɪ^{13} tɯ^{33} ŋɯ^{33}	说也者就是	是这样说的。

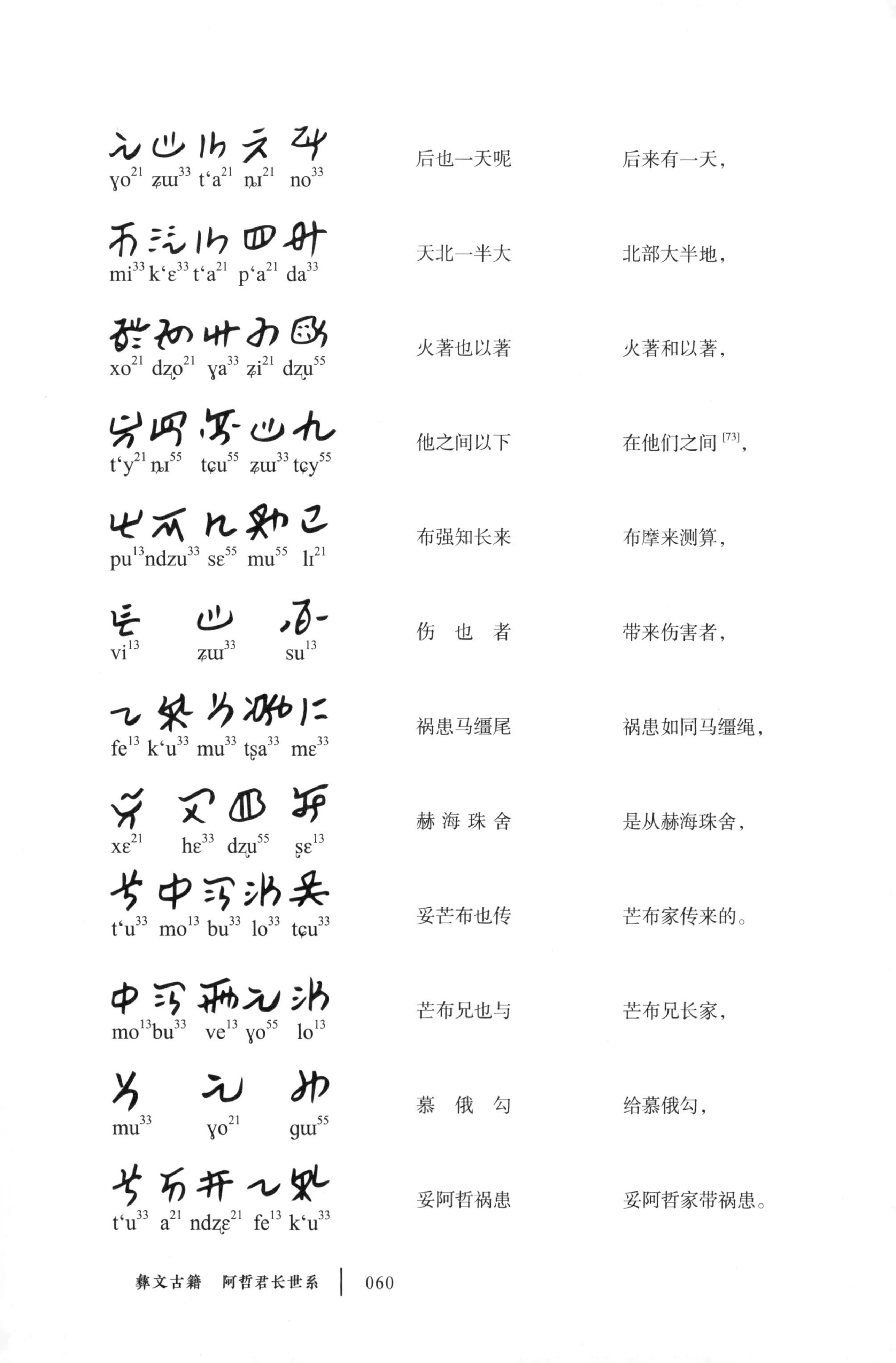

ɣo^{21} ʑɯ^{33} t‘a^{21} ȵɪ^{21} no^{33}	后也一天呢	后来有一天，
mi^{33} k‘ɛ^{33} t‘a^{21} p‘a^{21} da^{33}	天北一半大	北部大半地，
xo^{21} dʐo^{21} ɣa^{33} ʑi^{21} dʐu^{55}	火著也以著	火著和以著，
t‘y^{21} ȵɪ^{55} tɕu^{55} ʑɯ^{33} tɕy^{55}	他之间以下	在他们之间[73]，
pu^{13}ndzu^{33} sɛ^{55} mu^{55} lɪ^{21}	布强知长来	布摩来测算，
vi^{13} ʑɯ^{33} su^{13}	伤 也 者	带来伤害者，
fe^{13} k‘u^{33} mu^{33} tʂa^{33} mɛ^{33}	祸患马缰尾	祸患如同马缰绳，
xɛ^{21} hɛ^{33} dʐu^{55} ʂɛ^{13}	赫 海 珠 舍	是从赫海珠舍，
t‘u^{33} mo^{13} bu^{33} lo^{33} tɕu^{33}	妥芒布也传	芒布家传来的。
mo^{13}bu^{33} ve^{13} ɣo^{55} lo^{13}	芒布兄也与	芒布兄长家，
mu^{33} ɣo^{21} gɯ^{55}	慕 俄 勾	给慕俄勾，
t‘u^{33} a^{21} ndʐɛ^{21} fe^{13} k‘u^{33}	妥阿哲祸患	妥阿哲家带祸患。

	dzu^{21} mo^{21} ndʐε^{21} tɕ‘u^{33}	居 地 住 境	居住的环境，
	tɕi^{13} ɖu^{33} lɯ^{55} ʐɯ^{33} zu^{33}	样俏的也子	如俊俏男人，
	sɿ^{33} t‘y^{21} ndy^{55} ɳɪ^{33} dɯ^{55}	兮其思也云	有人要算计。
	xε^{21} hε^{33} dʐu^{55} ʂε^{13}	赫 海 珠 舍	赫海珠舍地，
	ndzu^{33}mu^{55}ve^{13} tɕi^{13} ɣo^{55}	君长尉纪者	君长尉纪家，
	ɳɪ^{55} mi^{13} ʐo^{21} t‘y^{21} dzɪ^{13}	彝地己其能	彝地数他强，
	ʔu^{33}ʐɯ^{33}a^{21}t‘o^{33}lo^{33}ʈ‘u^{13}k‘ε^{33}	首也阿妥洛吐凯	在阿妥洛吐凯[74]，
	ndzɯ^{21} lu^{33} dzu^{33}	议 牛 吃	为出征杀牛，
	vu^{55} na^{33} ma^{13} lɯ^{55} ʐɯ^{21}	鸟黑兵的倾	大兵倾巢出动。
	t‘u^{33}mo^{13} bu^{33} ʐɯ^{33} ɣo^{55}	妥芒布之家	妥芒布家，
	vε^{21} ɳɪ^{13} sɯ^{33} ts‘ɯ^{33} ɳɪ^{13}	左阵三十阵	左阵三十路，
	hε^{21} dzo^{33} lɯ^{55} lo^{33} tε^{13}	亥佐娄洛站	占领亥佐娄洛[75]，

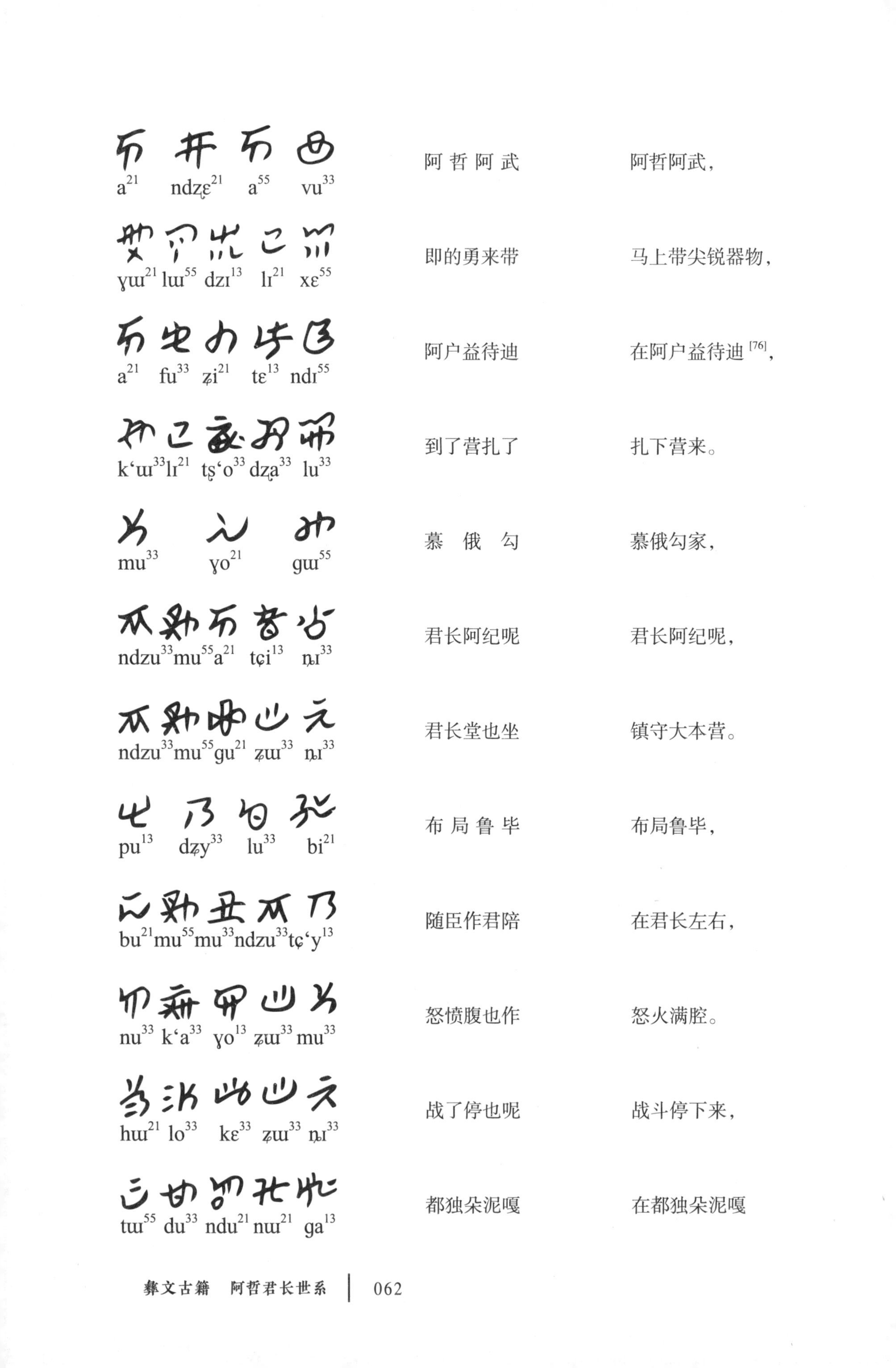

a^{21} ndʐɛ^{21} a^{55} vu^{33}	阿 哲 阿 武	阿哲阿武，
ɣɯ^{21} lɯ^{55} dzɪ^{13} lɪ^{21} xɛ^{55}	即的勇来带	马上带尖锐器物，
a^{21} fu^{33} ʑi^{21} tɛ^{13} ndɪ^{55}	阿户益待迪	在阿户益待迪[76]，
k‘ɯ^{33}lɪ^{21} tʂ‘o^{33} dʐa^{33} lu^{33}	到了营扎了	扎下营来。
mu^{33} ɣo^{21} gɯ^{55}	慕 俄 勾	慕俄勾家，
ndzu^{33}mu^{55}a^{21} tɕi^{13} ȵɪ^{33}	君长阿纪呢	君长阿纪呢，
ndzu^{33}mu^{55}gu^{21} ʑɯ^{33} ȵɪ^{33}	君长堂也坐	镇守大本营。
pu^{13} dʑy^{33} lu^{33} bi^{21}	布 局 鲁 毕	布局鲁毕，
bu^{21}mu^{55}mu^{33}ndzu^{33}tɕ‘y^{13}	随臣作君陪	在君长左右，
nu^{33} k‘a^{33} ɣo^{13} ʑɯ^{33} mu^{33}	怒愤腹也作	怒火满腔。
hɯ^{21} lo^{33} kɛ^{33} ʑɯ^{33} ȵɪ^{33}	战了停也呢	战斗停下来，
tɯ^{55} du^{33} ndu^{21} nɯ^{21} ga^{13}	都独朵泥嘎	在都独朵泥嘎

	t‘y^{21}ȵɪ^{55} tɕɯ^{55} ʑɯ^{33} tɕy^{55}	其之间以下	两则溪之间，
	pu^{13} dʑy^{33} lu^{33} bi^{21}	布 局 鲁 毕	布局鲁毕，
	bu^{21} lɪ^{21} ȵɪ^{33} no^{33} no^{21}	腿来二追呢	赶来驰援，
	a^{21} ve^{13} a^{21} nu^{33} lɪ^{21} xɯ^{55}	阿维阿诺来引	阿维阿诺来引导，
	a^{21} ndʐɛ^{21} k‘o^{13} dʑi^{21} hu^{21}	阿哲苛几洪	在阿哲苛几洪[77]，
	hɯ^{21}ʑɛ^{33} t‘a^{21} dʑi^{21} mu^{21}	战大一场作	大战了一场，
	mu^{33} lɪ^{21} t‘y^{21} t‘a^{33} ȵɪ^{21}	天来此一日	就在这一天，
	t‘u^{33} a^{21} ndʐɛ^{21}ʑɯ^{33} ɣo^{55}	妥阿哲之家	妥阿哲家，
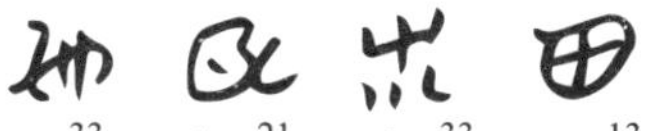	ʑo^{33} hu^{21} dzɪ^{33} ma^{13}	兵 马 勇 士	精锐的兵马，
	dɯ^{13} tɕ‘ɯ^{33} xɛ^{21} da^{13}	战 袍 甲 戟	无视兵甲，
	ka^{13} ma^{21} bo^{21}	分 不 明	赤膊上阵，
	dʐʅ^{21} ŋɯ^{33}kɯ^{13} ɣo^{21} no^{33}	样是会也呢	的确是这样。

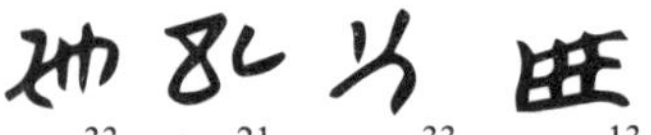 ʐo^{33} hu^{21} mu^{33} ma^{13}	兵 马 马 兵	各路兵马，
 hɯ^{21} ŋu^{33} lu^{21} ʐɯ^{33} go^{13}	战阵里也回	迂回包围着。
 lo^{21} dzo^{33}ɣo^{21}tɕʻy^{13} tʂʻo^{33}	洛佐峨启营	洛佐峨启营[78]，
 tʻy^{21}ʐɯ^{33} kʻɯ^{33} lɿ^{21} lu^{33}	其也到来了	赶到那里后，
 ndzu^{33}mu^{55}a^{21} tɕi^{13} ȵɿ^{33}	君长阿纪呢	君长阿纪呢，
 ma^{13}mu^{33} sɯ^{33} hu^{21} no^{21}	兵马三百派	派三百兵马，
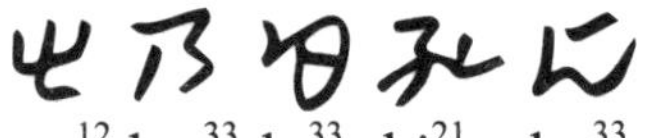 pu^{12}dʐy^{33} lu^{33} bi^{21} bu^{33}	布局鲁毕边	给布局鲁毕，
 tʂʻo^{33}ɣa^{33} xo^{21} ȵɿ^{33} lu^{33}	营也送的了	送到了营寨。
 mu^{33} lɿ^{21} ɣo^{21} ȵɿ^{21} xɯ^{33}	天来次日晨	第二天早晨，
 pu^{13}dʐy^{33} lu^{33} bi^{21} ȵɿ^{33}	布局鲁毕呢	布局鲁毕呢，
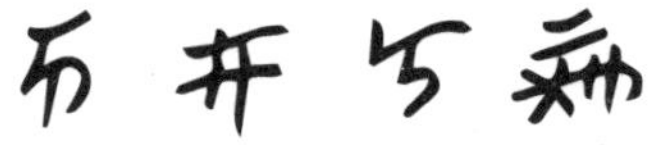 a^{21} ndʐɛ^{21} zu^{33} kʻa^{33}	阿 哲 若 卡	担任阿哲若卡[79]，
 ʐɛ^{33} hu^{21} ɕi^{33} lɿ^{21} dzɛ^{33}	马大其来骑	跨上其战马，

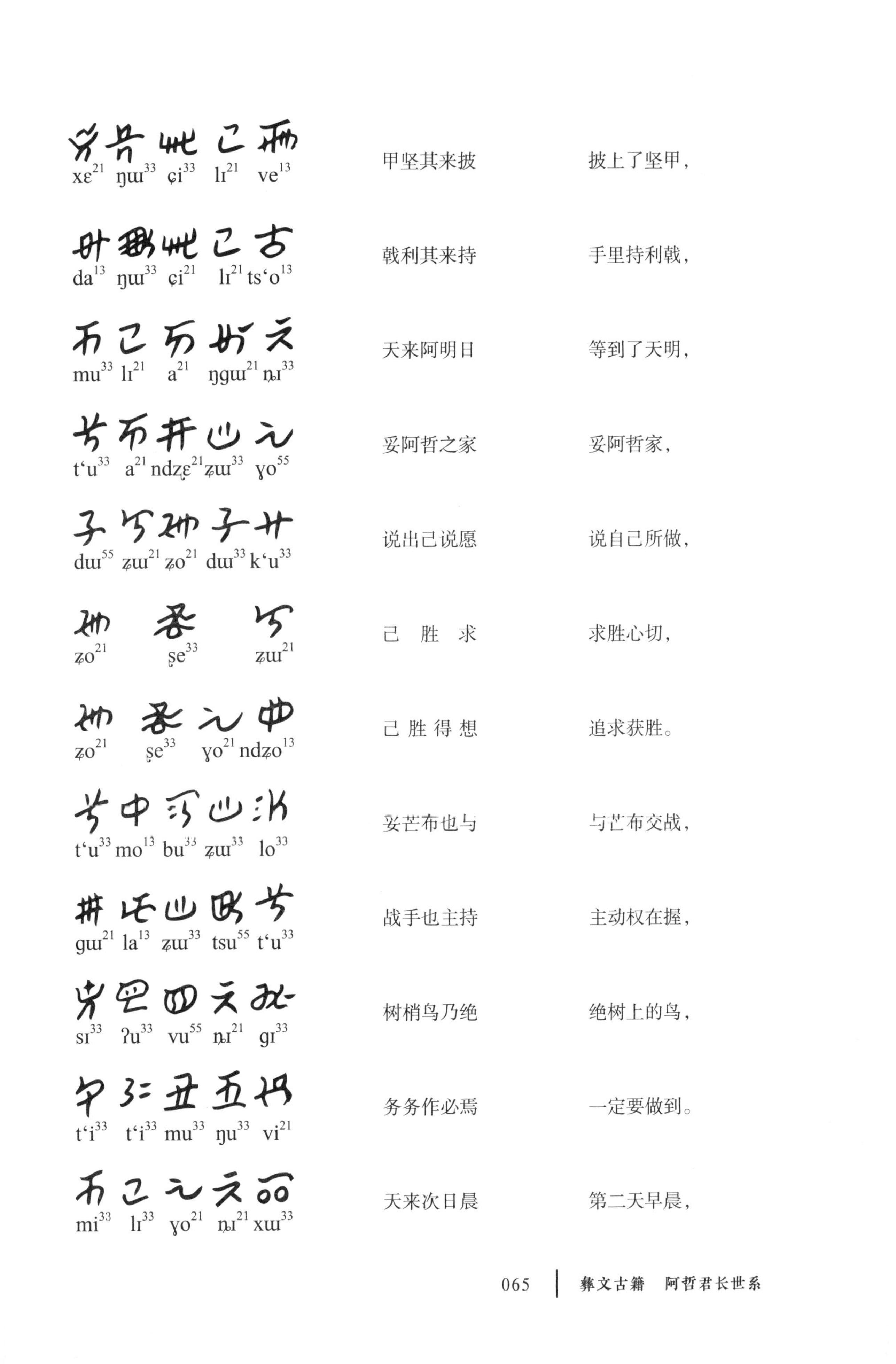

xɛ^{21} ŋɯ^{33} ɕi^{33} lɪ^{21} ve^{13}	甲坚其来披	披上了坚甲，
da^{13} ŋɯ^{33} ɕi^{21} lɪ^{21} ts'o^{13}	戟利其来持	手里持利戟，
mu^{33} lɪ^{21} a^{21} ŋgɯ^{21} ɳɪ^{33}	天来阿明日	等到了天明，
t'u^{33} a^{21} ndʐɛ^{21} ʐɯ^{33} ɣo^{55}	妥阿哲之家	妥阿哲家，
dɯ^{55} ʐɯ^{21} ʐo^{21} dɯ^{33} k'u^{33}	说出已说愿	说自己所做，
ʐo^{21} ʂe^{33} ʐɯ^{21}	己 胜 求	求胜心切，
ʐo^{21} ʂe^{33} ɣo^{21} ndʐo^{13}	己 胜 得 想	追求获胜。
t'u^{33} mo^{13} bu^{33} ʐɯ^{33} lo^{33}	妥芒布也与	与芒布交战，
gɯ^{21} la^{13} ʐɯ^{33} tsu^{55} t'u^{33}	战手也主持	主动权在握，
sɪ^{33} ʔu^{33} vu^{55} ɳɪ^{21} gɪ^{33}	树梢鸟乃绝	绝树上的鸟，
t'i^{33} t'i^{33} mu^{33} ŋu^{33} vi^{21}	务务作必焉	一定要做到。
mi^{33} lɪ^{33} ɣo^{21} ɳɪ^{21} xɯ^{33}	天来次日晨	第二天早晨，

	mo^{13} bu^{33} a^{21} ndzɛ^{21}	芒 布 阿 哲	芒布与阿哲，
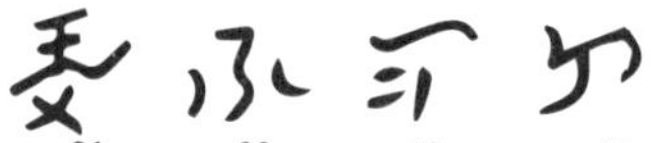	ku^{21} ʑa^{33} fa^{13} hɪ^{21}	阁 鸦 法 恒	在阁鸦法恒[80]，
	ma^{13} do^{33} ɳɪ^{55} ɳɪ^{21}	兵 出 两 阵	两兵对阵，
	tɕʻɯ^{21} tɕʻu^{33} bu^{21}	营 沿 边	短兵相接，
	tʻa^{21} ɣo^{21} ʂɛ^{55} dʐa^{33} tʻu^{55}	一者胜在设	都在争输赢。
	lu^{21} ʑɯ^{33} ko^{33} lo^{21} po^{21}	后也果洛博	后在果洛博[81]，
	ʑɛ^{33} ʑɯ^{33} dʑi^{21} ndzu^{33} ɣɯ^{21}	大也战主愿	展开了决战，
	mbu^{33} na^{33} ve^{13} mu^{33} mɛ^{13}	衣黑穿者近	黑衣勇士，
	lɯ^{55} lɯ^{33} tɯ^{13}	连 连 起	发起冲锋，
	mo^{13} bu^{33} tɕʻu^{33} ɖu^{33} hɪ^{21}	芒布阵入战	进芒布阵地，
	sɯ^{33} ɳɯ^{33} bu^{21} ʑɯ^{33} ɣo^{21}	三次开也得	破了三次阵，
	sɯ^{55} ɳɪ^{33} tɪ^{13} ʑɯ^{33} dʑi^{33}	似乃重也战	反复地搏斗。

	t‘y^{21} ɣo^{21} vu^{33} ɳɹ^{55} ʑo^{21}	其也力二位	有两位勇士，
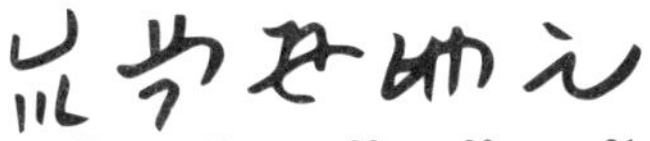	tsɪ^{13} k‘o^{21} k‘ɯ^{33}ʑɯ^{33} ɣo^{21}	布凡到以内	凡所及之处，
	k‘o^{21} de^{13} k‘o^{21} du^{21} su^{13}	凡能凡强者	找强者下手。
	sɯ^{33}hu^{33} dzɛ^{33} t‘a^{21} ge^{13}	三百骑一队	三百骑一队，
	nɯ^{13}nu^{33} ʑɯ^{21} lɯ^{33} sɯ^{55}	雾霭移的似	像大雾移动；
	sɯ^{33}hu^{33} dzɛ^{33} t‘a^{21} ge^{33}	三百骑一队	三百骑一队，
	pu^{55} ho^{21} za^{13} lɯ^{33} sɯ^{55}	大雨降的像	像大雨降下。
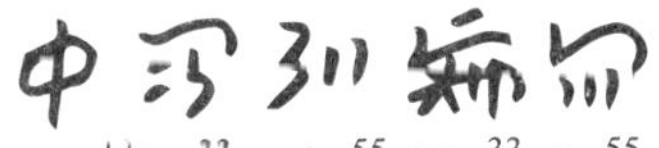	mo^{13}bu^{33} tɕ‘u^{55} k‘a^{33} t‘u^{55}	芒佈阵强碰	碰芒布强阵，
	tɕ‘u^{55}p‘u^{21} tu^{13} lɯ^{55} t‘a^{33}	阵开放的利	直取其精锐，
	hɪ^{21} dʑi^{33} tɛ^{13} mɛ^{33}	天 下 云 尾	如天际云边，
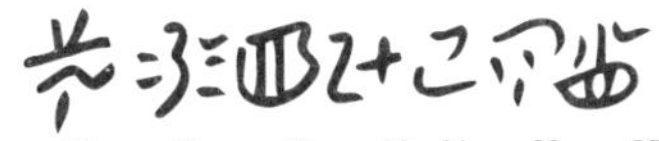	ʈa^{13}ɳɯ^{33}dʐʅ^{55}zɯ^{33}lɪ^{21}lɯ^{33}sɯ^{55}	鹰阵唤住来了似	唤住了鹰阵，
	mɛ^{33} tʂɯ^{55} du^{21} ʔɯ^{13} mu^{33}	尾收翅暖的	收尾来顾翅，

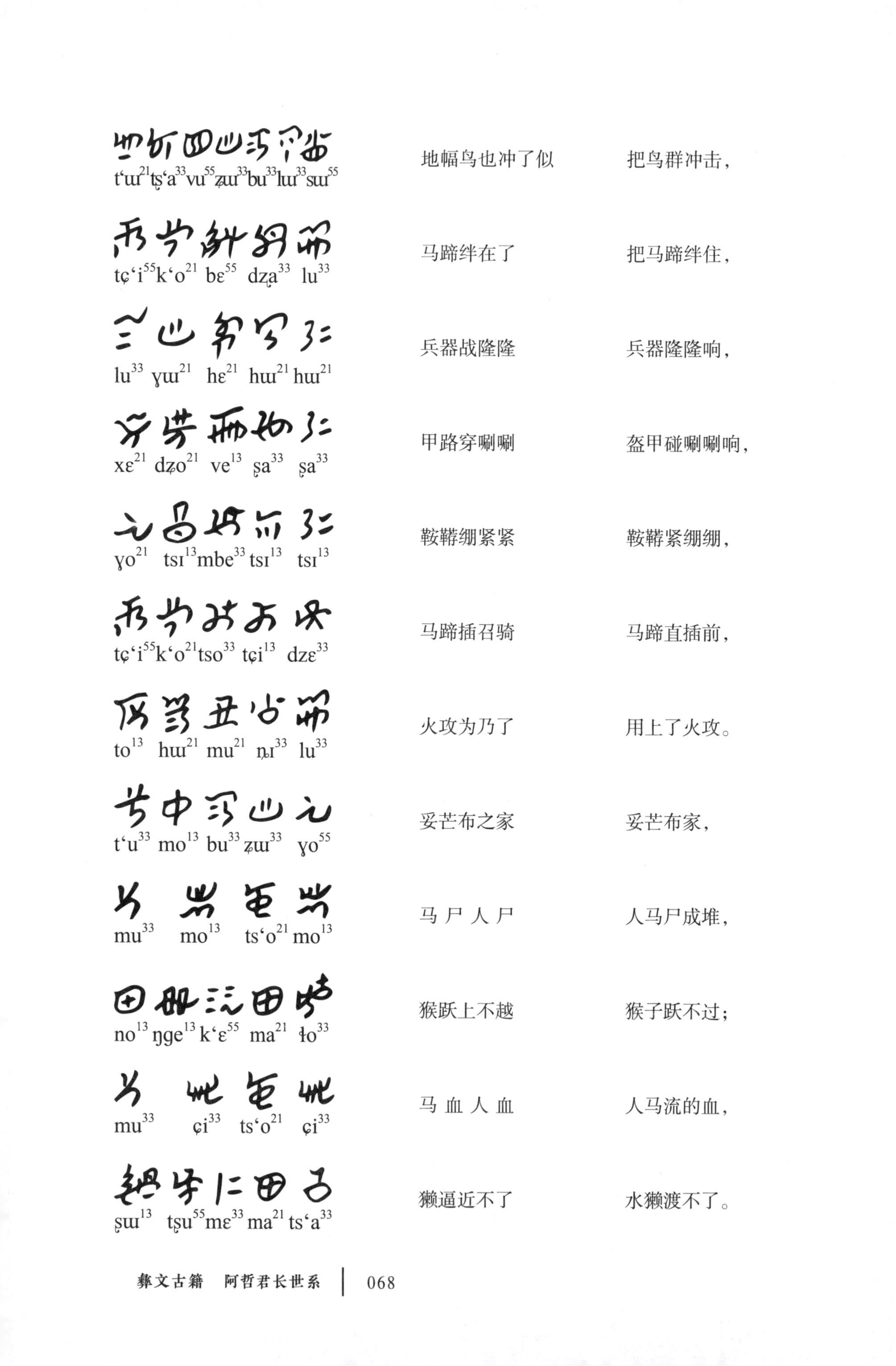

t‘ɯ^{21}tʂ‘a^{33}vu^{55}ʐɯ^{33}bu^{33}lɯ^{33}sɯ^{55}	地幅鸟也冲了似	把鸟群冲击，
tɕ‘i^{55}k‘o^{21} bɛ^{55} dʐa^{33} lu^{33}	马蹄绊在了	把马蹄绊住，
lu^{33} ɣɯ^{21} hɛ^{21} hɯ^{21} hɯ^{21}	兵器战隆隆	兵器隆隆响，
xɛ^{21} dʐo^{21} ve^{13} ʂa^{33} ʂa^{33}	甲路穿唰唰	盔甲碰唰唰响，
ɣo^{21} tsɿ^{13}mbe^{33} tsɿ^{13} tsɿ^{13}	鞍鞯绷紧紧	鞍鞯紧绷绷，
tɕ‘i^{55}k‘o^{21}tso^{33} tɕi^{13} dzɛ^{33}	马蹄插召骑	马蹄直插前，
to^{13} hɯ^{21} mu^{21} ȵɿ^{33} lu^{33}	火攻为乃了	用上了火攻。
t‘u^{33} mo^{13} bu^{33} ʐɯ^{33} ɣo^{55}	妥芒布之家	妥芒布家，
mu^{33} mo^{13} ts‘o^{21} mo^{13}	马 尸 人 尸	人马尸成堆，
no^{13} ŋge^{13} k‘ɛ^{55} ma^{21} ɬo^{33}	猴跃上不越	猴子跃不过；
mu^{33} ɕi^{33} ts‘o^{21} ɕi^{33}	马 血 人 血	人马流的血，
ʂɯ^{13} tʂu^{55}mɛ^{33} ma^{21} ts‘a^{33}	獭逼近不了	水獭渡不了。

t‘y^{12} lo^{33} vu^{33} ɣo^{21} no^{33}　　其了为者呢　　正因为如此，

mo^{13}bu^{33} ɣo^{21} ɣo^{33} p‘o^{21}　　芒布速速逃　　芒布拼命逃，

a^{21} ndʑɛ^{21} ɣo^{21} ɣo^{33}ŋga^{13}　　阿哲速速追　　阿哲家穷追，

pu^{13} ndzu^{33} ndzɯ^{21}　　布　兹　越　　越过布阻[82]，

lu^{21} gɯ^{55} ţ‘ɯ^{21}　　录　勾　穿　　穿过录勾[83]。

注释：

[1] 可乐洛姆：彝语古城池名，在今贵州省赫章县可乐乡政府所在地一带。

[2] 勿阿纳四个孙： 勿阿纳，人名，六祖第六支第三分支的第 20 世传人，他是该分支（即阿哲部，清时水西家）开基贵州的第一人。勿阿纳四个孙，据《彝家宗谱》载："在可乐洛姆，住纳氏四宗：长为宗毕索，庶为宗阿姆，次为宗迫维，幼为宗阿补。"《西南彝志·叙默支系·妥阿哲世系》载："一世纳阿宗，纳阿宗之时，在可乐洛姆，有四家阿宗。一家是宗毕索，住毕索妥体；一家是宗迫维，住姆笃叟施，管嘎娄则溪，是迫维土官。宗雅补之时，他是个君长。"

[3] 妥芒布：人名，六祖第六支第三分支的第 24 世传人，汉唐至明清时期在今云南省镇雄、宜良一带的芒布部第一代始祖。

[4] 妥阿哲：人名，又作"妥阿乍"。《西南彝志·叙默支系·妥阿哲世系》载："五世妥阿哲，娶陇邓谷之女，谷额咪那为妻，生阿哲三子。长子阿哲阿武，住亥佐娄鲁，阿哲未兴旺时，阿武已兴旺，是这样说的。三子阿哲琪，住古额娄益，是阿哲琪土官。次子阿哲毕额，继承君长权。"妥阿哲之后，以阿哲为部名，后又称水西部。水西部第 24 代妥阿哲时以今贵州省大方县为中心定居下来，妥阿哲因助诸葛亮南征有功，被封为罗甸王。从此以后，妥阿哲家世代统治水西地区，直至清康熙三十七年（公元 1698 年），水西君长安胜祖率无子袭职水西政权长底改土归流。

[5] 勿阿纳：人名，参见注 [2]。

[6] 过渡仪式：寓意为辞旧迎新，相传由布摩主持，用两棵比人高的五倍子木杈插地，上搭一木条作梁，旁再插许多树枝设神祖神位，一家人以从长到幼为次序先后通过，再将牛马、金银财物等递过，以告别过去，开创未来。

[7] 亥索家：家族名，世袭布摩家族。亥索，又作“突穆亥索”。

[8] 直恩中：人名，勿阿纳的随身奴仆、心腹。又作“支乌突希珠”。《大定府志·旧事志五》载：“恩阿勒（勿阿纳），闷畔今东川。君之少子。其父爱之，其嫂嫉焉，谮于其兄。父死，兄立，逐之。唯老奴支乌突希珠从之，携米一升，瓦鬲一具，煮粥松下，松枝堕，鬲毁粥覆，希珠号伤。阿勒曰‘勿悲，丈夫贵自立耳，行将太牢食也’。其后创业，为芒部、水西之始祖。”

[9] 枣骝马过关：参见注 [6]。

[10] 慕鄂倮舍：地名，在今云南省宣威市境内。

[11] 妥佐妥体：地名，在今贵州省威宁彝族回族苗族自治县草海镇境内。

[12] 纳阿宗：人名，勿阿纳之子。

[13] 洛佐足姆：地名，在今贵州省赫章县境内。

[14] 慕俄勾政权：彝族古代方国政权名，由阿哲蔺发展而来。“蔺”和“格”是对彝族方国政权的两种彝语称呼，“蔺”政权的构建是以一个家族为主的，而“勾”政权则是以一个家族为主，同时联合多个家族，甚至多个民族来构建。阿哲部的“慕俄勾”政权在彝族的乌蒙、播勒、阿着赤等十二个称“勾”的政权中，是势力比较大的。阿哲部的“慕俄勾”政权结构紧密，体系完善，在内阁设置上引进、借鉴了南诏的“九爽”制度，阿哲部称之为“九扯九纵”，即九个部门，九位主官的意思。

[15] 陇邓衡家：家族名，出自彝族六祖的第五支系，阿哲部的姻亲。

[16] 巴底妥太：地名，在今贵州省威宁彝族回族苗族自治县草海镇境内的草海之滨。

[17] 赫海珠舍：彝族方国政权名，由芒布蔺发展而来，其活动中心在今云南省镇雄县芒部镇境内。

[18] 陇邓谷家：家族名，出自彝族六祖的第五支系，阿哲部的姻亲。

[19] 阿哲阿武：人名，后演化为家族名。为阿哲部的世袭武将。《西南彝志·叙默支系·妥阿哲世系》载：“五世妥阿哲，娶陇邓谷之女，谷额咪那为妻，生阿哲三子。长子阿哲阿武，住亥佐娄鲁，阿哲未兴旺时，阿武已兴旺，是这样说的。三子阿哲琪，住古额娄益，是阿哲琪土官。次子阿哲毕额，继承君长权。”

[20] 亥佐娄洛：地名，在今贵州省毕节市金海湖新区梨树镇境内。

[21] 古额益欧：地名，在今贵州省六枝特区的郎岱一带，是阿哲琪一支的领地。

[22] 洛佐尼益：姓氏的标志名。彝家满九代时，举行大型祭祖仪式，然后分支，把分支后各支第一时间遇到的事物如山、水、植物等作为吉祥物，把它加在某代最能代表家族的祖先的名字前作为姓氏标志，而这代祖名可以看作是家族的姓，如水西部常称“阿哲”。洛佐尼益的“洛佐”，意为长石头的地方。

[23] 阿沓德额家：家族名，《西南彝志》第八卷载：“小儿子阿沓德额，称知朴尼益，是德额土目。”

[24] 阿勾益尼：家族名，为水西第 46 世君长笃色阿勾的小儿子。《西南彝志》第八卷载：“小儿子阿勾益尼，称勾徐尼益，是益尼土目。”

[25] 博署更嘎：博署更嘎在今纳雍县乐治镇一带。

[26] 巴雅勾陡：地名，在今云南省会泽县与寻甸县之间。

[27] 博尼尼益：家族姓氏标志名，意为以青山为姓氏标志。

[28] 勾娄洪凯：地名，在今贵州省大方县境内。

[29] 濮色阿尼：水西部第 60 世君长，又作“朴色阿尼”“濮险阿尼”。

[30] 阿尼阿诺：水西部第 61 世君长，又作“阿能阿脑”“阿腻”。

[31] 鲁载霭翠五世：本书缺漏，根据《西南彝志》等校补。鲁载霭翠，水西部第 66 世君长，或作“陇赞霭翠”，明洪武时期人，其事迹多见于《明实录》。

[32] 陇弟朴直七世：本书缺漏，根据《西南彝志》等校补。陇弟朴直水西部第 68 世君长，又作“陇弟濮直”。

[33] 卧札女洪：地名，在今贵州省威宁彝族回族苗族自治县盐仓镇境内。

[34] 施默武时期：默部第六支系 13 世时，施默武，又作“德施默武”。

[35] 巴雅勾陡：地名，在今贵州省织金县境内。

[36] 纪俄勾：彝族古代方国政权名，由乌撒蔺发展而来，势力范围在今贵州省威宁彝族回族苗族自治县和赫章县全境。

[37] 益额苦帕：地名，在今贵州省大方县境内。

[38] 有六十四世：这里记录疑有误，《西南彝志》记录的水西谱有八十五世。

[39] 乌那峨嘎：地名，在今云南省寻甸回族彝族自治县境内。

[40] 勿氏四弟兄：即勿阿克、勿阿纳、勿阿洛、勿阿律四位。

[41] 直诺谷姆：地名，在今云南省宣威市政府所在地一带。

[42] 阿武史瞿：地名，在今云南省宣威市东山境内。

[43] 益布亚嘎：地名，在今云南省宣威市境内。

[44] 峨培益哲：地名，在今贵州省威宁彝族回族苗族自治县哲觉镇境内。

[45] 妥那陀益：地名，在今贵州省威宁彝族回族苗族自治县大街乡与羊街镇之间。

[46] 纪古鲁堵：地名，在今贵州省威宁彝族回族苗族自治县黑石头镇与幺站镇之间。

[47] 慕柯珠扎：地名，今贵州省大方县政府所在地一带。

[48] 穆濯和夜所：水西职官名，穆濯，原义为随从人员，如在婚礼活动中，姑娘出嫁时，其叔叔、兄弟及姑妈，舅表中选代表送亲，这些送亲的人一般各准备一匹马，再找一名陪同人作伴，负责喂养马匹。这位随从人员，称之为“穆濯”“嘿绰”“绰绰”或“绰企”等。把家事放大到社会、国家政权构建中后，“穆濯”即成了一等大员。在水西地区，为初始的三十七部，到后来的四十八部主官。乌撒部则称“苏保”或“粟哄”，磨弥部称“卓啰”，其余各部也另有名称。夜所，水西宗法制的最基层职官名，

低于骂依一级，有一千一百夜所。

[49] 陆姆濯色：水西职官名，十三则溪的主官，每一“则溪”有一名“陆姆濯色”。

[50] 洛那归宗：简称“归宗”，水西十二宗亲之一，水西十三“则溪”中的火著则溪的钱粮总管，由洛那阿可时分支。

[51] 毕濯阻吉：象征君王威仪的虎皮和虎皮衣。

[52] 巴底安太：地名，参见注 [16]。

[53] 糯陇邓：古代彝族部族名，出自六祖分支的第三支系的糯支系，主要分布在今四川凉山地区。

[54] 布默十一小头目：水西境内的布、默两支系的十一个追随水西家的家族头人。

[55] 嘎娄迪体：地名，在今贵州省水城县南开镇境内。

[56] 热哺迪娄：地名，在今贵州省大方县与黔西县之间。

[57] 越阻依：地名，在今贵州省黔南布依族苗族自治州境内的都匀市一带。

[58] 举舒额：哎哺时期的君长，后被尊为“天上神君”。

[59] 慕柯珠扎博：山名，今贵州省大方县城北的雨龙山。

[60] 尼能和什勺：彝族历史上的第二、第三个时期。

[61] 陇奋君长：水西第 79 世君长，又作“保习奋老”，汉名安疆臣。

[62] 恩赦氏：米靡时期的名臣，为大臣的典范。

[63] 在那个时间：指明万历二十六年（公元 1598 年），安疆臣因为杀部属安定，被贵州巡抚江东之弹劾，江东之认为安疆臣有谋反的萌孽，要求趁早治罪。同年，因为播州宣慰杨应龙反叛，接替江东之任贵州巡抚的郭子章因为播州兵事正急，就接受了监军杨寅秋的建议，向朝廷秘密报告，先宽恕安疆臣之罪，免得安疆臣因急生事，附和杨应龙反，断掉播州杨应龙的应援。朝廷命安疆臣杀贼立功自赎。安疆臣看破朝廷用心，上书辩白说：“播警方殷，臣心未白，诸臣督责，进退皆罪，恐难立功。”万历皇帝优诏褒答。安疆臣于是由总督李化龙调遣，率兵三万帮助保卫贵阳。第二年又率兵随总兵官童元镇、参将朱鹤龄攻打杨应龙。水西兵作战英勇，又有大象参加作战，与官军一起攻取河渡关。次年三月，播州军用步骑冲象阵，水西驱象兵尽被杀死，象反走入官军，掷火器的兵士又误将火器掷入本部，河渡关又被播州军夺取。第二天，播州兵数万人伪装成水西兵，歼灭了参将杨显所带领的永顺官军。播州军又伪装成永顺军进军乌江，攻打没有防备的童元镇所部谢崇爵的三万官军，官军被杀得阻断了乌江水流，所剩兵士不到十分之一，谢崇爵兵败被李化龙处决。安疆臣的弟弟安尧臣改名为陇澄，到镇雄任土官，受命与官军及水西兵联合平播州叛乱。四月，水西兵与镇雄兵联合攻克桃溪，焚烧了杨应龙的屋舍、家庙，进入播州。五月，总兵要李应祥率领水西与镇雄联合部队直抵杨应龙据守的海龙屯，与各路官军形成合围。官军怀疑水西军与杨应龙勾结，安疆臣斩杀、绑缚了二十多个被怀疑的对象。六月六日，官军与土兵联合攻克海龙屯，杨应龙死，播州叛乱平定。万历二十九年（公元 1601 年），诏分播州地，以播州设遵义，隶于四川；革五司，以其地置平越军民府，隶于贵州。对

播州进行改土归流。播州平叛之初，安疆臣向郭子章请求平播州后归还安万铨时所得播州的水烟、天旺二地，郭准许。平叛之后，总督王象乾要求清理旧疆，向安疆臣索取这两个地方。于是郭子章与朝廷中主张将二地给安疆臣的一派，与以王象乾主张清疆一派互相上疏辩论，没有定案。最后，刑部尚书萧大亨采纳巡按李时华的建议上奏，二地归安疆臣。于是朝廷为安疆臣加官进爵，加布政司左参议，拜怀远将军，封定远侯，赐飞鱼服。安疆臣的母亲去世，朝廷赐祭。万历三十年（公元 1602 年），播州杨应龙的余党吴洪、卢文秀重新聚众作乱，安疆臣悉数擒拿交给官军。万历三十六年（公元 1608 年），安疆臣卒，陇澄还水西袭职，改原名安尧臣。

[64] 慕渎尼全境：地域名，指今贵州省大方、七星关、黔西、纳雍四县（区）结合部一带，其时代指的是全水西地区。

[65] 洛博略博：地名，今贵州省黔西县一带。

[66] 黑衣：相当于现代部队中的“敢死队”。

[67] 播勒法吐：崖名，在今贵州省安顺市境内。

[68] 罗举翁车法：崖名，播勒法吐的别称，意为挂罗举头的崖，因挂播州兵的首级而得名。

[69] 君长两弟兄：安疆臣和安尧臣两弟兄。

[70] 姆兹骂色：兵马主帅，此处指水西各路兵马的指挥官。

[71] 陇舍尼益家：水西土目，住今贵州省纳雍县董地乡境内。

[72] 乌蒙氏之女：此处的“德歹濮卧”有代指乌蒙氏之女的含义，故直译为乌蒙氏之女。

[73] 在他们之间：水西部地方政权名。则溪是彝语，本为“仓库所在之地”，后演变成政治、经济区划和军事据点，由君长委派穆魁和陆姆濯色分别掌管钱粮、军事。

[74] 阿安洛吐凯：地名，在今云南省镇雄县境内。

[75] 亥佐娄洛：地名，此地名在今贵州省毕节市与大方县之间，习惯上将亥佐娄洛家代指阿哲阿武家。

[76] 阿户益待迪：地名，在今贵州省毕节市金海湖区梨树镇境内松林一带。

[77] 阿哲苛几洪：地名，在今贵州省毕节市大方县境内。

[78] 洛佐峨启：地名，在今贵州省毕节市大方县境内。

[79] 阿哲若卡：军事职官名，相当于兵马元帅。

[80] 阁鸦法恒：崖名亦地名，在今贵州省毕节市金海湖区竹园乡境内。

[81] 果洛博：山名亦地名，在今贵州省毕节市金海湖区双山镇境内。

[82] 布阻：城名，即今毕节城的古彝语名称，通常称为“布阻录勾”。

[83] 录勾：城名，即今毕节城的古彝语名称，通常称为“布阻录勾”，也略称为“录勾”。

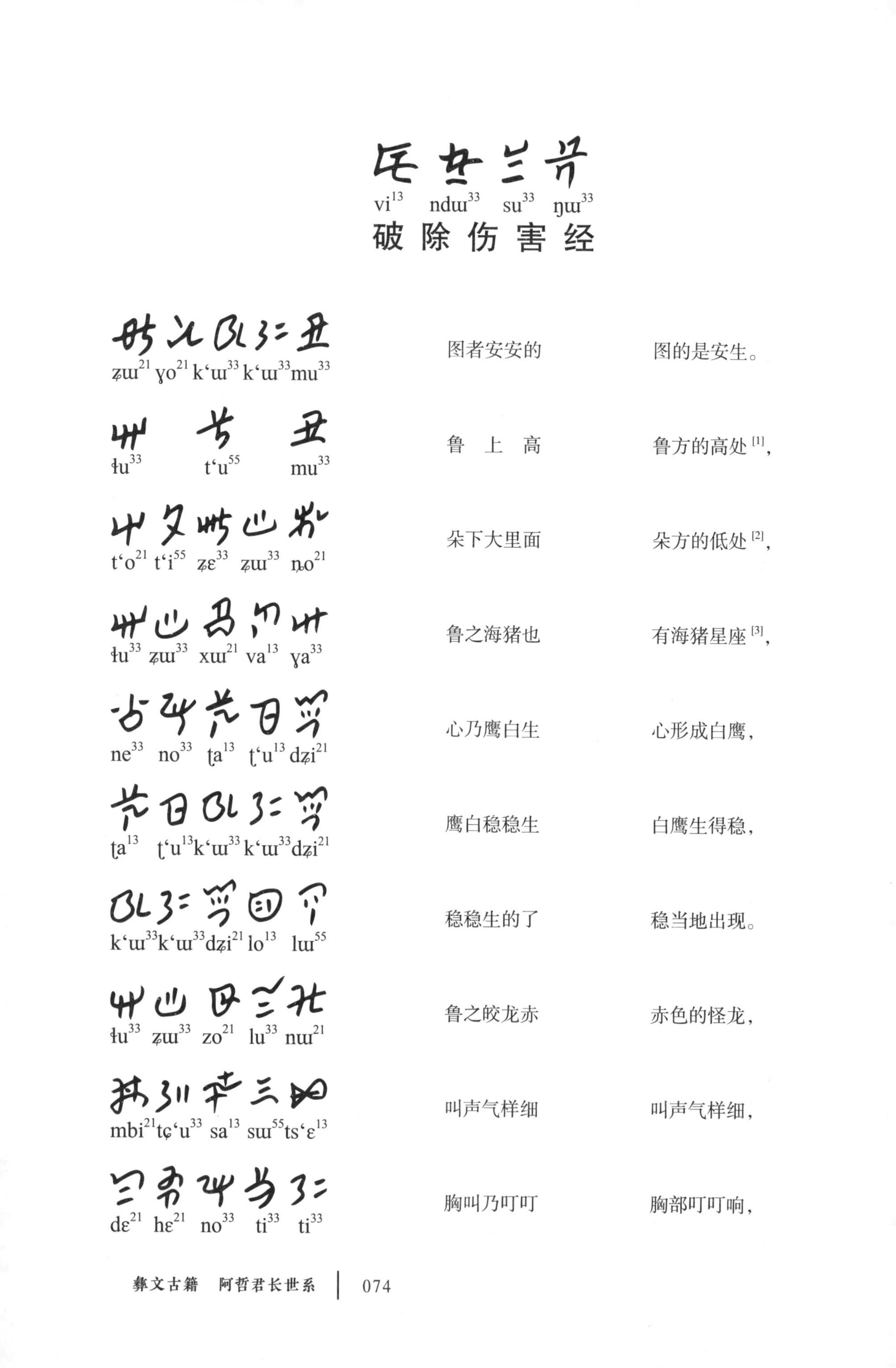

vi13 ndɯ33 su33 ŋɯ33
破除伤害经

ʑɯ21 ɣo21 k‘ɯ33 k‘ɯ33 mu33	图者安安的	图的是安生。
ɬu33 t‘u55 mu33	鲁 上 高	鲁方的高处[1]，
t‘o21 t‘i55 ʑɛ33 ʑɯ33 ȵo21	朵下大里面	朵方的低处[2]，
ɬu33 ʑɯ33 xɯ21 va13 ɣa33	鲁之海猪也	有海猪星座[3]，
ne33 no33 ʈa13 ʈ‘u13 dʑi21	心乃鹰白生	心形成白鹰，
ʈa13 ʈ‘u13 k‘ɯ33 k‘ɯ33 dʑi21	鹰白稳稳生	白鹰生得稳，
k‘ɯ33 k‘ɯ33 dʑi21 lo13 lɯ55	稳稳生的了	稳当地出现。
ɬu33 ʑɯ33 zo21 lu33 nɯ21	鲁之蛟龙赤	赤色的怪龙，
mbi21 tɕ‘u33 sa13 sɯ55 ts‘ɛ13	叫声气样细	叫声气样细，
dɛ21 hɛ21 no33 ti33 ti33	胸叫乃叮叮	胸部叮叮响，

	sa^{13} do^{55} no^{33} pʻi^{21} pʻi^{21}	气出乃喷喷	发出喷喷气，
	tɕʻy^{55}pʻo^{33} no^{33} lo^{21} lo^{21}	肺翻乃滚滚	肺在翻滚着，
	ʈʅ^{13} ɖɯ^{21} no^{33} lɯ^{33} lɯ^{33}	肾跳乃动动	肾不停跳动。
	kʻɯ^{21}kʻɯ^{21}dʑi^{21} lo^{13} lɯ^{55}	法法形了的	神法产生了。
	ɬu^{33} ẓɯ^{33} ʈa^{13} bu^{55} pʻɛ^{21}	鲁之鹰面灰	鲁方灰雄鹰，
	sɯ^{55} ʔu^{33} no^{33} ga^{21} ga^{21}	爪头乃麻麻，	爪上麻麻的，
	kʻɯ^{33}kʻɯ^{33}dʑi^{21} lo^{13} lɯ^{55}	法法形了的	也生了神法，
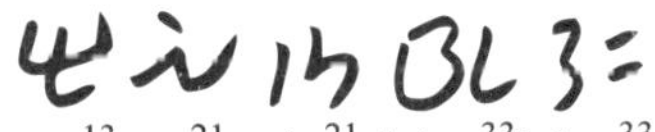	pu^{13} ɣo^{21} tʻa^{21} kʻɯ^{33}kʻɯ^{33}	布得一法法	布摩得一道法。
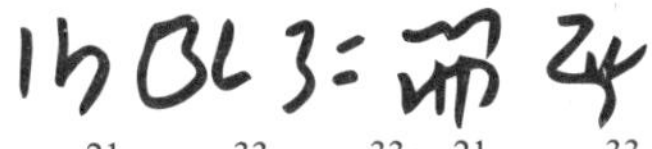	tʻa^{21} kʻɯ^{33}kʻɯ^{33}lu^{21} no^{33}	一法法了呢	得一道法后，
	tɛ^{13} mɛ^{33} ʈa^{13} dẓu^{55} kʻɪ^{33}	云尾鹰叫唱	天际鹰叫唱。
	ma^{21} dẓu^{55} no^{33} ma^{21} dẓu^{55}	不叫乃不叫	不叫唤则已，
	dẓu^{55} no^{33} lɛ^{21} tṣu^{13} ɖɪ^{13}	叫乃揭顶犯	叫就居天顶；

 ma^{21} nɖo^{33} no^{33} ma^{21} nɖo^{33}	不踢乃不踢	不抓就不抓，
 nɖo^{33} no^{33} vu^{55} ʐɛ^{33} to^{55}	踢乃鸟大向	抓就抓大鸟，
 vu^{55} to^{55} se^{33} ʔu^{33} lɯ^{55}	鸟逃树梢去	鸟逃往树顶，
 se^{33} ʔu^{33} vu^{55} ʐɛ^{33} xɯ^{21}	树大鸟大提	从树顶提走，
 dʐy^{33} vu^{55} ʈʻɛ^{33} ʈʻɛ^{33} tsʻɿ^{21}	野鸟泪潸潸	野鸟泪潸潸。
 pu^{13} ɣo^{21} tʻa^{21} kʻɯ^{33} kʻɯ^{33}	布得一法法	再得一道法。
 ȵɪ^{55} kʻɯ^{33} kʻɯ^{33} lu^{21} no^{33}	二法法了呢	得二道法后，
 tsʻɯ^{21} ɬɛ^{33} dzu^{33} kɛ^{55} dɯ^{33}	十林虎啸处	虎啸在深山，
 ma^{21} kɛ^{55} no^{33} ma^{21} kɛ^{55}	不啸闹不啸	不啸则不啸，
 kɛ^{55} no^{33} kʻu^{33} lu^{33} hɛ^{21}	啸乃愿望叫	虎啸有目的。
 ma^{21} tʻɪ^{13} no^{33} ma^{21} tʻɪ^{13}	不捕乃不捕	不捕则不捕，
 tʻɪ^{13} no^{33} ȵɪ^{55} ʐɯ^{33} to^{55}	捕乃兽大向	捕就捕大兽，

 ȵɪ^{55} pʻo^{21} tsʻɯ^{21} ɬɛ^{13} lɯ^{55}	兽逃十林去	兽逃往深山，
 tsʻɯ^{21} ɬɛ^{13} ȵɪ^{55} tʻɪ^{13} dzu^{33}	十林兽捕食	就到深山捕，
 ɣo^{21} dɯ^{13} lɯ^{21} lɯ^{33} bu^{33}	狐狸连连滚	狐狸连连滚。
 pu^{21} ɣo^{21} sɯ^{21} kʻɯ^{33} kʻɯ^{33}	布得三法法	布摩得三道法。
 sɯ^{21} kʻɯ^{33} kʻɯ^{33} lu^{21} no^{33}	三法法了呢	得三道法后，
 vi^{13} ʂu^{55} tʂʻɛ^{21} tʂʻɛ^{21} hɛ^{13}	害鬼快快站	伤害鬼驻足。
 pu^{13} ɣo^{21} ɬi^{33} kʻɯ^{33} kʻɯ^{33}	布得四法法	布摩得四道法，
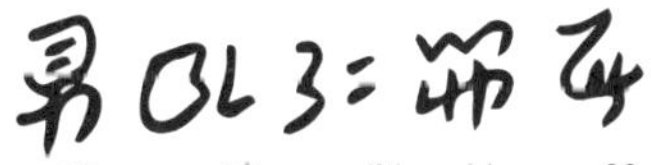 ɬi^{33} kʻɯ^{33} kʻɯ^{33} lu^{21} no^{33}	四法法了呢	得四道法后，
 vi^{13} ʂu^{55} no^{21} no^{21} ndʐɯ^{33}	害鬼团团收	团团收拢伤害鬼。
 pu^{13} ɣo^{21} ŋu^{33} kʻɯ^{33} kʻɯ^{33}	布得五法法	布摩得五道法，
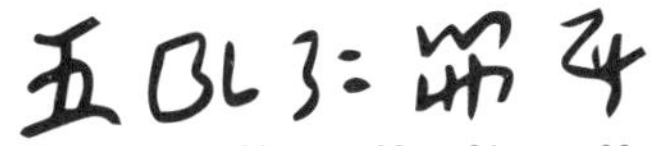 ŋu^{33} kʻɯ^{33} kʻɯ^{33} lu^{21} no^{33}	五法法了呢	得五道法后，
 tɛ^{13} mɛ^{33} ʂu^{55} dʑy^{21} tʂʻu^{33}	云尾施高请	请天边力神施氏，

 ts‘u^{33} lu^{33} sɯ^{21} k‘u^{33} tsy^{13}	土里叟法召	求地上力神。
 xɛ^{21} da^{13} dʑu^{13} se^{33} dɛ^{33}	甲戟枯树倒	摧枯拉朽般，
 vi^{13} tɯ^{33} ga^{13} ɖɯ^{21}	害 促 山 越	伤害鬼离开。
 k‘ɯ^{21} no^{33} k‘ɯ^{21} ʔu^{33} lɯ^{55}	法乃克头去	神法归克神[4]，
 k‘ɯ^{21} no^{33} ndʑɯ^{55} ʔu^{33} lɯ^{55}	法乃窘头去	神法归窘神[5]，
 k‘ɯ^{21} no^{33} ʈu^{55} ʔu^{33} lɯ^{55}	法乃都头去	神法归都神[6]，
 k‘ɯ^{21} no^{33} bo^{21} ʔu^{33} lɯ^{55}	法乃博头去	神法归博神[7]。
 k‘ɯ^{21} no^{33} hu^{21} vi^{13} ʂe^{33}	法乃马使系	用法捆住马，
 k‘ɯ^{21} no^{33} lu^{33} mbi^{21} t‘u^{33}	法乃牛叫开	神法使牛叫，
 k‘ɯ^{21} no^{33} bu^{21} hɛ^{21} ʈɿ^{13}	法乃羊叫嚷	神法使羊叫，
 k‘ɯ^{21} no^{33} ȵɯ^{13} lɯ^{33} dʐu^{55}	法乃猪者唤	神法使猪叫，
 k‘ɯ^{21} no^{33} xɛ^{21} tʂu^{13} ɖɿ^{13}	法乃铁钟犯	神法使钟犯，

k‘ɯ^{21} no^{33} tʂ‘u^{33} vi^{21} k‘o^{21}　　法乃车使折　　神法使车转，

k‘ɯ^{21} no^{33} vi^{13} ʂu^{55}ndʐɯ^{33}　　法乃害鬼收　　用神法收伤害鬼，

vi^{13} ʂu^{55} xɯ^{33}xɯ^{33}ndʐɯ^{33}　　害鬼快快收　　快快收拢伤害鬼，

vi^{13} ʂu^{55} ȵɹ^{55} ga^{13} ɖɯ^{21}　　害鬼翻二山　　伤害鬼出了二重山。

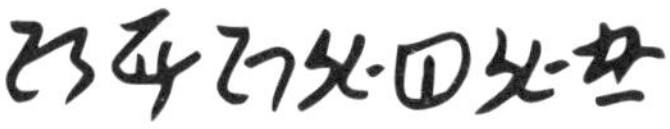
k‘ɯ^{21}no^{33}k‘o^{13}kɯ^{33}hu^{21}kɯ^{33}ndɯ^{33}　　法乃年灾月灾除　　用神法破除年月灾，

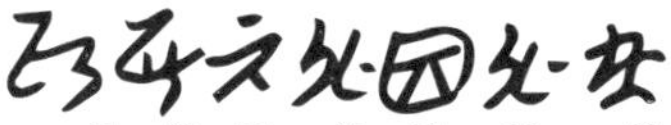
k‘ɯ^{21}no^{33}ȵɹ^{21}kɯ^{33}ha^{13}kɯ^{33}ndɯ^{33}　　法乃日灾夜灾除　　用神法破除日夜灾，

k‘ɯ^{21}no^{33}t‘u^{55}kɯ^{33}dzo̤^{21}dzɯ^{21}ndɯ^{33}　　法乃时灾凶灾除　　用神法破除时灾与凶灾，

k‘ɯ^{21}no^{33}ŋgɛ^{33}dzo^{33}gu^{21}tɛ^{13}ndɯ^{33}　　法乃枪插盾立除　　用神法破除战争灾，

k‘ɯ^{21}no^{33}ts‘ɿ^{21}bo^{21}tɕ‘i^{13}bo^{21}ndɯ^{33}　　法乃诅坏咒坏除　　用神法破除诅咒灾，

k‘ɯ^{21}no^{33}ɕi^{13}mu^{55}ŋu^{33}tɕ‘o^{21}ndɯ^{33}　　法乃死逝死境除　　用神法破除犯死灾，

k‘ɯ^{33}ɬu^{13} ʂu^{33} ndo^{55} ndɯ^{33}　　口舌讼诉除　　破除诉讼灾，

k‘ɯ^{21}no^{33}tɕi^{13}ʑɪ^{33}tci^{13}sa^{13}ndɯ^{33}　　法乃丧影丧气除　　用神法破除重丧灾，

 k‘ɯ^{21}no^{33}mu^{33}hu^{21}ȵy^{33}ȵɯ^{55}ndɯ^{33}	法乃马烧牛烫除	用神法破除牛马瘟灾，
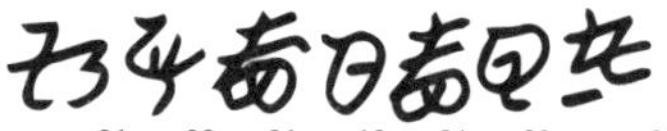 k‘ɯ^{21}no^{33}vɛ^{21}ʈ‘u^{13}vɛ^{21}na^{33}ndɯ^{33}	法乃桶黑桶白除	用神法破除祖灵灾，
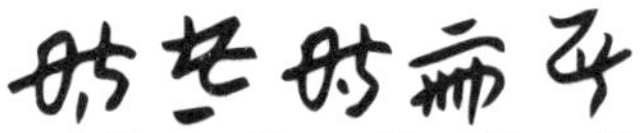 tʂ‘u^{33}ndɯ^{33}tʂ‘u^{33} hɛ^{13} no^{33}	此除此站呢	破除了这些。
 hu^{21} vu^{33} bu^{33}	山 力 薄	怕高山力弱，
 ndɪ^{21} va^{33} vu^{21}	坝 惊 慌	怕平坝惊慌，
 p‘u^{21} p‘e^{33} ȵy^{21}	地 卷 青	土地现青色，
 no^{13} p‘e^{33} nɯ^{21} lɯ^{33} tɕi^{33}	土 卷 赤	土地现赤色，
 p‘u^{55} k‘u^{33} vu^{33}	地 法 惧	土地胆怯，
 mo^{21}mo^{13} go^{33} lɯ^{33} tɕi^{33}	样样返了怕	样样还原。
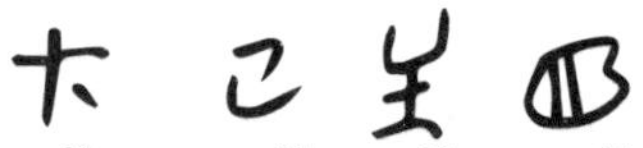 to^{21} lɪ^{21} ʂu^{33} dʐu^{55}	朵 栗 署 仲	在朵栗署仲[8]，
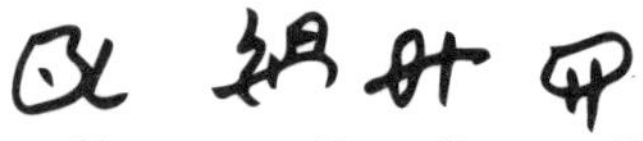 hu^{21} ʂɯ^{13} da^{33} yo^{13}	洪 绥 打 卧	洪绥打卧[9]，
 gɯ^{55} pi^{13} t‘u^{33} k‘ɛ^{33}	勾 哺 妥 克	勾哺妥克[10]，

 ʂʅ^{33} go^{33} ho^{21} dzɯ^{21}	史 果 洪 则	史果洪则[11]，
 ɬu^{33} va^{13} ȵo^{21} ŋgo^{33}	鲁 瓦 略 阁	鲁瓦略阁[12]，
 dɯ^{33} va^{33} dʐu^{55} ʂɛ^{13}	陡 瓦 著 舍	陡瓦著舍[13]，
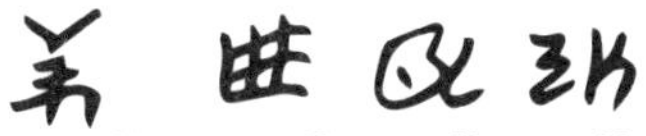 k'ɯ^{33} ma^{13} hu^{21} so^{33}	克 麻 洪 所	克麻洪所[14]，
 ȵɪ^{55} tɕ'i^{13} sa^{13} lo^{21}	牛 启 散 洛	牛启散洛[15]，
 mɛ^{13} mi^{13} tɕ'o^{13} hu^{21}	默 靡 曲 洪	默靡曲洪[16]，
 t'y^{21} ȵɪ^{55} tɕu^{55} ʑɯ^{33} tɕy^{55}	其之间以下	这一片地方，
 ȵɪ^{13} ma^{21} mu^{21} ʑɯ^{33} ʑo^{33}	尼不目之大	不尼目祭祖者，
 ndzu^{21}tɕy^{33}tɕ'y^{13}mu^{33}dzo^{33}	髻九角的椎	结九角头髻，
 vɛ^{21} ma^{13} ɬo^{13} ʑɯ^{33} dʑi^{33}	维不弄之境	不维弄叙谱者，
 ʈ'ɯ^{55} hɪ^{13} dzo^{33} mu^{33} dɪ^{13}	辫八转的戴	编八幅辫子。
 ŋɛ^{21} dɛ^{33} p'u^{55} ma^{21} hɪ^{13}	铜打父不租	男的打铜不交租，

 mɛ^{33} ɣa^{13} mo^{21} ma^{21} ŋgu^{33}	绸织母不税	女的织绸不上税，
 vi^{13} ʂu^{55} tɯ^{55} lɪ^{21} ho^{21}	害鬼单来候	专门等候伤害鬼。
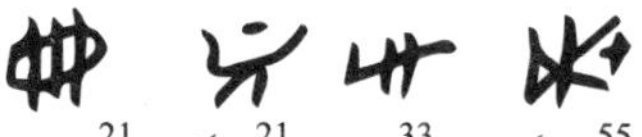 ŋgu^{21} t‘y^{21} ɣa^{33} tʂ‘ɯ^{55}	枝 其 也 移	神枝为它移动，
 vi^{13} mɛ^{33} ʂu^{55} ɣa^{33} ɖu^{33}	害近鬼也落	接近伤害鬼，
 ʔɯ^{55} lu^{33} tɕ‘y^{13} k‘u^{33} mu^{33}	水牛角位高	如高角水牛，
 xɛ^{21} da^{13} dʐu^{55} sɪ^{33} dɛ^{33}	甲戟枯树倒	摧枯拉朽，
 vi^{13} ŋgu^{33} t‘a^{21} ɣo^{21} ʈ‘ɯ^{21}	害座全有放	灾害有去处。
 pu^{13} ɳɪ^{33} sɛ^{21} k‘u^{33} tu^{33}	布乃主威树	布摩为人树威风，
 ʐɯ^{21} ɣo^{21} k‘ɯ^{33}k‘ɯ^{33}mu^{33}	图得安安的	图的是安生。
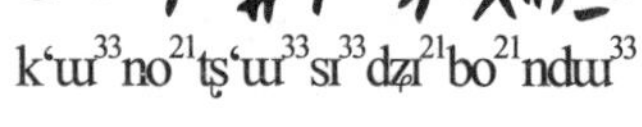 k‘ɯ^{33}no^{21}tʂ‘ɯ^{33}sɪ^{33}dʐɪ^{21}bo^{21}ndɯ^{33}	法乃焚木丧重除	用神法破除死灾，
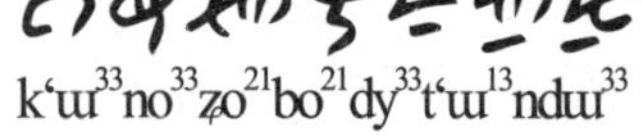 k‘ɯ^{33}no^{33}ʐo^{21}bo^{21}dy^{33}t‘ɯ^{13}ndɯ^{33}	法乃己身灾扫除	破除自身灾，

 k‘ɯ^{33}no^{33}ʂu^{21}k‘o^{21}tsa^{13}ȵɯ^{55}ndɯ^{33}	法乃死饭气茶除	破除绝命茶饭灾，
 k‘ɯ^{33}no^{33}xɯ^{21}ʑi^{21}ȵɯ^{55}tʂ‘ʅ^{21}ndɯ^{33}	法乃铁水稻谷除	破除铁水犯稻灾，
 k‘ɯ^{33}no^{33}ʔɯ^{21}su^{13}k‘ɪ^{33}su^{13}ndɯ^{33}	法乃叫者唱者除	破除叫唱灾，
 k‘ɯ^{33}no^{33}fɛ^{13}hɛ^{21}gu^{55}hɯ^{21}ndɯ^{33}	法乃饥叫荒芜除	破除饥荒灾，
 k‘ɯ^{33}no^{33}bu^{33}mu^{21}ɖa^{33}nu^{55}ndɯ^{33}	法乃乱的败的除	破除败乱灾，
 k‘ɯ^{33}no^{33}t‘u^{33}vɛ^{33}lɛ^{21}ʂu^{33}ndɯ^{33}	法乃畜鬼饿鬼除	破除畜鬼饿鬼灾，
 k‘ɯ^{33}no^{33}fe^{13}ȵy^{21}k‘u^{33}ŋa^{33}ndɯ^{33}	法乃祸兽害鸟除	破除鸟兽祸害灾，
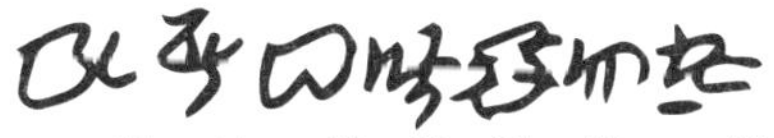 k‘ɯ^{33}no^{33}ȵɯ^{55}ŋa^{33}hɪ^{21}nu^{33}ndɯ^{33}	法乃麻鸟胃痛除	破除麻鸟胃痛灾，
 k‘ɯ^{33}no^{33}sɯ^{21}mu^{33}sɯ^{21}k‘a^{33}ndɯ^{33}	法乃防难凶兆除	破除凶兆难防灾，
 k‘ɯ^{21}no^{33}hu^{21}vi^{13}ndɪ^{21}vi^{13}ndɯ^{33}	法乃山害坝害除	破除高山平坝灾，
 k‘ɯ^{21}no^{33}le^{13}ȵy^{13}lɯ^{13}ȵy^{13}ndɯ^{33}	法乃鬼哭祟哭除	破除鬼祟哭嚎灾，
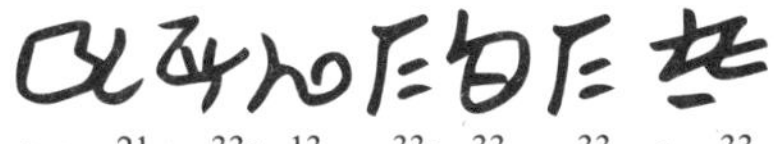 k‘ɯ^{21}no^{33}le^{13}sɯ^{33}lu^{33}sɯ^{33}ndɯ^{33}	法乃鬼爪祟爪除	破除鬼祟附带灾，

	k‘ɯ^{21}no^{33}hɪ^{21}vi^{13}ndzu^{21}vi^{13}ndɯ^{33}	法乃疯灾狂灾除	破除疯癫灾，
	k‘ɯ^{21}no^{33}mu^{33}ndʐi^{21}dʐi^{21}ʐɪ^{33}ndɯ^{33}	法乃马皮丧影除	破除马皮死相灾。
	k‘ɯ^{21} no^{33} vi^{13} mi^{13} bi^{21}	法乃害地给	神法给伤害鬼地方，
	k‘ɯ^{21} no^{33} vi^{13} dʐu^{21} xɯ^{55}	法乃害道引	给伤害鬼引路，
	tʂ‘u^{33}k‘ɯ^{33}tʂ‘u^{33}ma^{21}tu^{33}tʂ‘u^{33}ndɯ^{33}	此到此不立种除	破除临时性灾难，
	tʂ‘u^{33}ma^{21}tʂ‘ɪ^{13}tʂ‘u^{33}k‘ɯ^{33}tʂ‘u^{33}tu^{33}ndɯ^{33}	此不冷此到立种除	破除被遗忘灾难。
	dy^{33} ɬi^{55} tɕi^{13} ma^{21} t‘ɯ^{13}	灾生根不理	不理灾的根，
	dy^{33} t‘u^{33} ʐu^{21} ma^{21} ɖu^{21}	灾停捉不落	就捉摸不定。
	dy^{33} ɬi^{55} tɕi^{13} bo^{55} vi^{21}	灾生根有焉	灾难有根源，
	a^{21} so^{21} t‘u^{33} lu^{33}ɬu^{33}tɕ‘y^{13}ʐo^{33}	阿古宇宙鲁角长	古时鲁卦在生长，
	ɬu^{33} tɕ‘y^{13} ʐo^{21} ʐo^{33} ʐo^{33}	鲁角自己长	鲁卦自己长，
	ɬu^{33} tɕ‘y^{13} nu^{33} p‘u^{55} pi^{55}	鲁角耳朵蔽	鲁卦把耳掩，

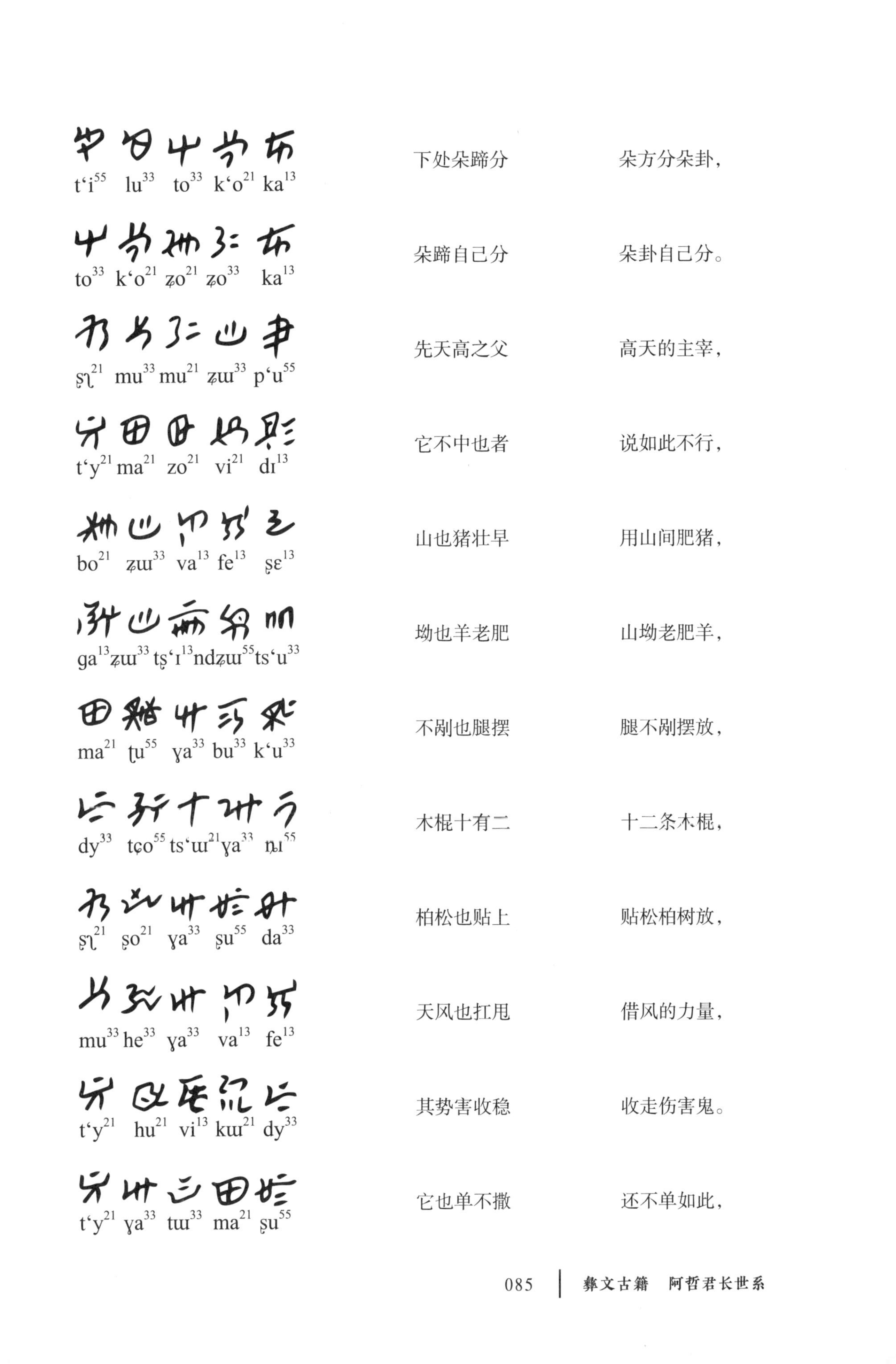

t‘i^{55} lu^{33} to^{33} k‘o^{21} ka^{13}	下处朵蹄分	朵方分朵卦，
to^{33} k‘o^{21} ʐo^{21} ʐo^{33} ka^{13}	朵蹄自己分	朵卦自己分。
ʂʅ^{21} mu^{33} mu^{21} ʐɯ^{33} p‘u^{55}	先天高之父	高天的主宰，
t‘y^{21} ma^{21} zo^{21} vi^{21} dɪ^{13}	它不中也者	说如此不行，
bo^{21} ʐɯ^{33} va^{13} fe^{13} ʂɛ^{13}	山也猪壮早	用山间肥猪，
ga^{13} ʐɯ^{33} tʂ‘ɪ^{13} ndʐɯ^{55} ts‘u^{33}	坳也羊老肥	山坳老肥羊，
ma^{21} ʈu^{55} ɣa^{33} bu^{33} k‘u^{33}	不剐也腿摆	腿不剐摆放，
dy^{33} tɕo^{55} ts‘ɯ^{21} ɣa^{33} ɲɪ^{55}	木棍十有二	十二条木棍，
ʂʅ^{21} ʂo^{21} ɣa^{33} ʂu^{55} da^{33}	柏松也贴上	贴松柏树放，
mu^{33} he^{33} ɣa^{33} va^{13} fe^{13}	天风也扛甩	借风的力量，
t‘y^{21} hu^{21} vi^{13} kɯ^{21} dy^{33}	其势害收稳	收走伤害鬼。
t‘y^{21} ɣa^{33} tɯ^{33} ma^{21} ʂu^{55}	它也单不撒	还不单如此，

mu^{33} he^{33} ts‘ɯ^{21} kɯ^{21} dy^{33}　　天风落收灾　　破风带的灾，

va^{13} fe^{13} tɕ‘i^{13} kɯ^{21} dy^{33}　　搂使圈收灾　　把灾难收集。

ʂo^{13} na^{55} hɛ^{21} kɯ^{21} dy^{33}　　松大荒收灾　　大松收饥荒，

ɬɛ^{13} na^{33} hɯ^{21} kɯ^{21} dy^{33}　　桃大亡收灾　　桃木收空亡，

xɛ^{21} na^{33} mɛ^{33} kɯ^{21} dy^{33}　　甲大火收灾　　大甲收火灾，

da^{13} na^{55} dʐɯ^{33} kɯ^{21} dy^{33}　　戟大雷收灾　　大戟收雷灾，

tʂɯ^{55} na^{21} he^{33} kɯ^{21} dy^{33}　　露大风收灾　　大露收风灾，

fe^{13} na^{33} tso^{55} kɯ^{21} dy^{33}　　蒿大障收灾　　大蒿破障碍，

dʐa^{21} pu^{33} ts‘o^{21} kɯ^{21} dy^{33}　　冷桶闪电收灾　　桶收闪电灾，

ʂo^{13} le^{33} le^{33} kɯ^{21} dy^{33}　　松卷鬼收灾　　卷松收鬼灾，

tu^{13} se^{33} ʂo^{21} t‘a^{21} dzɛ^{13}　　千树收一棵　　以一当千棵，

tɕi^{13} ɣa^{33} nɯ^{55} dɿ^{13} lɯ^{55}　　紧也短者的　　利用紧和短，

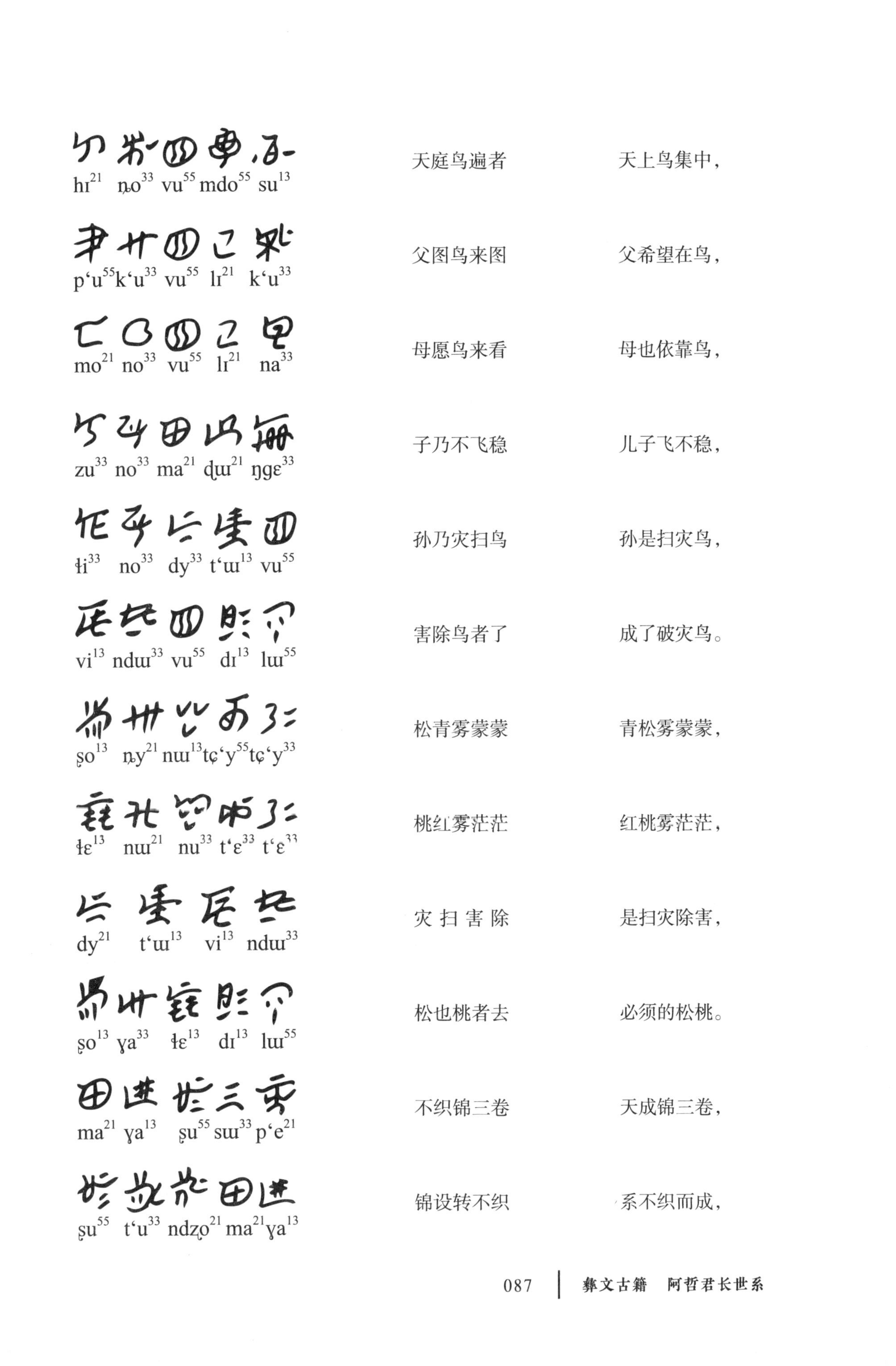

hɪ^{21} ȵo^{33} vu^{55} mdo^{55} su^{13}	天庭鸟遍者	天上鸟集中，
p‘u^{55} k‘u^{33} vu^{55} lɪ^{21} k‘u^{33}	父图鸟来图	父希望在鸟，
mo^{21} no^{33} vu^{55} lɪ^{21} na^{33}	母愿鸟来看	母也依靠鸟，
zu^{33} no^{33} ma^{21} ɖɯ^{21} ŋgɛ^{33}	子乃不飞稳	儿子飞不稳，
ɬi^{33} no^{33} dy^{33} t‘ɯ^{13} vu^{55}	孙乃灾扫鸟	孙是扫灾鸟，
vi^{13} ndɯ^{33} vu^{55} dɪ^{13} lɯ^{55}	害除鸟者了	成了破灾鸟。
ʂo^{13} ȵy^{21} nɯ^{13} tɕ‘y^{55} tɕ‘y^{33}	松青雾蒙蒙	青松雾蒙蒙，
ɬɛ^{13} nɯ^{21} nu^{33} t‘ɛ^{33} t‘ɛ^{33}	桃红雾茫茫	红桃雾茫茫，
dy^{21} t‘ɯ^{13} vi^{13} ndɯ^{33}	灾 扫 害 除	是扫灾除害，
ʂo^{13} ɣa^{33} ɬɛ^{13} dɪ^{13} lɯ^{55}	松也桃者去	必须的松桃。
ma^{21} ɣa^{13} ʂu^{55} sɯ^{33} p‘e^{21}	不织锦三卷	天成锦三卷，
ʂu^{55} t‘u^{33} ndʐo^{21} ma^{21} ɣa^{13}	锦设转不织	系不织而成，

 dy^{21} t‘ɯ^{13} vi^{13} ndɯ^{33}	灾 扫 害 除	是扫灾除害，
 ʂu^{55} ɣa^{33} mɛ^{13} dɪ^{13} lɯ^{55}	锦也绸者去	必须的锦绸。
 mi^{33} ɣo^{13} p‘u^{21} lɯ^{33} lɯ^{33}	天南地辽辽	南边地辽阔，
 mu^{33} k‘ɛ^{33} ku^{33} ɕi^{33} sa^{13}	天北凝血气	北部血气凝，
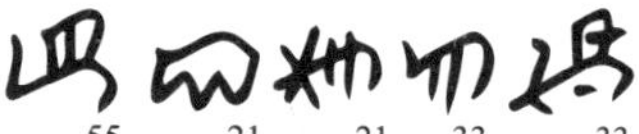 nɯ^{55} p‘u^{21} bo^{21} nu^{33} mbɪ^{33}	中部山背离	中部脱离山，
 ʂʅ^{33} sɯ^{33} ma^{21} ŋu^{33} ɬu^{33}	施叟现成垫	施叟神有求必应，
 vi^{13} t‘i^{33} ʂʅ^{33} dɪ^{13} lɯ^{55}	害裹施者了	专门收灾害。
 bo^{21} mu^{33} ndʐo^{55} nɯ^{33} ȵy^{21}	山高蔓藤青	高山青藤蔓，
 lo^{21} na^{21} tɕ‘i^{33} ȵɯ^{21} tʂ‘ʅ^{21}	谷深狗藤屎	山谷狗屎藤，
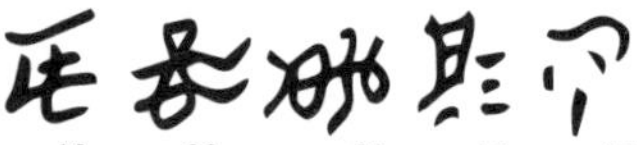 vi^{13} ʂɪ^{33} tʂa^{33} dɪ^{13} lɯ^{55}	害捆绳者了	用来捆灾害。
 ndɪ^{21} ʐɯ^{33} mo^{33} xo^{21} mo^{21}	坝也竹子大	平坝大竹子，
 vi^{13} ndɪ^{33} ka^{33} dɪ^{13} lɯ^{55}	害装萝者了	用来装灾害。

dy^{21} t‘ɯ^{13} vi^{13} ndɯ^{33}

灾 扫 害 除　　扫灾除害，

t‘a^{21} ku^{33} ɬu^{13}

一 种 换　　换一种手法，

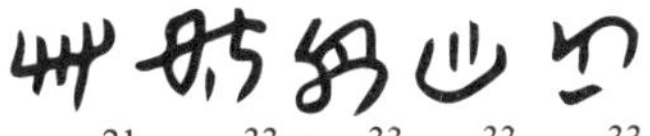

ŋgu^{21} tʂ‘u^{33} dʐa^{33} ʐɯ^{33} gɯ^{33}

座转在也了　　把神座转向，

to^{55} ɣo^{21} vi^{21} ʂu^{55} to^{55}

起也害鬼起　　送走伤害鬼，

sɯ^{33} ɣo^{21} vi^{13} ʂu^{55} sɯ^{33}

走也害鬼走　　撵走伤害鬼，

ʐɯ^{21} ɣo^{21} k‘ɯ^{33} k‘ɯ^{33} mu^{33}

图也安安的　　图的是安生。

dy^{33} tɕi^{13} ʂu^{21}

火 根 理　　清理灾根，

sɛ^{21} ʐɯ^{33} dzo^{33}

主 也 生　　为服务对象，

pu^{33} zɯ^{33} sɛ^{21} tʂ‘ɯ^{55} ɣo^{21}

布掌主展有　　给其树威风，

ɖu^{21} dzu^{21} tʂ‘ɯ^{55} ɣo^{21} ʐɪ^{13}

人居发也衍　　使其人丁旺，

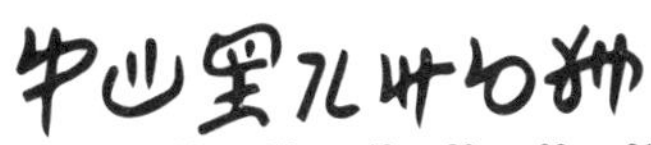

ku^{33} ʐɯ^{33} p‘i^{55} ts‘ɪ^{13} ɣa^{33} p‘i^{33} du^{21}

圆也祖辈也妣迹　　把祖业继承。

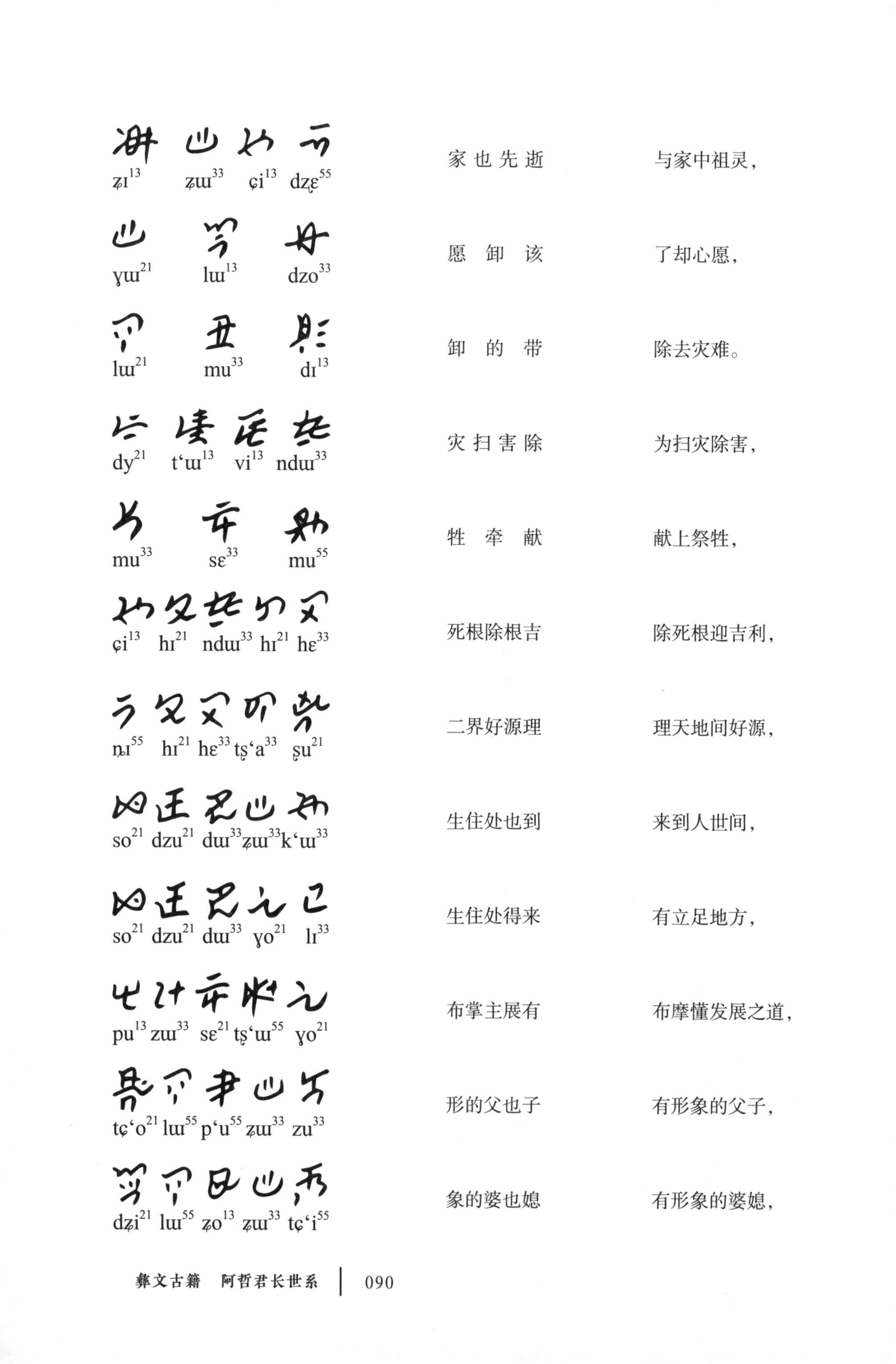

ʐɿ^{13} ʐɯ^{33} ɕi^{13} dʐɛ^{55}	家 也 先 逝	与家中祖灵，
ɣɯ^{21} lɯ^{13} dzo^{33}	愿 卸 该	了却心愿，
lɯ^{21} mu^{33} dɿ^{13}	卸 的 带	除去灾难。
dy^{21} t‘ɯ^{13} vi^{13} ndɯ^{33}	灾 扫 害 除	为扫灾除害，
mu^{33} sɛ^{33} mu^{55}	牲 牵 献	献上祭牲，
ɕi^{13} hɿ^{21} ndɯ^{33} hɿ^{21} hɛ^{33}	死根除根吉	除死根迎吉利，
ȵɿ^{55} hɿ^{21} hɛ^{33} tʂ‘a^{33} ʂu^{21}	二界好源理	理天地间好源，
so^{21} dzu^{21} dɯ^{33} ʐɯ^{33} k‘ɯ^{33}	生住处也到	来到人世间，
so^{21} dzu^{21} dɯ^{33} ɣo^{21} lɿ^{33}	生住处得来	有立足地方，
pu^{13} ʐɯ^{33} sɛ^{21} tʂ‘ɯ^{55} ɣo^{21}	布掌主展有	布摩懂发展之道，
tɕ‘o^{21} lɯ^{55} p‘u^{55} ʐɯ^{33} zu^{33}	形的父也子	有形象的父子，
dʑi^{21} lɯ^{55} ʐo^{13} ʐɯ^{33} tɕ‘i^{55}	象的婆也媳	有形象的婆媳，

	nɯ^{33} lu^{33} ve^{13} ʐɯ^{33} ɳɿ^{21}	芽了兄也弟	手足兄弟，
	dʐɯ^{21}ŋɯ^{33}ndzu^{21}k‘o^{21}dzo^{33}	奴是髻所椎	椎髻的男奴，
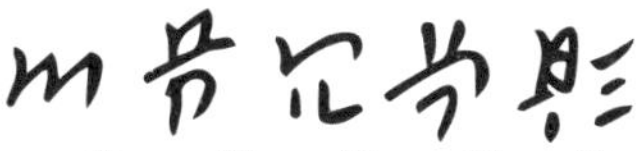	p‘o^{33} ŋɯ^{33}ʈ‘ɯ^{55} k‘o^{21} dɿ^{13}	婢是辫凡戴	编辫的女婢，
	ɣɯ^{21}k‘ɯ^{33} ɳɿ^{33} ɬi^{33} ʈ‘u^{55}	愿图乃四面	愿望在四面，
	dʐa^{33}tʂ‘u^{33}tɕu^{55} hɿ^{13} vu^{33}	在向间八方	志向在八方。
	hu^{21} ɣa^{33} ndɿ^{21}	山 也 坝	高山平坝，
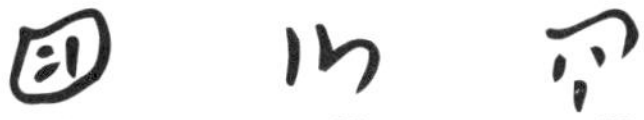	lo^{33} t‘a^{33} lɯ^{55}	了 别 去	就别去，
	dy^{21} t‘ɯ^{13} sɛ^{21}	灾 除 主	主持除灾难，
	vi^{13} ndɯ^{33} vi^{13} ŋɯ^{33} vi^{21}	害除害是焉	主持破除伤害，
	mu^{33} sɛ^{33} mu^{55}	牲 牵 献	收受祭牲，
	ma^{21} ʐa^{13} ʐɯ^{33} gɯ^{33}	无 错 也 了	没有过错！

注　释：

[1] 鲁方：彝族八卦名，即西南方。

[2] 朵方：彝族八卦名，即东北方。

[3] 海猪星座：凶星之一。

[4][5][6][7] 克神，窘神，都神，博神：专门为人们消灾的神灵，彝族布摩用插三道若干枝神树枝代表他的神位。

[8][9][10][11][12][13][14][15][16] 朵果署仲，洪绶打卧，勾哺妥克，史果洪则，鲁瓦略阁，陡瓦著舍，克麻洪所，牛启散洛，默靡曲洪：彝语地名，在今云南省境内，彝族默部迁徙时经过的地方。

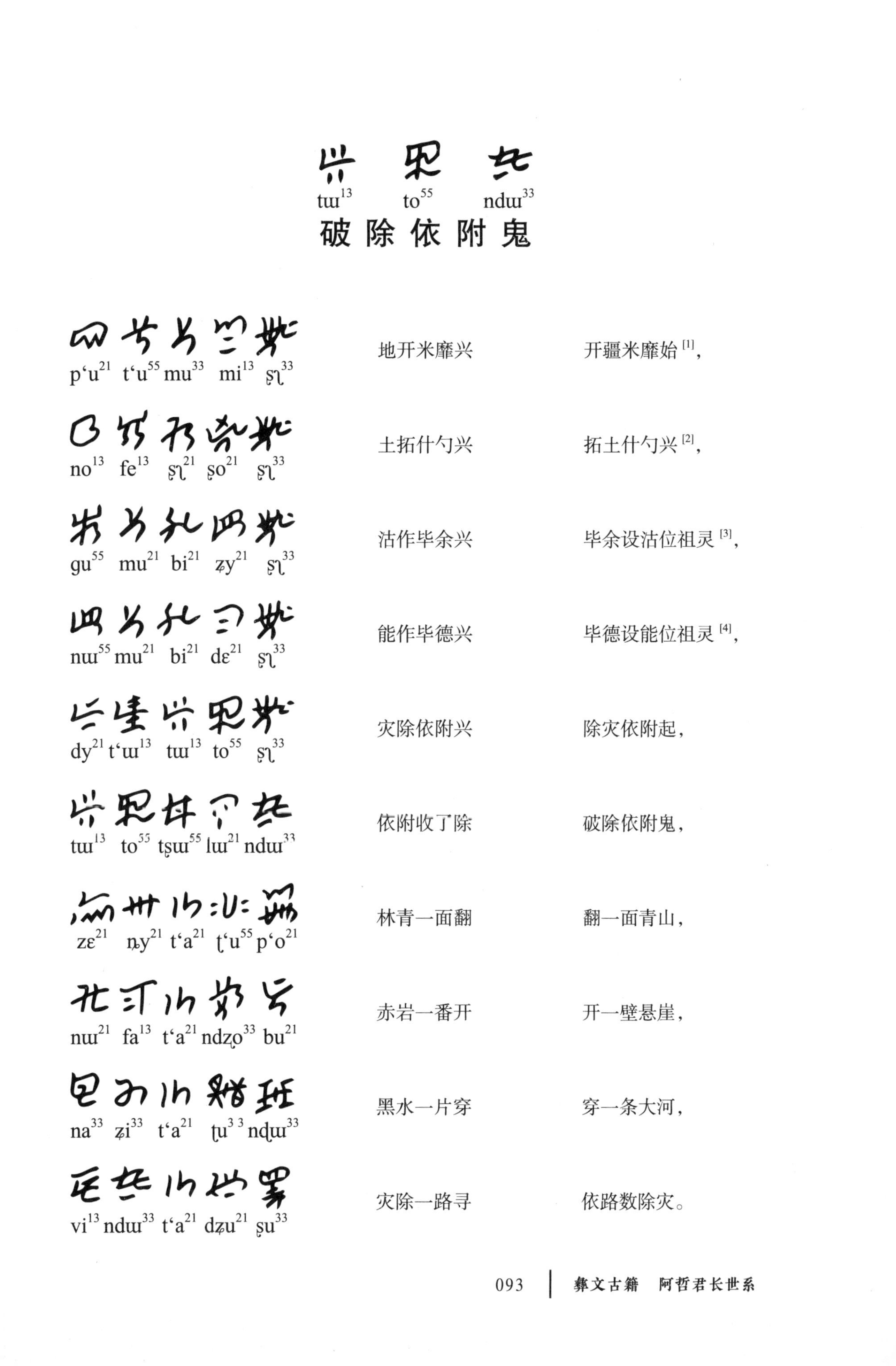

tɯ^{13} to^{55} ndɯ^{33}

破除依附鬼

p‘u^{21} t‘u^{55} mu^{33} mi^{13} ʂʅ^{33}	地开米靡兴	开疆米靡始[1]，
no^{13} fe^{13} ʂʅ^{21} ʂo^{21} ʂʅ^{33}	土拓什勺兴	拓土什勺兴[2]，
gu^{55} mu^{21} bi^{21} ʑy^{21} ʂʅ^{33}	沽作毕余兴	毕余设沽位祖灵[3]，
nɯ^{55} mu^{21} bi^{21} dɛ^{21} ʂʅ^{33}	能作毕德兴	毕德设能位祖灵[4]，
dy^{21} t‘ɯ^{13} tɯ^{13} to^{55} ʂʅ^{33}	灾除依附兴	除灾依附起，
tɯ^{13} to^{55} tʂɯ^{55} lɯ^{21} ndɯ^{33}	依附收了除	破除依附鬼，
zɛ^{21} ɳy^{21} t‘a^{21} ʈ‘u^{55} p‘o^{21}	林青一面翻	翻一面青山，
nɯ^{21} fa^{13} t‘a^{21} ndʐo^{33} bu^{21}	赤岩一番开	开一壁悬崖，
na^{33} ʑi^{33} t‘a^{21} ʈu^{33} nɖɯ^{33}	黑水一片穿	穿一条大河，
vi^{13} ndɯ^{33} t‘a^{21} dʑu^{21} ʂu^{33}	灾除一路寻	依路数除灾。

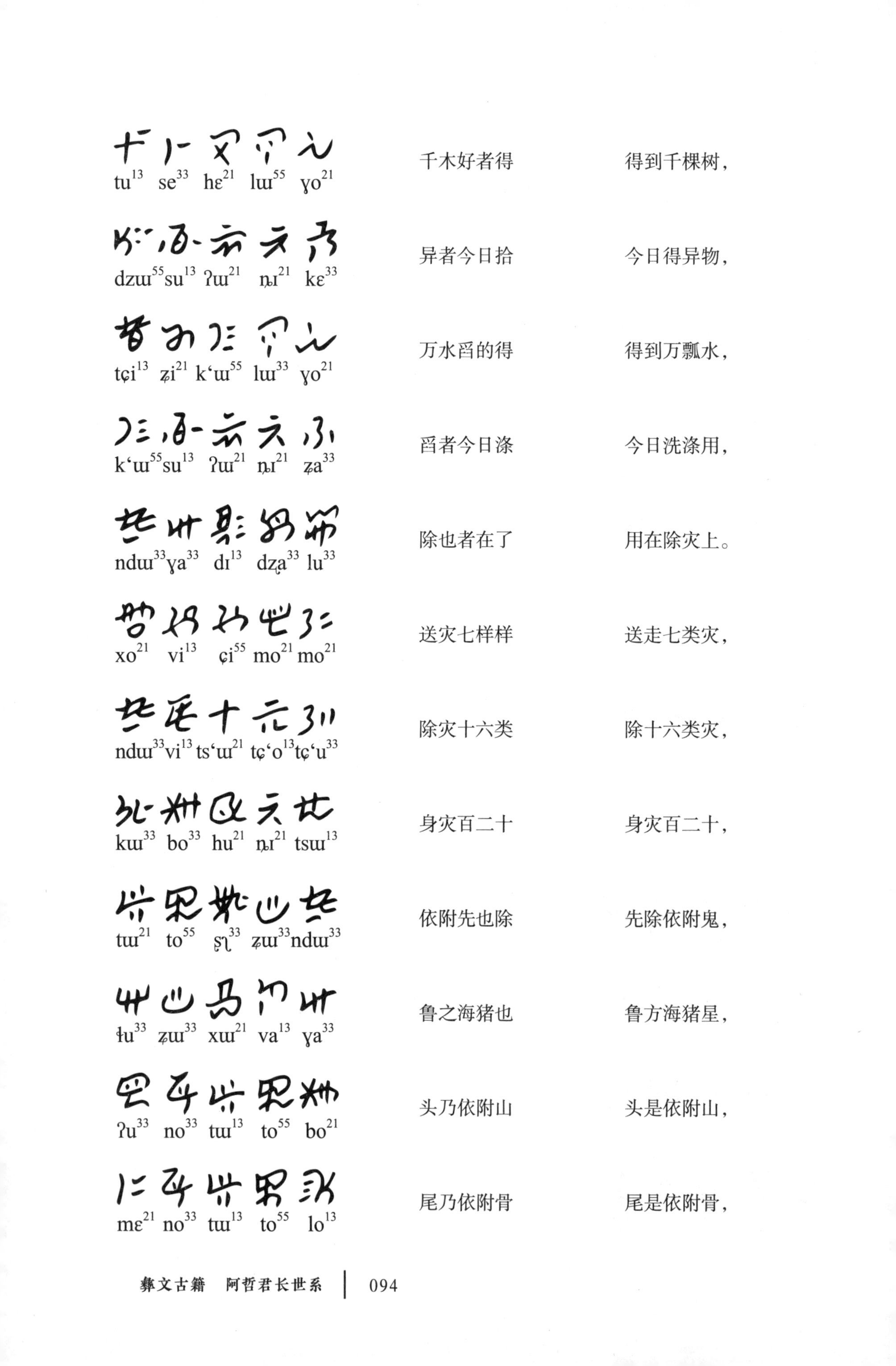

tu^{13} se^{33} hɛ^{21} lɯ^{55} ɣo^{21}	千木好者得	得到千棵树，
dzɯ^{55}su^{13} ʔɯ^{21} ɲɪ^{21} kɛ^{33}	异者今日拾	今日得异物，
tɕi^{13} ʑi^{21} k'ɯ^{55} lɯ^{33} ɣo^{21}	万水舀的得	得到万瓢水，
k'ɯ^{55}su^{13} ʔɯ^{21} ɲɪ^{21} ʑa^{33}	舀者今日涤	今日洗涤用，
ndɯ^{33}ɣa^{33} dɪ^{13} dʑa^{33} lu^{33}	除也者在了	用在除灾上。
xo^{21} vi^{13} ɕi^{55} mo^{21} mo^{21}	送灾七样样	送走七类灾，
ndɯ^{33}vi^{13} ts'ɯ^{21} tɕ'o^{13}tɕ'u^{33}	除灾十六类	除十六类灾，
kɯ^{33} bo^{33} hu^{21} ɲɪ^{21} tsɯ^{13}	身灾百二十	身灾百二十，
tɯ^{21} to^{55} ʂʅ^{33} ʑɯ^{33}ndɯ^{33}	依附先也除	先除依附鬼，
ɬu^{33} ʑɯ^{33} xɯ^{21} va^{13} ɣa^{33}	鲁之海猪也	鲁方海猪星，
ʔu^{33} no^{33} tɯ^{13} to^{55} bo^{21}	头乃依附山	头是依附山，
mɛ^{21} no^{33} tɯ^{13} to^{55} lo^{13}	尾乃依附骨	尾是依附骨，

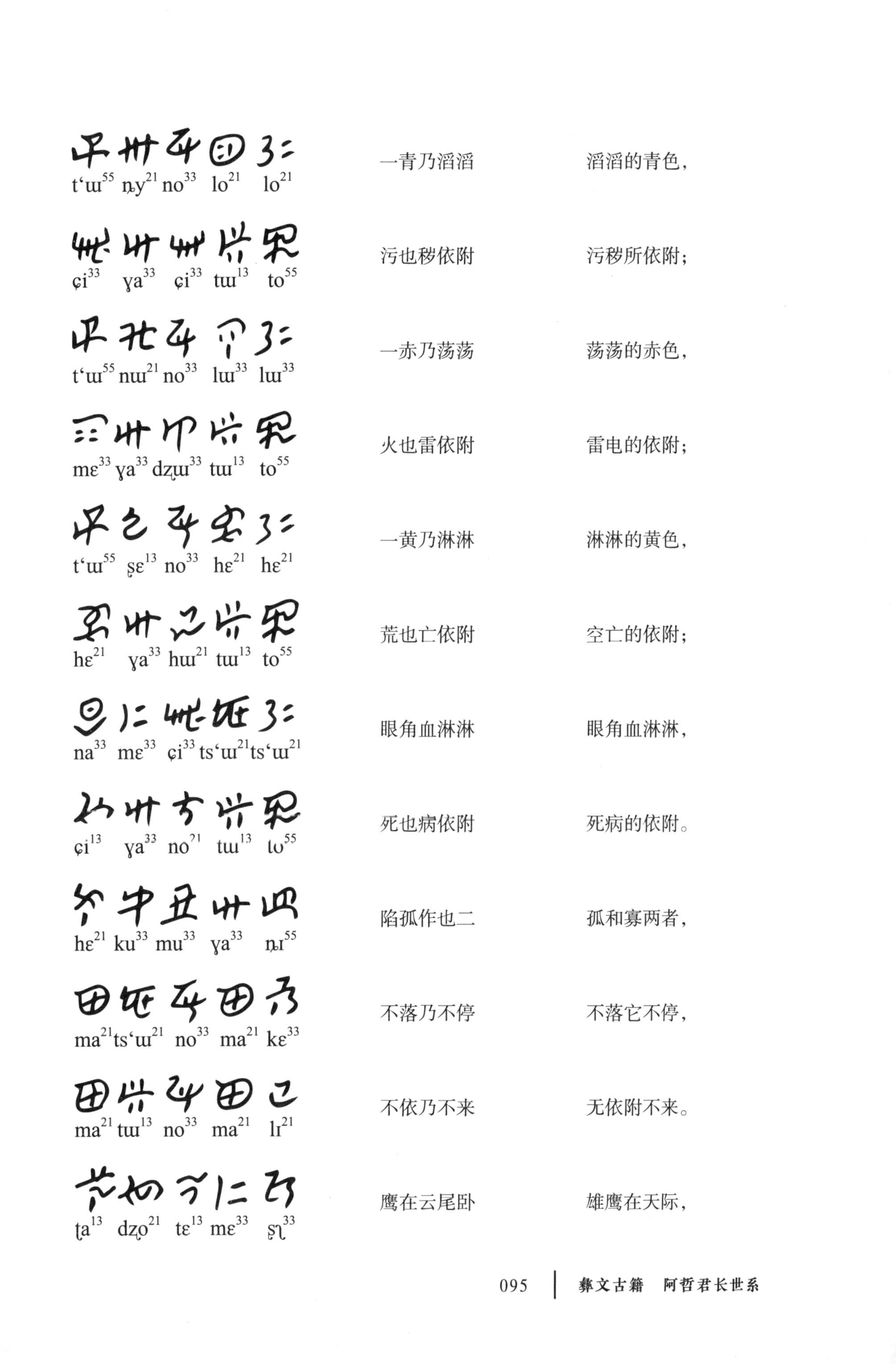

t‘ɯ^{55} n̥y^{21} no^{33} lo^{21} lo^{21}	一青乃滔滔	滔滔的青色，
ɕi^{33} ɣa^{33} ɕi^{33} tɯ^{13} to^{55}	污也秽依附	污秽所依附；
t‘ɯ^{55} nɯ^{21} no^{33} lɯ^{33} lɯ^{33}	一赤乃荡荡	荡荡的赤色，
mɛ^{33} ɣa^{33} dʐɯ^{33} tɯ^{13} to^{55}	火也雷依附	雷电的依附；
t‘ɯ^{55} ʂɛ^{13} no^{33} hɛ^{21} hɛ^{21}	一黄乃淋淋	淋淋的黄色，
hɛ^{21} ɣa^{33} hɯ^{21} tɯ^{13} to^{55}	荒也亡依附	空亡的依附；
na^{33} mɛ^{33} ɕi^{33} ts‘ɯ^{21}ts‘ɯ^{21}	眼角血淋淋	眼角血淋淋，
ɕi^{13} ɣa^{33} no^{21} tɯ^{13} to^{55}	死也病依附	死病的依附。
hɛ^{21} ku^{33} mu^{33} ɣa^{33} n̥ɪ^{55}	陷孤作也二	孤和寡两者，
ma^{21}ts‘ɯ^{21} no^{33} ma^{21} kɛ^{33}	不落乃不停	不落它不停，
ma^{21} tɯ^{13} no^{33} ma^{21} lɪ^{21}	不依乃不来	无依附不来。
ʈa^{13} dʐo^{21} tɛ^{13} mɛ^{33} ʂʅ^{33}	鹰在云尾卧	雄鹰在天际，

tɯ^{13} to^{55} kɯ^{21} go^{13} vu^{55}

依附收回鸟　　为依附的鸟。

dzu^{33} dz̩o^{21} ts‘ɯ^{21} ɬɛ^{13} ko^{33}

虎在十林内　　虎出没深山，

tu^{13} tɯ^{21} n̩ɪ^{55} tɕ‘y^{13} lu^{33}

依附兽中了　　为依附的兽。

no^{21} dz̩o^{21} bo^{21} tɕ‘y^{13} n̩y^{21}

病在山角居　　疾病在深山，

ndz̩o^{13} dz̩o^{21} s̩u^{33} lo^{21} na^{21}

疾在穷谷深　　疾病在深谷，

tɯ^{13} to^{55} z̩ɯ^{33} hɪ^{21} s̩ɛ^{13}

依附也屋长　　依附鬼屋大，

k‘o^{21} mu^{21} dz̩a^{33} ma^{21} sɛ^{55}

所高在不知　　不知其深浅，

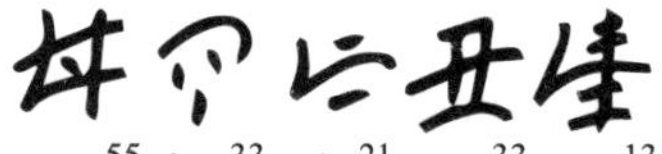
ts̩ɯ^{55} lɯ^{33} dy^{21} mu^{33} t‘ɯ^{13}

收了灾的扫　　集中了破除，

ndɯ^{33} lɯ^{55} k‘ɯ^{21} tɕ‘i^{13} hu^{21}

捆去破除掉　　捆绑破除掉。

z̩ɯ^{21} ɣo^{21} k‘ɯ^{33} k‘ɯ^{33} mu^{33}

图也安安的　　图平平安安。

注　释：

[1] 米靡氏：彝族历史上第四个时期的名称与统治者的家族名。

[2] 什勺氏：彝族历史上第三个时期的名称与统治者的家族名。

[3] 毕余设沽位祖灵：米靡时期的米氏权臣，沽位祖灵在祖灵位中排第二位。

[4] 毕德设能位祖灵：米靡时期的靡氏权臣，能位祖灵在祖灵位中排第三位。

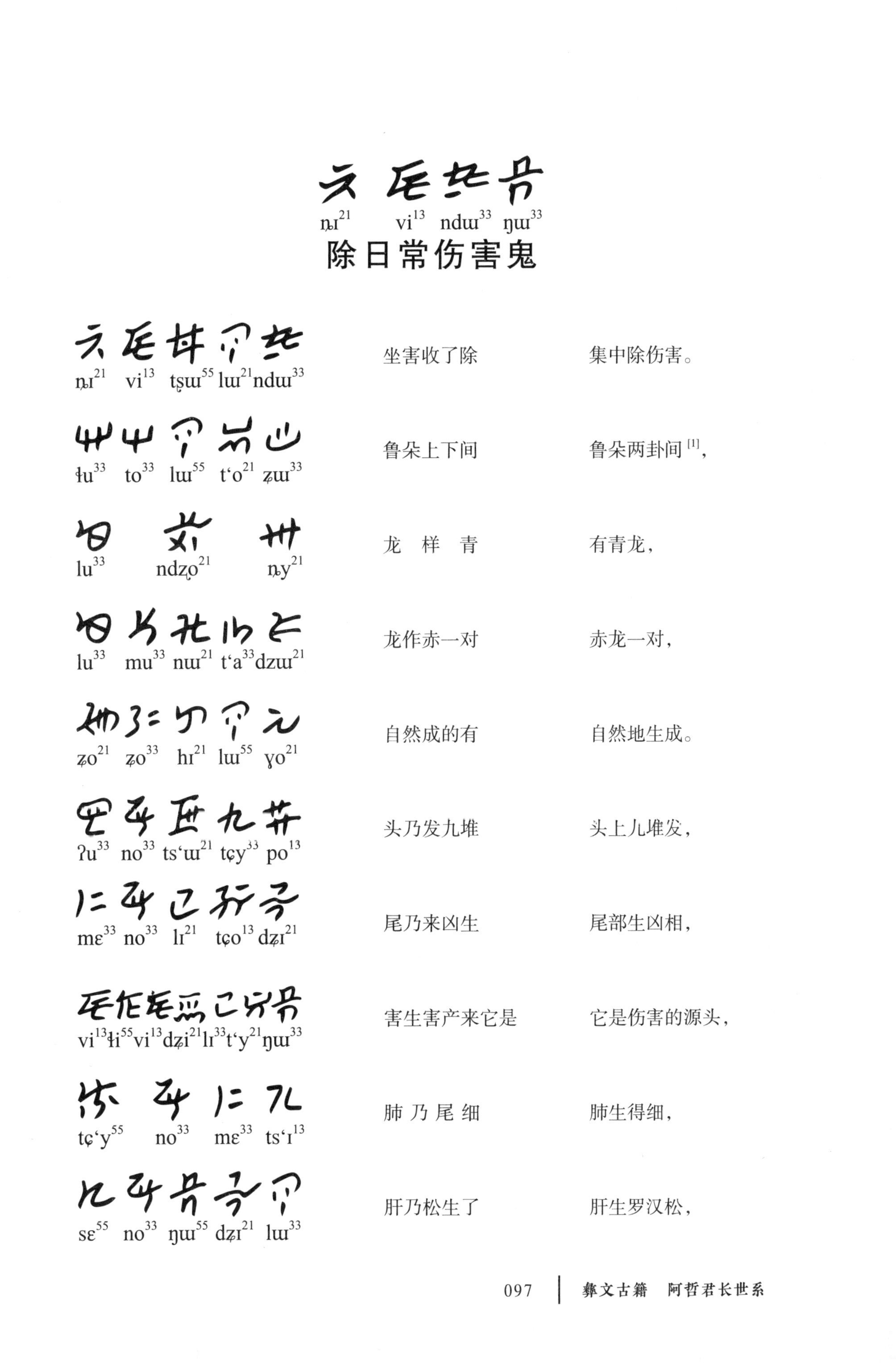

ȵɹ^{21} vi^{13} ndɯ^{33} ŋɯ^{33}

除日常伤害鬼

ȵɹ^{21} vi^{13} tʂɯ^{55} lɯ^{21} ndɯ^{33}	坐害收了除	集中除伤害。
ɬu^{33} to^{33} lɯ^{55} t‘o^{21} ʑɯ^{33}	鲁朵上下间	鲁朵两卦间[1]，
lu^{33} ndʐo^{21} ȵy^{21}	龙 样 青	有青龙，
lu^{33} mu^{33} nɯ^{21} t‘a^{33} dzɯ^{21}	龙作赤一对	赤龙一对，
ʑo^{21} ʑo^{33} hɪ^{21} lɯ^{55} ɣo^{21}	自然成的有	自然地生成。
ʔu^{33} no^{33} ts‘ɯ^{21} tɕy^{33} po^{13}	头乃发九堆	头上九堆发，
mɛ^{33} no^{33} lɪ^{21} tɕo^{13} dʑɪ^{21}	尾乃来凶生	尾部生凶相，
vi^{13} ɬi^{55} vi^{13} dʑi^{21} lɪ^{33} t‘y^{21} ŋɯ^{33}	害生害产来它是	它是伤害的源头，
tɕ‘y^{55} no^{33} mɛ^{33} ts‘ɪ^{13}	肺 乃 尾 细	肺生得细，
sɛ^{55} no^{33} ŋɯ^{55} dʑɪ^{21} lɯ^{33}	肝乃松生了	肝生罗汉松，

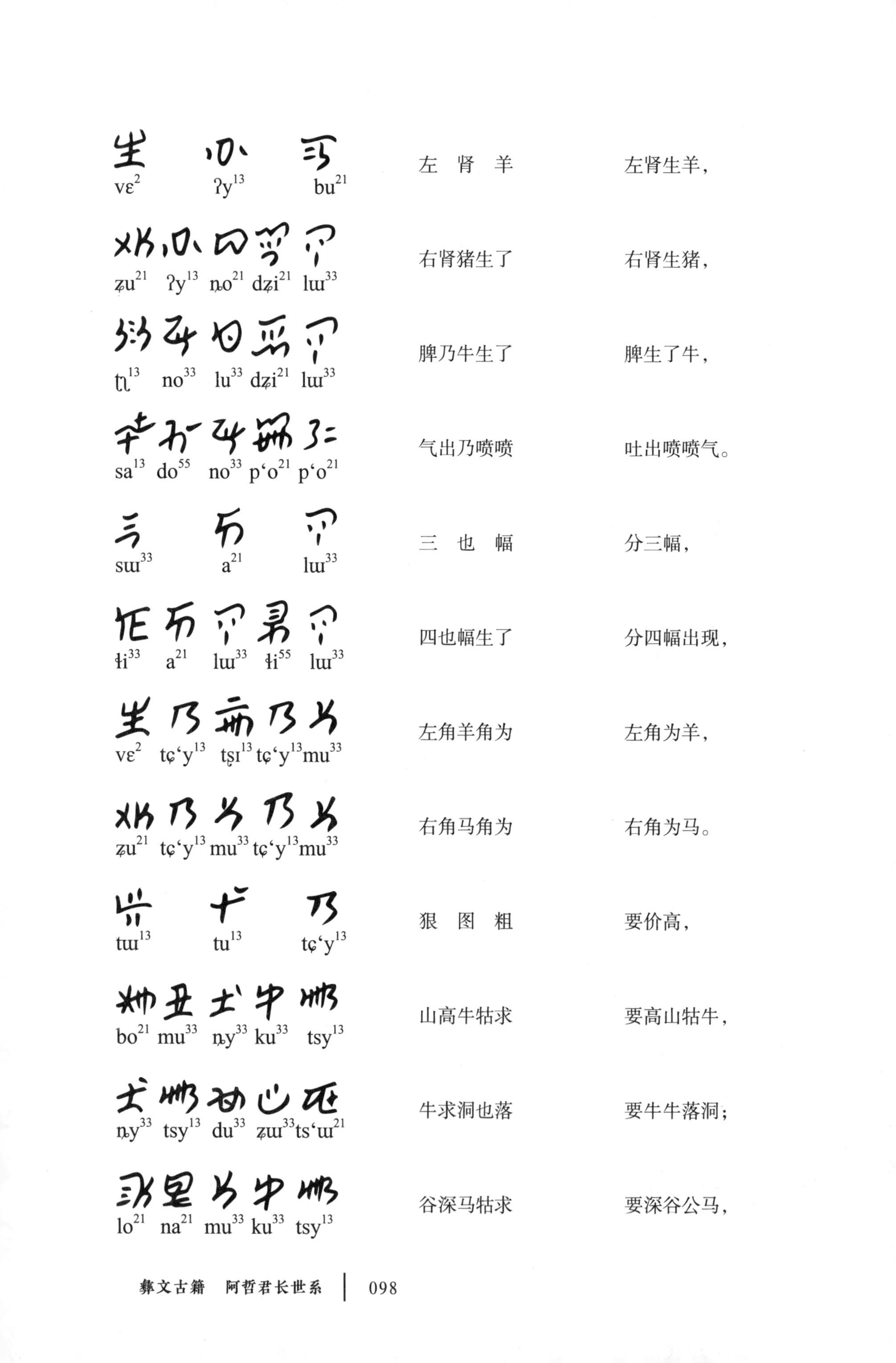

vɛ^{2} ʔy^{13} bu^{21}	左 肾 羊	左肾生羊，
ʐu^{21} ʔy^{13} ȵo^{21} dʑi^{21} lɯ^{33}	右肾猪生了	右肾生猪，
ʈʅ^{13} no^{33} lu^{33} dʑi^{21} lɯ^{33}	脾乃牛生了	脾生了牛，
sa^{13} do^{55} no^{33} p‘o^{21} p‘o^{21}	气出乃喷喷	吐出喷喷气。
sɯ^{33} a^{21} lɯ^{33}	三 也 幅	分三幅，
ɬi^{33} a^{21} lɯ^{33} ɬi^{55} lɯ^{33}	四也幅生了	分四幅出现，
vɛ^{2} tɕ‘y^{13} tʂɪ^{13} tɕ‘y^{13} mu^{33}	左角羊角为	左角为羊，
ʐu^{21} tɕ‘y^{13} mu^{33} tɕ‘y^{13} mu^{33}	右角马角为	右角为马。
tɯ^{13} tu^{13} tɕ‘y^{13}	狠 图 粗	要价高，
bo^{21} mu^{33} ȵy^{33} ku^{33} tsy^{13}	山高牛牯求	要高山牯牛，
ȵy^{33} tsy^{13} du^{33} ʐɯ^{33} ts‘ɯ^{21}	牛求洞也落	要牛牛落洞；
lo^{21} na^{21} mu^{33} ku^{33} tsy^{13}	谷深马牯求	要深谷公马，

mu^{33} ku^{33} tsy^{13} ʑɯ^{33} ɖɯ^{21}　　马牯求也落　　要牯马失落。

ȵy^{33} bu^{21} ȵɪ^{55} lɪ^{21} t‘ɪ^{13}　　牛叫虎来扑　　牛叫被虎捕，

va^{13} bu^{21} vi^{13} lɪ^{21} dzu^{33}　　猪叫豺来吃　　猪叫被豺吃，

ho^{21} xu^{33} mu^{33} ȵɪ^{13} mbɪ^{33}　　羊肉作鬼射　　羊肉被鬼射，

sɯ^{21} ʑɯ^{33} dʑa^{33} ɣa^{13} lo^{33}　　似也样的了　　就像这样了。

mu^{33} ʈ‘u^{13} lɯ^{55} ta^{33} ndɛ^{21}　　天白阳顶端　　在苍天顶部，

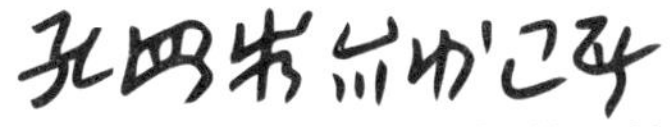

bi^{21} ʑi^{13} gu^{55} tsɪ^{13} ka^{13} lɪ^{21} no^{33}　　毕余沽布置来呢　　毕余安置沽祖位[2]，

t‘u^{33} vɛ^{21} ndɯ^{33} lɛ^{21}　　上 左 当 易　　左上方易办，

ʂu^{21} tso^{21} tʂ‘ɛ^{55} ɣa^{21} dɪ^{13}　　理插献也要　　要插枝献祭。

hɪ^{21} pu^{13} tɕ‘o^{13} t‘u^{55} ŋu^{21}　　天布俏妥鄂　　天上布摩俏妥鄂[3]，

t‘ɯ^{21} pu^{13} hɪ^{13} a^{21} vɛ^{55}　　地布恒阿崴　　地上布摩恒阿崴[4]，

vu^{33} ʑi^{21} za^{13} lɯ^{55} lɪ^{33}　　雪水下的来　　雪一样降临，

 t‘u^{33} vɛ^{21} tʂ‘ɛ^{55}	上 左 献	向左上方献祭，
 dʑi^{21} ɣa^{33} k‘ɯ^{21} lɪ^{21} lu^{33}	场也到来了	来到了场地。
 t‘y^{21} t‘u^{55} mu^{33} ma^{21} dɯ^{13}	其时天未丌	当初天未开，
 mi^{13} ma^{55} ɖu^{21} ʑɯ^{33} sɿ^{33}	地未辟也兮	地还未辟时，
 ɬu^{33} ʑɯ^{33} fa^{13} tɕ‘y^{13} dzo^{33}	鲁也岩角生	鲁怪长着崖般的角[5]，
 tɕ‘o^{13} bu^{21} dzu^{33} lɪ^{21} ŋga^{13}	六勇士来赶	被六勇士追赶，
 ndʑi^{21} no^{33} ndɯ^{33} dʑi^{21} ɖɛ^{21}	皮乃除场满	皮盖除鬼场，
 tɕ‘y^{55} no^{33} ndɯ^{33} hu^{21} ɲy^{21}	肺乃除马青	肺为除青马，
 sɛ^{55} no^{33} ndɯ^{33} lu^{33} nɯ^{21}	肝乃除牛赤	肝为除赤牛，
 vɛ^{21} ʔy^{13} ndɯ^{33} bu^{33} ɲy^{21}	左肾除羊青	左肾为除羊，
 ʑu^{21} ʔy^{13} ndɯ^{33} bu^{33} nɯ^{21}	右肾除羊赤	右肾为除羊，
 tɭ^{13} no^{33} ndɯ^{33} vu^{55} dʑɪ^{21}	脾乃除鸟生	脾为除鸡鬼，

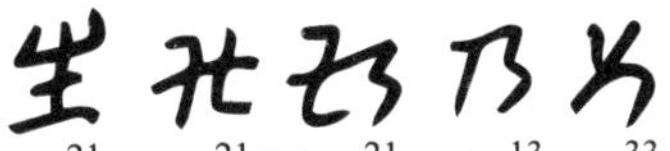	vɛ^{21} nɯ^{21} k‘ɯ^{21} tɕ‘y^{13}mu^{33}	左肋克角高	左肋是高的克神座，
	ʐu^{21} nɯ^{21}ndʐɯ^{55}k‘o^{21} fe^{13}	右肋窘蹄厚	右肋是厚的窘神座，
	mɛ^{21}ɣa^{33}ʈu^{55}bo^{21}no^{33}dɪ^{13}lɯ^{33}	尾也都博乃者去	尾是都博两神座。
	ȵy^{33} vi^{13} ndɯ^{33}	牛　害　除	用牛除害，
	hu^{21} ɣa^{33} tʂ‘ɯ^{55}	马　也　伸	用马兴旺；
	mu^{33} vi^{13} ndɯ^{33}	马　害　除	用马除害，
	ts‘ɪ^{13} ɣa^{33} tʂ‘ɯ^{55}	羊　也　伸	用羊兴旺；
	bu^{21} vi^{13} ndɯ^{33}	羊　害　除	用羊除害，
	lu^{33} ɣa^{33} tʂ‘ɯ^{55}	牛　也　伸	用牛兴旺；
	tʂ‘ɪ^{13} vi^{13} ndɯ^{33}	羊　害　除	用羊除害，
	tʂ‘ʅ^{21} ɣa^{33} tʂ‘ɯ^{55}	羊　也　伸	羊自然兴旺；
	va^{13} vi^{13} ndɯ^{33}	猪　害　除	用猪除害，

	ȵɯ^{21} ɣa^{33} tʂʻɯ^{55}	猪 也 伸	猪牲也兴旺；
	ɣa^{33} vi^{13} ndɯ^{33}	鸡 害 除	用鸡除害，
	ʂu^{21} ɣa^{33} tʂʻɯ^{55}	雉 也 伸	雉鸡也兴旺。
	ȵɪ^{21} tɕʻo^{13} tʂʻu^{21} vi^{13} ndɯ^{33}	畜六种害除	用六畜除害，
	ȵɪ^{21} tɕʻo^{13} tʂʻu^{21} lo^{33} tʂʻɯ^{55}	畜六种也伸	六畜也兴旺。
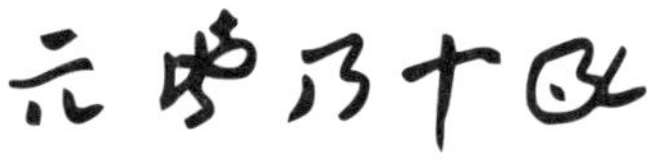	tɕʻo^{13} ɬo^{33} dʑy^{33} tsʻɯ^{21} hu^{21}	六越高十山	山上六畜兴旺，
	kʻɪ^{33} ŋu^{33} hɪ^{13} tsɯ^{21} ndɪ^{21}	细五八十坝	平坝五谷丰登。
	sɯ^{55} mu^{21} mu^{33} ɣo^{21} no^{33}	样的为得呢	这样一来，
	ndɯ^{33} hɛ^{33} ʑɯ^{21} ŋɯ^{33} vi^{21}	除好吉是焉	除害后吉利，
	pu^{13} zɯ^{33} sɛ^{21} tʂʻɯ^{55} ɣo^{21}	布掌主伸有	布摩为人长志气，
	ȵɪ^{13} vi^{13} lɪ^{21} kʻo^{21} dʐa^{33}	坐害来所在	日常伤害鬼，
	a^{21} hɛ^{21} ndɯ^{33} lɯ^{21} tʂʻɛ^{55}	而今除的遣	而今破除它，

ʑɯ^{21} ɣo^{21}k‘ɯ^{33}k‘ɯ^{33}mu^{33} 图得安安的 图的是平安。

注　释：

[1] 鲁朵两卦间：彝族八卦的西南与东北方之间。

[2] 毕余安置沽祖位：参见《破除依附鬼》篇注 [3]。

[3][4] 俏妥鄂，恒阿崴：布摩神名，消灾神中的力神。

[5] 鲁怪：出自鲁方的鬼怪。

lɯ^{13} vi^{13} ndɯ^{33} ŋɯ^{33}
除游荡伤害鬼

lɯ^{13} vi^{13} ɣa^{33} vi^{21} vi^{13}	荡害也伤害	游荡伤害鬼，
a^{21} hɛ^{21} ndɯ^{33} lɯ^{21}ndɯ^{33}	而今围了除	聚拢来破除。
pu^{13} zɯ^{33} sɛ^{21} tʂʻɯ^{55} ɣo^{21}	布掌主伸有	布摩为人长志气。
vi^{13}mɛ^{33}tsʻɛ^{13}ma^{21}dzu^{21}ʐɯ^{33}vi^{13}	害尾细不住也害	细微飘荡伤害鬼，
zu^{33}dʐo^{21}tsʻɪ^{13}ma^{21}tsa^{13}ʐɯ^{33}vi^{13}	子在代不接之害	不传宗接代伤害鬼，
ɕi^{13} ma^{21} kɯ^{21}	死　不　会	非善死，
no^{21} ma^{21} ʐɪ^{21} ʐɯ^{33} vi^{13}	病不常之害	带怪病的伤害鬼，
ɕi^{13} ʂu^{55} ɣa^{33} no^{21}ndʐo^{21}	死神与疾病	死神和疾病，
vu^{33} ma^{21} so^{21} ʐɯ^{33} vi^{13}	体不安之害	让人不舒服的伤害鬼，
kʻo^{21}mu^{21} dʐa^{33} ma^{21} sɛ^{55}	多高在不知	不知其深浅，

a^{21} hɛ^{21} tʂɯ^{55} lɯ^{21}ndɯ^{33}

而今收了除

而今收拢来破除，

ȵɹ^{21} vi^{13} k'ɯ^{21} ɣa^{33}ndʑɯ^{55}

荡害克和窘

交与克神和窘神，

ʈu^{55} ɣa^{33} bo^{21} tɕ'i^{13} hu^{21}

都也博圈必

都神和博神。

ʑɯ^{21} ɣo^{21}k'ɯ^{33}k'ɯ^{33}mu^{33}

图也安安的

图安安生生。

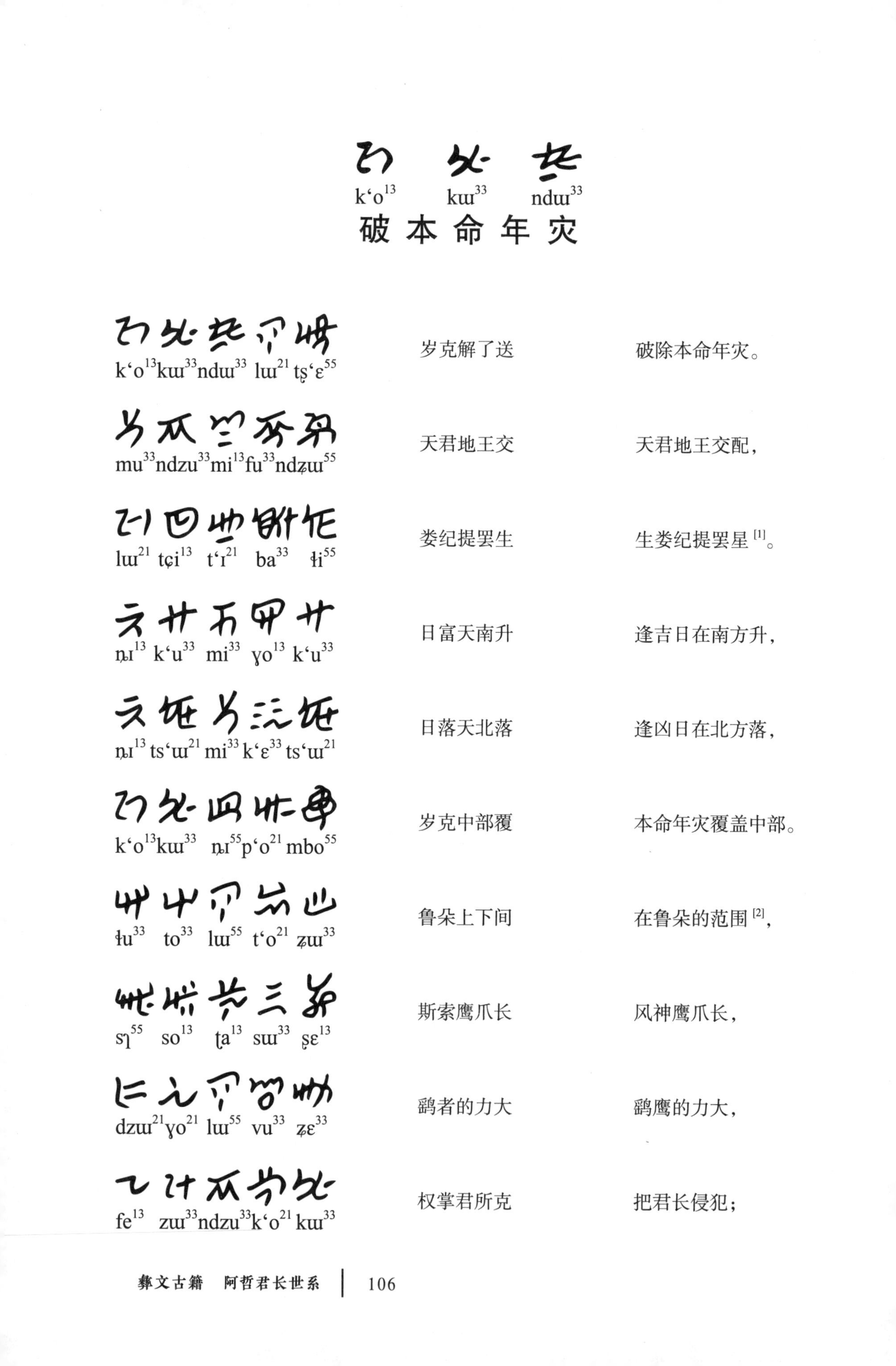

破本命年灾

k‘o13 kɯ33 ndɯ33

k‘o13 kɯ33 ndɯ33 lɯ21 tʂ‘ɛ55	岁克解了送	破除本命年灾。
mu33 ndzu33 mi13 fu33 ndʐɯ55	天君地王交	天君地王交配，
lɯ21 tɕi13 t‘ɪ21 ba33 ɬi55	娄纪提罢生	生娄纪提罢星[1]。
ɳɪ13 k‘u33 mi33 ɣo13 k‘u33	日富天南升	逢吉日在南方升，
ɳɪ13 ts‘ɯ21 mi33 k‘ɛ33 ts‘ɯ21	日落天北落	逢凶日在北方落，
k‘o13 kɯ33 ɳɪ55 p‘o21 mbo55	岁克中部覆	本命年灾覆盖中部。
ɬu33 to33 lɯ55 t‘o21 ʐɯ33	鲁朵上下间	在鲁朵的范围[2]，
sɿ55 so13 ʈa13 sɯ33 ʂɛ13	斯索鹰爪长	风神鹰爪长，
dzɯ21 ɣo21 lɯ55 vu33 ʐɛ33	鹞者的力大	鹞鹰的力大，
fe13 zɯ33 ndzu33 k‘o21 kɯ33	权掌君所克	把君长侵犯；

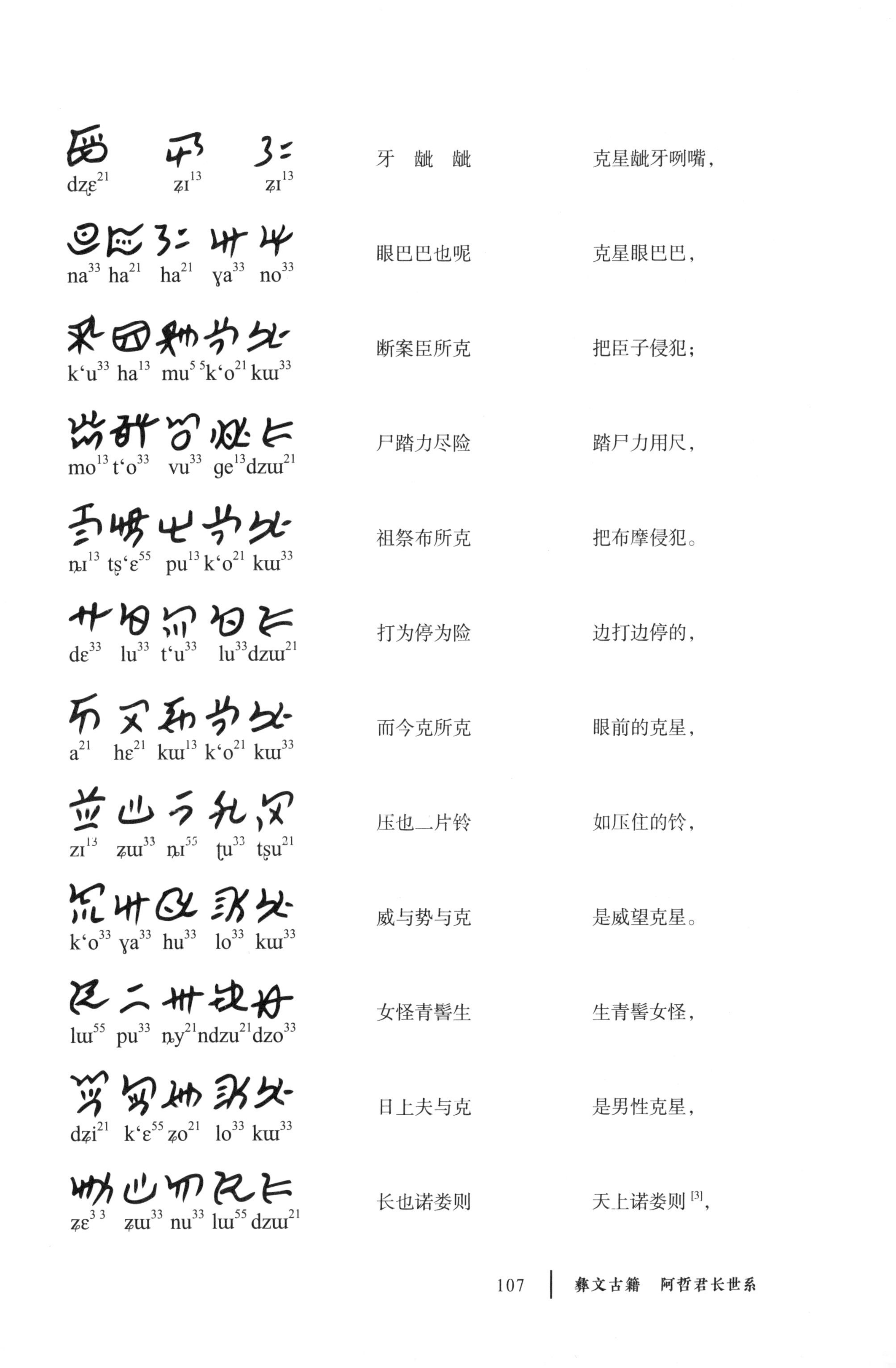

dʐɛ^{21} ʑɪ^{13} ʑɪ^{13}	牙　龇　龇	克星龇牙咧嘴，
na^{33} ha^{21} ha^{21} ɣa^{33} no^{33}	眼巴巴也呢	克星眼巴巴，
k‘u^{33} ha^{13} mu^{55} k‘o^{21} kɯ^{33}	断案臣所克	把臣子侵犯；
mo^{13} t‘o^{33} vu^{33} ge^{13} dzɯ^{21}	尸踏力尽险	踏尸力用尽，
ȵɪ^{13} tʂ‘ɛ^{55} pu^{13} k‘o^{21} kɯ^{33}	祖祭布所克	把布摩侵犯。
dɛ^{33} lu^{33} t‘u^{33} lu^{33} dzɯ^{21}	打为停为险	边打边停的，
a^{21} hɛ^{21} kɯ^{13} k‘o^{21} kɯ^{33}	而今克所克	眼前的克星，
zɪ^{13} ʑɯ^{33} ȵɪ^{55} ʈu^{33} tʂu^{21}	压也二片铃	如压住的铃，
k‘o^{33} ɣa^{33} hu^{33} lo^{33} kɯ^{33}	威与势与克	是威望克星。
lɯ^{55} pu^{33} ȵy^{21} ndzu^{21} dzo^{33}	女怪青髻生	生青髻女怪，
dʑi^{21} k‘ɛ^{55} ʑo^{21} lo^{33} kɯ^{33}	日上夫与克	是男性克星，
ʑɛ^{33} ʑɯ^{33} nu^{33} lɯ^{55} dzɯ^{21}	长也诺娄则	天上诺娄则[3]，

	zɛ^{21} ɣa^{33} k'a^{13} lo^{33} kɯ^{33}	寿与命与克	是寿命克星，
	ʈɿ^{13} ɣa^{33} ȵɪ^{55} k'u^{33} mu^{33}	脾也二位高	克星的两脾，
	ʑɪ^{33} ɣa^{33} hu^{21} lo^{33} kɯ^{33}	灵也魂与克	把灵魂侵犯。
	dzu^{33} ɣa^{33} ȵɯ^{55}	豹　与　虎	虎与豹，
	tɕu^{55} ɣa^{33} gu^{33}	传　也　圆	传讯之后，
	ha^{33} ŋa^{33} tɕy^{33} ɣo^{21} kɯ^{33}	鼠鸟九者克	鼠鸟有九克，
	dzu^{33} ȵɯ^{55} tɕ'o^{13} ɣo^{2} ^{1}kɯ^{33}	豹虎六者克	虎豹有六克，
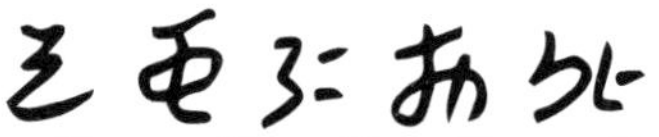	ʂɛ^{13} ts'o^{13}ts'o^{21} ʈ'e^{13} kɯ^{33}	蛇蜥鬼魅克	蛇蜥克撮泰，
	ts'ɯ^{21} tɪ^{13} ma^{21} ɬo^{33} da^{33}	十层无越上	全都不吉利。
	k'o^{13}kɯ^{33} no^{33} mi^{33} ʈ'u^{13}	岁克乃天白	苍天犯年岁，
	hu^{21} kɯ^{33} no^{33} ts'u^{33} na^{33}	月克乃土黑	大地犯月份，
	ȵɪ^{21} kɯ^{33} ndy^{55} no^{33} ʂu^{33}	日克想也愁	愁绪犯日子，

	sɯ^{21} kɯ^{33} no^{33} ma^{21} hɛ^{21}	夜克乃不犯	无物犯夜间。
	dɯ^{55} su^{13} k‘ɯ^{33} ma^{21} dʑu^{13}	说者口不闻	说了听不见,
	t‘a^{21} k‘o^{13} ts‘ɯ^{21} ȵɪ^{5} ^{5}hu^{21}	一年十二月	一年十二月,
	t‘a^{21} k‘o^{13} lɪ^{21} k‘o^{21} kɯ^{33}	一年来所克	一年的克星,
	t‘a^{21} hu^{21} sɯ^{33} ts‘ɯ^{33} ha^{33}	一月三十夜	一月三十天,
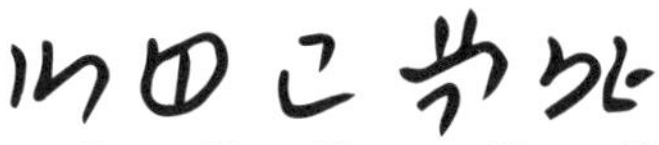	t‘a^{21} hu^{21} lɪ^{33} k‘o^{21} kɯ^{33}	一月来所克	一月的克星,
	t‘a^{21} ȵɪ^{21} ts‘ɯ^{21} ȵɪ^{55} t‘u^{55}	一日十二时	一天十二时,
	t‘a^{21} t‘u^{55} lɪ^{21} k‘o^{21} kɯ^{33}	一时来所克	每时的克星。
	k‘o^{13} kɯ^{33} hu^{21} kɯ^{33} ndɯ^{33}	岁克月克破	破年月克星,
	ts‘ɯ^{21} ɬɛ^{13} ȵɪ^{55} lo^{33} tʂ‘ɯ^{55}	十林兽也迁	送给山中兽,
	dʑy^{33} ndzu^{33} k‘o^{13} lɯ^{13} bo^{21}	天君岁退山	天君退灾山,
	ʂu^{33} fu^{33} hu^{21} lɯ^{13} lo^{33}	地王月退石	地王退灾石,

ndɯ^{33}lɯ^{55} t'y^{21} ɣa^{33}tʂ'ɛ^{55} 解了其也挂 是灾星去处。

ʐɯ^{21} ɣo^{21}k'ɯ^{33}k'ɯ^{33}mu^{33} 图也安安的 图平平安安。

注　释：

[1] 娄纪提罢星：凶星名，常分开作“娄纪”“提罢”。

[2] 鲁朵的范围：即鲁与朵两卦所对应的范围。

[3] 天上诺娄则：神话中天上君、臣、师三位一体政权里的大臣

bo^{21} t‘ɯ^{55} bo^{21} dzɯ^{21}

险恶系数

 bo^{21} t‘ɯ^{55} ndzu^{33}	险 系 主	凡险恶之主，
 bo^{21} dzɯ^{21} k‘o^{21} kɯ^{33}	险 恶 所 克	险恶的克星，
 a^{21} hɛ^{21} tʂɯ^{55} lɯ^{21} ndɯ^{33}	而今收了破	集中了破除。
 t‘ɯ^{55} ɳɪ^{55} ʐɯ^{33} to^{13} ŋgo^{21}	一二也火门	一二属火门，
 mu^{33} ʐɯ^{33} t‘a^{21} bu^{21} t‘ɯ^{55}	高也一险系	高处的险恶。
 ɳɪ^{55} nɯ^{21} ʐɯ^{33} lo^{33} ŋgo^{21}	二赤也石门	二赤属石门，
 ho^{21} ʐɯ^{33} no^{13} bi^{21} dzɯ^{21}	羊也猴边防	防羊猴日子。
 sɯ^{33} nɯ^{21} ʐɯ^{33} du^{33} ŋgo^{21}	三赤也洞门	三赤属洞门，
 ɣa^{33} ʐɯ^{33} t‘a^{21} bo^{21} t‘ɯ^{55}	鸡也一险系	防鸡日险恶。
 ɬi^{33} ʈ‘u^{13} ʐɯ^{33} mu^{33} ŋgo^{21}	四边也马门	四方属马门，

	tɕʻi^{33}ɣa^{33} va^{13} bo^{21}dzɯ^{21}	狗也猪险防	防狗猪日子。
	ŋu^{33} ȵy^{21} ʑɯ^{33} ʑi^{21} ŋgo^{21}	五青也水门	五青属水门,
	ha^{33} ʑɯ^{33} tʻa^{21} bo^{21} tʻɯ^{55}	鼠也一险系	防鼠日险恶。
	tɕʻo^{13}ʂɛ^{13} ʑɯ^{33} ȵɪ^{13} ŋgo^{21}	六黄也祖门	六黄属祖门,
	ȵy^{33} ɣa^{33} ȵɯ^{55} bo^{21}dzɯ^{21}	牛也虎险系	防牛虎日子。
	ɕi^{55} ka^{13} ʑɯ^{33} sɪ^{33} ŋgo^{21}	七花也木门	七花属木门,
	tʻa^{21}ɬu^{21} tʻa^{21} bo^{21} tʻɯ^{55}	兔子一险系	防属兔日子。
	tɛ^{13} na^{55} ʑɯ^{33} mi^{13} ŋgo^{21}	黑云也地门	黑云属地门,
	lu^{33} ɣa^{33} ʂɛ^{13} bo^{21}dzɯ^{21}	龙也蛇险系	龙蛇日险恶。
	to^{13} ŋgo^{21} dʑi^{21} bo^{21} lo^{33}	火门兴险了	火门有危险,
	ʑi^{21} ŋgo^{21}nda^{13} la^{13} gɪ^{33}	水门挣手断	水门挣断手,
	se^{33} ŋgo^{21} ʑo^{21} bu^{21} la^{13}	木门已腿上	水门防腿上。

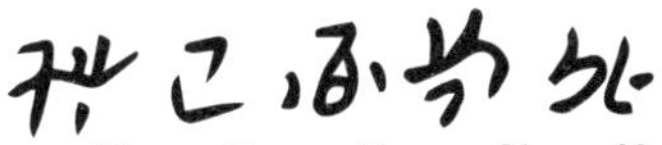 dɯ^{55} lɪ^{21} su^{21} k‘o^{21}kɯ^{33}	说来者所克	凡所有灾星，
 ndɯ^{55}lɯ^{55} k‘ɯ^{21} tɕ‘i^{13} hu^{21}	破的克园必	破后交给克神，
 ndʐɯ^{55} tɕ‘i^{13} hu^{21}	窘 园 必	交给窘神，
 ʈu^{55} tɕ‘i^{13} hu^{21} ʐɯ^{33}ʈ‘ɯ^{21}	都园必也放	交给都神。
 ʐɯ^{21} ɣo^{21}k‘ɯ^{33}k‘ɯ^{33}mu^{33}	图也安安的	图平平安安。

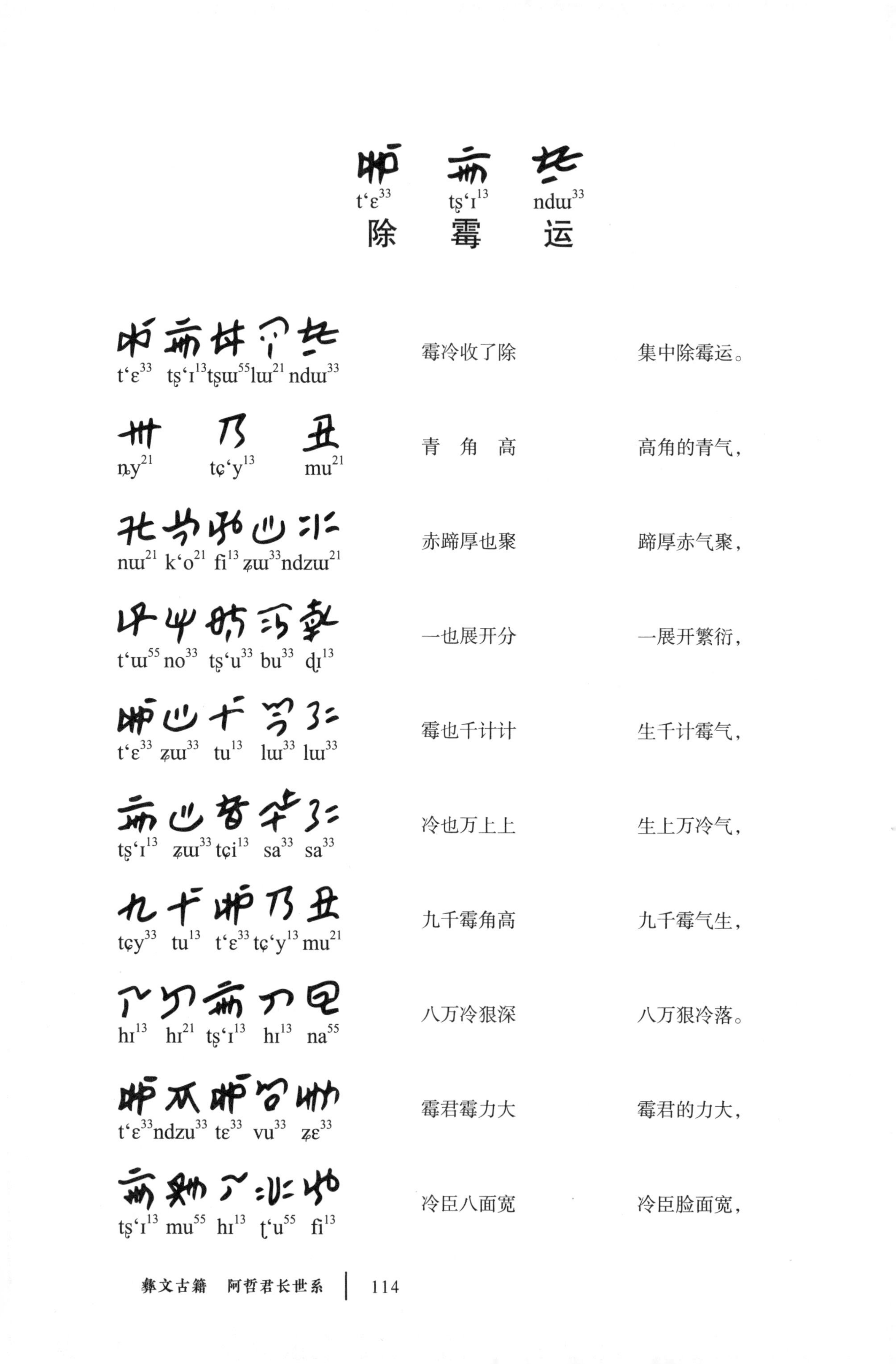

t‘ε^{33} tʂ‘ɪ^{13} ndɯ^{33}

除 霉 运

t‘ε^{33} tʂ‘ɪ^{13}tʂɯ^{55}lɯ^{21} ndɯ^{33}	霉冷收了除	集中除霉运。
ȵy^{21} tɕ‘y^{13} mu^{21}	青 角 高	高角的青气，
nɯ^{21} k‘o^{21} fi^{13} ʐɯ^{33}ndzɯ^{21}	赤蹄厚也聚	蹄厚赤气聚，
t‘ɯ^{55} no^{33} tʂ‘u^{33} bu^{33} ɖɪ^{13}	一也展开分	一展开繁衍，
t‘ε^{33} ʐɯ^{33} tu^{13} lɯ^{33} lɯ^{33}	霉也千计计	生千计霉气，
tʂ‘ɪ^{13} ʐɯ^{33} tɕi^{13} sa^{33} sa^{33}	冷也万上上	生上万冷气，
tɕy^{33} tu^{13} t‘ε^{33} tɕ‘y^{13} mu^{21}	九千霉角高	九千霉气生，
hɪ^{13} hɪ^{21} tʂ‘ɪ^{13} hɪ^{13} na^{55}	八万冷狠深	八万狠冷落。
t‘ε^{33}ndzu^{33} tε^{33} vu^{33} ʐε^{33}	霉君霉力大	霉君的力大，
tʂ‘ɪ^{13} mu^{55} hɪ^{13} ʈ‘u^{55} fi^{13}	冷臣八面宽	冷臣脸面宽，

t‘ε^{33} pu^{13}xɯ^{21}ndzu^{21}dzo^{33}　霉师铁髻生　霉师绾铁髻。

ts‘ɯ^{21} n̥ɪ^{55} t‘ε^{33} hu^{21} ʈ‘u^{13}　十二霉马白　十二霉白马，

ts‘ɯ^{21}sɯ^{33} tʂ‘ɪ^{13} lu^{33} na^{33}　十三冷牛黑　十三冷黑牛，

dʑi^{33} ndzu^{21} dzo^{33}　铜　髻　生　跟着绾铜髻，

xɯ^{21} ʈ‘ɯ^{55} dɪ^{13} lɪ^{21} xε^{55}　铁辫带来领　编铁辫的鬼。

fe^{13} zɯ^{33} ndzu^{33}k‘o^{21} t‘ε^{33}　权掌君所霉　君长的霉运，

k‘u^{33} ha^{13} mu^{55} k‘o^{21} t‘ε^{33}　境守臣所霉　臣子的霉运，

pu^{13} zɯ^{33} sε^{21} tʂ‘ɯ^{55} ɣo^{21}　布掌主伸有　布摩为人长志气。

ma^{21} lɪ^{21} ɣo^{21} ga^{13} no^{33}　麻列峨嘎呢　在麻列峨嘎[1]，

hu^{21}dzε^{33}tɕi^{13}ɖo^{33}lɪ^{33}k‘o^{21}t‘ε^{33}　马骑镫踢来凡霉　凡是骑马的霉运，

xε^{21}ve^{13}da^{13}ts‘o^{13}lɪ^{33}k‘o^{21}tʂ‘ɪ^{13}　甲穿戟持来凡冷　凡持兵器的冷落。

lɪ^{21} mu^{33} t‘u^{33} dʐu^{55} no^{33}　列姆妥卓呢　在列姆妥卓[2]，

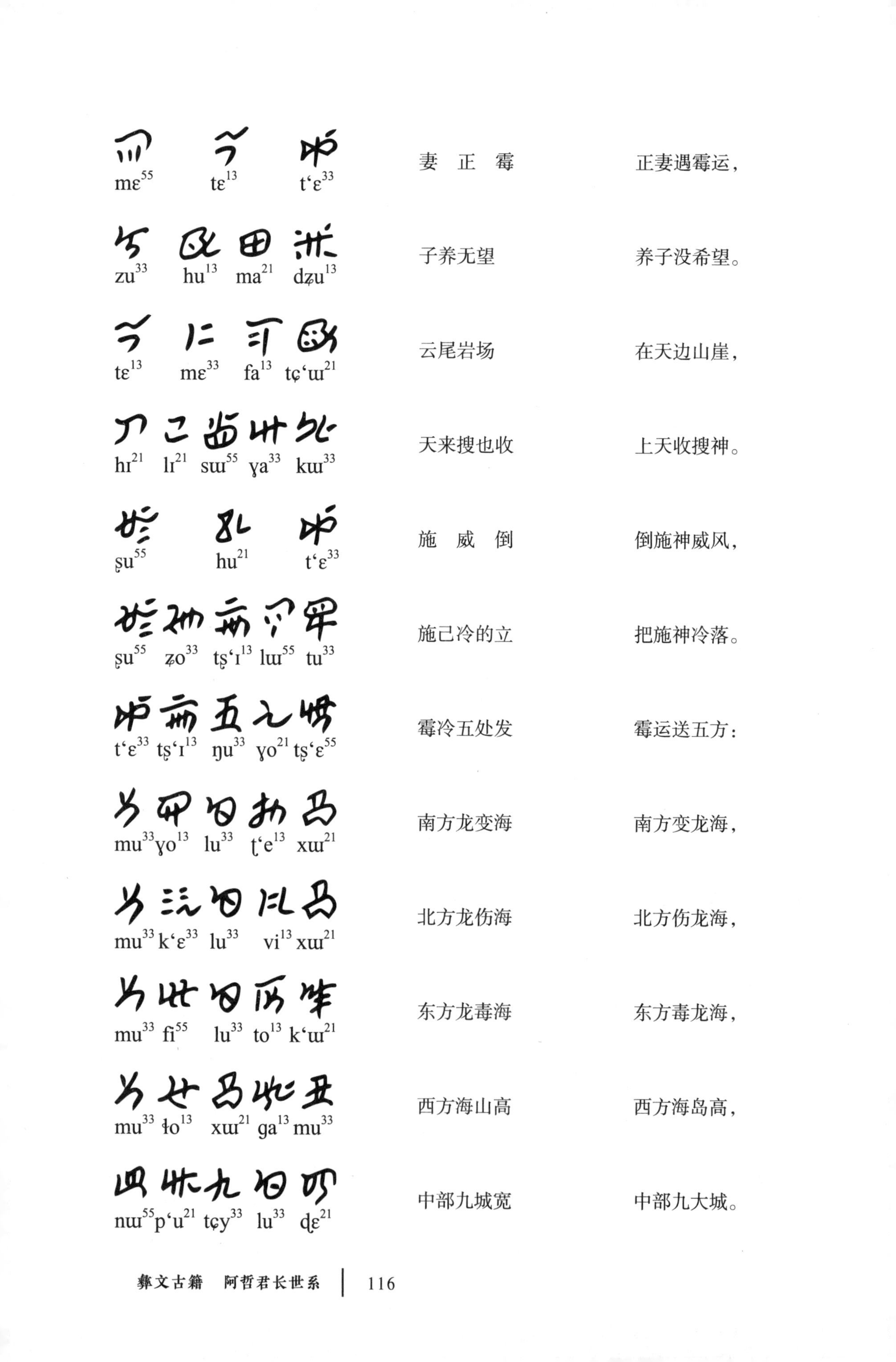

mɛ^{55} tɛ^{13} tʻɛ^{33}	妻 正 霉	正妻遇霉运，
zu^{33} hu^{13} ma^{21} dʑu^{13}	子养无望	养子没希望。
tɛ^{13} mɛ^{33} fa^{13} tɕʻɯ^{21}	云尾岩场	在天边山崖，
hɪ^{21} lɪ^{21} sɯ^{55} ɣa^{33} kɯ^{33}	天来搜也收	上天收搜神。
ʂu^{55} hu^{21} tʻɛ^{33}	施 威 倒	倒施神威风，
ʂu^{55} ʑo^{33} tʂʻɪ^{13} lɯ^{55} tu^{33}	施已冷的立	把施神冷落。
tʻɛ^{33} tʂʻɪ^{13} ŋu^{33} ɣo^{21} tʂʻɛ^{55}	霉冷五处发	霉运送五方：
mu^{33} ɣo^{13} lu^{33} ʈʻe^{13} xɯ^{21}	南方龙变海	南方变龙海，
mu^{33} kʻɛ^{33} lu^{33} vi^{13} xɯ^{21}	北方龙伤海	北方伤龙海，
mu^{33} fi^{55} lu^{33} to^{13} kʻɯ^{21}	东方龙毒海	东方毒龙海，
mu^{33} ɬo^{13} xɯ^{21} ga^{13} mu^{33}	西方海山高	西方海岛高，
nɯ^{55} pʻu^{21} tɕy^{33} lu^{33} ɖɛ^{21}	中部九城宽	中部九大城。

 t‘ε^{33} tʂ‘ɪ^{13} tɕy^{33} ɣo^{21}tʂ‘ε^{55}	霉冷九番发	送九番霉运，
 k‘ɯ^{21} ɣa^{33} ndʐɯ^{55}	克　也　窘	给克神窘神，
 ʈu^{55} ɣa^{33} bo^{21} ʐɯ^{33}tʂ‘ε^{55}	都与博也挂	给都神博神。
 p‘u^{21} t‘u^{55} ne^{33} ma^{21} t‘ε^{33}	地开乃不霉	开疆不遇霉运，
 no^{13} fe^{13} ne^{33} ma^{21}tʂ‘ɪ^{13}	土拓乃不冷	拓土不受冷落。
 dzu^{21} lɯ^{33} lɯ^{21} ɣo^{21} su^{13}	益了了得者	之所以受益，
 t‘ε^{33}tʂ‘ɪ^{13}tʂ‘ε^{55}lɯ^{21}ʐɪ^{21}ŋɯ^{33}vi^{21}	霉冷发了利是焉	是因送走了霉运。
 ʐɯ^{21} ɣo^{21}k‘ɯ^{33}k‘ɯ^{33}mu^{33}	图者安安的	图的是平安。

注　释：

[1] 麻列峨嘎：布摩用于消灾仪式按照打仗的样式布置的神位。

[2] 列姆妥卓：布摩用于消灾仪式按照打仗的样式布置的神座。

fe^{13} hɛ^{21} ndɯ^{33} ŋɯ^{33}

破除祸祟

	fe^{13} hɛ^{21} tʂɯ^{55} lɯ^{21} ndɯ^{33}	祸祟收了除	集中除祸祟。
	ɬu^{33} to^{33} hɛ^{21} dʑi^{21} lɯ^{33}	鲁朵祸生了	祸祟出自鲁朵方[1]，
	p'u^{55} no^{33} sɿ^{55} fe^{13} hɛ^{21}	父乃司祸祟	父是祸祟司署鬼[2]，
	mo^{21} no^{33} ʂu^{55} gu^{21} hɯ^{21}	母乃署陷阱	母是陷阱司署鬼。
	zu^{33} no^{33} tɕ'y^{13} ma^{21} gu^{21}	子乃角不全	其子角不全，
	ɬi^{33} no^{33} ʂu^{21} k'ɯ^{33} du^{21}	孙乃署嘴漏	其孙嘴巴漏，
	ɬa^{33} no^{33} ʐo^{13} mɛ^{33} vi^{21}	重孙乃勺尾使	重孙使勺尾。
	ma^{21} ɖɯ^{21} lɯ^{55} ʔu^{33} ʈ'u^{13}	不飞女头白	不飞白头女，
	ma^{21} ɕi^{13} ʂu^{55} lu^{33} na^{33}	不死署牛黑	不死的黑牛，
	mɛ^{33} ɣa^{13} tɕy^{33} lɯ^{21} lɯ^{21}	绸织九幅量	织出九幅绸，

zu^{33} ʂɛ^{13} k‘ɛ^{21} ʂɛ^{13} xɯ^{55} 子布线长引 布长的经线，

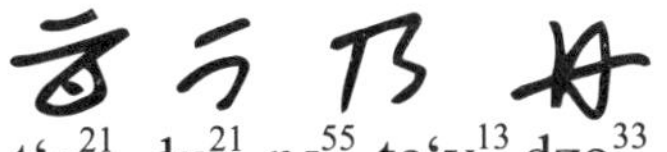

t‘a^{21} ɬu^{21} ȵɪ^{55} tɕ‘y^{13} dzo^{33} 兔子兽角长 长角的兔子，

k‘ɛ^{55} tɛ^{13} ʔu^{33} lɯ^{33} lɯ^{33} 线栽所有有 遍地都栽线。

na^{21} tɕi^{13} zu^{33} tɕy^{33} ʐo^{33} 漆黑子九个 漆黑的九子，

mi^{21} mi^{55} tɕy^{33} ve^{13} ȵɪ^{21} 弥咪九兄弟 弥咪九兄弟[3]，

na^{21} tɕi^{13} hɪ^{13} mu^{21} nɯ^{13} 漆黑八兄妹 漆黑八兄妹，

tɛ^{13} k‘u^{33} lu^{33} ȵɯ^{33} ȵɯ^{33} 栽愿者连连 栽的愿相连。

ɕi^{55} na^{33} du^{21} kɛ^{33} kɛ^{33} 邪眼洞森森 邪眼洞阴森，

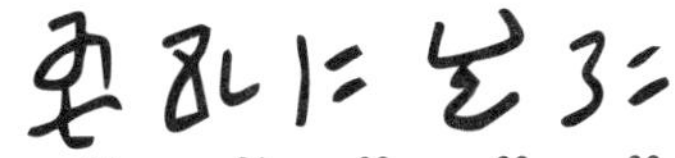

hɛ^{21} hu^{21} mɛ^{33} vu^{33} vu^{33} 祸马尾挥挥 祸马挥尾巴，

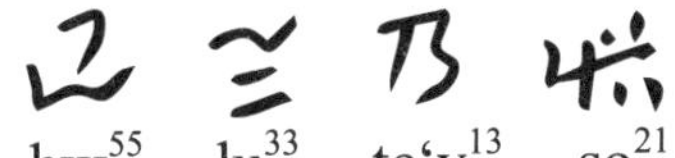

hɯ^{55} lu^{33} tɕ‘y^{13} so^{21} 陷牛角雅 陷阱牛角雅，

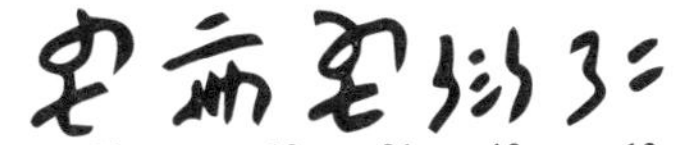

hɛ^{21} tʂ‘ɪ^{13} hɛ^{21} tʅ^{13} tʅ^{13} 祸羊叫嚷嚷 祸羊连叫嚷，

hɯ^{21} va^{13} ly^{21} dʐu^{33} dʐu^{33} 陷猪惨凄凄 困猪声凄惨，

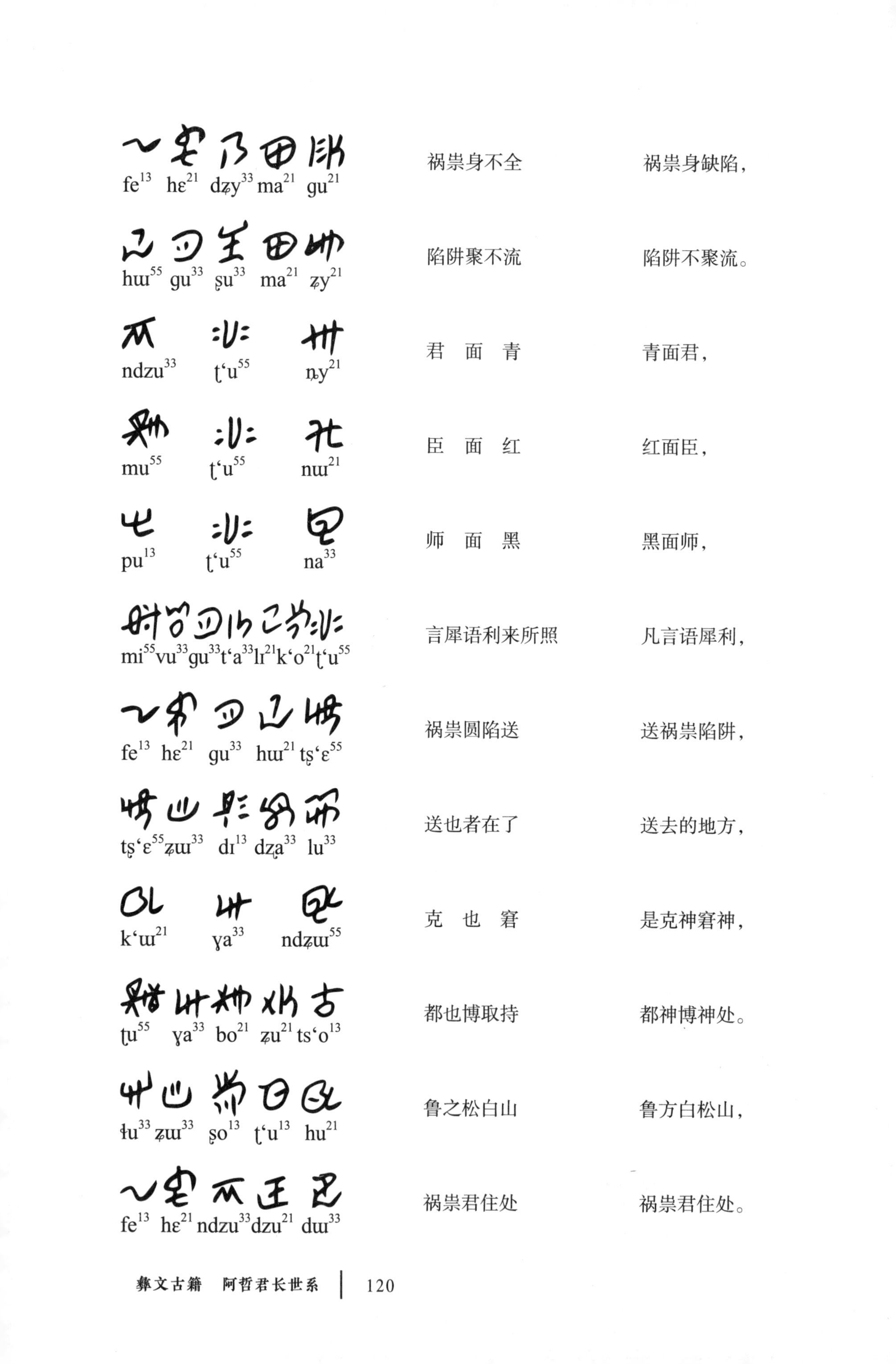

fe^{13} hɛ^{21} dʑy^{33} ma^{21} gu^{21}	祸祟身不全	祸祟身缺陷，
hɯ^{55} gu^{33} ʂu^{33} ma^{21} ʑy^{21}	陷阱聚不流	陷阱不聚流。
ndzu^{33} ʈ‘u^{55} ȵy^{21}	君　面　青	青面君，
mu^{55} ʈ‘u^{55} nɯ^{21}	臣　面　红	红面臣，
pu^{13} ʈ‘u^{55} na^{33}	师　面　黑	黑面师，
mi^{55}vu^{33}gu^{33}t‘a^{33}lɪ^{21}k‘o^{21}ʈ‘u^{55}	言犀语利来所照	凡言语犀利，
fe^{13} hɛ^{21} gu^{33} hɯ^{21} tʂ‘ɛ^{55}	祸祟圆陷送	送祸祟陷阱，
tʂ‘ɛ^{55}ʐɯ^{33} dɪ^{13} dʐa^{33} lu^{33}	送也者在了	送去的地方，
k‘ɯ^{21} ɣa^{33} ndʐɯ^{55}	克　也　窘	是克神窘神，
ʈu^{55} ɣa^{33} bo^{21} ʑu^{21} ts‘o^{13}	都也博取持	都神博神处。
ɬu^{33} ʐɯ^{33} ʂo^{13} ʈ‘u^{13} hu^{21}	鲁之松白山	鲁方白松山，
fe^{13} hɛ^{21} ndzu^{33} dzu^{21} dɯ^{33}	祸祟君住处	祸祟君住处。

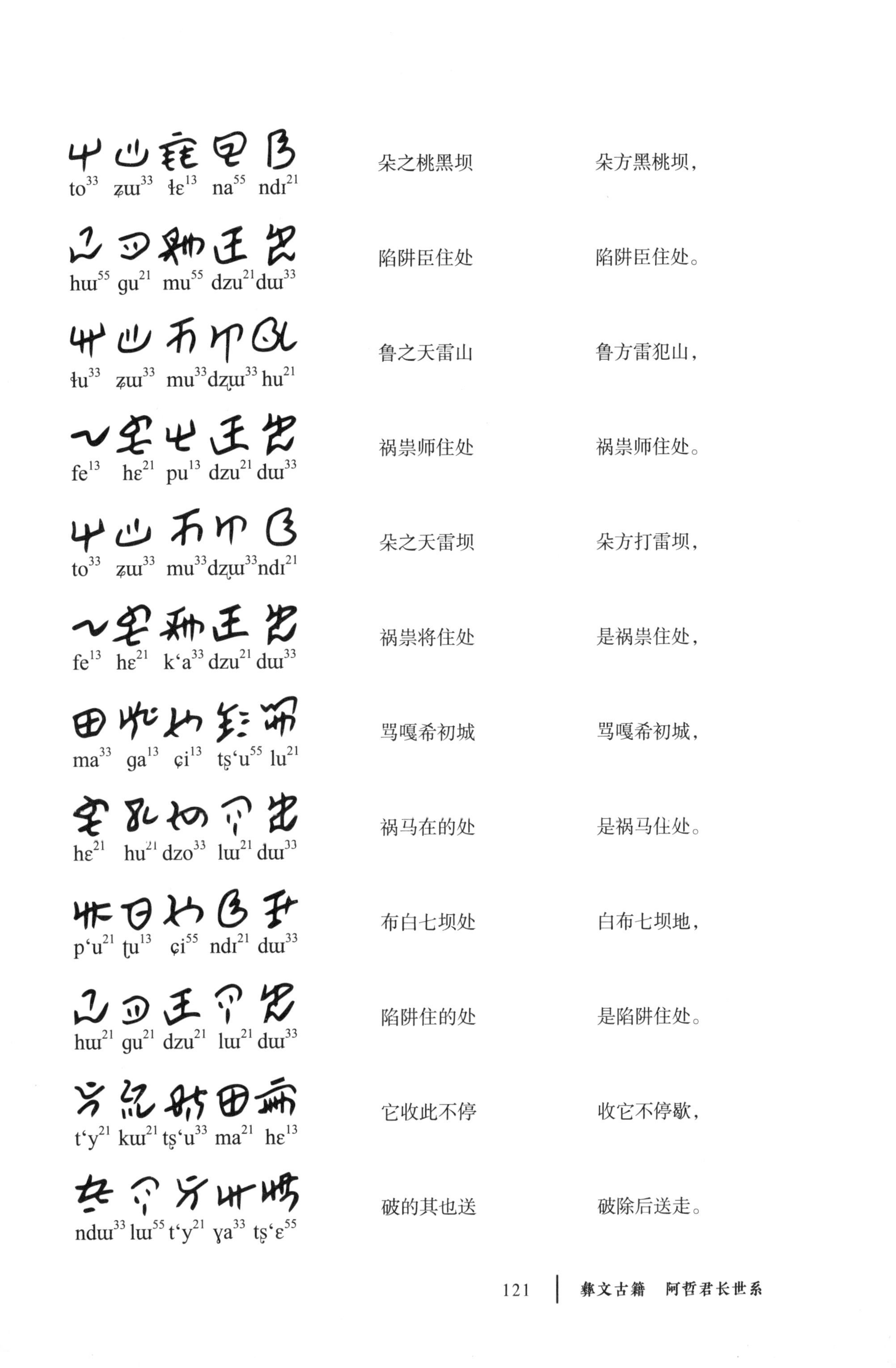

to^{33} ʐɯ^{33} ɬɛ^{13} na^{55} ndɿ^{21}	朵之桃黑坝	朵方黑桃坝，
hɯ^{55} gu^{21} mu^{55} dzu^{21} dɯ^{33}	陷阱臣住处	陷阱臣住处。
ɬu^{33} ʐɯ^{33} mu^{33} dʐɯ^{33} hu^{21}	鲁之天雷山	鲁方雷犯山，
fe^{13} hɛ^{21} pu^{13} dzu^{21} dɯ^{33}	祸祟师住处	祸祟师住处。
to^{33} ʐɯ^{33} mu^{33} dʐɯ^{33} ndɿ^{21}	朵之天雷坝	朵方打雷坝，
fe^{13} hɛ^{21} k‘a^{33} dzu^{21} dɯ^{33}	祸祟将住处	是祸祟住处，
ma^{33} ga^{13} ɕi^{13} tʂ‘u^{55} lu^{21}	骂嘎希初城	骂嘎希初城，
hɛ^{21} hu^{21} dzo^{33} lɯ^{21} dɯ^{33}	祸马在的处	是祸马住处。
p‘u^{21} ʈu^{13} ɕi^{55} ndɿ^{21} dɯ^{33}	布白七坝处	白布七坝地，
hɯ^{21} gu^{21} dzu^{21} lɯ^{21} dɯ^{33}	陷阱住的处	是陷阱住处。
t‘y^{21} kɯ^{21} tʂ‘u^{33} ma^{21} hɛ^{13}	它收此不停	收它不停歇，
ndɯ^{33} lɯ^{55} t‘y^{21} ɣa^{33} tʂ‘ɛ^{55}	破的其也送	破除后送走。

ʐɯ^{21} ɣo^{21} k'ɯ^{33}k'ɯ^{33}mu^{33}

图得安安的　　　　图平平安安。

注　释：

[1] 鲁朵方：即彝族八卦的东北和西南两方。

[2] 司署鬼：捉拿人的灵魂使人死亡的勾魂鬼。

[3] 弥咪九兄弟：牲畜死后的灵魂化成的鬼。

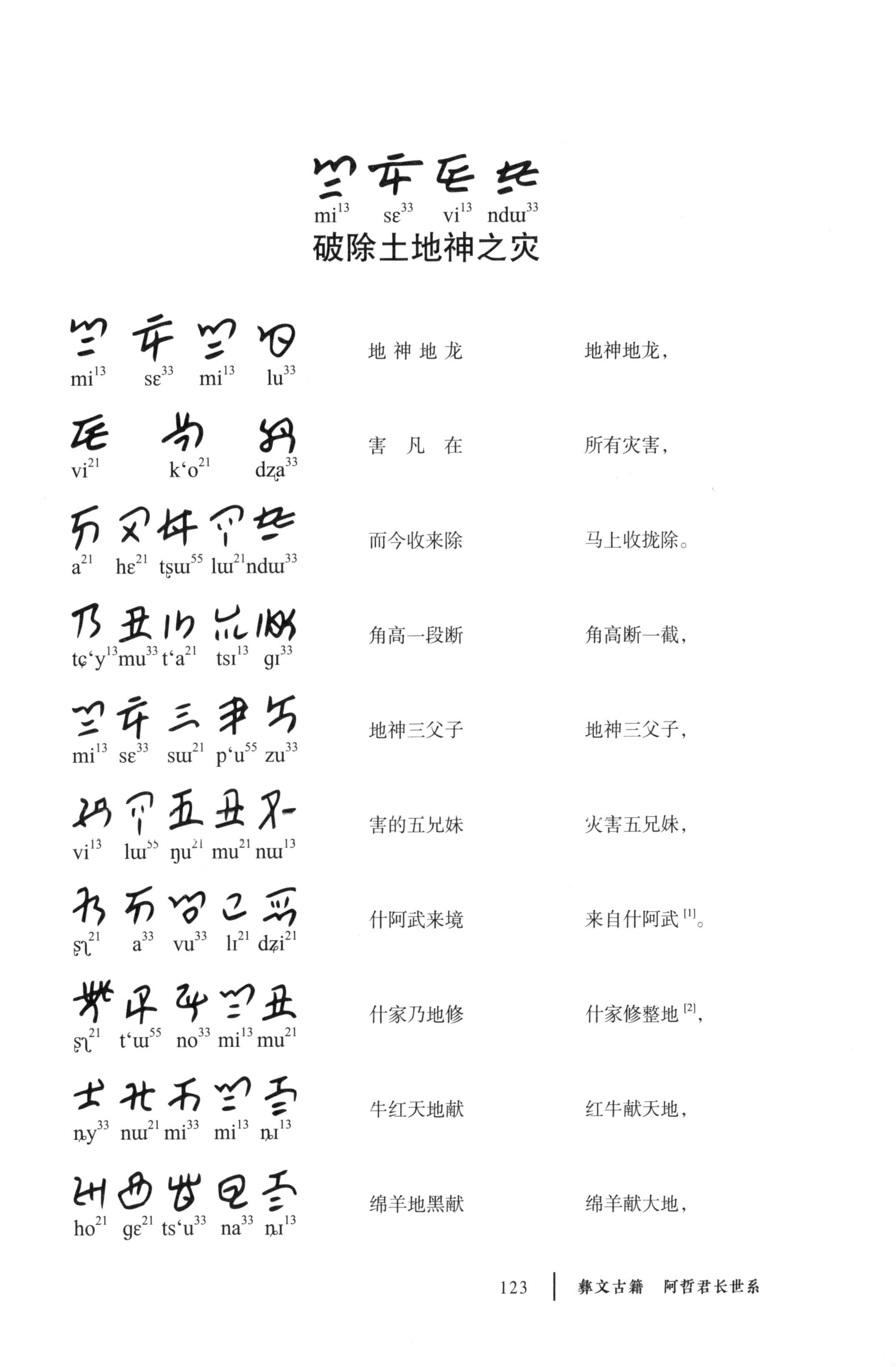

mi^{13} sɛ^{33} vi^{13} ndɯ^{33}
破除土地神之灾

mi^{13} sɛ^{33} mi^{13} lu^{33}	地 神 地 龙	地神地龙，
vi^{21} k‘o^{21} dʐa^{33}	害 凡 在	所有灾害，
a^{21} hɛ^{21} tʂɯ^{55} lɯ^{21}ndɯ^{33}	而今收来除	马上收拢除。
tɕ‘y^{13}mu^{33} t‘a^{21} tsɿ^{13} gɪ^{33}	角高一段断	角高断一截，
mi^{13} sɛ^{33} sɯ^{21} p‘u^{55} zu^{33}	地神三父子	地神三父子，
vi^{13} lɯ^{55} ŋu^{21} mu^{21} nɯ^{13}	害的五兄妹	灾害五兄妹，
ʂʅ^{21} a^{33} vu^{33} lɪ^{21} dʑi^{21}	什阿武来境	来自什阿武[1]。
ʂʅ^{21} t‘ɯ^{55} no^{33} mi^{13} mu^{21}	什家乃地修	什家修整地[2]，
ȵy^{33} nɯ^{21} mi^{33} mi^{13} ȵɪ^{13}	牛红天地献	红牛献天地，
ho^{21} gɛ^{21} ts‘u^{33} na^{33} ȵɪ^{13}	绵羊地黑献	绵羊献大地，

 tʂʻɪ^{13} bu^{33} du^{33} lo^{33} n̥ɪ^{13}	山羊洞龙献	山羊献洞神，
 ɣa^{33} pu^{33} mi^{13} sɛ^{13} n̥ɪ^{13}	鸡公地神献	公鸡献地神。
 kʻo^{21} mu^{21} dʐa^{33} ma^{21} sɛ^{55}	凡高在不知	不知其深浅，
 a^{21} hɛ^{21} tʂɯ^{55} lɯ^{33} ndɯ^{33}	而今收了除	马上破除它，
 ʑɯ^{21} ɣo^{21} kʻɯ^{33}kʻɯ^{33}mu^{33}	图得安安的	图的是平安。

注　释：

[1] 什阿武：人名，古什勺氏的先祖。

[2] 什家：即什勺氏，彝族历史上第三个时期的代表，活动在今云南省大理白族自治州的苍山洱海一带。

çi^{33} ŋgu^{21} vi^{13} ndɯ^{33}
破除邪祟之灾

 çi^{33} ŋgu^{21} t'ɯ^{13}lɯ^{55}ndɯ^{33}	邪祟扫了除	把邪祟扫除。
 lɯ^{55} tu^{13} lɯ^{55}ŋɛ^{21}ndʑɯ^{55}	喽杜喽埃交	喽杜喽埃交[1]，
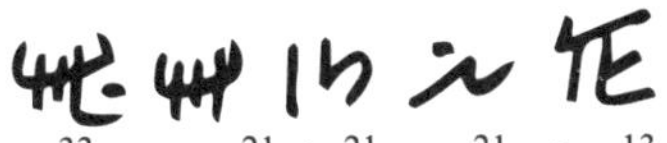 çi^{33} ŋgu^{21}t'a^{21} ɣo^{21} dɯ^{13}	邪祟一有生	生所有邪祟。
 çi^{33} hu^{21} hɛ^{21} ʂɪ^{33} ʂɪ^{33}	邪马鸣嘶嘶	邪马鸣嘶嘶，
 ŋgu^{21} lu^{33} mbi^{21} bu^{33} bu^{33}	祟牛叫吭吭	祟牛叫吭吭；
 çi^{33} tʂ'ɪ^{13} hɛ^{21} tɭ^{13} tɭ^{13}	邪羊叫嚷嚷	邪羊叫嚷嚷，
 ŋgu^{21}va^{13} ly^{21} dʐu^{33}dʐu^{33}	祟猪凄惨惨	祟猪惨凄凄；
 çi^{55} xɛ^{21} tso^{55}tɕ'ɯ^{33}tɕ'ɯ^{33}	邪甲暗沉沉	邪盔甲暗沉沉，
 ŋgu^{21} da^{13} vi^{13} ŋo^{21} ŋo^{21}	祟戟尖耸耸	祟戈矛尖锐。
 k'o^{21} mu^{21}dʐa^{33} ma^{21} sɛ^{55}	凡高在不知	不知其深浅，

pu^{13} zɯ^{33} sɛ^{21} tʂʻɯ^{55} ɣo^{21}　　布掌主伸有　　布摩为人长志气，

ma^{21} lɪ^{21} ɣo^{21} ga^{13} no^{33}　　麻列峨嘎呢　　在麻列峨嘎，

hu^{21} tɕʻy^{13} tso^{21} tso^{21}　　山 角 座 座　　如山头绵延，

ʑo^{21} la^{13} ʂɪ^{33} ma^{21} dʑu^{13}　　己手系不图　　不把手停下，

ndɯ^{33}lɯ^{55}kʻɯ^{21}kʻɯ^{21}mu^{33}　　破了克口的　　邪祟给克神，

ndʑɯ^{55} tɕʻi^{13} hu^{21}　　窘 园 的　　交给窘神，

ʈu^{55} tɕʻi^{13} hu^{21}lɯ^{55}ndɯ^{33}　　咄园必的破　　交都神处置。

ʑɯ^{21} ɣo^{21} kʻɯ^{33}kʻɯ^{33}mu^{33}　　图得安安的　　图平平安安。

注　释：

[1] 喽杜喽埃：鬼怪名，邪祟的师祖和祖母。

mɛ^{33} dʐɯ^{33} ndɯ^{33}

破除火灾

 mɛ^{33} vi^{13} tʂɯ^{55} lɯ^{21}ndɯ^{33}	火害收了除	火害收拢除。
 tsu^{55} ȵy^{21} tsu^{55}nɯ^{21}ndʑɯ^{55}	租尼租能交	租尼租能交[1]，
 mɛ^{33}dʐɯ^{33} dʑi^{21} ɬi^{55} lɯ^{33}	火犯境生了	产生火灾星。
 sɯ^{33} t'u^{55} sɯ^{21} ʑɯ^{33} mɛ^{33}	三时三之火	三数的火害，
 mɛ^{33} bu^{21} p'ɛ^{21} ʑɯ^{33} ɬi^{55}	火明旗也生	火焰旗样生；
 tɕ'o^{13}t'u^{55} tɕ'o^{13} ʑɯ^{33} mɛ^{33}	六时六之火	以六数的火，
 nu^{33} bu^{21} ȵɪ^{55} ʑɯ^{33} tɕ'o^{13}	耳闻两也树	像两耳竖着；
 tɕy^{33} t'u^{55} tɕy^{33} ʑɯ^{33} mɛ^{33}	九时九之火	以九数的火，
 mɛ^{33} fa^{13} hɪ^{21} ʑy^{21}ts'ɯ^{21}	火藏屋数十	家中火第十。
 sɯ^{21} t'u^{55} sɯ^{21} ʑɯ^{33} mɛ^{33}	三时三之火	三数的火，

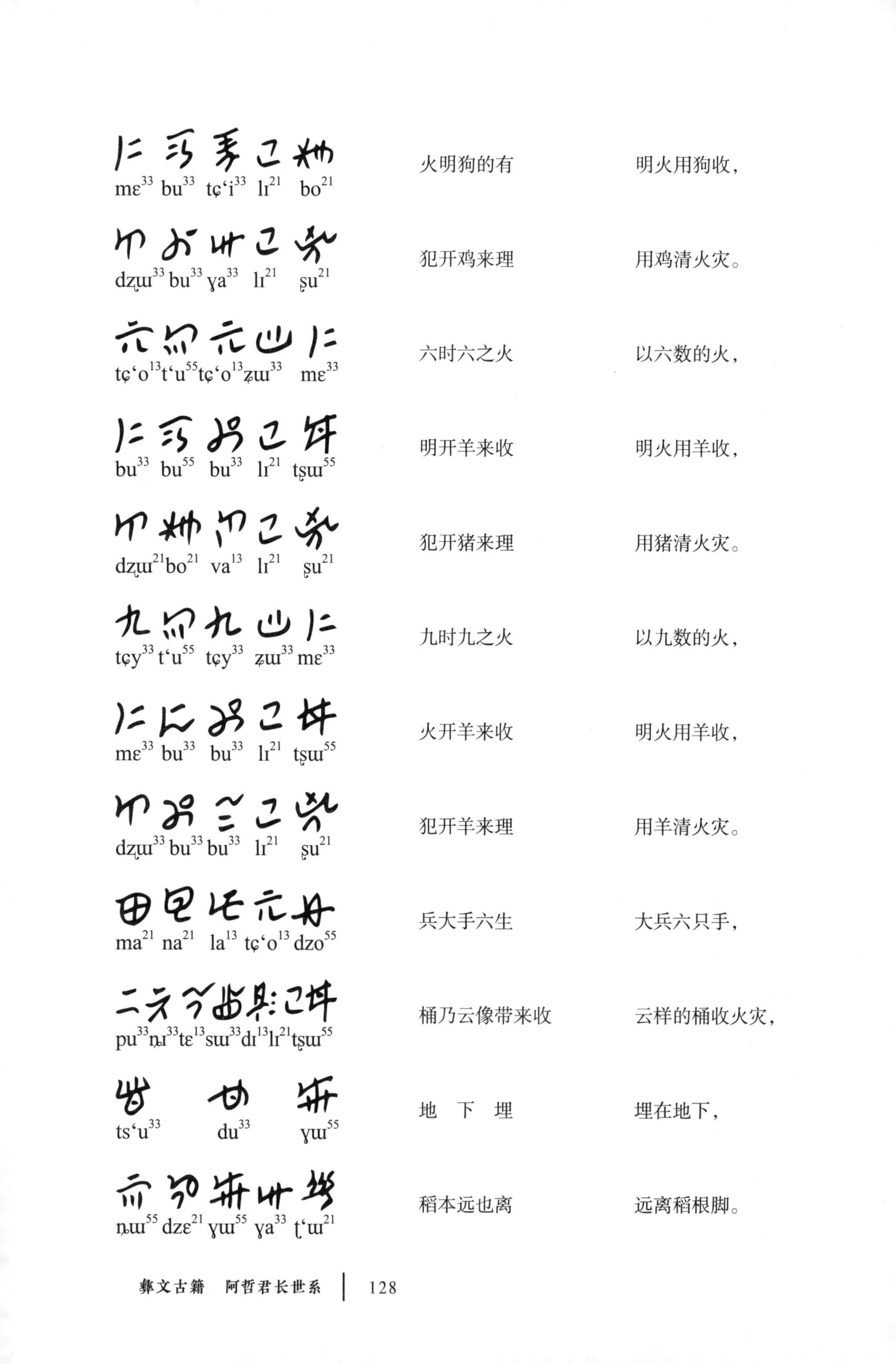

mɛ^{33} bu^{33} tɕ‘i^{33} lɪ^{21} bo^{21}	火明狗的有	明火用狗收，
dʐɯ^{33} bu^{33} ɣa^{33} lɪ^{21} ʂu^{21}	犯开鸡来理	用鸡清火灾。
tɕ‘o^{13} t‘u^{55} tɕ‘o^{13} ʑɯ^{33} mɛ^{33}	六时六之火	以六数的火，
bu^{33} bu^{55} bu^{33} lɪ^{21} tʂɯ^{55}	明开羊来收	明火用羊收，
dʐɯ^{21} bo^{21} va^{13} lɪ^{21} ʂu^{21}	犯开猪来理	用猪清火灾。
tɕy^{33} t‘u^{55} tɕy^{33} ʑɯ^{33} mɛ^{33}	九时九之火	以九数的火，
mɛ^{33} bu^{33} bu^{33} lɪ^{21} tʂɯ^{55}	火开羊来收	明火用羊收，
dʐɯ^{33} bu^{33} bu^{33} lɪ^{21} ʂu^{21}	犯开羊来理	用羊清火灾。
ma^{21} na^{21} la^{13} tɕ‘o^{13} dzo^{55}	兵大手六生	大兵六只手，
pu^{33} ȵɪ^{33} tɛ^{13} sɯ^{33} dɪ^{13} lɪ^{21} tʂɯ^{55}	桶乃云像带来收	云样的桶收火灾，
ts‘u^{33} du^{33} ɣɯ^{55}	地　下　埋	埋在地下，
ȵɯ^{55} dzɛ^{21} ɣɯ^{55} ɣa^{33} ʈ‘ɯ^{21}	稻本远也离	远离稻根脚。

 hɪ^{21} dzu^{21} dʐy^{33} p‘u^{21} dɯ^{13}	恒居高地出	恒氏空间大[2]，
 t‘ɯ^{21} dzu^{21} ʂu^{33} no^{13} do^{21}	特居大土生	特氏空间远[3]
 ndɯ^{33} lɯ^{55} ʐɪ^{21} ŋɯ^{33} vi^{21}	破的灵是焉	受益破火灾。
 pu^{13} zɯ^{33} sɛ^{21} tʂ‘ɯ^{55} ɣo^{21}	布掌主伸有	布摩为人长志气。
 mɛ^{33} vi^{13} ɣa^{33} dʐɯ^{33} vi^{13}	火害也犯害	火灾与火害，
 k‘o^{21} mu^{21} dʐa^{33} ma^{21} sɛ^{55}	凡高在不知	不知其深浅，
 ma^{21} lɪ^{21} ɣo^{21} ga^{13}	麻 列 峨 嘎	在麻列峨嘎，
 hu^{21} tɕ‘y^{13} ɦɛ^{21}	马 粗 壮	虽遇马肥壮，
 ʐo^{21} la^{13} ʂɪ^{33} ma^{21} dʐu^{13}	已手系不图	也不停下手，
 mɛ^{33} ɣa^{33} dʐɯ^{33} vi^{21} ndɯ^{33}	火也犯害除	除火星灾害，
 ʂu^{55} dzu^{21} ȵo^{33}	施 住 境	送到施神家，
 sɯ^{55} dzu^{21} ȵo^{33} ɣa^{33} ʈ‘ɯ^{21}	叟住境也越	送到叟神家。

ʐɯ^{21} ɣo^{21}k‘ɯ^{33}k‘ɯ^{33} mu^{33}　　图也安安的　　图平平安安。

注　释：

[1] 租尼租能：火灾灾星名。

[2][3] 恒氏，特氏：古代彝族氏族名，米靡时期的统治者家族。

dzu^{33} p‘i^{55} vi^{13} ndɯ^{33}

破除食人鬼

	dzu^{33}p‘i^{55}ndɯ^{33} lɯ^{21} tʂ‘ɛ^{55}	食祖破的送	破除食人鬼。
	ndzu^{21}ȵy^{21}ndzu^{21}nɯ^{21}dzo^{33}	髻青髻红生	绾青髻红髻，
	ndzu^{21} ʂɛ^{13}tɕy^{13} lɯ^{21} lɯ^{21}	髻黄九类类	绾黄髻九类。
	ȵy^{21} nɯ^{21} ts‘o^{21}dzu^{33}p‘i^{55}	尼能人食祖	尼能食人鬼[1]，
	ts‘o^{21}dzu^{33}p‘u^{55} na^{33} ʈ‘u^{13}	人食祖眼白	长着白眼睛，
	na^{33} ʈ‘u^{13} ʑɯ^{33} na^{33} ʂɛ^{13}	眼白也眼黄	白眼带黄眼，
	ʑi^{55} gɯ^{21} gɯ^{33}	花　斑　斑	还带着虎斑。
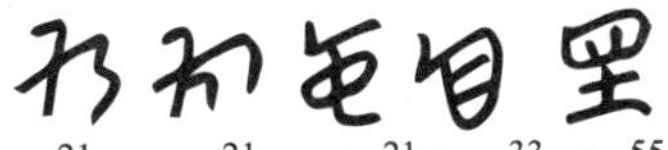	ʂʅ^{21} ʂo^{21} ts‘o^{21}dzu^{33}p‘u^{55}	什勺人食祖	什勺食人鬼[2]，
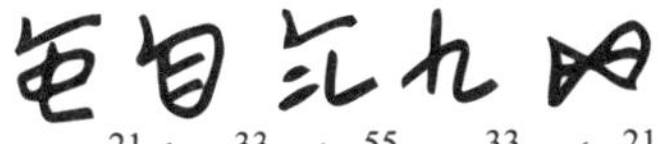	ts‘o^{21}dzu^{33} p‘u^{55} tɕy^{33} ts‘ɛ^{21}	人食祖九台	布九层台阶，
	ʔu^{33} bu^{55} bu^{33}	头　蓬　蓬	蓬头散发，

 dẓɛ^{21} ʑɪ^{13} ʑɪ^{13} ɣa^{33} ŋgɯ^{55}	牙咨咨也首	口里露狰狞。
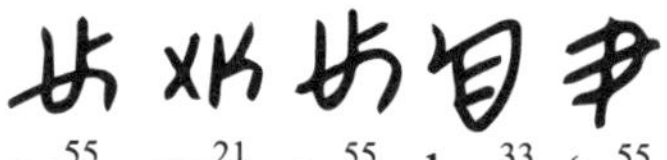 ȵɪ^{55} ʑu^{21} ȵɪ^{55} dzu^{33} p'u^{55}	兽捉兽吃祖	遇兽抓兽吃，
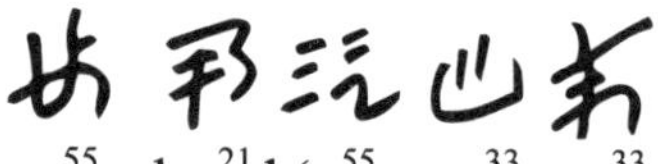 ȵɪ^{55} lɯ^{21} k'ɛ^{55} ʑɯ^{33} go^{33}	兽要上也归	伸头抵兽背，
 vu^{55} ʑu^{21} vu^{55} dzu^{33} p'u^{55}	鸟捉鸟吃祖	食人鬼吃鸟，
 vu^{55} du^{21} ʔu^{33} ʑɯ^{33} tʂ'ʅ^{21}	鸟翅头也伸	头伸向鸟翅。
 ts'o^{21} ʑu^{21} ts'o^{21} dzu^{33} p'u^{55}	人捉人吃祖	食人鬼吃人，
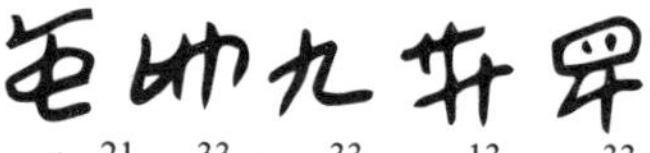 ts'o^{21} ʑy^{33} tɕy^{33} po^{13} tu^{33}	人骨九堆放	堆九堆白骨，
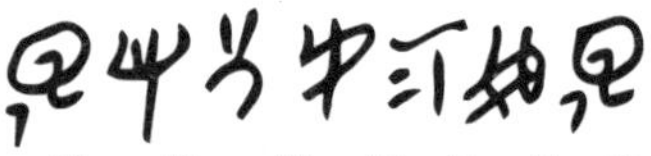 ʑi^{13} mo^{33} mu^{33} ku^{55} fa^{13} hɪ^{21} ʑi^{13}	睡在天空崖穴睡	睡在天边的崖穴，
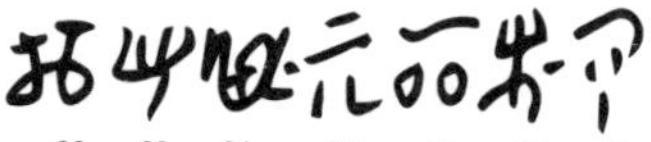 ḍa^{33} no^{33} ḍu^{21} tɕ'o^{13} xɯ^{55} ȵo^{12} lɯ^{55}	犯乃人六姓了去	去六姓人家[3]。
 k'o^{21} mu^{21} dẓa^{33} ma^{21} sɛ^{55}	多高在不知	不知其深浅，
 dzu^{33} p'u^{55} ndo^{21} p'i^{33} ndɯ^{33}	食祖喝妣除	除掉食人鬼，
 ɬu^{33} fa^{13} hɪ^{21}	鲁 崖 穴	送往鲁方崖穴[4]，

to^{33} fa^{13} hɪ^{21} ʐɯ^{33} tʂ‘ɛ^{55}

朵崖穴也挂　　送往朵方崖穴[5]。

ʐɯ^{21} ɣo^{21} k‘ɯ^{33}k‘ɯ^{33}mu^{33}

图得安安的　　图的是平安。

注　释：

[1] 尼能：氏族名，也是彝族历史的第二个时期名，尼能氏族活动在今成都平原一带。

[2] 什勺：氏族名，也是彝族历史的第三个时期名，什勺氏族活动在今四川省成都市、云南省大理白族自治州的苍山洱海一带。

[3] 六姓人家：指彝族的武、乍、糯、侯、布、默这六姓人。

[4] 鲁方：西南方。

[5] 朵方：东北方。

ts‘ʅ^{21} tɕ‘ɯ^{21} vi^{13} ndɯ^{33}

破除诅咒伤害

 ts‘ʅ^{21}tɕ‘ɯ^{21}ndɯ^{33}lɯ^{21}tʂ‘ɛ^{55}	诅咒破了送	破除送诅咒，
 ndɯ^{33}mo^{21}tɕ‘ɯ^{21}dʑɪ^{21}lɯ^{33}	破大咒生了	大力破诅咒。
 hɪ^{21} mi^{33} ga^{13} lɯ^{21}	恒 米 嘎 娄	在恒米嘎娄[1]，
 ts‘ʅ^{21}ʑɯ^{33}tɕ‘ɯ^{21}mu^{55}ndʑo^{21}	诅也咒大过	遇到大诅咒，
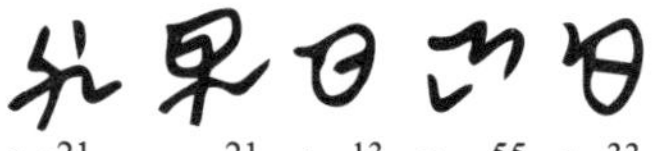 bi^{21} ʑy^{21} ʈ‘u^{13} ʔɯ^{55} lu^{33}	毕余银印龙	天臣银龙印，
 bi^{21} dɛ^{21} ʂɛ^{13} p‘o^{13} du^{21}	毕德金信迹	地臣金印信，
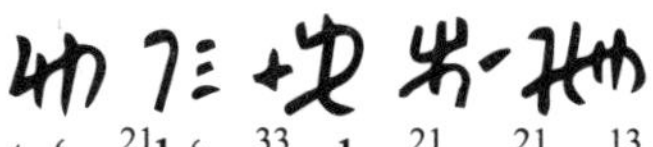 tʂ‘ɯ^{21}k‘ɯ^{33}ndzu^{21}ȵo^{21}ve^{13}	仇叩冠里花	天君的花冠，
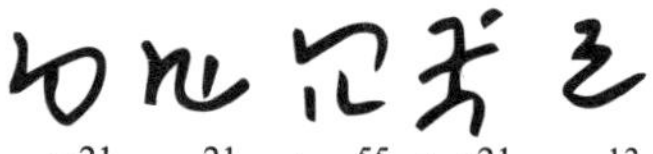 p‘i^{21} nɛ^{21} ʈ‘ɯ^{55} dʑi^{21} ʂɛ^{13}	皮耐辮化长	地王的长辮，
 t‘y^{21} hɛ^{33} tʂ‘o^{33} ɬi^{33} t‘u^{55}	他贤此四宝	四圣贤宝物，
 mu^{33} t‘ɯ^{33} lɯ^{55} ʑɯ^{33} tɕɪ^{13}	天明的也星	若黎明星辰，

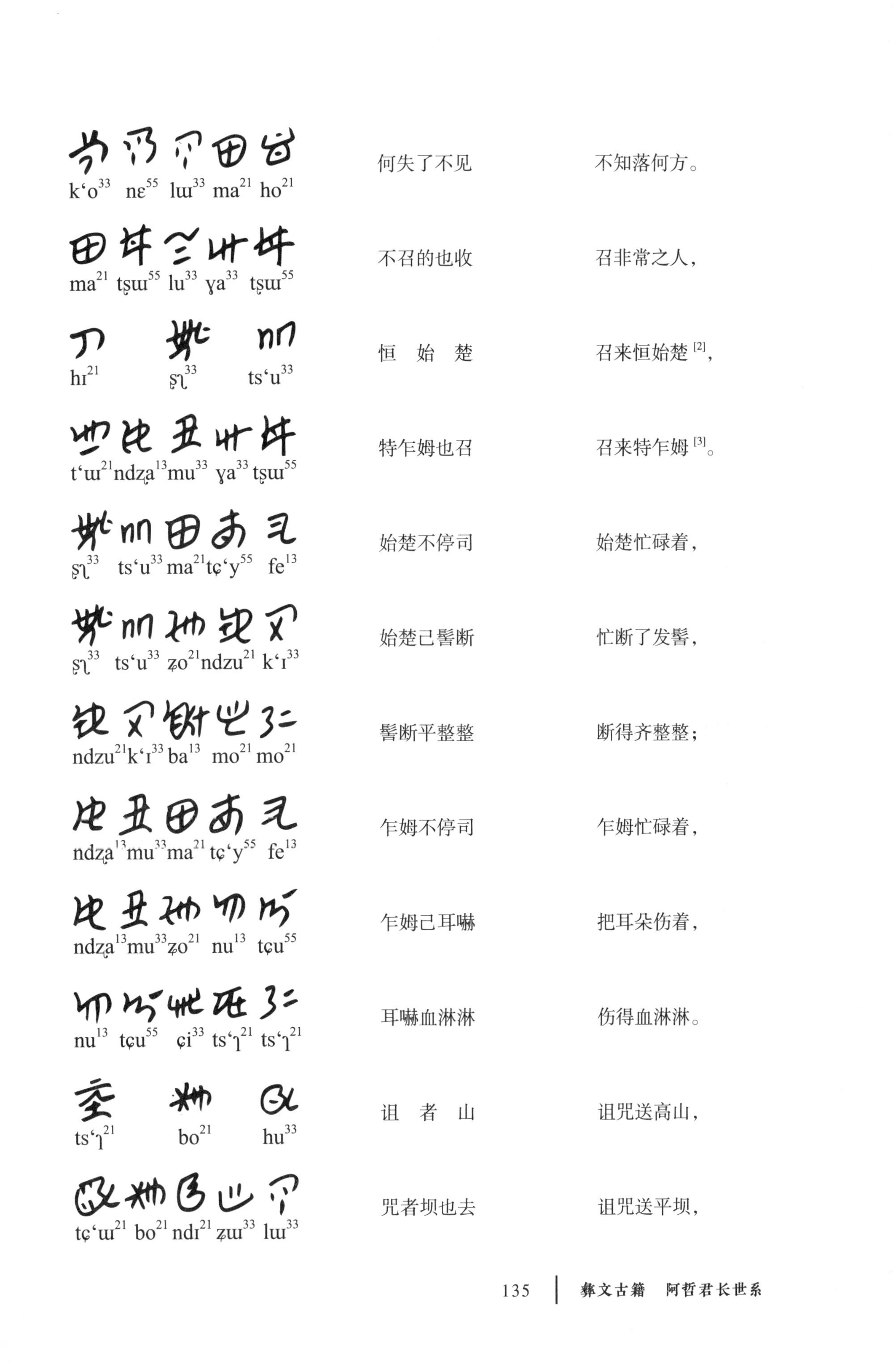

k‘o^{33} nɛ^{55} lɯ^{33} ma^{21} ho^{21}	何失了不见	不知落何方。
ma^{21} tʂɯ^{55} lu^{33} ɣa^{33} tʂɯ^{55}	不召的也收	召非常之人，
hɪ^{21} ʂʅ^{33} ts‘u^{33}	恒 始 楚	召来恒始楚[2]，
t‘ɯ^{21}ndʐa̢^{13}mu^{33} ɣa^{33} tʂɯ^{55}	特乍姆也召	召来特乍姆[3]。
ʂʅ^{33} ts‘u^{33} ma^{21}tɕ‘y^{55} fe^{13}	始楚不停司	始楚忙碌着，
ʂʅ^{33} ts‘u^{33} ʐo^{21}ndzu^{21} k‘ɪ^{33}	始楚已髫断	忙断了发髫，
ndzu^{21}k‘ɪ^{33} ba^{13} mo^{21} mo^{21}	髫断平整整	断得齐整整；
ndʐa̢^{13}mu^{33}ma^{21} tɕ‘y^{55} fe^{13}	乍姆不停司	乍姆忙碌着，
ndʐa̢^{13}mu^{33}ʐo^{21} nu^{13} tɕu^{55}	乍姆已耳吓	把耳朵伤着，
nu^{13} tɕu^{55} ɕi^{33} ts‘ʅ^{21} ts‘ʅ^{21}	耳吓血淋淋	伤得血淋淋。
ts‘ʅ^{21} bo^{21} hu^{33}	诅 者 山	诅咒送高山，
tɕ‘ɯ^{21} bo^{21} ndɪ^{21} ʐɯ^{33} lɯ^{33}	咒者坝也去	诅咒送平坝，

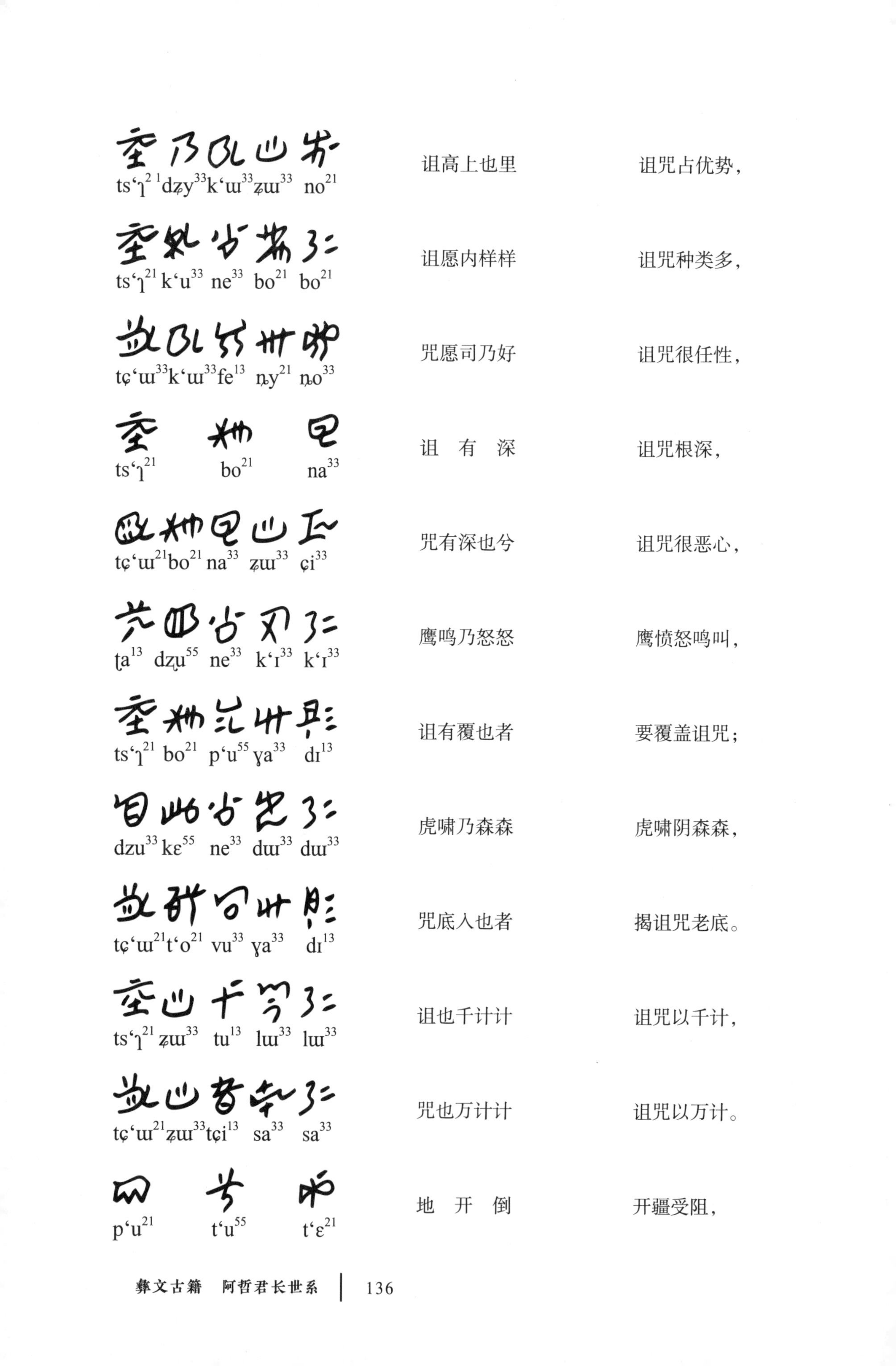

ts‘ɿ^{21}dʑy^{33}k‘ɯ^{33}ʑɯ^{33} no^{21}	诅高上也里	诅咒占优势，
ts‘ɿ^{21} k‘u^{33} ne^{33} bo^{21} bo^{21}	诅愿内样样	诅咒种类多，
tɕ‘ɯ^{33}k‘ɯ^{33}fe^{13} ȵy^{21} ȵo^{33}	咒愿司乃好	诅咒很任性，
ts‘ɿ^{21} bo^{21} na^{33}	诅 有 深	诅咒根深，
tɕ‘ɯ^{21}bo^{21} na^{33} ʑɯ^{33} ɕi^{33}	咒有深也兮	诅咒很恶心，
ʈa^{13} dʐu^{55} ne^{33} k‘ɪ^{33} k‘ɪ^{33}	鹰鸣乃怒怒	鹰愤怒鸣叫，
ts‘ɿ^{21} bo^{21} p‘u^{55} ɣa^{33} dɪ^{13}	诅有覆也者	要覆盖诅咒；
dzu^{33} kɛ^{55} ne^{33} dɯ^{33} dɯ^{33}	虎啸乃森森	虎啸阴森森，
tɕ‘ɯ^{21}t‘o^{21} vu^{33} ɣa^{33} dɪ^{13}	咒底入也者	揭诅咒老底。
ts‘ɿ^{21} ʑɯ^{33} tu^{13} lɯ^{33} lɯ^{33}	诅也千计计	诅咒以千计，
tɕ‘ɯ^{21}ʑɯ^{33}tɕi^{13} sa^{33} sa^{33}	咒也万计计	诅咒以万计。
p‘u^{21} t‘u^{55} t‘ɛ^{21}	地 开 倒	开疆受阻，

	no^{13} fe^{13} tʂ‘ɪ^{13} ɣa^{33} sɯ^{55}	土拓冷也似	拓土遇冷落。
	ʂʅ^{21} mu^{33} mu^{21} ʐɯ^{33} p‘u^{55}	先天高之父	天上的主宰，
	t‘y^{21} ma^{21} zo^{21} vi^{21} dɪ^{13}	它不中也者	说这样不行，
	ts‘ɿ^{21} ndɯ^{33} ndɯ^{33}	诅　破　破	下令破诅咒，
	tɕ‘ɯ^{21} k‘ɯ^{55} k‘ɯ^{33} mu^{33} lɯ^{33}	咒舀舀的了	下令除诅咒。
	bi^{21} ʐy^{21} sɯ^{33} ts‘ɯ^{33} dzɛ^{33}	毕余三十骑	天臣派出三十骑，
	bi^{21} dɛ^{21} sɯ^{33} ts‘ɯ^{33} dzɛ^{33}	毕德三十骑	地臣派出三十骑，
	pu^{13} lɯ^{55} du^{55} ʐɯ^{33} ŋga^{13}	布者后也赴	去把布摩请，
	go^{13} lɪ^{21} pu^{13} go^{13} lɪ^{21}	回来布回来	请布摩回来，
	pu^{13} go^{13} lɪ^{21} ma^{21} no^{33}	布回来不肯	布摩不肯来。
	tʂ‘ɯ^{21} k‘ɯ^{33} sɯ^{33} ts‘ɯ^{33} dzɛ^{33}	仇叩三十骑	天君派出三十骑，
	pu^{13} lɯ^{55} du^{55} ɣa^{33} tʂu^{55}	布者后也催	把布摩催促。

	pu^{13} go^{13} lɪ^{21} ɣa^{33} no^{33}	布回来也呢	布摩来到后，
	ma^{21} lɪ^{21} ɣo^{21} ga^{13}	麻 列 峨 嘎	设麻列峨嘎神座，
	dʑi^{21} ndy^{55} tu^{13} mu^{33} hu^{21}	座探千作必	设计千个神座，
	dʑi^{21} ʂo^{13} tɕi^{13} hɪ^{21} tɛ^{13}	座受千万立	布置万千神位，
	kɯ^{13} ʐɯ^{33} mu^{33} ko^{33} lɯ^{33}	会也作里去	设置得妥当。
	ma^{21} ŋga^{13} tɕi^{13} lu^{33} na^{33}	不猎顶牛黑	成名贵黑牛，
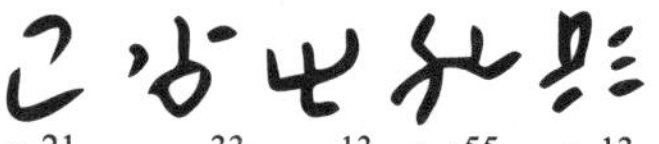	lɪ^{21} ne^{33} pu^{13} bi^{55} dɪ^{13}	来乃布献者	献了给布摩。
	lɪ^{21} mu^{33} t‘u^{33} dʐu^{55}	列 姆 妥 卓	在列姆妥卓祭祀场，
	gu^{55} mu^{33} ȵy^{33} tɕy^{33} ts‘ɯ^{33}	沽作牛九十	祖灵边九十头牛，
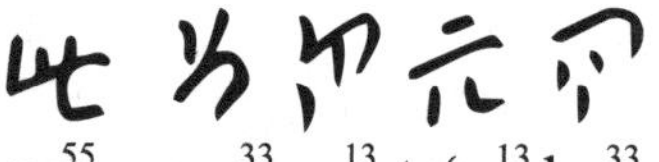	ȵɪ^{55} mu^{33} va^{13} tɕ‘o^{13} lɯ^{33}	尼目猪六个	祭祖用的六头猪，
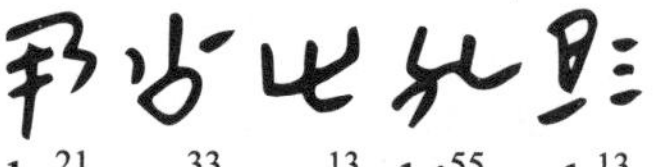	ly^{21} ȵɪ^{33} pu^{13} bi^{55} dɪ^{13}	要乃布献者	要献给布摩，
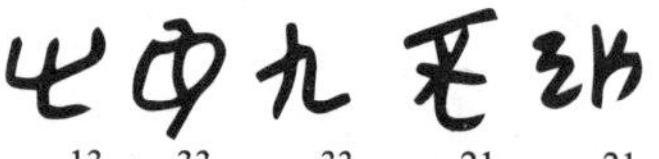	pu^{13} ɬu^{33} tɕy^{33} tɪ^{21} so^{21}	布礼九层好	布摩受厚礼，

ɬu^{33} bi^{55} so^{21} ʐɯ^{33} tɪ^{13}	礼献好也者	得到了好礼，
pu^{13} dzu^{21} tɕy^{33} tʂu^{21} ndʐu^{55}	布食九份美	得九份酬粮，
tʂu^{13} p‘u^{21} dɛ^{33} ʐɯ^{33} ts‘ɯ^{21}	铃锅打也十	加锅铃满十，
pu^{13} lɯ^{55} ɣɯ^{21} ɣa^{33} tu^{33}	布者内也放	都给了布摩。
ʂʅ^{33} ts‘u^{33} ts‘u^{33} ʈ‘u^{13} bo^{21}	始楚土白山	始楚白土山，
ndʐa^{13} mu^{33} ʂo^{13} na^{55} go^{13}	乍姆松黑弯	乍姆黑松湾，
t‘y^{21} pu^{13} hu^{21}	其　布　山	布摩有高山，
t‘y^{21} pu^{13} ndɪ^{21} ŋɯ^{33} vi^{21}	其布坝是焉	布摩有平坝。
pu^{13} go^{13} lɪ^{12} ɣa^{33} no^{33}	布回来也呢	布摩到来后，
pu^{13} k‘ɯ^{33} pu^{13} tɛ^{13}	布 法 布 立	用布摩法力，
pu^{13} no^{13} pu^{13} fe^{13} lɯ^{33}	布神布司了	使布摩神通，
mu^{33} lo^{33} t‘y^{21} vu^{33} ɣo^{21}	为的其远有	以传统办法。

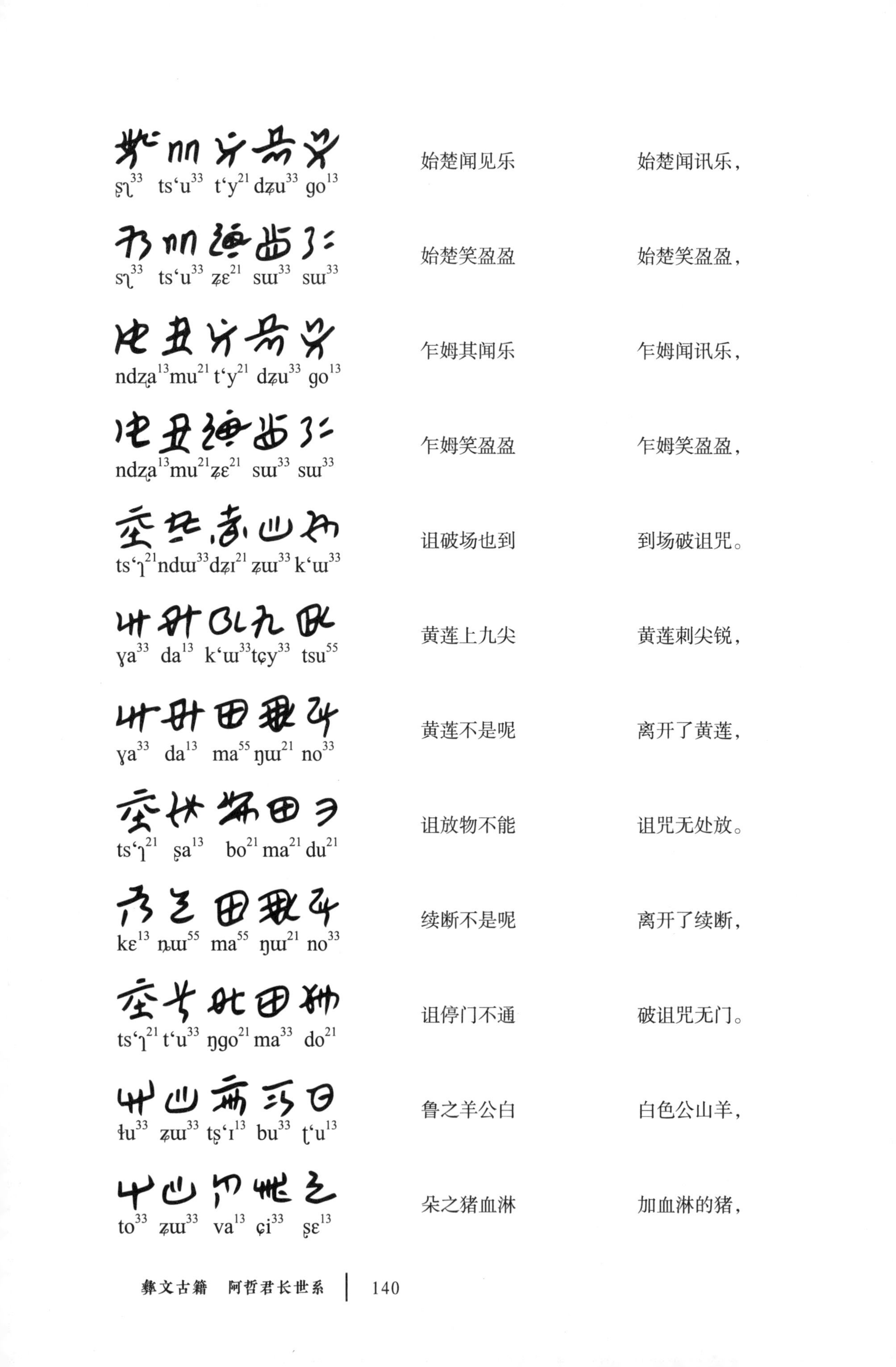

ʂʅ33 ts'u33 t'y21 dʑu33 go13	始楚闻见乐	始楚闻讯乐，
sʅ33 ts'u33 ʐɛ21 sɯ33 sɯ33	始楚笑盈盈	始楚笑盈盈，
ndʐa13 mu21 t'y21 dʑu33 go13	乍姆其闻乐	乍姆闻讯乐，
ndʐa13 mu21 ʐɛ21 sɯ33 sɯ33	乍姆笑盈盈	乍姆笑盈盈，
ts'ʅ21 ndɯ33 dʐɪ21 ʐɯ33 k'ɯ33	诅破场也到	到场破诅咒。
ɣa33 da13 k'ɯ33 tɕy33 tsu55	黄连上九尖	黄连刺尖锐，
ɣa33 da13 ma55 ŋɯ21 no33	黄连不是呢	离开了黄连，
ts'ʅ21 ʂa13 bo21 ma21 du21	诅放物不能	诅咒无处放。
kɛ13 ȵɯ55 ma55 ŋɯ21 no33	续断不是呢	离开了续断，
ts'ʅ21 t'u33 ŋgo21 ma33 do21	诅停门不通	破诅咒无门。
ɬu33 ʐɯ33 tʂ'ɪ13 bu33 t'u13	鲁之羊公白	白色公山羊，
to33 ʐɯ33 va13 ɕi33 ʂɛ13	朵之猪血淋	加血淋的猪，

 lu^{33} tʂʻu^{33} do^{33} lɪ^{21} no^{33}	牛转出来呢	用牛来替代，
 ndʑi^{21}no^{33} tsʻɿ^{21}ndɯ^{33}dʑɪ^{21}	皮乃诅破场	用皮布场地，
 mi^{21} no^{33} tsʻɿ^{21} ndɯ^{33} ɬu^{33}	毛乃诅破褥	用毛垫场地。
 tɕʻy^{55} no^{33} tsʻɿ^{21}ndɯ^{33} hu^{21}	肺乃诅破马	肺当马来用，
 sɛ^{55} no^{33} tsʻɿ^{21} ndɯ^{33} lu^{33}	肝乃诅破牛	肝当牛来用，
 vɛ^{21} ʔy^{13} tsʻɿ^{21}ndɯ^{33} bu^{21}	左肾诅破羊	左肾当羊用，
 ʑu^{21} ʔy^{13}tsʻɿ^{21}ndɯ^{33}ɳɯ^{13}	右肾诅破猪	右肾当猪用，
 tʅ^{13} no^{33} tsʻɿ^{21} ndɯ^{33} vu^{55}	脾乃诅破鸡	脾当鸡来用。
 tsʻɿ^{21} ndɯ^{33} ʑɪ^{13} ʑɯ^{33}kʻɯ^{33}	诅破家也到	破家里诅咒，
 pʻu^{55} zu^{33} tɕu^{55} ʑɯ^{33} tsʻɿ^{21}	父子间也诅	破父子诅咒，
 ve^{13} ȵɪ^{21} tɕu^{55} ʑɯ^{33} tsʻɿ^{21}	兄弟间也诅	破兄弟诅咒，
 mɛ^{55} ʑo^{33} tɕu^{55} ʑɯ^{33} tsʻɿ^{21}	妻夫间也诅	破夫妻诅咒，

ts‘ɿ^{21} dɯ^{33} dɯ^{33}	诅 动 动	诅咒有动静，
tɕ‘ɯ^{21}ba^{13} ba^{13} t‘a^{21} dzɯ^{21}	咒依依一对	相依的诅咒，
ndzu^{33}lu^{21} tɕu^{55} ʑɯ^{33} ts‘ɿ^{21}	君民间也诅	君臣间诅咒，
sɛ^{21} dʐɯ^{21}tɕu^{55} ʑɯ^{33} ts‘ɿ^{21}	主奴间也诅	主奴间诅咒。
ts‘ɿ^{21} fe^{13} hɛ^{21}	诅 饥 荒	带饥荒诅咒，
tɕ‘ɯ^{21}gu^{33} hɯ^{21} t‘a^{21}dzɯ^{21}	咒圆陷一对	带陷阱诅咒，
ʑy^{21} zu^{55} tɕu^{55} ʑɯ^{33} ts‘ɿ^{21}	亲戚间也诅	亲戚间诅咒，
ts‘ɪ^{13} vi^{21} tɕu^{55} ʑɯ^{33}tɕ‘ɯ^{21}	家族间也咒	家族间诅咒，
p‘u^{21} sɛ^{21} tɕu^{55} ʑɯ^{33} ts‘ɿ^{21}	布主间也诅	布摩间诅咒，
ʑɛ^{33} ȵɪ^{13} tɕu^{55} ʑɯ^{33}tɕ‘ɯ^{21}	长幼间也咒	长幼间诅咒。
ʑɛ^{33} lɪ^{21} ȵɪ^{13} ʑɯ^{33} ts‘ɿ^{21}	长来幼也诅	长把幼诅咒，
ȵɯ^{55} nɯ^{21} ku^{33} ʑɯ^{33} hu^{21}	豺红独也染	犹豺狼噬血，

n̥ɪ^{13} lɯ^{55} ʐɛ^{33} ʐɯ^{33}tɕʻɯ^{21}　　幼的长也咒　　幼把长诅咒，

ʂɛ^{13} tsʻo^{13} tɕʻi^{13}ʐɯ^{33} le^{33}　　蛇蜥脚也绾　　如蜥蜴绾脚。

mba^{33}mi^{55} tsʻɿ^{21} ɣa^{33}tɕʻɯ^{21}　　话语诅也咒　　诅咒源话语，

kʻo^{21} mu^{21} dʐa̩^{33} ma^{21} sɛ^{55}　　何高在不知　　不知其深浅，

pu^{13} zɯ^{33} sɛ^{21} tʂʻɯ^{55} ɣo^{21}　　布也主伸有　　布摩长志气，

ne^{33} kʻu^{33} tʻɛ^{33}　　心　愿　疲　　费尽心机，

ɣɯ^{21} va^{13} d̥u^{33} ma^{21}dʐu^{13}　　内搂喜不靠　　不图所报，

a^{21} hɛ^{21} tʂɯ^{55} lɯ^{21}ndɯ^{33}　　而今收了破　　把诅咒破除，

ʐɯ^{21} ɣo^{21}kʻɯ^{33}kʻɯ^{33}mu^{33}　　图也安安的　　图平平安安。

注　释：

[1] 恒米嘎娄：古彝语地名，在今云南省大理白族自治州的喜洲一带。

[2] 恒始楚：人名，米靡王朝第十四世时期首席布摩。

[3] 特乍姆：人名，米靡王朝第十四世时期的第二位首席布摩。

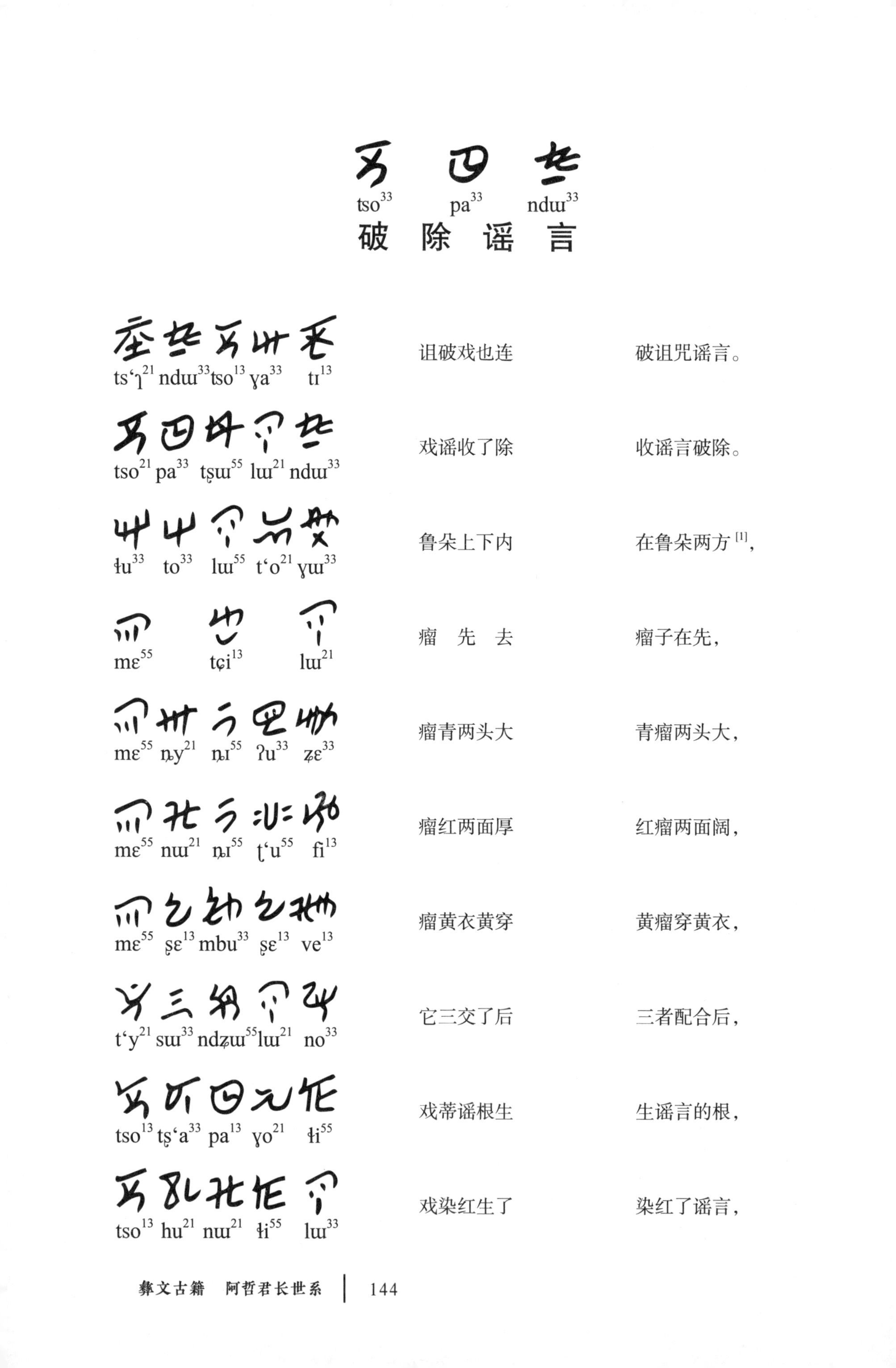

tso^{33} pa^{33} ndɯ^{33}
破除谣言

ts'ɿ^{21} ndɯ^{33} tso^{13} ɣa^{33} tɪ^{13}	诅破戏也连	破诅咒谣言。
tso^{21} pa^{33} tʂɯ^{55} lɯ^{21} ndɯ^{33}	戏谣收了除	收谣言破除。
ɬu^{33} to^{33} lɯ^{55} t'o^{21} ɣɯ^{33}	鲁朵上下内	在鲁朵两方[1]，
mɛ^{55} tɕi^{13} lɯ^{21}	瘤 先 去	瘤子在先，
mɛ^{55} ȵy^{21} ȵɪ^{55} ʔu^{33} ʑɛ^{33}	瘤青两头大	青瘤两头大，
mɛ^{55} nɯ^{21} ȵɪ^{55} ʈ'u^{55} fi^{13}	瘤红两面厚	红瘤两面阔，
mɛ^{55} ʂɛ^{13} mbu^{33} ʂɛ^{13} ve^{13}	瘤黄衣黄穿	黄瘤穿黄衣，
t'y^{21} sɯ^{33} ndʑɯ^{55} lɯ^{21} no^{33}	它三交了后	三者配合后，
tso^{13} tʂ'a^{33} pa^{13} ɣo^{21} ɬi^{55}	戏蒂谣根生	生谣言的根，
tso^{13} hu^{21} nɯ^{21} ɬi^{55} lɯ^{33}	戏染红生了	染红了谣言，

tso^{13} sɛ^{21} ȵy^{21} dzu^{33} dzu^{21}	戏神青幽幽	谣言青幽幽，
pa^{13} sɛ^{21} nɯ^{21} p‘o^{33} p‘o^{21}	谣神红彤彤	谣言红彤彤，
tso^{13} pa^{33} ko^{13} t‘a^{21} ʈ‘ɯ^{21}	戏谣壳上越	谣言占主动。
ma^{21} ŋu^{33} t‘a^{21} ȵɪ^{21} ŋu^{33}	不耕一日耕	不耕的一天，
tso^{13} zu^{33} hu^{21} ʈ‘u^{13} lɯ^{33}	戏子马白去	谣言要白马，
hu^{21} ʈ‘u^{13} no^{33} nɯ^{21} lɯ^{33}	马白耳红要	要红耳白马。
hu^{21} ʈ‘u^{13} ɣo^{21} de^{13} lu^{33}	马白得能呢	能得到白马，
nu^{33} nɯ^{21} ɣo^{21} ma^{21} de^{13}	耳红得不能	得不到红耳。
pa^{13} sɛ^{21} lu^{33} na^{33} lɯ^{21}	谣神牛黑要	谣言要黑牛，
lu^{33} na^{33} ɣo^{13} so^{21} lɯ^{21}	牛黑蓝夹要	黑夹蓝的牛，
lu^{33} na^{33} ɣo^{21} de^{13} lu^{33}	牛黑得能了	能得到黑牛，
ɣo^{13} so^{21} ɣo^{21} ma^{21} de^{13}	蓝夹得不能	得不到夹蓝。

	tso^{13} zu^{33} ʑo^{21} dɛ^{21} tʻu^{55}	谣子已界设	与谣言划界，
	dɛ^{21} tʻu^{55} ɕi^{33} tsʻɿ^{21} tsʻɿ^{21}	界设血淋淋	血淋淋之物，
	tso^{13} ndɯ^{33} hu^{21} mu^{33} bi^{55}	戏破马的献	当马破谣言。
	pa^{13} zu^{33} ʑo^{21} dɛ^{21} tʻu^{55}	谣子已界设	与谣言划界，
	lu^{33} na^{33} ʈo^{55} so^{21} mu^{33}	牛黑蓝夹作	黑夹蓝的牛，
	pa^{13} ndɯ^{33} lu^{33} mu^{33} bi^{55}	谣破牛的献	用来破谣言。
	mu^{21} ne^{33} dʐa^{33} ɣa^{13} lu^{33}	作乃在也了	用这种方法，
	pu^{13} zɯ^{33} sɛ^{21} tʂʻɯ^{55} ɣo^{21}	布掌主伸有	布摩长志气。
	ʑɛ^{33} lɪ^{21} ȵɪ^{13} kʻo^{21} tso^{13}	长来幼所戏	长与幼的谣，
	ȵɪ^{13} lɪ^{21} ʑɛ^{33} kʻo^{21} pa^{13}	幼来长所谣	幼与长的谣，
	lu^{21} lɪ^{21} ndzu^{33} kʻo^{21} dzu^{21}	民来君所利	民给君的伤，
	dʐɯ^{33} lɪ^{21} sɛ^{21} kʻo^{21} pa^{13}	奴来主所谣	奴造主的谣，

ʈu^{55} ɣa^{33} bo^{21} ʐo^{21}tsʻo^{21}　　都也博理持　　交给都和博，

tso^{33} mi^{13} hu^{21} ɣa^{33} vu^{33}　　戏言山也入　　谣言进山中，

ndɯ^{33}lɯ^{55} tʻy^{21} ɣa^{33} tʂʻɛ^{55}　　破的其也送　　破除送山中。

ʐɯ^{21} ɣo^{21} kʻɯ^{33}kʻɯ^{33}mu^{33}　　图也安安的　　图平平安安。

注　释：

[1] 鲁朵两方：彝族八卦中的西南方和东北方。

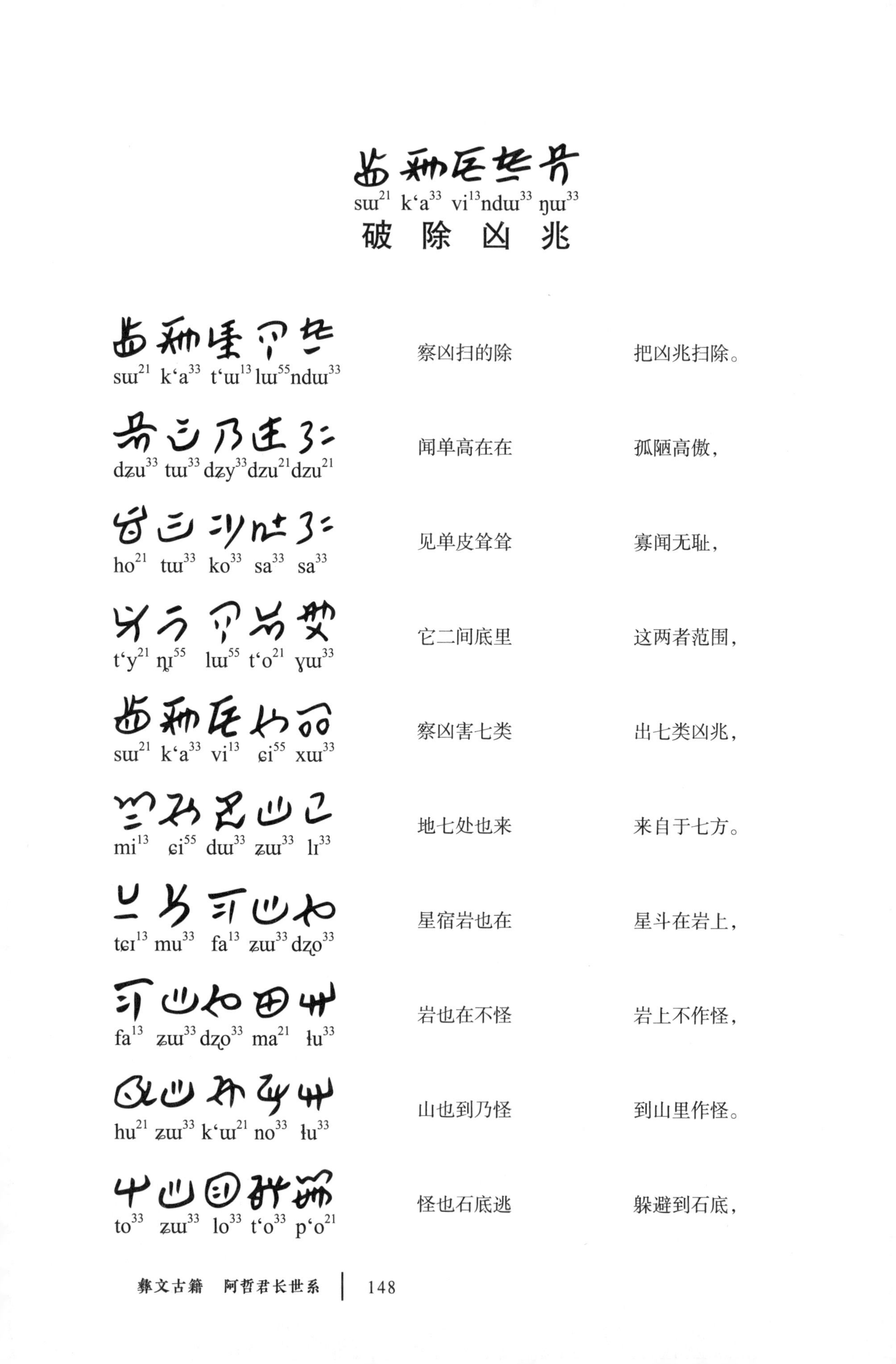

sɯ^{21} k‘a^{33} vi^{13}ndɯ^{33} ŋɯ^{33}
破除凶兆

sɯ^{21} k‘a^{33} t‘ɯ^{13} lɯ^{55}ndɯ^{33}	察凶扫的除	把凶兆扫除。
dʑu^{33} tɯ^{33} dʑy^{33} dzu^{21} dzu^{21}	闻单高在在	孤陋高傲，
ho^{21} tɯ^{33} ko^{33} sa^{33} sa^{33}	见单皮耸耸	寡闻无耻，
t‘y^{21} ɲɪ^{55} lɯ^{55} t‘o^{21} ɣɯ^{33}	它二间底里	这两者范围，
sɯ^{21} k‘a^{33} vi^{13} ɕi^{55} xɯ^{33}	察凶害七类	出七类凶兆，
mi^{13} ɕi^{55} dɯ^{33} ʑɯ^{33} lɪ^{33}	地七处也来	来自于七方。
tɕɪ^{13} mu^{33} fa^{13} ʑɯ^{33} dʐo^{33}	星宿岩也在	星斗在岩上，
fa^{13} ʑɯ^{33} dʐo^{33} ma^{21} ɬu^{33}	岩也在不怪	岩上不作怪，
hu^{21} ʑɯ^{33} k‘ɯ^{21} no^{33} ɬu^{33}	山也到乃怪	到山里作怪。
to^{33} ʑɯ^{33} lo^{33} t‘o^{33} p‘o^{21}	怪也石底逃	躲避到石底，

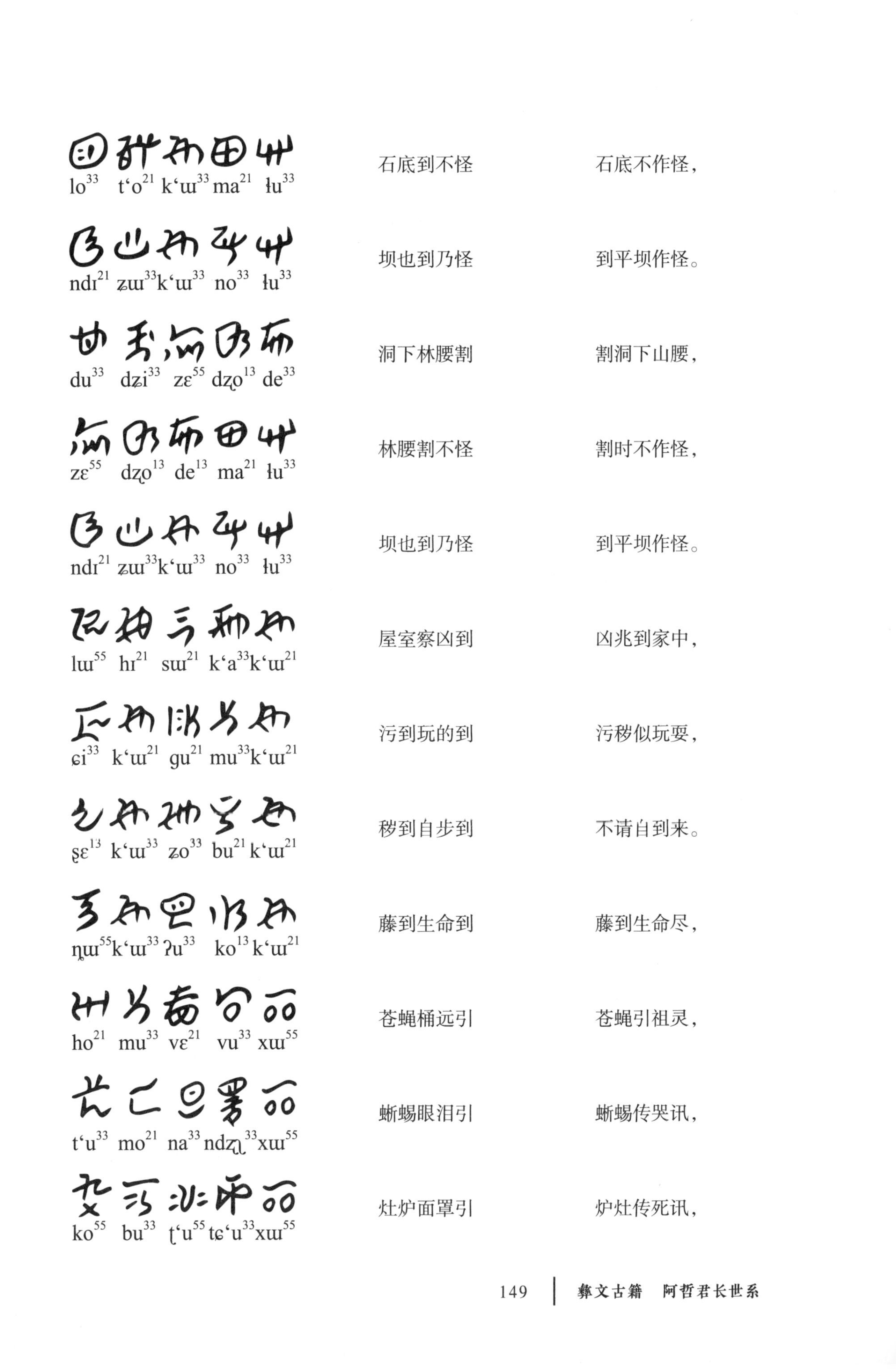

lo^{33} t‘o^{21} k‘ɯ^{33} ma^{21} ɬu^{33}	石底到不怪	石底不作怪，
ndɪ^{21} ʑɯ^{33}k‘ɯ^{33} no^{33} ɬu^{33}	坝也到乃怪	到平坝作怪。
du^{33} dʑi^{33} zɛ^{55} dʐo^{13} de^{33}	洞下林腰割	割洞下山腰，
zɛ^{55} dʐo^{13} de^{13} ma^{21} ɬu^{33}	林腰割不怪	割时不作怪，
ndɪ^{21} ʑɯ^{33}k‘ɯ^{33} no^{33} ɬu^{33}	坝也到乃怪	到平坝作怪。
lɯ^{55} hɪ^{21} sɯ^{21} k‘a^{33}k‘ɯ^{21}	屋室察凶到	凶兆到家中，
ɕi^{33} k‘ɯ^{21} gu^{21} mu^{33}k‘ɯ^{21}	污到玩的到	污秽似玩耍，
ʂɛ^{13} k‘ɯ^{33} ʐo^{33} bu^{21} k‘ɯ^{21}	秽到自步到	不请自到来。
ŋɯ^{55}k‘ɯ^{33} ʔu^{33} ko^{13} k‘ɯ^{21}	藤到生命到	藤到生命尽，
ho^{21} mu^{33} vɛ^{21} vu^{33} xɯ^{55}	苍蝇桶远引	苍蝇引祖灵，
t‘u^{33} mo^{21} na^{33} ndʐʅ^{33}xɯ^{55}	蜥蜴眼泪引	蜥蜴传哭讯，
ko^{55} bu^{33} ʈ‘u^{55} tɕ‘u^{33}xɯ^{55}	灶炉面罩引	炉灶传死讯，

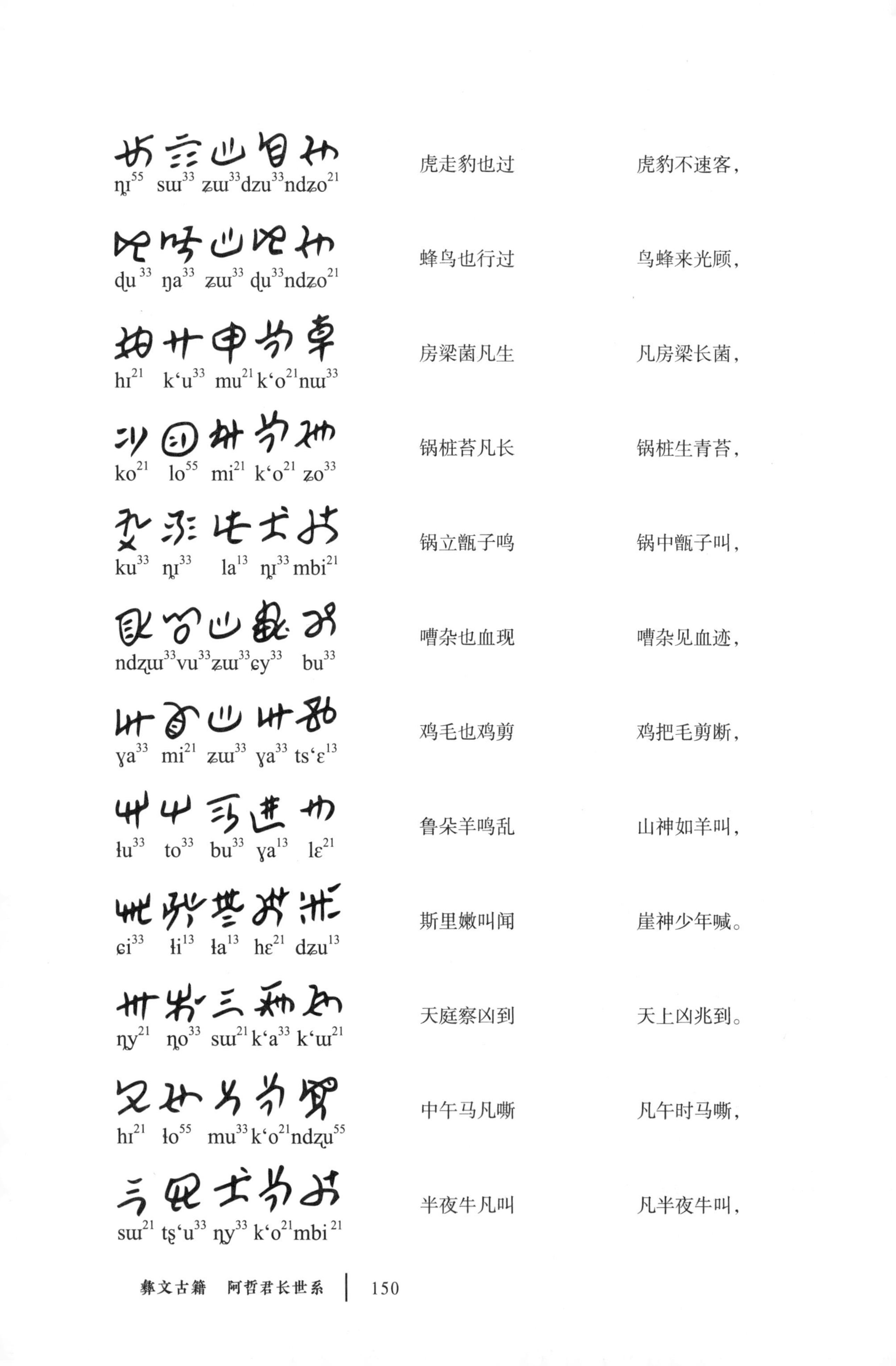

ŋ̊ɪ^{55} sɯ^{33} ʑɯ^{33}dzu^{33}ndʑo^{21}	虎走豹也过	虎豹不速客，
ɖu^{33} ŋa^{33} ʑɯ^{33} ɖu^{33}ndʑo^{21}	蜂鸟也行过	鸟蜂来光顾，
hɪ^{21} k‘u^{33} mu^{21} k‘o^{21}nɯ^{33}	房梁菌凡生	凡房梁长菌，
ko^{21} lo^{55} mi^{21} k‘o^{21} ʑo^{33}	锅桩苔凡长	锅桩生青苔，
ku^{33} ŋ̊ɪ^{33} la^{13} ŋ̊ɪ^{33} mbi^{21}	锅立甑子鸣	锅中甑子叫，
ndʐɯ^{33}vu^{33}ʑɯ^{33}ɕy^{33} bu^{33}	嘈杂也血现	嘈杂见血迹，
ɣa^{33} mi^{21} ʑɯ^{33} ɣa^{33} ts‘ɛ^{13}	鸡毛也鸡剪	鸡把毛剪断，
ɬu^{33} to^{33} bu^{33} ɣa^{13} lɛ^{21}	鲁朵羊鸣乱	山神如羊叫，
ɕi^{33} ɬi^{13} ɬa^{13} hɛ^{21} dʑu^{13}	斯里嫩叫闻	崖神少年喊。
ŋ̊y^{21} ŋ̊o^{33} sɯ^{21}k‘a^{33} k‘ɯ^{21}	天庭察凶到	天上凶兆到。
hɪ^{21} ɬo^{55} mu^{33}k‘o^{21}ndʐu^{55}	中午马凡嘶	凡午时马嘶，
sɯ^{21} tʂ‘u^{33} ŋ̊y^{33} k‘o^{21}mbi^{21}	半夜牛凡叫	凡半夜牛叫，

ma^{21} t‘u^{55} tɕ‘i^{33} k‘o^{21} lu^{13}

无规狗凡吠　　狗无规则吠，

ma^{21} t‘u^{55} ɣa^{33} ko^{21} mbi^{21}

无规鸡凡鸣　　鸡无规则鸣，

va^{13} ʑɯ^{33} zu^{33} dzɯ^{21} ndʐu^{55}

猪也崽凶嫌　　母猪食猪崽，

ɣa^{33} ʑɯ^{33} ʈ‘o^{21} nu^{33} ʈ‘o^{21}

鸡也蛋软蛋　　母鸡下软蛋，

kɯ^{21} ga^{13} ʑɯ^{33} tɕ‘i^{33} tsɛ^{13}

篱上也狗叫　　狗上篱笆叫，

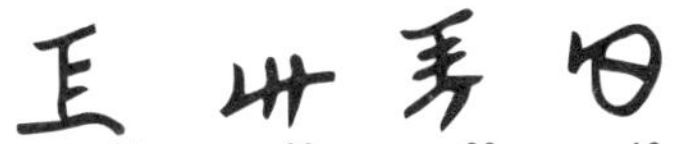

ŋgo^{21} ɣa^{33} tɕ‘i^{33} lu^{13}

门 也 狗 叫　　或骑着门叫，

dzu^{33} dzu^{33} ɣa^{33} bi^{21} bi^{21}

虎虎也抖抖　　战战兢兢的，

ɳɿ^{13} no^{33} dʐa^{33} ma^{21} ho^{21}

看乃在不见　　眼睛看不见，

nu^{13} no^{33} bu^{21} ma^{21} dʐu^{33}

听乃耳不闻　　耳朵听不见。

ɣa^{33} ʑo^{21} dʐʅ^{55} dʐʅ^{21} tʂɿ^{33}

鸡自真真拔　　鸡之间斗狠，

sɯ^{21} tʂ‘u^{33} ɣa^{13} ʂa^{13} ɖa^{55}

半夜鸡巢惊　　半夜鸡惊巢，

ʑi^{21} pu^{33} ɣa^{33} ʑi^{21} mu^{33}

水缸也水冒　　缸里水上冒，

	ndʑo^{55}t‘o^{21} ʑɯ^{33} ʑi^{21} nɛ^{55}	桶底也水失	桶底水消失，
	ku^{55} du^{33} ɣa^{33} k‘o^{21} hu^{21}	火坑也凡陷	火堂往下陷，
	ts‘ɯ^{21} ʔu^{33} ɣa^{33} k‘o^{21} tɪ^{33}	发根也凡分	头发有分叉，
	ts‘ɯ^{21}mɛ^{33} ɣa^{33}k‘o^{21}ndʑo^{21}	发尾也凡乱	发尾理不展。
	hu^{21} ndɪ^{21} sɯ^{21} k‘a^{33} k‘ɯ^{21}	山坝察凶到	山地凶兆到，
	se^{33} dɛ^{33} ɣa^{33} lo^{33} bu^{33}	树倒也石滚	树倒石头滚，
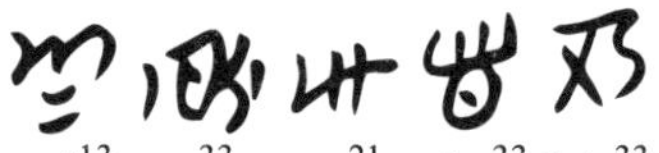	mi^{13} gɪ^{33} ɣa^{21} ts‘u^{33} k‘ɪ^{33}	地裂也土断	土地裂断开，
	k‘o^{21} mu^{21} dʐa^{33} ma^{21} sɛ^{55}	多高在不知	不知道深浅。
	gu^{33} dɯ^{33} ɣa^{33} ɬo^{13} tɕ‘u^{33}	耕处也牧场	地头和牧场，
	ʑo^{21} na^{21} vi^{21} ma^{21} ho^{21}	己你害不见	看不见伤害，
	vi^{13} hu^{21} ʑo^{21} k‘o^{33} ho^{21}	害祸己所见	祸害却看见你，
	ʑo^{21} na^{21} ʂu^{55} ma^{21} ho^{21}	己你鬼不见	你看不见鬼，

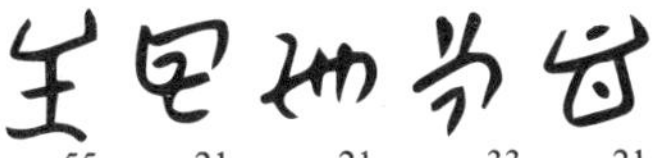 ʂu^{55} na^{21} ʑo^{21} k‘o^{33} ho^{21}	鬼你己所见	鬼却看见你。
 ɳɪ^{55} ndʑi^{21} dzu^{33}ndʑi^{21}	虎 皮 豹 皮	虎豹的皮，
 lɪ^{21} k‘o^{21} ho^{21}	来　所　见	凡是见到的，
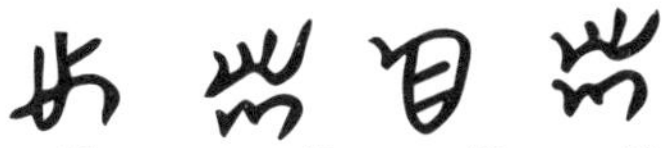 ɳɪ^{55} mo^{13} dzu^{33} mo^{13}	虎 尸 豹 尸	虎豹的尸体，
 lɪ^{21} k‘o^{21} ho^{21}	来　所　见	凡是见到的，
 ne^{33} k‘o^{21} tɕ‘ɯ^{55}	心　所　图	所牵挂着的，
 ɣɯ^{21} va^{13} zɪ^{33} ma^{21}dʑu^{13}	愿镇压不靠	不要靠镇压，
 ndɯ^{33}lɯ^{55}k‘ɯ^{21} tɕ‘i^{13} hu^{21}	除的克园必	交给克神，
 ndʑɯ^{55}tɕ‘i^{13}hu^{21}zɯ^{33}tʂ‘u^{33}	窘园必也搂	交给窘神处置。
 ʑɯ^{21} ɣo^{21}k‘ɯ^{33}k‘ɯ^{33}mu^{33}	图也安安的	图平平安安。

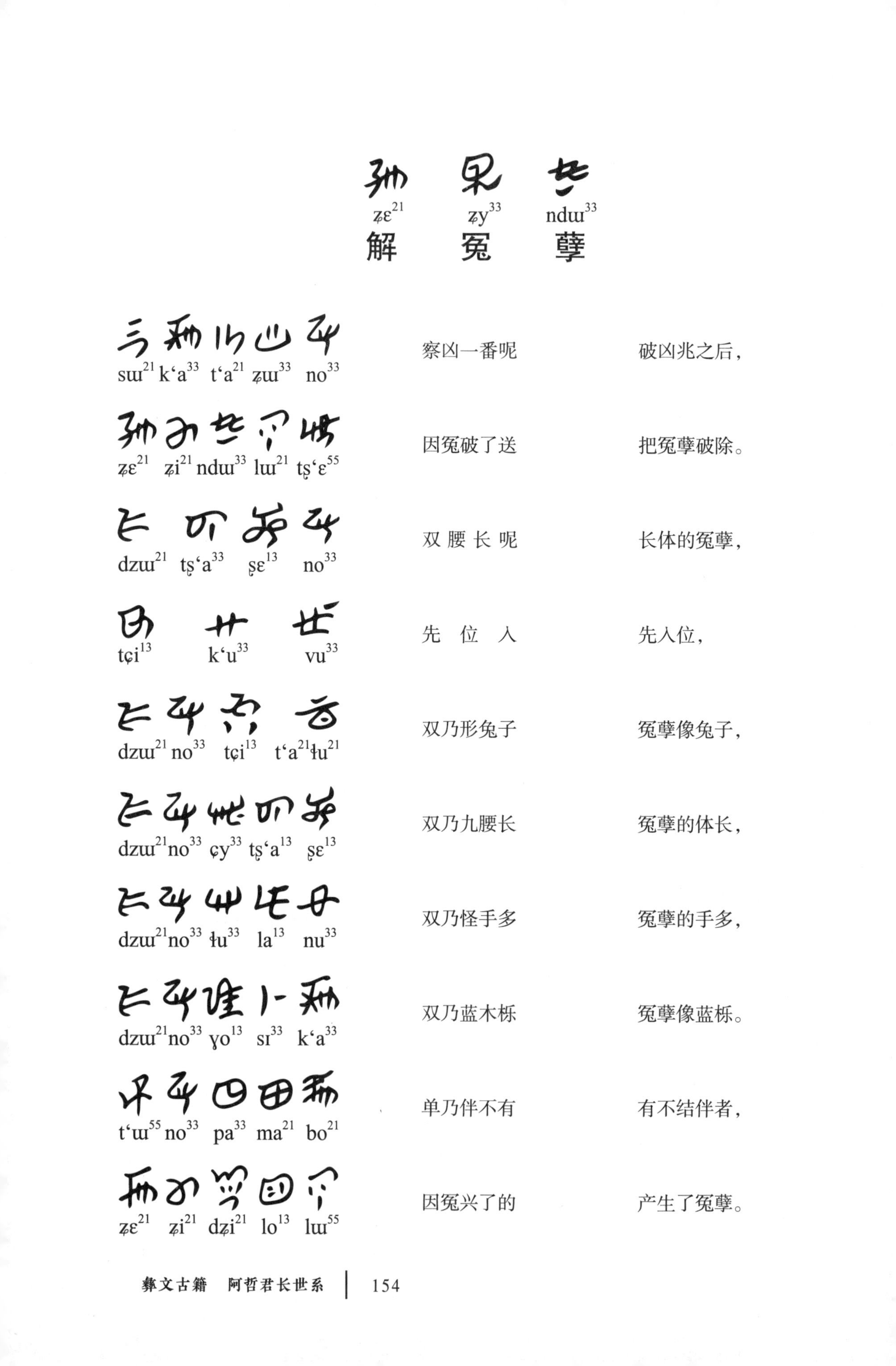

ʑɛ^{21} zy^{33} ndɯ^{33}
解冤孽

sɯ^{21} k‘a^{33} t‘a^{21} ʑɯ^{33} no^{33}	察凶一番呢	破凶兆之后，
ʑɛ^{21} ʑi^{21} ndɯ^{33} lɯ^{21} tʂ‘ɛ^{55}	因冤破了送	把冤孽破除。
dzɯ^{21} tʂ‘a^{33} ʂɛ^{13} no^{33}	双 腰 长 呢	长体的冤孽，
tɕi^{13} k‘u^{33} vu^{33}	先 位 入	先入位，
dzɯ^{21} no^{33} tɕi^{13} t‘a^{21}ɬu^{21}	双乃形兔子	冤孽像兔子，
dzɯ^{21}no^{33} ɕy^{33} tʂ‘a^{13} ʂɛ^{13}	双乃九腰长	冤孽的体长，
dzɯ^{21}no^{33} ɬu^{33} la^{13} nu^{33}	双乃怪手多	冤孽的手多，
dzɯ^{21}no^{33} ɣo^{13} sɪ^{33} k‘a^{33}	双乃蓝木栎	冤孽像蓝栎。
t‘ɯ^{55} no^{33} pa^{33} ma^{21} bo^{21}	单乃伴不有	有不结伴者，
ʑɛ^{21} ʑi^{21} dʑi^{21} lo^{13} lɯ^{55}	因冤兴了的	产生了冤孽。

	lɯ^{55} mu^{33} hɪ^{21} ȵo^{33} no^{33}	苍天天庭呢	在苍天之上，
	ȵy^{21} k‘ε^{21} gɪ^{33} lɯ^{55} ʑε^{21}	青线断的因	使青线断的冤孽，
	dʑi^{21} ʑε^{33} dʑi^{21} ȵɪ^{13} ʑε^{21}	日大日小因	太阳的大小冤孽，
	ȵɪ^{13} sɯ^{33} lɪ^{21} ʑε^{33} tso^{33}	幼甲来长划	幼的指甲划伤长者，
	ʑε^{33} dʑε^{21} lɪ^{21} ȵɪ^{13} tɕi^{13}	长牙来幼磕	长的牙把幼者磕，
	ȵɪ^{13} no^{33} ɕy^{33} ts‘ɿ^{21} ts‘ɿ^{21}	幼乃血淋淋	磕得血淋淋，
	ʑε^{33} no^{33} dʑε^{21} k‘ɪ^{33} k‘ɪ^{33}	长乃牙咬咬	长者咬牙切齿，
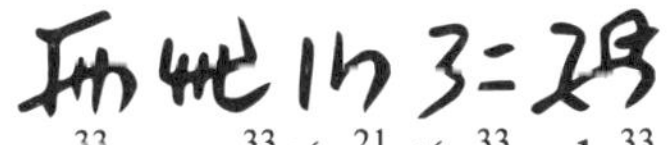	ʑε^{33} ɕy^{33} t‘a^{21} t‘a^{33} mde^{33}	因血一一弹	冤孽的血弹出。
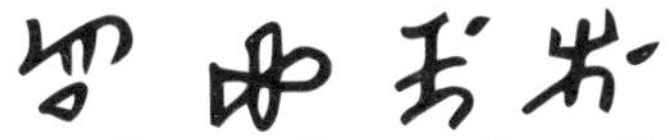	ndu^{21} gu^{21} dʑi^{21} ȵo^{21}	宫 殿 庭 里	在宫殿里面，
	ndzu^{33} lu^{21} tɕu^{55} ʑɯ^{33} zo^{55}	君民间也中	击中君和民，
	su^{13} ʑε^{21} no^{33} vi^{13} tɕi^{13}	人因乃害怕	人害怕冤孽，
	su^{21} t‘u^{55} no^{33} vi^{13} ndɯ^{33}	人设乃害除	设法除冤孽。

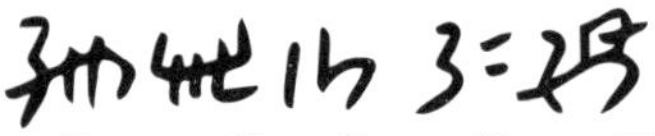 ʑɛ^{21} ɕy^{33} tʻa^{21} tʻa^{33}mbe^{33}	因血一一弹	冤孽血弹射，
 tɕʻa^{13} ʈʻu^{13} ʂʅ^{33} nu^{33}	弓开草歇	在仪式场上，
 pu^{13} sɛ^{21} tɕu^{55} ʑɯ^{33} zo^{55}	布主间也中	击中布摩与主人，
 su^{21} ʑɛ^{21} no^{33} vi^{13} tɕi^{13}	人因乃害怕	人害怕冤孽，
 su^{21} tʻu^{55} no^{33} vi^{13} ndɯ^{33}	人设乃害除	设法除冤孽。
 ʑɛ^{21} ʑi^{21} lɪ^{21} kʻo^{21}dʐa^{33}	因冤来所在	所有的冤孽，
 a^{21} hɛ^{21}ndɯ^{33} lɯ^{21} tʂʻɛ^{55}	而今除了送	而今破了送出去，
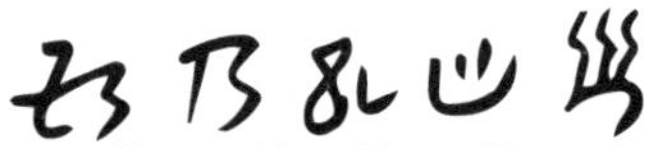 kʻɯ^{21} tɕʻy^{13}hu^{21} ʑɯ^{33} ʈʻɯ^{21}	克园必也越	交克神处置。
 ʑɯ^{21} ɣo^{21} kʻɯ^{33}kʻɯ^{33}mu^{33}	图也安安的	图平平安安。

ʂu^{55} vi^{13} ndɯ^{33} ŋɯ^{33}
破除鬼灾

ʂu^{55} vi^{13} tʂɯ^{55} lɯ^{21}ndɯ^{33}	鬼害收了除	收了鬼灾除。
ʂu^{55} p‘u^{55} ȵy^{21}ndzu^{21}dzo^{33}	鬼父髻青生	鬼父椎青髻，
ʂu^{55} mo^{21} nɯ^{21} ʈ‘ɯ^{55} dɪ^{13}	鬼母红辫戴	鬼母编红辫，
ʂu^{55} zu^{33} ȵɪ^{21} tsɯ^{33} ɬi^{33}	鬼子二十四	二十四小鬼。
zɛ^{55} ȵy^{21} sɯ^{33} ʂu^{55} k‘ɯ^{33}	箐青三鬼到	鬼到了山林，
mo^{13} sɛ^{33} dɪ^{13} no^{33} dʐu^{13}	竹木者乃枯	竹木都枯萎，
ȵɪ^{13} t‘ɯ^{55} gu^{21} vu^{33} vu^{33}	藤单乐疯疯	藤蔓在疯长。
ndɪ^{21} ʐɯ^{33}sɯ^{33} ʂu^{55} k‘ɯ^{21}	坝也三鬼到	鬼到了平坝，
ʂo^{13} na^{55} ve^{33} no^{33}tʂ‘ɯ^{55}	麦黑花乃旺	小麦结锈穗。
tʂo^{13} ʐɯ^{33} sɯ^{33} ʂu^{55} k‘ɯ^{33}	转也三鬼到	鬼到了人家，

pʻu^{21} ʈʻu^{13} ve^{33} no^{33} fɛ^{33}	巾白花乃挥	戴孝一片白。
ȵɪ^{21} ȵo^{33} sɯ^{33} ʂu^{55} kʻɯ^{21}	天庭三鬼到	鬼从天而降，
tʂʻɪ^{13} mɛ^{33} va^{13} mɛ^{33} dʐɛ^{55}	羊尾猪尾挂	猪羊尾上挂。
ȵy^{33} ŋgɛ^{33} ko^{33} sa^{33} sa^{33}	牛癞皮裂裂	牛癞皮开裂，
mu^{33} ŋgɛ^{33} nɯ^{21} bi^{33} bi^{33}	马癞红焰焰	马癞皮肉绽，
va^{13} no^{21} fɛ^{13} gu^{21} gu^{21}	猪病枯焦焦	猪病得枯焦，
tɕʻi^{33} vu^{33} dʐɛ^{21} ʑɪ^{13} ʑɪ^{33}	狗 疯 牙 龇	狗疯龇着牙，
ɣa^{33} no^{21} du^{21} vu^{33} vu^{33}	鸡病翅惊惊	鸡病挎着翅。
tɕu^{55} ȵo^{33} sɯ^{33} ʂu^{55} kʻɯ^{33}	禾里三鬼到	鬼到了农田，
ku^{21} ʑɪ^{33} la^{13} ȵɪ^{33} mbi^{21}	坑也甑子叫	火上甑子叫，
hɛ^{21} dɯ^{55} ȵɪ^{33} kʻɯ^{33} ve^{33}	饿说乃嘴裂	饿的嘴开裂，
dʑa^{21} dɯ^{55} ku^{33} mɛ^{21} dzɛ^{33}	冷说坑尾骑	冷的骑着火。

	na^{33} no^{33} dʑi^{33} dzɛ^{21} dɛ^{33}	眼乃铜鼓打	眼里打铜鼓，
	la^{13} no^{33} xɯ^{21} tɕa^{33} la^{13}	手乃刀拿手	手里拿着刀，
	tɕ‘y^{13} no^{33} ʐɪ^{13} de^{33} ɖu^{21}	角乃针牵行	用角把针穿，
	tɕy^{33} tɕy^{33} ʐɯ^{33} bi^{21} bi^{21}	隆隆也抖抖	有大的响动，
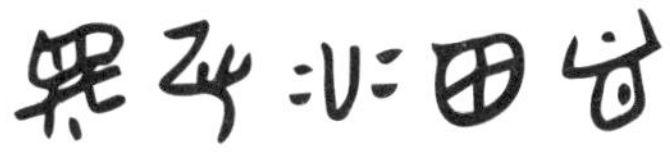	ɳɪ^{13} no^{33} ʈ‘u^{55} ma^{21} ho^{21}	看乃面不见	然而看不见，
	ɕy^{33} ɕy^{33} ʐɯ^{33} sa^{13} sa^{13}	嘘嘘也沙沙	若风吹树木，
	nu^{13} no^{33} bu^{21} ma^{21} dʐu^{33}	耳乃闻不见	然而听不见。
	ʂu^{55} mu^{33} ɣa^{33} ʂu^{55} ŋɯ^{33}	鬼作也鬼是	是鬼魅作祟，
	ʂu^{55} ts‘ɪ^{13} ʐɯ^{33} nu^{33} po^{33}	鬼代也闻返	小鬼弄出声，
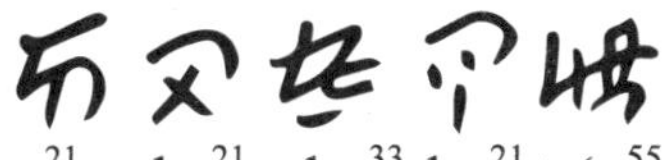	a^{21} hɛ^{21} ndɯ^{33} lɯ^{21} tʂ‘ɛ^{55}	而今破了送	现将它破除。
	ʐɯ^{21} ɣo^{21} k‘ɯ^{33}k‘ɯ^{33}mu^{33}	图也安安的	图平平安安。

ma^{55} hɛ^{21} ndɯ^{33}

破 恶 梦 灾

	ma^{55} hɛ^{21} tʂɯ^{55}lɯ^{21}ndɯ^{33}	梦恶收的破	破除恶梦灾。
	ʑɪ^{33} lɯ^{55} ȵy^{21} a^{21} mɛ^{13}	哎娄尼姑娘	哎娄尼女儿[1]，
	mu^{33} t‘u^{33} da^{33} ɣo^{13} tʂɛ^{55}	姆土打卧嫁	嫁姆土打卧[2]，
	ts‘o^{21}ɖɯ^{13} zu^{33} ŋu^{33} mo^{21}	人飞子五母	生梦鬼五子。
	ts‘o^{21}ɖɯ^{13} tɛ^{13} ɣa^{33} vu^{33}	人飞云也入	梦鬼在云端，
	tɛ^{13} ʂɪ^{33} ʂɪ^{33} ɳɪ^{33} t‘ɯ^{55}	岱史史乃一	岱史史一代，
	ʂɪ^{33} ʂɪ^{33} ȵy^{21} ɳɪ^{33} ɳɪ^{55}	史史尼乃二	史史尼二代，
	ȵy^{21} mo^{33} mo^{21} ɳɪ^{33} sɯ^{33}	尼莫莫乃三	尼莫莫三代，
	mo^{21} mo^{21} ʑi^{13} ma^{55} ɬi^{33}	莫莫倚梦四	莫莫倚梦四代，
	ʑi^{13} ma^{55} hɛ^{21} ɳɪ^{33} ŋu^{33}	倚梦阂乃五	倚梦阂五代。

ma^{55} dɯ^{13} ŋu^{33} ts‘ɪ^{13} lo^{13}
梦出五代了　梦鬼传五代，

ȵɪ^{21} no^{33} nu^{55} ma^{21} bo^{21}
日乃事不有　白日无事干，

ȵɪ^{21} no^{33} ɕi^{13} mu^{55} tsɪ^{13}
日乃死逝论　把死亡研究；

sɯ^{21} no^{33} nu^{55} ma^{21} bo^{21}
夜乃事不有　夜里无事干，

sɯ^{21} no^{33} ŋu^{33} tɕ‘o^{21} to^{33}
夜乃五章判　把死界理论，

ʔu^{33} tso^{33} ʐɯ^{21} tu^{33}
头 管 外 立　从头理到尾。

mu^{21} mu^{21} ȵy^{21} a^{21} mɛ^{13}
姆姆尼姑娘　姆姆尼姑娘[3]，

tʂ‘ɯ^{21}k‘ɯ^{33}ndzu^{33}ma^{55}hɛ^{21}
仇叩君梦恶　恶梦托给君，

mo^{21}mo^{21} nɯ^{21} zu^{33} ɬa^{13}
莫莫能子青　莫莫能小伙[4]，

bi^{21} ʑi^{13} mu^{55} ma^{55} hɛ^{21}
毕余臣梦恶　托恶梦给臣，

ȵy^{21} ve^{13} nɯ^{21} gu^{55}
青 穿 红 戴　穿红戴绿的，

ʂɛ^{13} vɛ^{33} lɪ^{21} lɯ^{33} sɯ^{55}
虹旋了的像　宛如挂彩虹。

ʂʅ^{33} ts'u^{55} pu^{13} ma^{55} hɛ^{21}	始楚布梦恶	始楚布摩做恶梦，
ma^{55} ʑi^{13} ma^{55} no^{33} mɛ^{13}	猴睡梦乃火	梦猴是火灾，
ɣɯ^{21} ʑi^{13} ma^{55} no^{33} dʐɯ^{33}	熊睡梦乃星	梦熊是凶星，
dʑi^{33} ʑi^{13} ma^{55} no^{33} ndʐɯ^{21}	铜 睡 梦 凶	梦铜是凶兆，
xɯ^{21} ʑi^{13} ma^{55} bu^{33}	铁 睡 梦 乱	梦铁显乱兆。
xɛ^{21} ve^{13} da^{13} ts'o^{13} ma^{55}	甲穿戟持梦	梦披甲操戈，
gu^{33} mu^{21} ŋɯ^{33} ma^{21} dʑu^{13}	盾高我不有	梦里有坚盾，
hu^{21} dzɛ^{33} tɕi^{13} nɖo^{33} ma^{55}	马骑镫登梦	梦骑马凳镫，
ŋgɛ^{33} bo^{21} ŋɯ^{33} ma^{21} dʑu^{13}	枪富我不有	梦里有利枪，
mu^{33} k'ɪ^{13} dʑu^{33} ma^{55} dʑy^{33}	天黑路不上	梦里赶黑路，
gu^{21} ʂa^{13} ŋɯ^{33} ma^{21} dʑu^{13}	盾负我不有	梦里负着盾，
gɯ^{55} ts'ɯ^{21} da^{33} ɬo^{33} ma^{55}	渡过攀越梦	梦涉河攀山，

 ŋu^{33} dʐu^{33} k‘ɪ^{13} ma^{21}dʐu^{13}	五路夜不有	死亡无昼夜。
 ʐo^{21} dʐy^{33} p‘u^{21} ma^{21} tʂu^{55}	我高原不越	本人不上山，
 ʐi^{21} ma^{55} dʐy^{33} p‘u^{21} tʂu^{55}	睡梦高原越	却梦见上山，
 ʐo^{21} ʂu^{33} no^{13} ma^{21}ndʐo^{33}	我平坝不游	本人不下地，
 ʐi^{21} ma^{55} ʂu^{33} no^{13}ndʐo^{33}	睡梦平坝游	却梦见下地，
 ma^{55} lɯ^{21} ɣɯ^{33} ma^{55} ɖa^{33}	梦的兆梦乱	梦中的预兆，
 ma^{55} ʂu^{33} ɣɯ^{33} ma^{55} to^{33}	梦鬼也梦怪	梦里的鬼怪，
 k‘o^{21} mu^{21} dʐʅ^{33} ma^{21} sɛ^{55}	所高在不知	都不知深浅，
 a^{21} hɛ^{21} tʂɯ^{55} lɯ^{21}ndɯ^{33}	而今收了破	都收了破除。
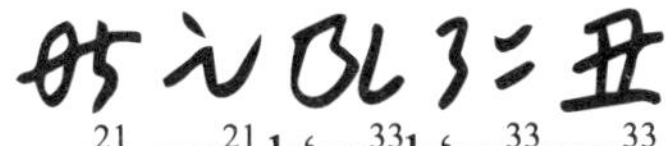 ʐɯ^{21} ɣo^{21} k‘ɯ^{33}k‘ɯ^{33}mu^{33}	图也安安的	图的是平安。

注　释：

[1] 哎娄尼：人名，生活在最古老的哎哺时期，他的女儿生了梦神。

[2] 姆土打卧：想象中处在半空中的地名。

[3] 姆姆尼姑娘：神名，梦神的女儿，专门负责给君长托恶梦。

[4] 莫莫能小伙：神名，梦神的儿子，专门负责给臣子托恶梦。

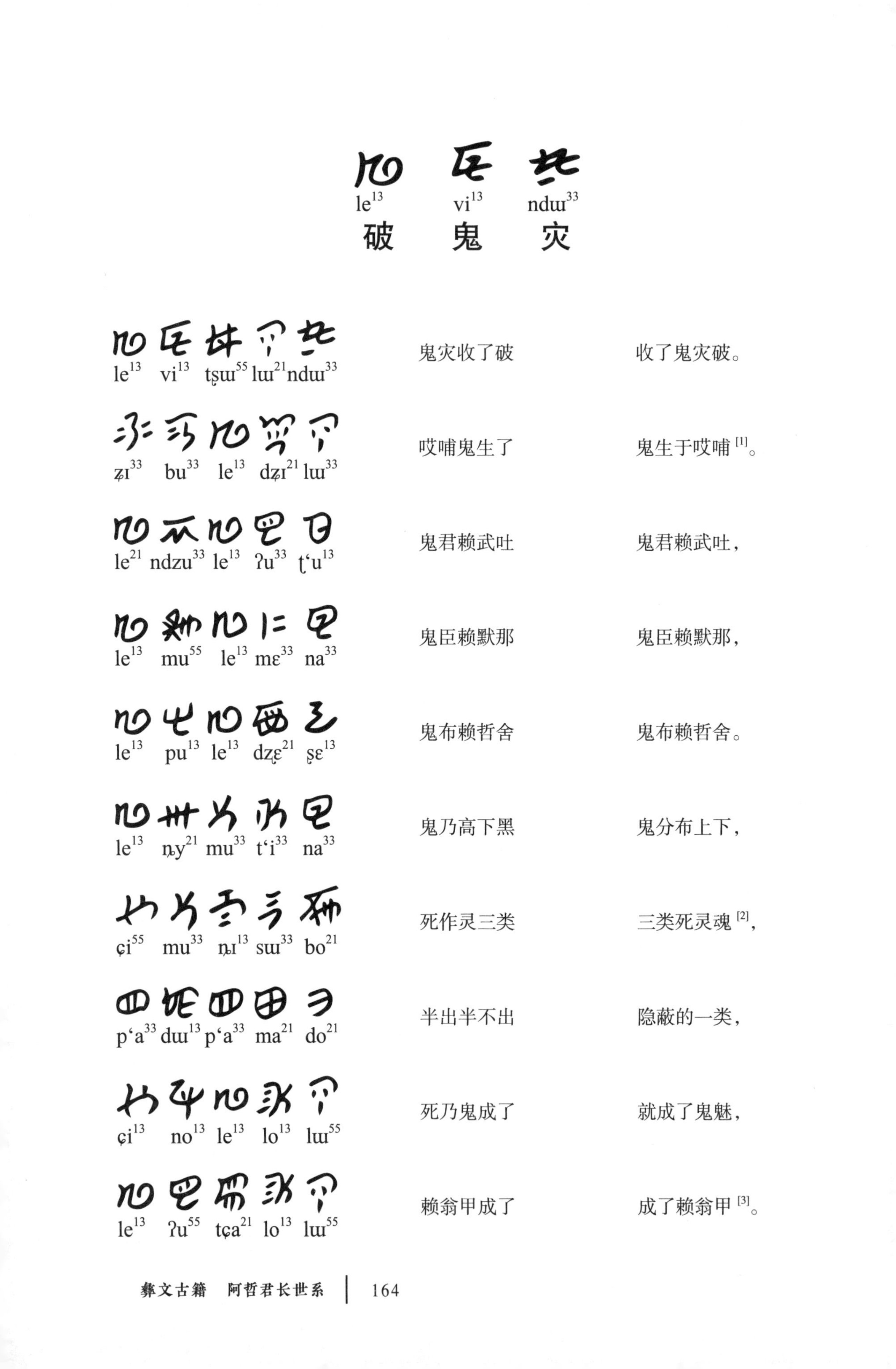

le^{13} vi^{13} ndɯ^{33}
破 鬼 灾

le^{13} vi^{13} tʂɯ^{55} lɯ^{21} ndɯ^{33}	鬼灾收了破	收了鬼灾破。
ʐɪ^{33} bu^{33} le^{13} dʐɪ^{21} lɯ^{33}	哎哺鬼生了	鬼生于哎哺[1]。
le^{21} ndzu^{33} le^{13} ʔu^{33} ʈʻu^{13}	鬼君赖武吐	鬼君赖武吐，
le^{13} mu^{55} le^{13} mɛ^{33} na^{33}	鬼臣赖默那	鬼臣赖默那，
le^{13} pu^{13} le^{13} dʐɛ^{21} ʂɛ^{13}	鬼布赖哲舍	鬼布赖哲舍。
le^{13} ȵy^{21} mu^{33} tʻi^{33} na^{33}	鬼乃高下黑	鬼分布上下，
ɕi^{55} mu^{33} ȵɪ^{13} sɯ^{33} bo^{21}	死作灵三类	三类死灵魂[2]，
pʻa^{33} dɯ^{13} pʻa^{33} ma^{21} do^{21}	半出半不出	隐蔽的一类，
ɕi^{13} no^{13} le^{13} lo^{13} lɯ^{55}	死乃鬼成了	就成了鬼魅，
le^{13} ʔu^{55} tɕa^{21} lo^{13} lɯ^{55}	赖翁甲成了	成了赖翁甲[3]。

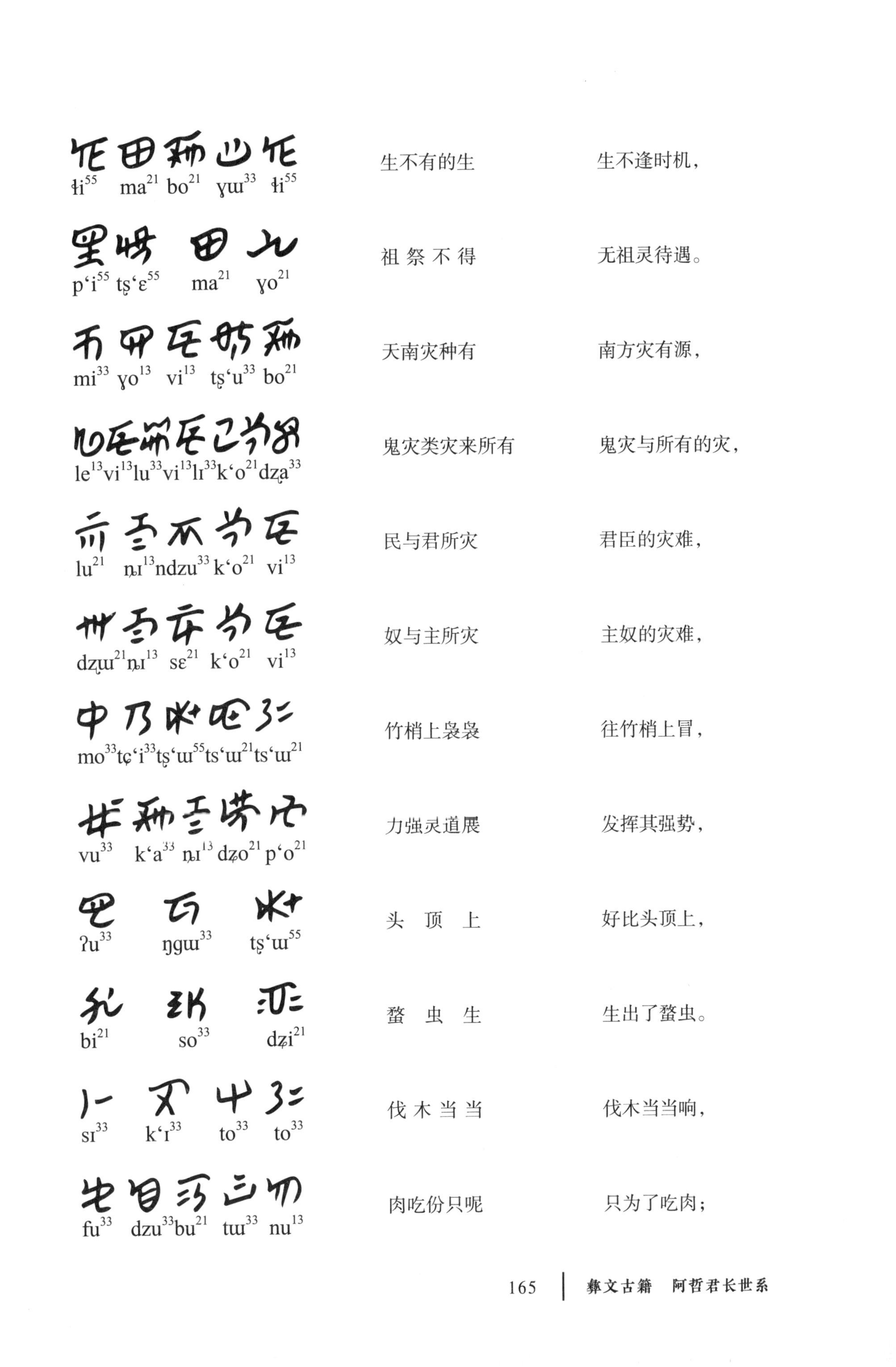

ɬi^{55} ma^{21} bo^{21} ɣɯ^{33} ɬi^{55}	生不有的生	生不逢时机，
p‘i^{55} tʂ‘ɛ^{55} ma^{21} ɣo^{21}	祖 祭 不 得	无祖灵待遇。
mi^{33} ɣo^{13} vi^{13} tʂ‘u^{33} bo^{21}	天南灾种有	南方灾有源，
le^{13}vi^{13}lu^{33}vi^{13}lɪ^{33}k‘o^{21}dʐa^{33}	鬼灾类灾来所有	鬼灾与所有的灾，
lu^{21} ɳɪ^{13}ndzu^{33} k‘o^{21} vi^{13}	民与君所灾	君臣的灾难，
dʐɯ^{21}ɳɪ^{13} sɛ^{21} k‘o^{21} vi^{13}	奴与主所灾	主奴的灾难，
mo^{33}tɕ‘i^{33}tʂ‘ɯ^{55}ts‘ɯ^{21}ts‘ɯ^{21}	竹梢上袅袅	往竹梢上冒，
vu^{33} k‘a^{33} ɳɪ^{13} dʑo^{21} p‘o^{21}	力强灵道展	发挥其强势，
ʔu^{33} ŋgɯ^{33} tʂ‘ɯ^{55}	头 顶 上	好比头顶上，
bi^{21} so^{33} dʑi^{21}	蝥 虫 生	生出了蝥虫。
sɪ^{33} k‘ɪ^{33} to^{33} to^{33}	伐 木 当 当	伐木当当响，
fu^{33} dzu^{33}bu^{21} tɯ^{33} nu^{13}	肉吃份只呢	只为了吃肉；

 ʑi^{21} k‘ɯ^{55} ʈ‘ɛ^{33} ʈ‘ɛ^{33}	水 舀 潸 潸	舀水唰唰声，
 ndʐʅ^{21}ndo^{33}bu^{33} tɯ^{33} nu^{13}	喝酒份只呢	只为了喝酒。
 hɪ^{21} mo^{21} ʑɪ^{13} k‘o^{21} p‘u^{33}	房大家所空	房屋空荡荡，
 mɛ^{33} bɪ^{13} dʑa^{21} k‘o^{21} lɯ^{21}	厅堂冷所去	门户冷落着，
 ʈ‘u^{13} ɕi^{13} tɯ^{55} ma^{21} ɣo^{21}	白死埋不有	白死了不埋[4]。
 na^{33} ɕi^{13} tʂɯ^{33} ma^{21} ɣo^{21}	黑死焚不有	黑死了不烧[5]。
 ndʐʅ^{21} ndo^{21} k‘o^{21} k‘ɪ^{33}	酒 喝 凡 争	为喝酒争斗，
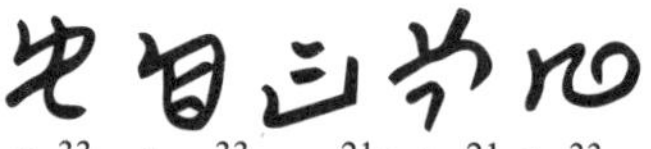 fu^{33} dzu^{33} ɣɯ^{21} k‘o^{21} le^{33}	肉 吃 凡 斗	为吃肉争夺，
 du^{33} vi^{13} le^{13} dzɪ^{13}	生 灾 鬼 集	密集的鬼灾，
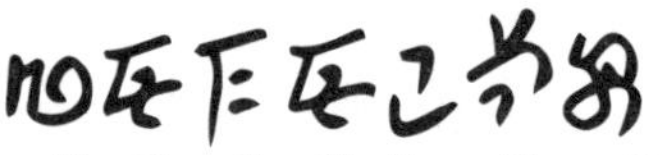 le^{13}vi^{13}no^{21}vi^{13}lɪ^{21}k‘o^{21}dʐa^{33}	鬼灾撵灾来所在	所有列出的灾难，
 ndɯ^{33}lɯ^{55}k‘ɯ^{21}tɕ‘ɯ^{33}hu^{21}	破的克园必	破后交给克神，
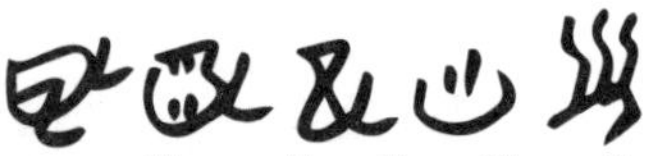 ndʑɯ^{55}tɕ‘ɯ^{21}hu^{21}ʑɯ^{33}ʈ‘ɯ^{21}	窘园必园也放	交给窘神处置。

ʐɯ^{21} ɣo^{21} k'ɯ^{33}k'ɯ^{33}mu^{33}

图也安安的　　图平平安安。

注　释：

[1] 哎哺：彝文献记载的第一个历史时期。

[2] 三类死灵魂：凡贵州省境内的彝文《指路经》都载有："人死留三魂，一魂守墓地，一魂去死界，一魂去祠堂。"这里的三类死灵魂当为孤魂野鬼那一类。

[3] 赖翁甲：鬼的一种，彝族人认为这种鬼是饿鬼。

[4][5] 白死了不埋，黑死了不烧：白部族死了不得埋，黑部族死了不得烧。这种说法，彝汉文献都有记录。彝文《大丧经》《禳灾大经》《祭牛献酒经》《指路经》都共同记载："白的死了埋，吐始楚（布摩先祖）来兴；黑的死了烧，那乍姆（布摩先祖）来兴。"樊绰《云南志》卷八记载："白蛮死后三日内埋殡，依汉法为墓。蒙舍及诸乌蛮不墓葬，凡死后三日焚尸。"这里"不得埋"和"不得烧"，表示遇到了大灾。

zu^{55} vi^{13} bu^{33} vi^{13}
破偶像灾

zu^{55} vi^{13} bu^{33} vi^{13}	塑灾像灾	偶像之灾[1]。
kʻo^{21} dʐa^{33} ɣo^{21}	所 在 有	包括了很多。
tʻi^{13} bu^{33} dʐɛ^{21} ʐɿ^{13} ʐɿ^{13}	捕像牙狰狰	捕人的偶像露狰狞,
ʐu^{21} bu^{33} la^{13} ʈʻo^{2} ^{1}ʈʻo^{21}	捉像手舞舞	捉人的偶像手挥舞,
dzu^{33} bu^{33} kʻɯ^{33} tɕo^{55} tɕo^{33}	吃像嘴张张	吃人的偶像张大嘴,
ndo^{21} bu^{33} lɯ^{55} lɯ^{13} lɯ^{33}	喝像腹动动	喝血的偶像腹部动,
ŋga^{13} bu^{33} tɕʻy^{13} ndza^{33} ndza^{33}	追像角耸耸	追人的偶像角高耸。
dɯ^{55} su^{13} ʈʻu^{55} ma^{21} dʐu^{13}	说的面不见	都不在眼前,
bu^{21} dzu^{33} nu^{33} xɯ^{21} ndɯ^{33}	勇士事理办	勇士办要事,
ɬu^{33} to^{33} ɳɿ^{55} bu^{21} dzu^{33} su^{13} no^{33}	鲁朵两勇士者呢	鲁朵两勇士[2]。

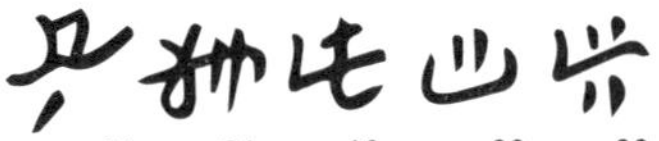 ndu^{21} du^{21} la^{13} ʐɯ^{33} tɯ^{33}	击棍手也持	手持击人棍，
 fu^{33} xɯ^{21} ʐa^{13} ʐɯ^{33} ʂa^{13}	杀刀腰也佩	腰间佩刀剑，
 ŋgɯ^{21} lo^{33} k‘ɛ^{55} ʐɯ^{33} lɛ^{33}	抛石上也翻	向远处抛石。
 sɯ^{33} ts‘ɯ^{33} sɯ^{33} bu^{21} dzu^{33}	三十三勇士	三十三勇士，
 tɕ‘o^{13} ts‘ɯ^{21} tɕ‘o^{13} bu^{21} dzu^{33}	六十六勇士	六十六勇士，
 tɕy^{33} ts‘ɯ^{33} tɕy^{33} bu^{21} dzu^{33}	九十九勇士	九十九勇士，
 du^{21} ʈ‘u^{13} la^{13} ʐɯ^{33} tɯ^{33}	棍白手也持	手里持白棍，
 du^{21} na^{33} ʐɯ^{33} k‘ɛ^{55} lɛ^{33}	棍黑空也翻	玩耍着黑棍，
 du^{21} dzɯ^{55} ʐa^{13} ʐɯ^{33} ʂa^{13}	棍花腰也叉	腰间插花棍。
 du^{21} ʈ‘u^{13} zo^{21} no^{33} no^{21}	棍白中乃病	白棍打中者生病，
 du^{21} dzɯ^{55} zo^{21} no^{33} dɛ^{33}	棍黑中在倒	黑棍打中者倒下，
 du^{21} na^{33} zo^{21} no^{33} ɕi^{13}	棍花中乃死	花棍击中者死亡。

dɯ^{55} su^{13} k'ɯ^{33} ma^{21} dʐu^{13} 说的嘴无靠 不能靠嘴说，

a^{21} hɛ^{21}ndɯ^{33} lɯ^{21} tʂ'ɛ^{55} 而今破了除 要收了破除。

ʐɯ^{21} ɣo^{21} k'ɯ^{33}k'ɯ^{33}mu^{33} 图也安安的 图平平安安。

注　释：

[1] 偶像：彝族古老的时候如尼能、什勺、米靡时期有偶像崇拜，到米靡第 29 代武洛撮时改革，到后来，禁忌塑偶像供奉，且婚丧时忌见各种偶像。

[2] 鲁朵：原为部族名，后被列为山林神，还多带邪恶。

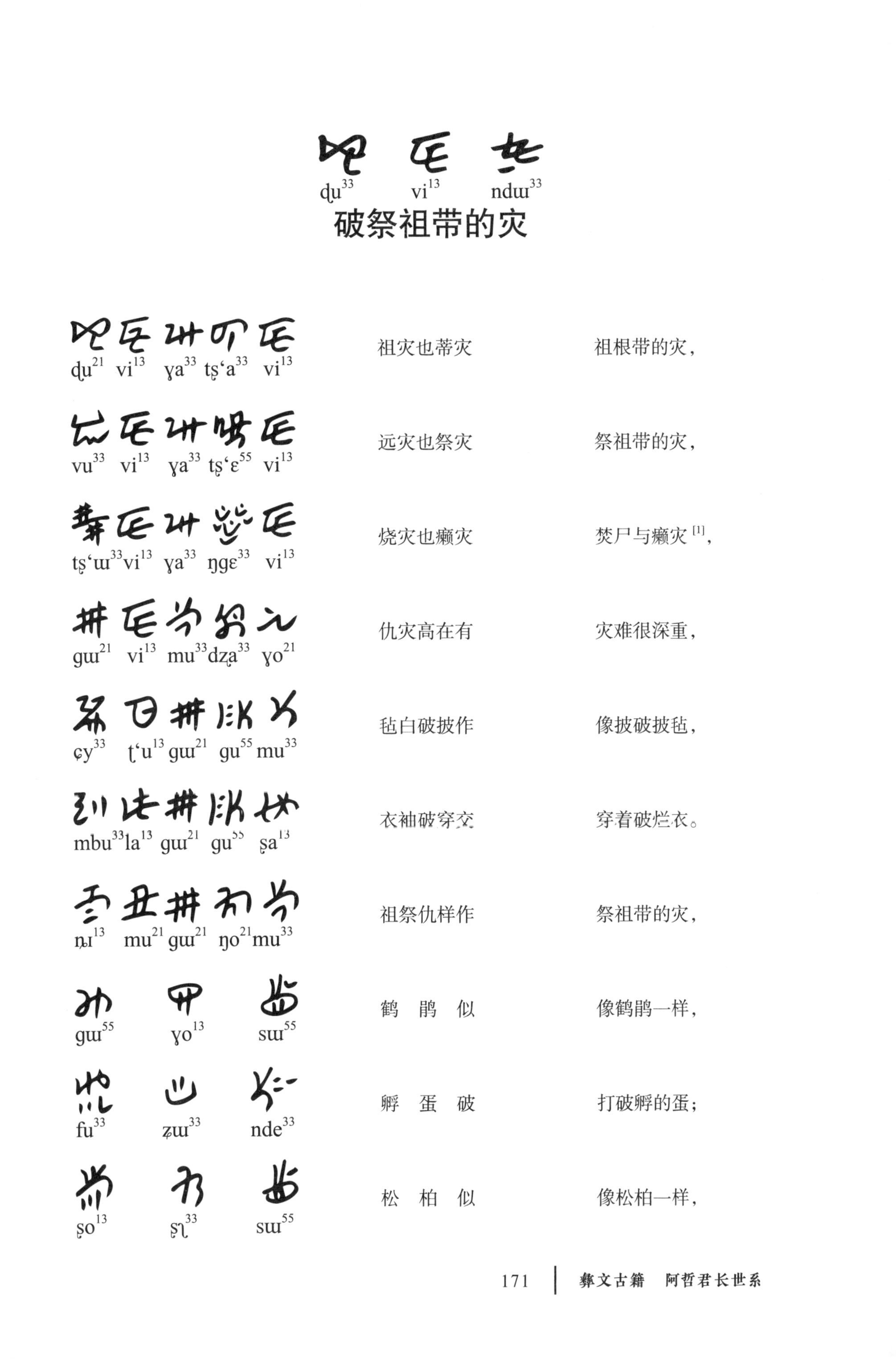

ɖu^{33} vi^{13} ndɯ^{33}

破祭祖带的灾

ɖu^{21} vi^{13} ɣa^{33} tʂʻa^{33} vi^{13}	祖灾也蒂灾	祖根带的灾，
vu^{33} vi^{13} ɣa^{33} tʂʻɛ^{55} vi^{13}	远灾也祭灾	祭祖带的灾，
tʂʻɯ^{33}vi^{13} ɣa^{33} ŋgɛ^{33} vi^{13}	烧灾也癞灾	焚尸与癞灾 [1]，
gɯ^{21} vi^{13} mu^{33}dʐa^{33} ɣo^{21}	仇灾高在有	灾难很深重，
ɕy^{33} ʈʻu^{13} gɯ^{21} gu^{55} mu^{33}	毡白破披作	像披破披毡，
mbu^{33}la^{13} gɯ^{21} gu^{55} ʂa^{13}	衣袖破穿交	穿着破烂衣。
ȵɹ^{13} mu^{21} gɯ^{21} ŋo^{21}mu^{33}	祖祭仇样作	祭祖带的灾，
gɯ^{55} yo^{13} sɯ^{55}	鹤 鹃 似	像鹤鹃一样，
fu^{33} ʐɯ^{33} nde^{33}	孵 蛋 破	打破孵的蛋；
ʂo^{13} ʂʅ^{33} sɯ^{55}	松 柏 似	像松柏一样，

ve^{33} ʐɯ^{33} bɛ^{21} 花 也 落 花朵正在落，

k'o^{21} mu^{21} dʐa^{33} ma^{21} sɛ^{55} 凡高在不知 不知其深浅，

a^{21} hɛ^{21} tʂɯ^{55} lɯ^{21}ndɯ^{33} 而今收了破 要收了破除。

ʐɯ^{21} ɣo^{21} k'ɯ^{33}k'ɯ^{33}mu^{33} 图也安安的 图平平安安。

注 释：

[1] 焚尸：明末清初的“改土归流”前，彝族地区基本实行火葬，故在此要破除因焚尸而带来的灾难。

lu^{33} vi^{13} ndɯ^{33}

破龙灾

gɯ^{21} po^{33} lɪ^{21} no^{33} lu^{33}　　仇复来乃龙　　龙与仇结伴。

lu^{33} vi^{13} tʂɯ^{55} lɯ^{21}ndɯ^{33}　　龙灾收了破　　要破除龙灾。

ȵy^{21} nɯ^{21} ɣa^{33} ʂʅ^{21} ʂo^{21}　　尼能也什勺　　尼能和什勺[1]，

dɯ^{13} dɯ^{33} zu^{33} ŋu^{33} mo^{21}　　道朵子五母　　道朵五弟兄[2]，

ɕi^{13} no^{33} lu^{33} lo^{13} lɯ^{55}　　死乃龙化了　　死了都化龙，

so^{21} lɪ^{21} lu^{33} k‘o^{21} tʂɯ^{13}　　人来龙所藏　　人们都崇龙。

lu^{33} vi^{13} lɪ^{21} k‘o^{21}dʐa^{33}　　龙灾来凡在　　龙所带的灾

tʂɯ^{55} ŋu^{33} t‘ɛ^{33} ma^{21} dʐu^{13}　　收必伐不靠　　收了无禁忌。

a^{21} hɛ^{21} tʂɯ^{55} lɯ^{21}ndɯ^{33}　　而今收了破　　收拢了破除，

ʂu^{55} ɣa^{33} mɛ^{33} ȵo^{21} t‘ɯ^{21}　　绸也锦里越　　用绸缎裹送。

ʐɯ^{21} ɣo^{21} k'ɯ^{33}k'ɯ^{33}mu^{33}　　图也安安的　　　　图平平安安。

注　释：

[1] 尼能和什勺：两个氏族，代表彝族历史的两个时期。其中，尼能氏是第二个时期的代表，活动在今四川省的宜宾和成都一带，有四十余代父子连名谱。经济上，从事桑树种植、养蚕与丝绸的纺织。信仰上，上至君长，下到平民，都塑各种偶像供奉。什勺氏是第三个时期的代表，活动在今云南省的苍山洱海一带。经济上，从事打铜。信仰上，与尼能一样，上至君长，下到平民，都塑各种偶像供奉。

[2] 道朵：氏族名，彝族历史第四个时期的代表，其政权名为慕靡，其三十代连名谱能完全连上水西家的八十五代谱，计有一百一十九代。

tɕɪ^{13} vi^{13} ndɯ^{33}

破 灾 星

 ndʐɯ^{55} vi^{13} ɣa^{33} vu^{33} vi^{13}	寡灾也疯灾	犯孤寡犯疯灾，
 tɕɪ^{13} tʂ‘u^{55} ɣa^{33} tɕɪ^{13} ɖa^{33}	星腐也星败	犯腐败灾星，
 t‘ɯ^{13} lɯ^{55} ndɯ^{33} ɣa^{33} dɪ^{13}	扫的破的要	都必须破除。
 tɕɪ^{13} tʂ‘ɛ^{55} tɕɪ^{13} bo^{55} vi^{21}	星送根有焉	送灾星有根源，
 ɬu^{33} t‘a^{21} tʂɪ^{33} ȵɪ^{33} t‘ɯ^{55}	鲁沓振乃一	鲁沓振一代[1]，
 t‘a^{21} tʂɪ^{33} ȵy^{21} ȵɪ^{33} ȵɪ^{55}	沓振尼乃二	沓振尼二代，
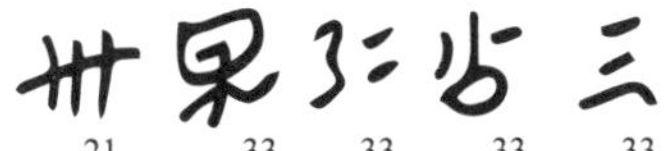 ȵy^{21} ʐy^{33} ʐy^{33} ȵɪ^{33} sɯ^{33}	尼俞俞乃三	尼俞俞三代，
 ʐy^{33} hɛ^{33} hɛ^{33} ȵɪ^{33} ɬi^{33}	俞海海乃四	俞海海四代，
 hɛ^{33} hɛ^{21} hɛ^{21} ȵɪ^{33} ŋu^{33}	海赫赫乃五	海赫赫五代，
 hɛ^{21} hɛ^{21} gɯ^{55} ȵɪ^{33} tɕ‘o^{13}	赫赫勾乃六	赫赫勾六代，

 gɯ^{55} ɕi^{55} fu^{33} ȵɪ^{33} ɕi^{55}	勾希辅乃七	勾希辅七代，
 ɕi^{13} fu^{33} ɕi^{13} tɕɪ^{13} hɪ^{13}	希辅希芥八	希辅希八代。
 tɕɪ^{13} dɯ^{13} hɪ^{13} ts‘ɪ^{13} lo^{13}	星生八代了	灾星传八代，
 ŋga^{13} ʐɯ^{33} tɕɪ^{13} tɕ‘i^{13} ʂε^{13}	追也星脚长	追人的灾星善跑，
 ʐu^{21} ʐɯ^{33} tɕɪ^{13} la^{13} nu^{33}	捉也星手多	捉人的灾星手灵，
 t‘ɪ^{13} ʐɯ^{33} tɕɪ^{13} dʐε^{21} ʐɪ^{33}	捕也星牙咬	捕人的灾星咬牙，
 dzu^{33} ʐɯ^{33} tɕɪ^{13} k‘ɯ^{33} nɯ^{21}	吃也星嘴红	吃人的灾星嘴红。
 k‘o^{21} mo^{21} dʐa^{33} ma^{21} sε^{55}	凡高在不识	不知其深浅。
 p‘i^{55} tɕɪ^{13} ndɯ^{33}	祖　星　破	男性祖灾星，
 ʂʅ^{33} ʈ‘u^{33} ts‘ε^{13} ʐɯ^{33} tʂ‘ε^{55}	草白细也送	细白草里送[2]，
 p‘i^{33} tɕɪ^{13} ndɯ^{33}	妣　星　破	女性祖灾星，
 ʂo^{13} p‘a^{33} bu^{33} ʐɯ^{33} tʂ‘ε^{55}	松叶薄也送	往松叶里送，

ʑy^{21} tɕɪ^{13} ndɯ^{33}	舅 星 破	舅家的灾星，
mi^{33} lɯ^{55} hu^{21} ɣa^{33} tʂ‘ɛ^{55}	天阳山也送	送往朝阳山。
su^{55} tɕɪ^{13} ndɯ^{33}	甥 星 送	外甥家灾星，
mi^{13} ȵɪ^{55} ndɪ^{21} ʑɯ^{33} tʂ‘ɛ^{55}	地阴坝也送	送往阴暗平地。
ts‘ɪ^{13} tɕɪ^{13} ndɯ^{33}	宗 星 破	破宗族灾星，
ts‘ɪ^{13} t‘u^{33} lu^{33} ʑɯ^{33} tʂ‘ɛ^{55}	族天地也送	送其出境外。
vi^{21} tɕɪ^{13} ndɯ^{33}	族 星 破	破家族灾星，
vi^{21} va^{33} vu^{21} ʑɯ^{33} tʂ‘ɛ^{55}	族惊慌也送	把惊慌送走，
ȵy^{21} p‘a^{13} zɛ^{55}	青 叶 山	送往青叶山，
nɯ^{21} p‘a^{13} zɛ^{55} ɣa^{33} tʂ‘ɛ^{55}	红叶山也送	送往红叶山。
ma^{21} dzo^{33} no^{33} ma^{21} ɬu^{33}	不存乃无怪	不存就无灾，
bo^{21} ɖɛ^{21} tɕɪ^{13} lo^{21} ɖɛ^{21}	山宽星也满	灾星漫山间。

	tɕɪ^{13} ma^{21} p‘u^{21}	星 不 开	灾星也有限，
	pu^{13} zɯ^{33} sɛ^{21} tʂ‘ɯ^{55} ɣo^{21}	布掌主伸有	布摩为人长志气。
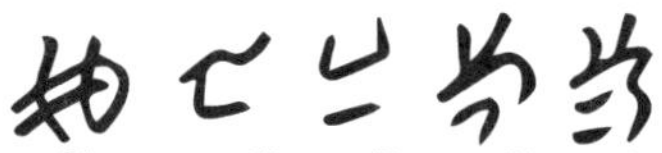	hɪ^{21} mo^{21} tɕɪ^{13} k‘o^{21} p‘u^{21}	房大星所遇	大房里的灾星，
	lɯ^{55} hɪ^{21} tɕɪ^{13} k‘o^{21} dʐo^{21}	闺房星所在	闺房里的灾星，
	mɛ^{33} bɪ^{13} tɕɪ^{13} k‘o^{21} t‘o^{13}	大堂星所踏	大堂里的灾星，
	zɛ^{21} ʑɯ^{33} mu^{33} t‘a^{21} t‘u^{55}	世之天一时	同一个时间，
	dɯ^{33} mu^{21} no^{33} tɕɪ^{13} nɛ^{55}	恶作乃星没	把作恶而陨的灾星，
	ȵɪ^{21} mbɪ^{55} no^{33} k‘o^{21} ɖɯ^{21}	鬼离乃凡落	失散的鬼魂，
	tɕɪ^{13}tʂ‘u^{55}tɕɪ^{13}ɖa^{33}ko^{33}k‘o^{21}ɕi^{13}	星腐星败里凡死	死星与腐败灾星，
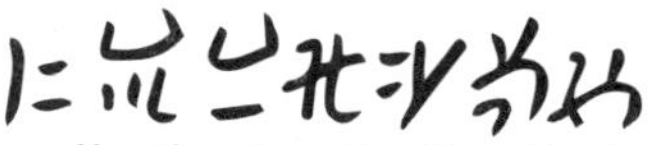	mɛ^{33}tsɪ^{13}tɕɪ^{13}nɯ^{33}ko^{33}k‘o^{21}ɕi^{13}	近挤星红里凡死	死星与失色灾星，
	a^{21} hɛ^{21} tʂɯ^{55} lɯ^{21}ndɯ^{33}	如今收了破	都收拢破除。
	ʑɯ^{21} ɣo^{21} k‘ɯ^{33}k‘ɯ^{33}mu^{33}	图也安安的	图平平安安。

注　释：

[1] 鲁沓振一代：从第一到第八代，是父子连名谱的记谱法去叙宂星的谱系。

[2] 细白草里送：反映彝族的祖灵崇拜习俗，自哎哺后期起，彝族先民崇拜偶像，经尼能、什勺、米靡、举偶等时期。米靡传二十九代到武洛撮时代，武洛撮改变了几千年来的偶像崇拜习俗，兴起抽象的祖灵崇拜习俗，认为人死留三魂，一魂去祖界，一魂守葬场，一魂进祖祠，人死亡后灵魂失去依托，于是用灵魂草（即细白草）的草根替代死者的躯体，将死者进祖祠的那一魂招了附于草根，进行膜拜。所以要把男性祖灵的宂星往细白草里送。

vε^{21} ʈ‘u^{13} vε^{21} na^{33}ndɯ^{33}

破灵桶灾[1]

	mu^{33} ndʑi^{21} dʑɪ^{21} ʑɪ^{33}	尸 皮 丧 影	尸光死影，
	vε^{21} ʈ‘u^{13} vε^{21} na^{33}	灵 白 灵 黑	灵桶里的灾
	a^{21} hε^{21} t‘ɯ^{13} lɯ^{55}ndɯ^{33}	而今扫了破	即扫拢破除。
	ʈ‘u^{13} ɲy^{21} dʑi^{21}	银 太 阳	银太阳，
	ʂε^{13} hu^{21} bu^{21} t‘a^{55}dzɯ^{21}	金月亮一对	金月亮结对，
	sɯ^{33} mi^{33} ɣo^{13} ʐɯ^{33} do^{33}	时天南也出	在南方出来，
	sɯ^{33} mi^{33} k‘ε^{33} ʐɯ^{33} ɖɯ^{21}	时天南也落	在南方落下。
	ʂu^{55} ɲy^{21} dʑi^{21}	锦 太 阳	锦绣的太阳，
	mε^{33} hu^{21} bu^{21} t‘a^{55}dzɯ^{21}	绸月亮一对	与月亮结对，
	dʑi^{21} zu^{33} ɲɪ^{13}	日 子 幼	最小的太阳[2]，

	hu^{21} zu^{33} ȵɪ^{13} t'a^{55} dzɯ^{21}	月子幼一对	最小的月亮[3]，
	ȵɪ^{21} dʑi^{21} dɯ^{13}	太　阳　出	形成太阳，
	hu^{21} bu^{21} dɯ^{13} ʑɯ^{33} ɣo^{21}	月亮出以后	形成月亮后，
	dʑi^{21} ȵo^{33} mu^{21}	日　乃　高	日往高处升，
	hu^{21} ȵo^{33} mu^{21} ʑɯ^{33} lɯ^{55}	月乃高也去	月往高处去，
	dʑi^{21} ȵo^{33} ŋɛ^{21} tsɪ^{13} bu^{21}	日里铜节开	日里铜锁开，
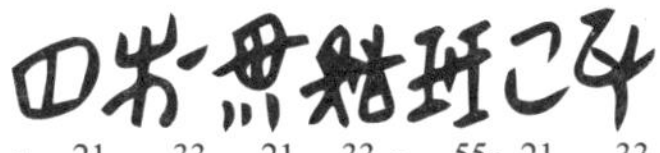	hu^{21} ȵo^{33} ŋɛ^{21} ʈu^{33} ɖɯ^{55} lɪ^{21} no^{33}	月里铜簧脱来呢	月里铜簧脱。
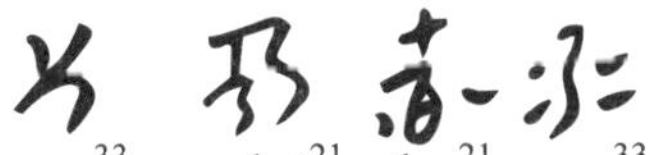	mu^{33} ndʑi^{21} dʑɪ^{21} ɬɪ^{33}	尸 皮 丧 影	尸光死影，
	vɛ^{21} ʈ'u^{13} vɛ^{21} na^{33}	灵 白 灵 黑	灵桶里灾难，
	ȵy^{13} tɕ'u^{33} ʑɯ^{33} ʔɯ^{55} bo^{21}	哭声也哭响	哭嚎之灾，
	su^{21} k'u^{13} ʑɯ^{33} la^{13} t'ɪ^{33}	人垫也上裹	裹尸垫盖，
	hu^{21} ʂʅ^{33} ʑɯ^{33} mo^{13} bu^{33}	魂捆也伤包	魂困伤灾，

 tʂʻʅ^{21} kɯ^{33} lɪ^{33}	此 收 来	全收拢，
 tʂʻʅ^{21} ʈʻu^{55} lɪ^{33} ma^{21}dʑu^{13}	此面来不靠	无一遗漏掉，
 ndɯ^{33} lɯ^{55}kʻɯ^{21} tɕʻi^{13} hu^{21}	破的克园必	破后交克神，
 ndʑɯ^{55}tɕʻi^{13}hu^{21} ʑɯ^{33}ʈʻɯ^{21}	窘克高也放	交窘神处置。
 ʑɯ^{21} ɣo^{21}kʻɯ^{33}kʻɯ^{33}mu^{33}	图也安安的	图平平安安。

注　释：

[1] 灵桶灾：彝族兴起抽象的祖灵崇拜后，制订出三代一小祭，六代一中祭，九代一大祭的祭祖习俗。三代内的祖灵集中在祖祠内祭祀，三代后的祖灵移到祖灵桶内，祖灵桶内除祖灵而外，放进微型的生产生活工具、兵器、餐具、酒具等。祖灵桶要放到人迹罕至，遮风避雨，动物不能轻易栖息的悬崖，以供平常的一般祭祀或六、九代的中大型祭祀，其间或受鹰、鼠、蛇及野火所袭扰、破坏，可能造成灾难。这种灾难亦在破除之列。

[2][3] 最小的太阳，最小的月亮：传说远古的时候，天上有七个太阳和七个月亮，它们要么一直不出来，要么一起出来，晒得世间所有草木枯死，所有江河湖海干涸。后来有个叫舒达特巨的英雄，一举射掉了多余的六个太阳和六个月亮，留下最小的一对太阳月亮。但这一对太阳月亮被吓破了胆，躲到宇宙背面不肯出来，天帝命雄鸡将这一对太阳和月亮叫唤出来给世间照明，一直到今天。故有幼小的太阳和月亮的说法。

ha^{33} vi^{13} ndɯ^{33}

破 鼠 灾[1]

ha^{33} vi^{13} t‘ɯ^{13} lɯ^{55} ndɯ^{33}
鼠灾扫了破　　鼠灾扫拢破除。

ɬu^{33} tʂɿ^{33} tʂɿ^{33}
鲁 振 振　　在鲁振振[2]，

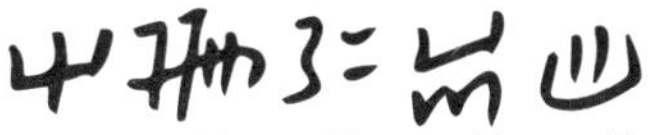
to^{33} ve^{33} ve^{33} t‘o^{21} ʐɯ^{33}
朵微微底衍　　朵微微结合[3]，

ha^{33} ŋɯ^{33} sɯ^{33} ɬi^{55} lɯ^{33}
鼠是三生了　　产生了鼠类。

ɬu^{33} tʂɿ^{33} tʂɿ^{33} ɳɿ^{33} t‘ɯ^{55}
鲁振振乃一　　鲁振振一代，

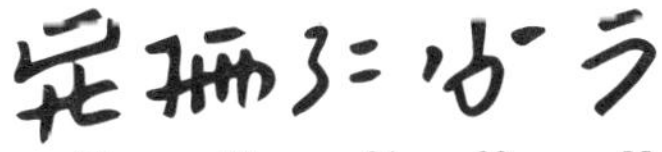
tʂɿ^{33} p‘o^{21} p‘o^{21} ɳɿ^{33} ɳɿ^{55}
振皤皤乃二　　振皤皤二代，

p‘o^{21} p‘o^{21} k‘ɯ^{33} ɳɿ^{33} sɯ^{33}
皤皤克乃三　　皤皤克三代，

k‘ɯ^{33} ɣa^{33} mi^{55} ɳɿ^{33} ɬi^{33}
克雅咪乃四　　克雅咪四代，

mi^{55} ɣa^{33} ha^{33} ɳɿ^{33} ŋu^{33}
咪雅哈乃五　　咪雅哈五代。

ha^{33} dɯ^{13} ŋu^{33} ts‘ɿ^{13} lo^{13}
鼠生五代了　　鼠产生五代。

	ha^{33} ȵy^{21}mu^{33}kʻɯ^{21}kʻɯ^{21}	鼠青样恐恐	青鼠惶恐恐，
	ha^{33} nɯ^{21}tso^{55}tɕʻɯ^{33}tɕʻɯ^{33}	红鼠阴森森	红鼠阴森森，
	ha^{33} ʂɛ^{13}tso^{55}tɕʻɯ^{33}tɕʻɯ^{33}	黄鼠阴森森	黄鼠阴森森，
	dʑy^{33}tsʻɯ^{21}hu^{21} ɣa^{33} lɪ^{33}	高十山也来	从高山出来，
	hɪ^{13} tsʻɯ^{21} ndɪ^{21}ɣa^{33}ndʑo^{33}	平十坝也过	经过大平坝，
	lɯ^{55} hɪ^{21} ȵo^{21} ɣa^{33}ndʑo^{33}	闺房里也过	又经过住房，
	nɯ^{55}tɕʻɯ^{21} ȵo^{21} ɣa^{33} za^{13}	彝园里也下	来到了家园。
	ɣɯ^{21} tʂɛ^{13} ȵo^{21} ɣa^{33}kʻɯ^{33}	廪仓里也到	光临了仓廪，
	hɪ^{21} bi^{21} ha^{33}kʻo^{21}tsʻʅ^{21}	屋脊鼠也咬	把屋脊啃噬，
	ko^{13} ɖu^{21} ha^{33}kʻo^{21} ʑɪ^{13}	栋梁鼠也锯	把栋梁啃锯，
	dʑɯ^{33} tʻo^{21} ha^{33} kʻo^{21}ndu^{21}	床底鼠也挖	把床底刨咬，
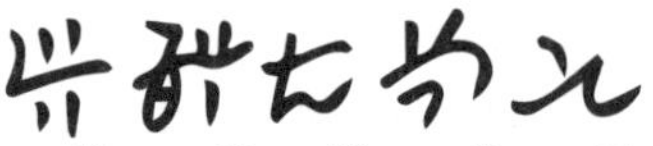	tɯ^{13} tʻo^{21} ha^{33} kʻo^{21} ɣo^{21}	箱底鼠所有	把箱底占据，

vɪ^{13} gu^{21} ha^{33} k‘o^{21}dzu^{33}　　穿着鼠所吃　　把衣物啃咬。

hɪ^{21} pu^{13} dʑy^{33} sɛ^{55} dzɪ^{13}　　恒布举奢哲　　恒布举奢哲[4]，

vu^{33} ʑi^{21} za^{13} lɯ^{55} lɪ^{33}　　雪水降的来　　雪样从天降。

sɛ^{33} tsɪ^{13} ŋgu^{21} mu^{33}ts‘o^{13}　　树备座者插　　树枝设神座，

lo^{33} xɛ^{33} ɣo^{21} mu^{33} k‘u^{33}　　石砂位者布　　砂石布神位，

lo^{33} ɣa^{33} mu^{21}mu^{33} tʂ‘u^{33}　　石也牲者放　　以石代祭牲，

ha^{33} ŋga^{13} ʈa^{13} lɪ^{21} ŋga^{13}　　鼠赶鹰来赶　　引鹰攻击鼠，

ha^{33} p‘o^{21} du^{33} dʑi^{33} ʑɯ^{21}　　鼠逃洞下去　　鼠逃到地下。

t‘y^{21} lo^{33} vu^{33} ɣo^{21} lɪ^{33}　　其与远后来　　这样一来后，

lɯ^{55} hɪ^{21} ha^{33} ma^{21}ndʑu^{21}　　闺房鼠不过　　家中不容鼠，

n̥o^{21}tɕ‘ɯ^{21} ha^{33} ma^{21} za^{13}　　彝园鼠不下　　家园不纳鼠，

ɣɯ^{21} tʂɛ^{13} ha^{33} ma^{21} ɣo^{21}　　廪仓鼠不有　　仓廪没有鼠，

hɪ^{21} bi^{21} ha^{33} ma^{21}ts‘ʅ^{21}　屋脊鼠不啃　屋脊无鼠窝，

ko^{13} ɖu^{21} ha^{33} ma^{21} ʐɪ^{13}　栋梁鼠不锯　栋梁无鼠锯，

dʐɯ^{33} t‘o^{21} ha^{33} ma^{21}ndu^{21}　床底鼠不挖，　无鼠掏床底，

tɯ^{21} t‘o^{21} ha^{33} ma^{21} ɣo^{21}　箱底鼠不有　无鼠住箱底，

vɪ^{13} gu^{21} ha^{33} ma^{21} dzu^{33}　穿着鼠不吃　无鼠咬衣物。

ȵɪ^{21} ɬo^{13} dʐy^{33}ts‘ɯ^{21}hu^{21}　宜牧高十山　放牧的高山，

ʂɪ^{33} ŋu^{33} hɪ^{13}ts‘ɯ^{21}ndɪ^{21}　顺耕平十坝　耕种的平坝，

sɯ^{21} mu^{33} mu^{33} ɣo^{21} no^{33}　这样作有呢　做法都相同，

ndɯ^{33}hɛ^{33} ʐɯ^{21} ŋɯ^{33} vi^{21}　破吉顺是焉　破灾图吉祥。

pu^{13} zɯ^{33} sɛ^{21}tʂ‘ɯ^{55} ɣo^{21}　布掌主伸有　布摩为人长志气，

lɯ^{55} hɪ^{21} ha^{33} ma^{21}ndʐu^{21}　闺房鼠不过　家中无鼠过，

nɯ^{55}tɕ‘ɯ^{21}ha^{33} ma^{21} za^{13}　彝园鼠不下　家园无鼠在，

	ɣɯ^{21} tʂɛ^{13} ha^{33} kʻo^{21} tu^{13}	廪仓鼠所举	仓廪把鼠防。
	hɪ^{21} bi^{21} ha^{33} kʻo^{21} tsʻɿ^{21}	屋脊鼠凡咬	凡鼠啃屋脊，
	ko^{13} ɖu^{21} ha^{33} kʻo^{21} ʑɪ^{13}	栋梁鼠凡锯	凡鼠锯栋梁，
	dʑɯ^{33} tʻo^{21} ha^{21} kʻo^{21} ndu^{21}	床底鼠凡挖	凡鼠掏床底，
	tɯ^{21} tʻo^{21} ha^{33} kʻo^{21} ɣo^{21}	箱底鼠凡有	凡鼠住箱底，
	vɪ^{13} gu^{21} ha^{33} kʻo^{21} dzu^{33}	穿着鼠凡吃	凡鼠咬衣物，
	ha^{33} vi^{13} du^{33} dʑi^{33} lɯ^{55}	鼠灾洞下去	灾都引下地。
	ʑɯ^{21} ɣo^{21} kʻɯ^{33} kʻɯ^{33} mu^{33}	图也安安的	图平平安安。

注　释：

[1] 破鼠灾：彝族民间习俗认为，鼠啃咬家具、衣物等物为双重灾害，除被其啃咬什物造损失外，这种显现也是灾难的预兆，所以必须予以破除。

[2][3] 鲁振振、朵微微：为鼠的祖宗。

[4] 恒布举奢哲：布摩神名，布摩始祖、知识神。

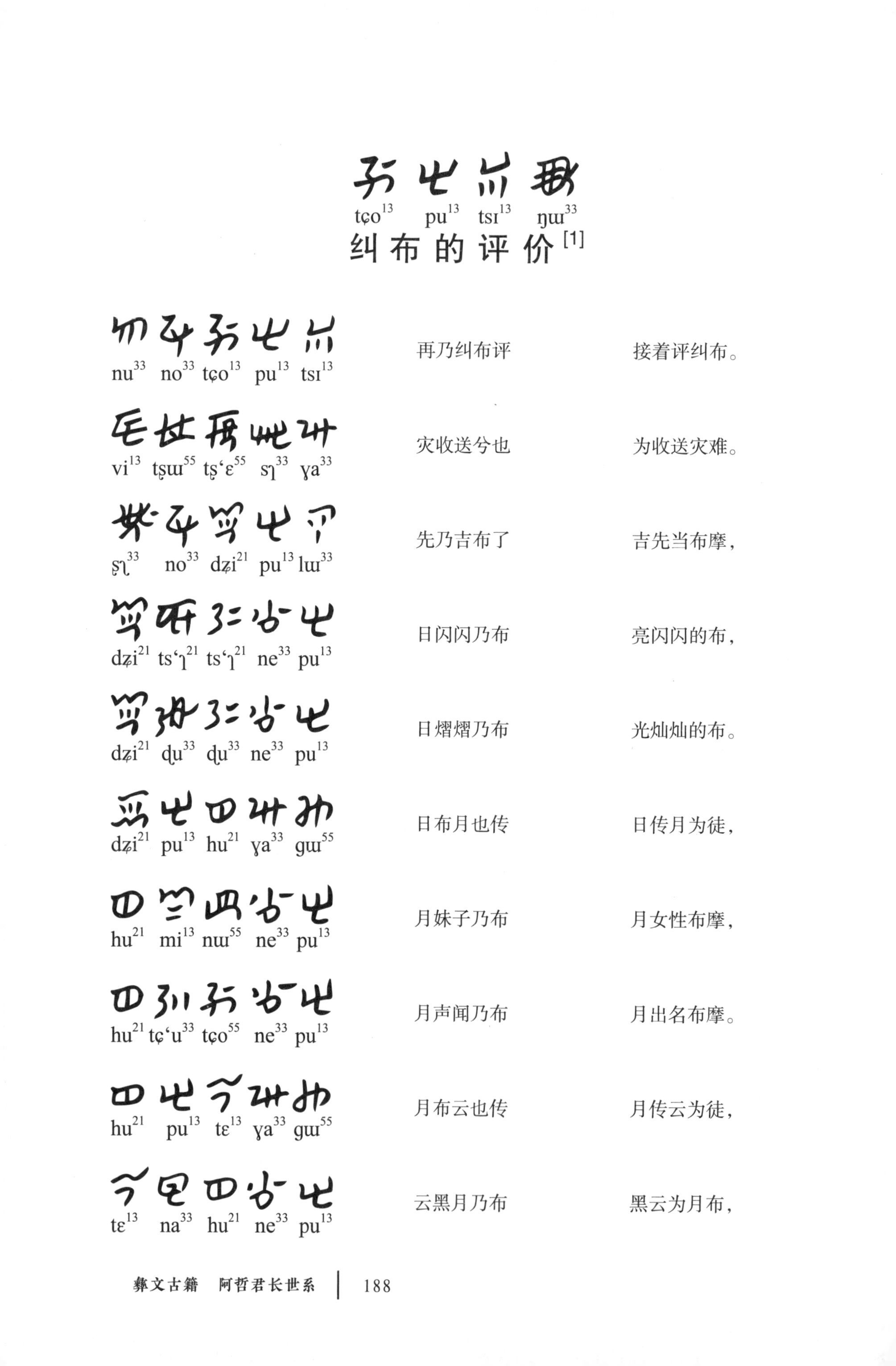

tɕo^{13} pu^{13} tsɪ^{13} ŋɯ^{33}

纠布的评价[1]

nu^{33} no^{33} tɕo^{13} pu^{13} tsɪ^{13}	再乃纠布评	接着评纠布。
vi^{13} tʂɯ^{55} tʂ‘ɛ^{55} sɿ^{33} ɣa^{33}	灾收送兮也	为收送灾难。
ʂɿ^{33} no^{33} dʑi^{21} pu^{13} lɯ^{33}	先乃吉布了	吉先当布摩，
dʑi^{21} ts‘ɿ^{21} ts‘ɿ^{21} ne^{33} pu^{13}	日闪闪乃布	亮闪闪的布，
dʑi^{21} ɖu^{33} ɖu^{33} ne^{33} pu^{13}	日熠熠乃布	光灿灿的布。
dʑi^{21} pu^{13} hu^{21} ɣa^{33} gɯ^{55}	日布月也传	日传月为徒，
hu^{21} mi^{13} nɯ^{55} ne^{33} pu^{13}	月妹子乃布	月女性布摩，
hu^{21} tɕ‘u^{33} tɕo^{55} ne^{33} pu^{13}	月声闻乃布	月出名布摩。
hu^{21} pu^{13} tɛ^{13} ɣa^{33} gɯ^{55}	月布云也传	月传云为徒，
tɛ^{13} na^{33} hu^{21} ne^{33} pu^{13}	云黑月乃布	黑云为月布，

 tɛ^{13} ʂɛ^{13} tsʻo^{13} ne^{33} pu^{13}	云黄晴乃布	黄云为晴布。
 tɛ^{13} pu^{13} hɪ^{33} ne^{33} gɯ^{55}	云布风也传	云传风为徒,
 hɪ^{33} tɕʻu^{33} tɕo^{55} ne^{33} pu^{13}	风声闻乃布	风出声为布摩,
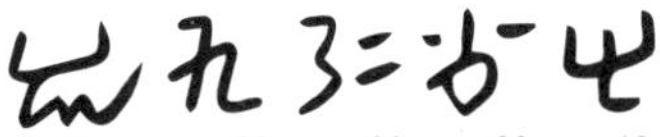 hɪ^{21} tɕy^{33} tɕy^{33} ne^{33} pu^{13}	风狂狂乃布	暴风为布摩,
 hɪ^{33} mo^{21} mo^{21} ne^{33} pu^{13}	风微微乃布	微风为布摩。
 hɪ^{33} pu^{13} vu^{55} ɣa^{33} gɯ^{55}	风布禽也传	风传鸟为徒,
 vu^{55} tʻa^{21} tʂɪ^{33} ne^{33} pu^{13}	禽山喳乃布	灰喜鹊为布摩,
 vu^{55} ko^{55} bu^{33} ne^{33} pu^{13}	禽猫鹰乃布	猫头鹰为布摩,
 ʈa^{13} bu^{55} pʻɛ^{21} ne^{33} pu^{13}	鹰灰脸乃布	灰鹰为布摩,
 dzɯ^{21} sɯ^{33} ʂɛ^{13} ne^{33} pu^{13}	鹞爪长乃布	长爪鹞为布摩,
 ke^{13} hɛ^{33} nde^{33} ne^{33} pu^{13}	灰斑鸠乃布	斑鸠为布摩。
 vu^{55} pu^{13} se^{33} ɣa^{33} gɯ^{55}	禽布树也传	鸟传树为徒,

 se^{33} vu^{55} ndzu^{33} ne^{33} pu^{13}	刺老包乃布	刺老包为布摩[2]，
 se^{33} bu^{21}k‘ɯ^{33} ne^{33} pu^{13}	苦叶木乃布	苦叶木为布摩[3]，
 se^{33} va^{13} fe^{13} ne^{33} pu^{13}	木红线乃布	红线木为布摩，
 ʂʅ^{33} ʈ‘u^{33} ts‘ɛ^{13} ne^{33} pu^{13}	柏叶细乃布	细叶柏为布摩，
 ʂo^{13} p‘a^{13} ɣo^{21} ne^{33} pu^{13}	松叶茂乃布	茂松为布摩。
 se^{33} pu^{13} mo^{13} ɣa^{33} gɯ^{55}	树布竹也传	树传竹为徒，
 t‘ɯ^{33} ȵy^{21} ȵy^{21} ne^{33} pu^{13}	青油油乃布	青竹为布摩，
 mo^{13} ko^{33} k‘ɪ^{33} ne^{33} pu^{13}	竹壳系乃布	系壳竹为布摩，
 mo^{13} sʅ^{55} lɪ^{21} ne^{33} pu^{13}	竹顺来乃布	细竹为布摩。
 mo^{13} pu^{13} ʐi^{21} ɣa^{33} gɯ^{55}	竹布水也传	竹传水为徒，
 xɛ^{21} ga^{21} ga^{21} ne^{33} pu^{13}	飞瀑瀑乃布	飞瀑为布摩，
 ʐi^{21} ʂu^{55} ʂa^{13} ne^{33} pu^{13}	水飞溅乃布	飞溅水为布摩。

 ʑi^{21} pu^{13} ȵɿ^{55} ɣa^{33} gɯ^{55}	水布兽也传	水传兽为徒，
 ȵɿ^{55} ʂɿ^{21} tsɿ^{21} ne^{33} pu^{13}	兽狮子乃布	狮子为布摩，
 dzu^{33} ʑi^{55} lɯ^{21} ne^{33} pu^{13}	虎花斑乃布	老虎为布摩，
 ȵɿ^{55} t'a^{21} ɬu^{21} ne^{33} pu^{13}	兽兔子乃布	兔子为布摩。
 ȵɿ^{55} pu^{13} lu^{33} ɣa^{33} gɯ^{55}	兽布龙也传	兽传龙为徒，
 lu^{33} dʑi^{21} gu^{21} ne^{33} pu^{13}	龙花斑乃布	花斑龙为布摩，
 lu^{33} fa^{13} go^{33} ne^{33} pu^{13}	龙岩盘乃布	盘岩龙为布摩。
 pu^{13} tʂ'ʅ^{33} nu^{33} ma^{21} dzɯ^{21}	布此多不省	布摩不怕多，
 pu^{13} hɛ^{33} mi^{55}	布　贤　文	布摩以贤文，
 mu^{55} hɛ^{33} gu^{33} ŋɯ^{33} vi^{21}	布贤章是焉	布摩有华章。
 ndʐʅ^{33} bi^{55} dzɿ^{13} dzɿ^{13} ŋɯ^{33}	祭献累累是	献祭不间断，
 vu^{33} gɯ^{55} gɯ^{21} gɯ^{21} ndʑu^{21} lɿ^{21} lo^{13}	奠供连连过来了	祭奠络绎不绝，

 tʂʻʅ^{21} vi^{13} tʂɯ^{55}	此 灾 收	专收灾，
 tʂʻʅ^{21} sɪ^{33} tʂɯ^{55}	此 丧 收	专收犯死，
 tʂʻʅ^{21} vɛ^{21} tʂʻɛ^{55} lɪ^{21} lo^{13}	此鬼收来了	专收家鬼。
 pu^{13} sɯ^{33} tʂʻɛ^{21} tʂʻɛ^{21} lɯ^{55}	布行扯扯去	布摩去东边，
 tʂʻɛ^{21} tʂʻɛ^{21} ȵy^{33} tʂʻɯ^{55} xɯ^{21}	扯扯牛杀刀	得到杀牛刀，
 ȵy^{33} tʂʻɯ^{55} xɯ^{21} ma^{21} ŋɯ^{21}	牛杀刀不是	并非杀牛用，
 vi^{13} tʂʻɯ^{55} xɯ^{21} ŋɯ^{33} vi^{21}	灾杀刀是焉	专用来杀灾；
 pu^{13} sɯ^{33} a^{21} dʐo^{33} lɯ^{55}	布行阿着去	布摩去南边，
 a^{21} dʐo^{33} va^{13} mbɪ^{33} nu^{33}	阿着猪射箭	得到射猪箭，
 va^{13} mbɪ^{33} nu^{33} ma^{55} ŋɯ^{21}	猪射箭不是	并非射猪用，
 vi^{21} mbɪ^{33} nu^{33} ŋɯ^{33} vi^{21}	灾杀箭是焉	专用来射灾；
 pu^{13} sɯ^{33} ȵɪ^{55} pʻu^{21} lɯ^{55}	布行中央去	布摩去中部，

 ȵɪ^{55} p‘u^{21} ŋgɛ^{33} tɕy^{33} po^{13}	中央矛九堆	中部矛成堆，
 vi^{13} sɪ^{13} ŋgɛ^{33} ŋɯ^{33} vi^{21}	灾杀矛是焉	专用来杀灾。
 ndʐʅ^{33} bi^{55} tsɪ^{13} tsɪ^{13} ŋɯ^{33}	祭献紧紧跟	有序地献祭，
 gɯ^{21} gɯ^{21}ndʑu^{21} lɪ^{21} lo^{13}	紧紧跟来来	祭奠不停歇，
 ndʐʅ^{33} bi^{55} k‘ɯ^{21}ʑɯ^{33}gɯ^{33}	祭献到也了	献祭的周到，
 tu^{13} dɯ^{13} tɕo^{13} ɣa^{33} ȵo^{21}	千生强也呢	千般有条理，
 tɕɪ^{13} ma^{21} bo^{21} ma^{21} dʑo^{21}	根不有不在	事物都有根，
 vi^{13} t‘ɯ^{13} tɕɪ^{13} bo^{55} vi^{21}	灾除根有焉	除灾不例外。
 ɬu^{33} to^{33} p‘u^{55} ɣa^{33} mo^{21}	鲁朵父与母	鲁朵父和母[4]，
 ɣɯ^{21} ɣa^{33}ndʑɯ^{55}lɯ^{21} no^{33}	即也交了呢	互相结合后，
 ʑɪ^{55} t‘a^{55} ȵy^{21} sɯ^{33} tɕ‘y^{13}	哎上青三角	哎上青三角[5]，
 ɬu^{33} tɕ‘y^{13} ɣa^{33} to^{33} tɕ‘y^{13}	鲁角也朵角	为鲁朵卦象，

 dʑi^{33} tɕʻi^{13} ɣa^{33} ʑɯ^{21} tɕy^{33}	铜角也数九	铜角演为九，
 bu^{33} tʻa^{55} nɯ^{21} hɪ^{21} kʻo^{21}	哺上赤八角	哺卦上赤八角[6]，
 ɬu^{33} kʻo^{21} ɣa^{33} to^{33} kʻo^{21}	鲁蹄也朵蹄	为鲁朵蹄的卦象，
 xɯ^{21} kʻo^{21} na^{33} ʑɯ^{21} tsʻɯ^{21}	铁角黑数十	铁角地数十[7]，
 ɣɯ^{21} ɣa^{33} ndʑɯ^{55} lɯ^{21} no^{33}	即也交了呢	又互相配合，
 tu^{13} na^{33} ȵɪ^{55} ʔu^{33} ŋɯ^{55}	千眼两头昂	千眼两首昂，
 bu^{21} lu^{21} ȵɪ^{55} du^{21} na^{33}	蝴蝶两翅黑	蝴蝶双翅黑，
 tʻi^{33} bu^{33} na^{33} ha^{33} ha^{33}	张开眼巴巴	眼巴巴张开，
 ŋa^{33} tsɪ^{55} kʻɛ^{21} ʂɛ^{13} xɯ^{21}	山雀线长拖	山雀拖长线，
 ɣɯ^{33} kʻɛ^{55} ɬi^{33} ʑɯ^{33} lɯ^{55}	内上生也了	产生在眼前，
 lɯ^{55} hɪ^{21} ɬi^{33} ɣa^{33} vɛ^{33}	闺房四也旋	房四周盘旋，
 nɯ^{55} tɕʻɯ^{21} no^{21} ɣa^{33} za^{13}	彝园乃也下	来到了家园，

	ɣɯ^{21} tʂɛ^{13} ȵo^{21} ɣa^{33}k‘ɯ^{33}	廪仓里也到	来到了仓廪，
	t‘a^{21} ɣo^{21} t‘ɯ^{21} ɬi^{55} lɯ^{33}	所有地生了	生所有现象。
	t‘a^{21} ʑo^{21} ȵɪ^{55} ʔu^{33} dɪ^{13}	一人两头生	一人有两头，
	t‘a^{21} ʑo^{21} la^{13} nu^{33} dzo^{33}	一人手多生	一人多只手，
	t‘a^{21} ʑo^{21} ʂʅ^{33} dʑɛ^{55}	一 人 始 升	一人不着地，
	ɣɯ^{33} k‘ɛ^{55} ɬi^{55} ʑɯ^{33} lɯ^{55}	内上生也了	产生在眼前。
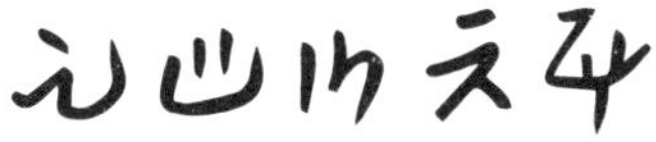	ɣo^{21} ʑɯ^{33} t‘a^{21} ȵɪ^{21} no^{33}	后也一日呢	后来有一天，
	hɪ^{21} mu^{33} ȵɪ^{13}	恒 作 呢	恒氏的作为[8]，
 □	hɪ^{21} bo^{21} ɣo^{13} ʑɯ^{33}	天山内也□	在其境山上，
	lɯ^{55} hɪ^{21} dzo^{33}	闺 房 盖	建住房，
	hɪ^{21} p‘u^{21} t‘u^{55}	恒 地 开	开拓土地，
	nɯ^{55} tɕ‘ɯ^{21} dzo^{33}	彝 园 建	建家园。

 t‘ɯ^{21} no^{13} fe^{13} ɣa^{33} dɪ^{13}	特土司也要	特氏利用土地[9]，
 lɯ^{55} hɪ^{21} bo^{21} ṇɪ^{33} k‘ɛ^{55}	闺房山也辟	修建出房屋，
 nɯ^{55} tɕ‘ɯ^{21} ḍu^{21} ʑɛ^{21} to^{33}	彝园人份立	人有了家园，
 ɣɯ^{21} tʂɛ^{13} kɯ^{21} sɯ^{55} ɬɯ^{13}	廪仓收似依	仓廪很牢固。
 ndzu^{33} fu^{33} ɣɯ^{21} xɯ^{33} tɕ‘ɯ^{33}	君王愿属园	君王愿望得，
 tɕy^{33} pu^{13} lu^{33} tʂ‘u^{21} ndʑu^{21}	九堆民众过	得民众拥戴，
 tʂ‘ʅ^{21} dʐɯ^{21} bo^{21} ȵy^{21} k‘ɛ^{55}	室奴山青列	众随从追捧，
 lɯ^{55} ɬa^{13} tɛ^{13} na^{33} p‘u^{21}	女男云黑堆	男女聚若云。
 sɯ^{21} ʑɯ^{33} dʐa^{33} ɣa^{21} lu^{33}	似之样也了	是这种状况。
 ɬi^{13} na^{55} ṇɪ^{55} ʔu^{33} ŋɯ^{55}	焰大两头昂	火焰两头抬，
 bu^{21} lu^{21} ṇɪ^{55} du^{21} na^{33}	蝴蝶两翅黑	蝴蝶两翅黑，
 ŋa^{33} tsɪ^{55} ʂɛ^{13} k‘ɛ^{21} xɯ^{21}	山雀长线拖	山雀拖长线，

lɯ^{55} hɪ^{21} ɳo^{33}

闺 房 里　　来到了家中，

ɳɪ^{55} tɕɯ^{21} ɳo^{21} ɣa^{33} lɪ^{33}

彝园里也来　　来到了家园，

lɯ^{55} hɪ^{21} vi^{13}

闺 房 灾　　形成家中灾，

ɳɪ^{55} tɕʻɯ^{21} vi^{13} lo^{13} lɯ^{55}

彝园灾成了　　形成家园灾。

tʻa^{21} ʐo^{21} ɳɪ^{55} ʔu^{33} dɪ^{13}

一位两头生　　一人长两头，

ŋgo^{21} bo^{21} vi^{13} lo^{13} lɯ^{55}

门槛灾成了　　成了门槛灾；

tʻa^{21} ʐo^{21} la^{13} nu^{33} dzo^{33}

一位手多生　　一人多只手，

ɣɯ^{21} mu^{33} ʂɛ^{13} ɣɯ^{21} lɪ^{33}

堂高沿也来　　来到了大堂，

ɣɯ^{21} mu^{33} vi^{13} lo^{13} lɯ^{55}

堂高灾成了　　成了大堂灾；

tʻa^{21} ʐo^{21} pʻi^{21} sɯ^{33} dʐɛ^{55}

一位边也升　　一人不着地，

ndza^{33} ʈʻu^{13} ʂɛ^{13} ʐɯ^{33} lɪ^{33}

屋檐沿也来　　沿着屋檐来，

ndza^{33} ʈʻu^{13} vi^{13} lo^{13} lɯ^{55}

屋檐灾成了　　成了屋檐灾。

	lɯ^{55} hɪ^{21} vi^{13} lɪ^{21} ʑɛ^{21}	闺房灾来缠	家中有灾缠，
	mu^{33} tʂʻu^{21} kɛ^{33} dɪ^{13} sɯ^{55}	马铃拿戴似	马戴铃一般，
	ɳɪ^{55} tɕʻɯ^{21} vi^{13} lɪ^{21} ʑɛ^{21}	彝园灾来缠	家园摊上灾，
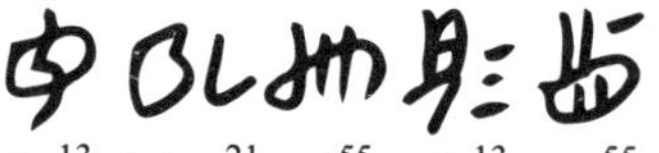	ɬu^{13} kʻɯ^{21} ʑi^{55} dɪ^{13} sɯ^{55}	舌上污沾似	如舌尖沾污，
	ɣɯ^{21} tʂɛ^{13} vi^{13} lɪ^{21} ʑɛ^{21}	廪仓灾来缠	仓廪里有灾，
	mbu^{33}na^{33} kʻo^{21} xo^{21} sɯ^{55}	衣黑灰套似	似黑衣沾灰。
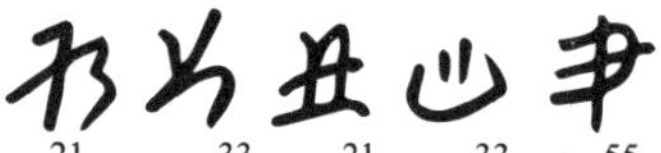	ʂʅ^{21} mu^{33} mu^{21} ʑɯ^{33} pʻu^{55}	先修天之父	苍天的主宰，
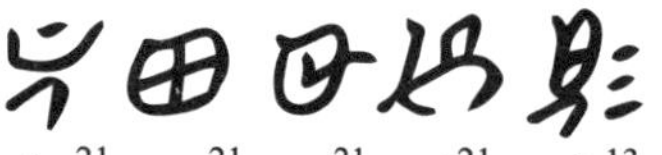	tʻy^{21} ma^{21} zo^{21} vi^{21} dɪ^{13}	它不好焉者	说不能这样，
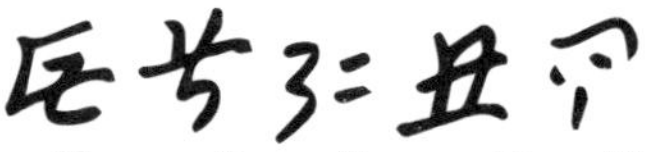	vi^{13} tʻu^{55} tʻu^{33} mu^{33} lɯ^{33}	灾扫除者了	要把灾扫除。
	hɪ^{21} ɣo^{21} tɕy^{33} pu^{13} tsɪ^{13}	恒氏九布派	派恒九布摩，
	tʻɯ^{21} ɣo^{21} tʂɪ^{33} mu^{55}ndʑu^{21}	特也高摩过	特氏大布摩，
	ɬu^{33} to^{33} pu^{13} tɕʻɯ^{33} lɪ^{21}	鲁朵布场来	鲁朵布场来，

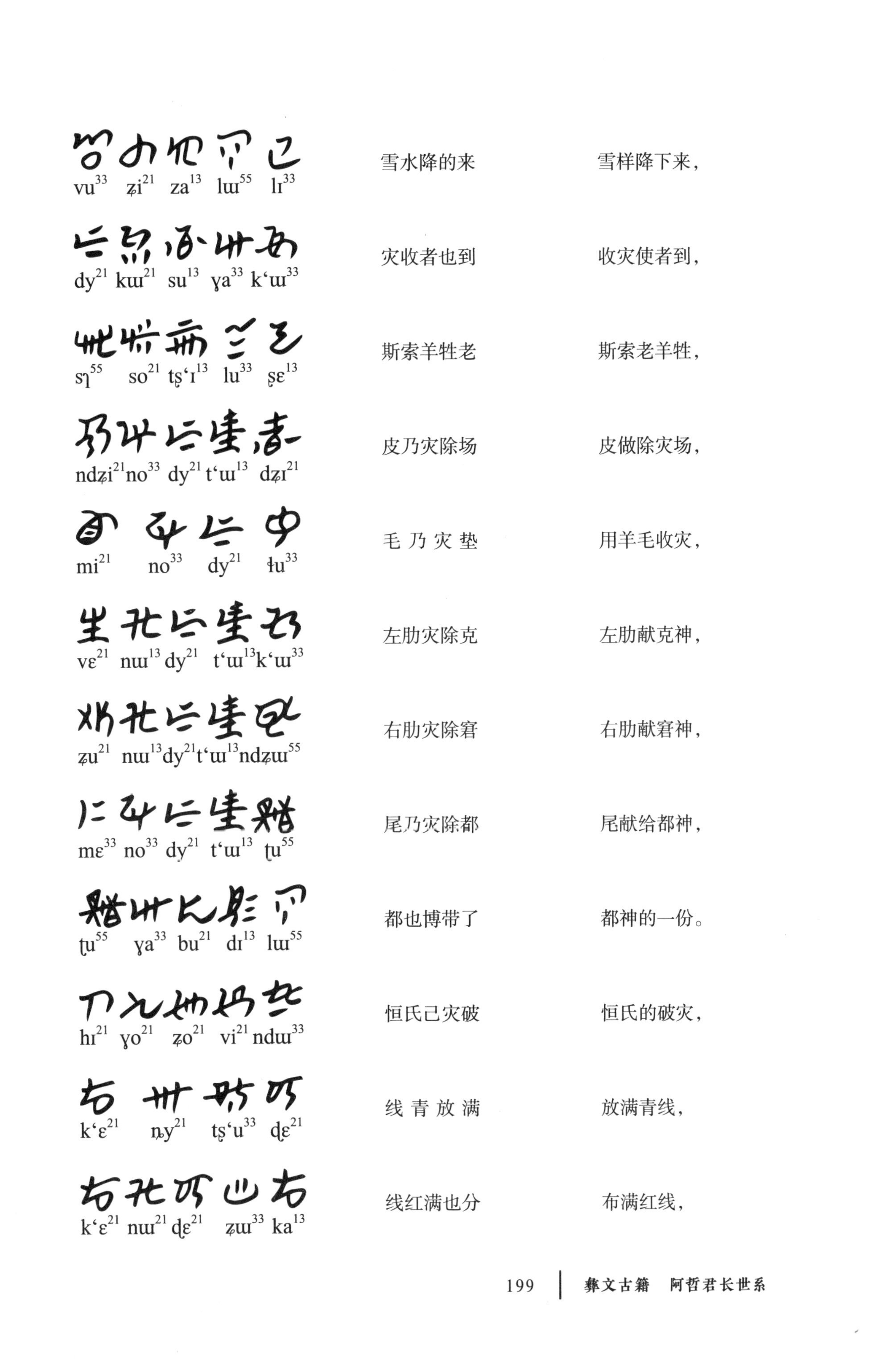

vu^{33} ʑi^{21} za^{13} lɯ^{55} lɪ^{33}	雪水降的来	雪样降下来，
dy^{21} kɯ^{21} su^{13} ɣa^{33} k‘ɯ^{33}	灾收者也到	收灾使者到，
sɿ^{55} so^{21} tʂ‘ɪ^{13} lu^{33} ʂɛ^{13}	斯索羊牲老	斯索老羊牲，
ndʑi^{21} no^{33} dy^{21} t‘ɯ^{13} dʑɪ^{21}	皮乃灾除场	皮做除灾场，
mi^{21} no^{33} dy^{21} ɬu^{33}	毛 乃 灾 垫	用羊毛收灾，
vɛ^{21} nɯ^{13} dy^{21} t‘ɯ^{13} k‘ɯ^{33}	左肋灾除克	左肋献克神，
ʑu^{21} nɯ^{13} dy^{21} t‘ɯ^{13} ndʑɯ^{55}	右肋灾除窘	右肋献窘神，
mɛ^{33} no^{33} dy^{21} t‘ɯ^{13} ʈu^{55}	尾乃灾除都	尾献给都神，
ʈu^{55} ɣa^{33} bu^{21} dɪ^{13} lɯ^{55}	都也博带了	都神的一份。
hɪ^{21} ɣo^{21} ʑo^{21} vi^{21} ndɯ^{33}	恒氏己灾破	恒氏的破灾，
k‘ɛ^{21} ȵy^{21} tʂ‘u^{33} ɖɛ^{21}	线 青 放 满	放满青线，
k‘ɛ^{21} nɯ^{21} ɖɛ^{21} ʑɯ^{33} ka^{13}	线红满也分	布满红线，

	mɛ^{33} ɳy^{21} pʻe^{33} nɯ^{21} tʻɪ^{13}	绸青卷红裹	用青红绸裹，
	hu^{21}na^{33}ɬi^{33}tɕʻy^{13}dzo^{33}lɪ^{21}ŋga^{13}	山大四角生来找	寻有四角大山，
	ŋɯ^{55}sɪ^{33}tsʻo^{21}ʈʻu^{55}dɪ^{13}lɪ^{21}ɳɪ^{21}	松树人面带来坐	人面松树来坐，
	pu^{13}gɯ^{21}la^{13}ʂɛ^{13}ʂɛ^{13}lɪ^{21}kʻɯ^{21}	布战手挥挥来迎	善战布摩来迎战，
	tɕʻy^{13}vu^{33}tɕʻy^{13}ndza^{33}ndza^{33}lɪ^{21}xɯ^{55}	角力角冲冲来引	有力角挺挺来引，
	ɕi^{55} mu^{33} nu^{33}	七 天 背	送往天背面，
	ɕi^{55} du^{33} nu^{33}ʑɯ^{33} xo^{55}	七地背也送	送往地背面。
	hɪ^{21} dzu^{21} dʑy^{33}pʻu^{21} dɯ^{13}	恒发高原出	恒氏得新天地，
	tʻɯ^{21}dzu^{21} ʂu^{33} no^{13} dɯ^{13}	特居大地现	特氏得新天地，
	dzu^{21} lɯ^{33} lɯ^{21} su^{13}	发 了 了 者	得到了实惠，
	dy^{21} kɯ^{21} vi^{13} ndɯ^{33}	灾 收 难 破	是因收灾难，
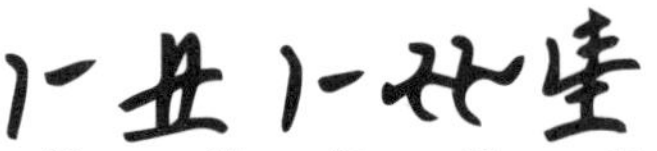	sɪ^{33} mu^{33} sɪ^{21} ʐɛ^{21} tʻɯ^{13}	丧木丧犯除	除掉犯死灾，

mu^{21} lɯ^{55} ʑɪ^{13} ŋɯ^{33} vi^{21} | 作的益是焉 | 所受的益啊！

ʑɯ^{21} ɣo^{21} k'ɯ^{33}k'ɯ^{33}mu^{33} | 图也安安的 | 图平平安安。

tʂ'ʅ^{21} t'a^{33} dʑɪ^{21} lu^{33} no^{33} | 这一场与呢 | 下面的事呢，

ɬu^{13}ʑɯ^{33}ndzɛ^{13}lu^{33}nɯ^{21}ɬi^{55}lɯ^{33} | 鲁之美龙红生了 | 鲁方生了美红龙，

ndzɛ^{13}lu^{33} ʑo^{21} ʑo^{33} hɪ^{21} | 美龙自自逝 | 龙自生自灭，

ndzɛ^{13}lu^{33} ɣɯ^{21} tɕy^{33} po^{13} | 美龙者九堆 | 龙尸成九堆，

dʑɪ^{21} tɕy^{33} tɪ^{21} dɯ^{13} lɯ^{33} | 丧九层出了 | 堆成了九层，

ndzɛ^{13}lu^{33} ɕy^{33} t'a^{33} t'a^{33} | 美龙血滴滴 | 龙血滴淌着，

hu^{21} lu^{33} vɛ^{21} bu^{33} ɖu^{55} | 山岳旁边落 | 落在大山边，

ɕi^{13} ʂu^{55} sɯ^{33}dzɯ^{21}tɕ'o^{13} | 死神三对六 | 六大死神，

no^{21} ʂu^{55} ɬi^{33} dzɯ^{21} hɪ^{13} | 病神四对八 | 八大病神，

	t‘a^{21} ɣo^{21} t‘ɯ^{21} ɬi^{55} lɯ^{33}	所有它生了	系它所产生。
	mi^{13} nɯ^{55} dʑɪ^{21} ɕi^{55} tɪ^{21}	女性丧七层	女性架七层[10]，
	ʂu^{55} tɕ‘ɯ^{21} xɛ^{21} tʂʅ^{13} sɯ^{55}	锦围甲布似	围锦像挂甲，
	ko^{21} mo^{21} dʑɪ^{21} tɕy^{33} tɪ^{21}	男性丧九层	男性架九层，
	dʐo^{21} zɛ^{21} dzo^{33} kɯ^{13} sɯ^{55}	中柱生会似	如中柱立稳。
	dʑɪ^{21} ʈ‘u^{13} mu^{33} ʈ‘u^{13} sɯ^{55}	丧白马白似	白焚台像白马，
	dʑɪ^{21} na^{33} mu^{33} na^{33} sɯ^{55}	丧黑马黑似	黑焚台像黑马，
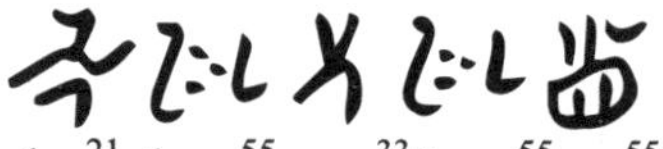	dʑɪ^{21} dzɯ^{55} mu^{33} dzɯ^{55} sɯ^{55}	丧花马花似	花焚台像花马，
	t‘a^{21} ɣo^{21} t‘ɯ^{21} ɬi^{55} lɯ^{33}	所有它生了	系龙尸所生。
	ȵy^{21} zu^{33} ʑo^{21} bu^{21} va^{13}	青人己像扛	抬己像青人，
	nɯ^{21} zu^{33} dɯ^{55} t‘ɯ^{13} tɯ^{33}	红人世出持	持离世杖红人，
	tɕi^{13} ȵy^{21} ʔu^{33} ʑɯ^{33} k‘o^{33}	顶青头也帽	青都戴帽人，

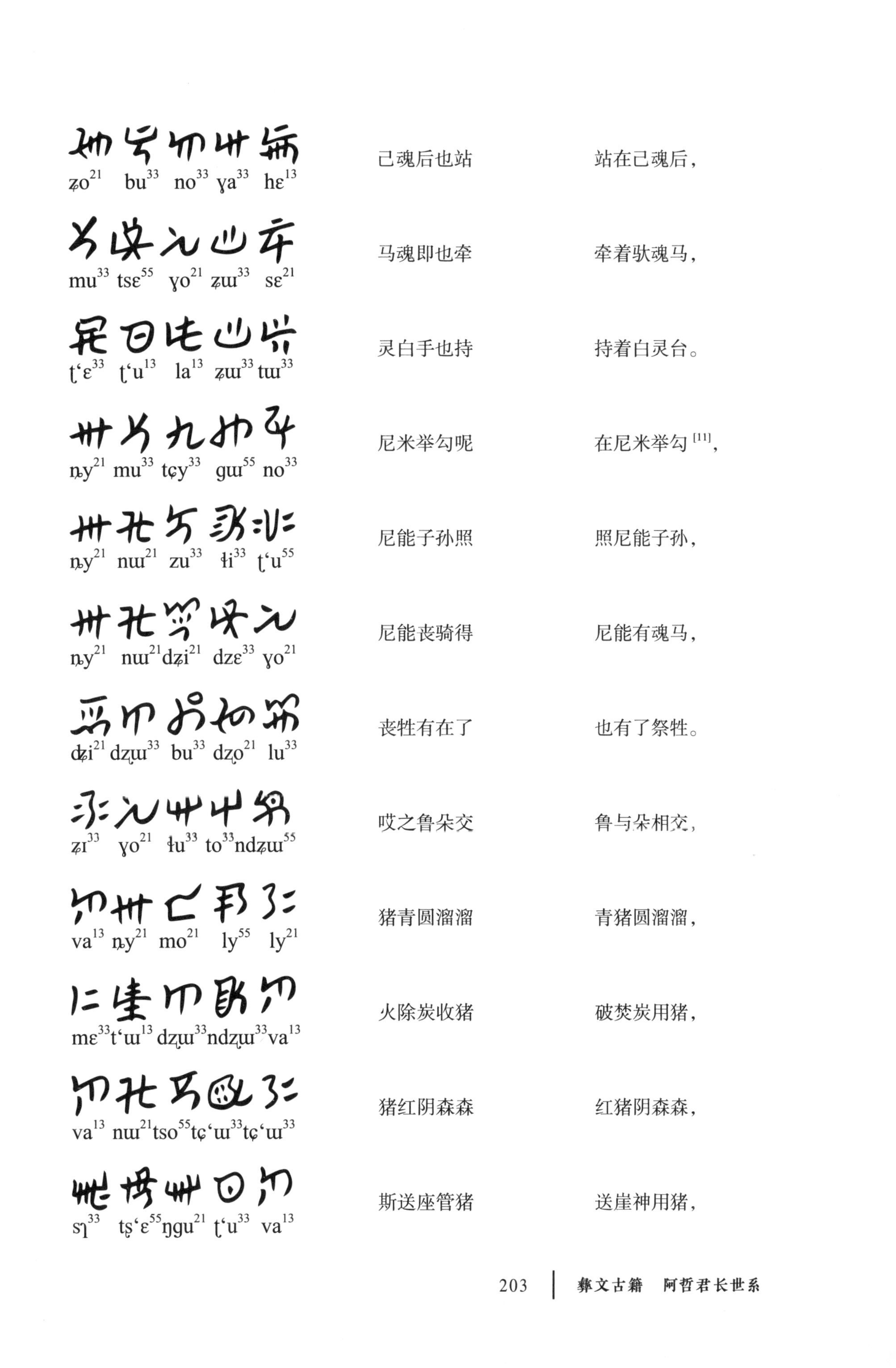

ʑo^{21} bu^{33} no^{33} ɣa^{33} hɛ^{13}	己魂后也站	站在己魂后，
mu^{33} tsɛ^{55} ɣo^{21} ʑɯ^{33} sɛ^{21}	马魂即也牵	牵着驮魂马，
ʈʻɛ^{33} ʈʻu^{13} la^{13} ʑɯ^{33} tɯ^{33}	灵白手也持	持着白灵台。
ȵy^{21} mu^{33} tɕy^{33} gɯ^{55} no^{33}	尼米举勾呢	在尼米举勾[11]，
ȵy^{21} nɯ^{21} zu^{33} ɬi^{33} ʈʻu^{55}	尼能子孙照	照尼能子孙，
ȵy^{21} nɯ^{21}dʑi^{21} dzɛ^{33} ɣo^{21}	尼能丧骑得	尼能有魂马，
dʑi^{21} dʐɯ^{33} bu^{33} dʐo^{21} lu^{33}	丧牲有在了	也有了祭牲。
ʑɪ^{33} ɣo^{21} ɬu^{33} to^{33}ndʑɯ^{55}	哎之鲁朵交	鲁与朵相交，
va^{13} ȵy^{21} mo^{21} ly^{55} ly^{21}	猪青圆溜溜	青猪圆溜溜，
mɛ^{33}tʻɯ^{13} dʐɯ^{33}ndʐɯ^{33}va^{13}	火除炭收猪	破焚炭用猪，
va^{13} nɯ^{21}tso^{55}tɕʻɯ^{33}tɕʻɯ^{33}	猪红阴森森	红猪阴森森，
sɿ^{33} tʂʻɛ^{55}ŋgu^{21} ʈʻu^{33} va^{13}	斯送座管猪	送崖神用猪，

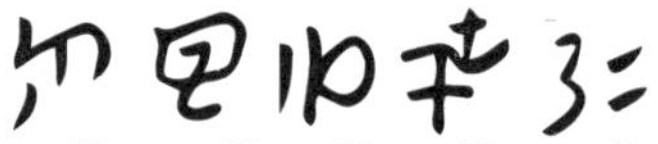

va^{13} na^{55} ko^{33} sa^{33} sa^{33} 猪黑皮涔涔 黑猪汗涔涔，

mu^{33} mi^{13} tɕɪ^{13} kɯ^{21} va^{13} 慕靡星收猪 慕靡收灾星用猪[12]，

va^{13} na^{55} dy^{21} ʂɪ^{33} tɕ‘i^{33} 猪黑灾系狗 黑猪系灾狗。

mu^{33} mi^{13} no^{21} kɯ^{21} va^{13} 慕靡病收猪 慕靡收病灾用猪，

va^{13} na^{55} ɬi^{33} tɕ‘i^{13} ʈ‘u^{13} 猪黑四脚白 四脚白黑猪，

tɕ‘o^{13} p‘i^{33} sɪ^{33} t‘ɯ^{13} va^{13} 六祖丧除猪 慕靡除犯丧用猪。

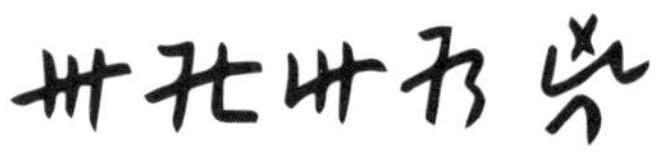

ɳy^{21} nɯ^{21} ɣa^{33} ʂʅ^{21} ʂo^{21} 尼能也什勺 尼能到什勺[13]，

mi^{33} mi^{13} ɣa^{33} dʐy^{33} ɣɯ^{21} 慕靡也举偶 慕靡到举偶[14]，

ɣo^{21} ʐɯ^{33} ɖu^{21} tɕ‘o^{13} p‘i^{55} 后也人六祖 后来的六祖[15]，

tʂ‘ɯ^{33} sɪ^{33} k‘ɯ^{21} 焚 木 荡 荡除焚尸木，

dʐɪ^{21} bo^{21} k‘ɯ^{21} lɪ^{21} lu^{33} 焚台荡来了 荡除焚尸台，

pu^{13} ɬu^{13} vɛ^{21} ɬu^{13} bu^{55} 布怪神怪背 怪布摩背怪神器，

 pu^{13} ɬu^{13} k‘u^{13} t‘u^{33} t‘u^{33}	布怪叫朗朗	发朗朗叫声，
 vɛ^{21} ɬu^{13} k‘a^{33} ʂa^{33} ʂa^{33}	神怪振莎莎	怪神器响动，
 ʂɿ^{33} ts‘u^{55} ʂo^{13} du^{21} tɯ^{33}	始楚松杖持	始楚持松杖[16]，
 a^{21} lɯ^{21} mo^{13} hɪ^{21} tɯ^{33}	阿娄莫哼持	阿娄持莫哼[17]，
 dʑy^{33}xɯ^{21} lo^{33} xɛ^{33} k‘a^{13}	深林石砂筛	筛深山选砂石，
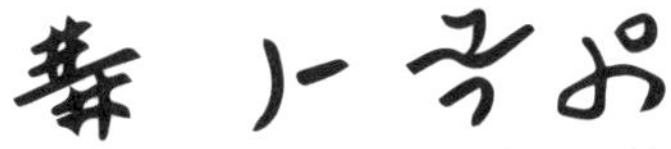 tʂ‘ɯ^{33} sɪ^{33} dʑɪ^{21} bo^{33}	焚木焚台	焚柴和焚台，
 tʂɯ^{55} lɯ^{21} va^{13} ɣa^{33} tʂ‘ɛ^{55}	收的猪也送	收了用猪送，
 ʂo^{13} lɯ^{55} va^{13} ɣa^{33}ndɯ^{33}	收的猪也破	收了用猪破，
 va^{13} na^{55} ts‘o^{21} ko^{13} ɬɛ^{55}	猪黑人命赎	用黑猪换人命，
 ly^{21} ɣo^{21} va^{13} na^{55} ly^{21}	要也猪黑要	必须用黑猪，
 ndʐɯ^{33}ɣo^{21}dʑɪ^{21}bu^{21}ndʐɯ^{33}	拆也焚台拆	把焚台拆除。
 va^{13} na^{13} t‘a^{21} k‘ɯ^{33} ly^{21}	猪黑一次求	一次用黑猪，

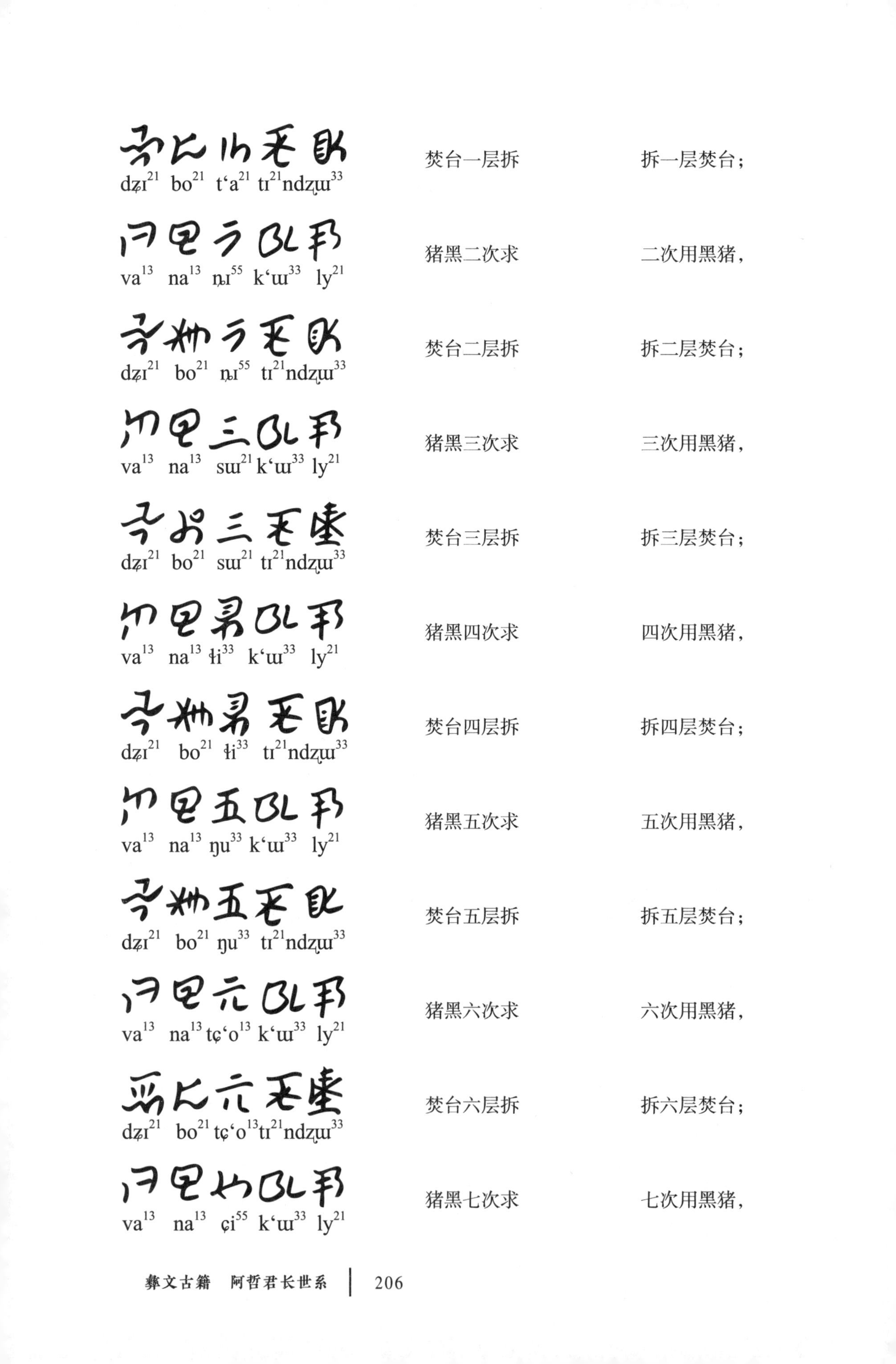

dʑɪ^{21} bo^{21} t‘a^{21} tɪ^{21}ndʐɯ^{33}	焚台一层拆	拆一层焚台；
va^{13} na^{13} ȵɪ^{55} k‘ɯ^{33} ly^{21}	猪黑二次求	二次用黑猪，
dʑɪ^{21} bo^{21} ȵɪ^{55} tɪ^{21}ndʐɯ^{33}	焚台二层拆	拆二层焚台；
va^{13} na^{13} sɯ^{21} k‘ɯ^{33} ly^{21}	猪黑三次求	三次用黑猪，
dʑɪ^{21} bo^{21} sɯ^{21} tɪ^{21}ndʐɯ^{33}	焚台三层拆	拆三层焚台；
va^{13} na^{13} ɬi^{33} k‘ɯ^{33} ly^{21}	猪黑四次求	四次用黑猪，
dʑɪ^{21} bo^{21} ɬi^{33} tɪ^{21}ndʐɯ^{33}	焚台四层拆	拆四层焚台；
va^{13} na^{13} ŋu^{33} k‘ɯ^{33} ly^{21}	猪黑五次求	五次用黑猪，
dʑɪ^{21} bo^{21} ŋu^{33} tɪ^{21}ndʐɯ^{33}	焚台五层拆	拆五层焚台；
va^{13} na^{13} tɕ‘o^{13} k‘ɯ^{33} ly^{21}	猪黑六次求	六次用黑猪，
dʑɪ^{21} bo^{21} tɕ‘o^{13} tɪ^{21}ndʐɯ^{33}	焚台六层拆	拆六层焚台；
va^{13} na^{13} ɕi^{55} k‘ɯ^{33} ly^{21}	猪黑七次求	七次用黑猪，

 dʐɪ^{21} bo^{21} ɕi^{55} tɪ^{21}ndʐɯ^{33}	焚台七层拆	拆七层焚台；
 va^{13} na^{13} hɪ^{13} k‘ɯ^{33} ly^{21}	猪黑八次求	八次用黑猪，
 dʐɪ^{21} bo^{21} hɪ^{13} tɪ^{21}ndʐɯ^{33}	焚台八层拆	拆八层焚台；
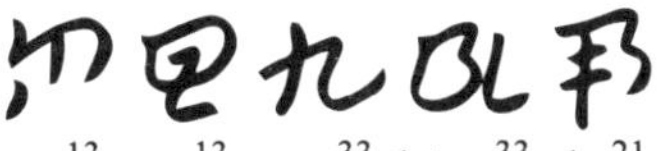 va^{13} na^{13} tɕy^{33} k‘ɯ^{33} ly^{21}	猪黑九次求	九次用黑猪，
 dʐɪ^{21} bo^{21} tɕy^{33} tɪ^{21}ndʐɯ^{33}	焚台九层拆	拆九层焚台。
 ʐo^{33} bu^{33} dɯ^{55} t‘ɯ^{13}	己 魂 世 出	灵魂离世者，
 dʐɪ^{21} bu^{21} ɣa^{33} na^{33} ʂʅ^{33}	焚台也那史	焚台和《那史》[18]，
 ʈ‘u^{55} tɕ‘u^{33} ɣa^{33} ʐa^{13} ʂa^{13}	面罩也绑带	面罩和绑带，
 kɯ^{21}mbu^{33}ɣa^{33} ʈɯ^{55}mbu^{33}	锦衣也缎衣	绸缎尸衣，
 ts‘ɛ^{13}mu^{33} ɣa^{33} dzɪ^{13} k‘ɛ^{21}	尸线也祭线	祭线与绾尸线，
 ȵɯ^{55} tɕo^{55} ɣa^{33} dzu^{21} tɕo^{55}	茶献也饭献	献茶和献饭，
 ȵy^{13} tɕ‘u^{33} ʐɯ^{33} ʔɯ^{55} bo^{21}	哭声也哭响	哭嚎之声，

 su^{33} k‘u^{33} ʐɯ^{33} la^{13} t‘i^{33}	人垫也上裹	裹尸垫盖，
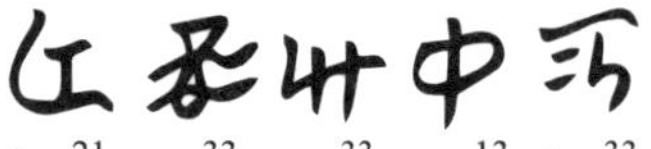 hu^{21} ʂɪ^{33} ɣa^{33} mo^{13} bu^{33}	魂捆也伤包	魂线和绷带，
 xɛ^{21} tɕo^{55} ʐɯ^{33} da^{13} tɕo^{55}	盔献也甲献	死人用盔甲，
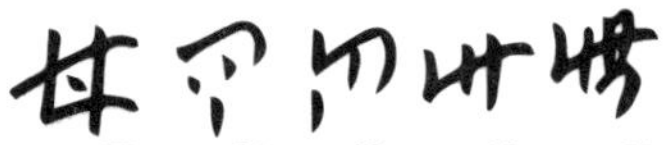 tʂɯ^{55} lɯ^{21} va^{13} ɣa^{33} tʂ‘ɛ^{55}	收了猪也送	收了用猪送。
 ʂu^{21} lɯ^{55} du^{33} ʐɯ^{33}ndɯ^{33}	污退后也破	退污秽破灾，
 ʐɯ^{21} ɣo^{21} k‘ɯ^{33}k‘ɯ^{33}mu^{33}	图也安安的	图平平安安。

注　释：

[1] 纠布：非常有震慑手段的布摩。

[2] 刺老包：又名“刺老苞”“树头菜”，属五加科。在医学专著中被称为“楤木”，亦称“鹊不踏”。落叶灌木，具刺。叶大，夏季开花，由伞形花序合成大圆锥花序。果实近似球形，紫黑色。在彝族神话《召唤日月》中，是七个太阳联合照射都不能让它枯萎的植物，为树木中的布摩。

[3] 苦叶木：一种落叶灌木，叶可食用。

[4] 鲁朵：彝族八卦中的东南和西北两卦，亦为部族名，或山林之神。

[5] 哎：哎卦，彝族八卦中的相当于先天八卦中的乾卦。

[6] 哺卦上赤八角：彝族八卦中的相当于先天八卦中的坤卦，哺、赤、八均代表地与地数。

[7] 铁角地数十：铁，代表地；十，地之最高数。

[8] 恒氏：氏族名。慕靡时期的统治氏族。

[9] 特氏：氏族名。慕靡时期与恒氏一同统治氏族。

[10] 女性架七层：这是彝族中的“乌蛮”区别于其他支系的丧葬习俗，焚尸时，女性架七层柴垛。

[11] 尼米举勾：地域名，包括了整个四川盆地及长江上游的地区，为远古时尼能部族的活动地。

[12] 收灾星用猪：一种消灾的习俗，意为把猪当作人的替身，为犯死的人替死，即将猪作为替死鬼，除猪外，还会以松、桃、蛇、茅草人等作替死鬼。

[13] [14] [15] 尼能到什勺，慕靡到举偶，后来的六祖：这是彝文文献中典型的对彝族历史时期的排序。

[16] 始楚：彝族布摩在慕靡时期的称号。

[17] 阿娄持莫哼：阿娄与阿德为彝族工匠的始祖。莫哼，彝族唢呐型乐器，据有关专家考证，莫哼的出现比唢呐还早五百年。

[18]《那史》：丧事祭祀时挂在布摩经堂的挂图和跳丧礼舞者当旗帜用的图案旗，通常绘有天地万物和人鬼神的诸多形象。

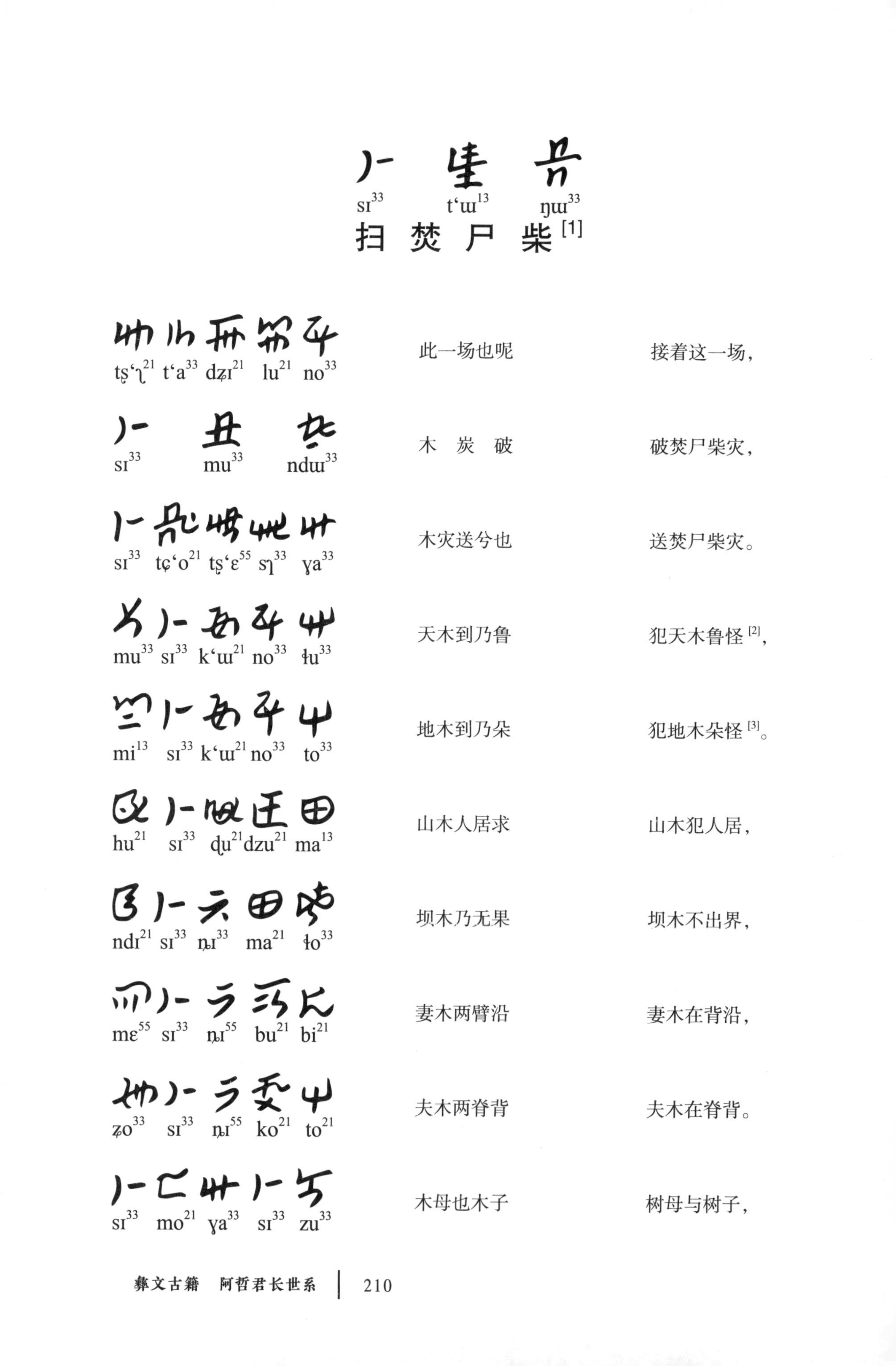

sɪ^{33} t'ɯ^{13} ŋɯ^{33}

扫焚尸柴[1]

tʂ'ʅ^{21} t'a^{33} dʑɪ^{21} lu^{21} no^{33}	此一场也呢	接着这一场，
sɪ^{33} mu^{33} ndɯ^{33}	木 炭 破	破焚尸柴灾，
sɪ^{33} tɕ'o^{21} tʂ'ɛ^{55} sʅ^{33} ɣa^{33}	木灾送兮也	送焚尸柴灾。
mu^{33} sɪ^{33} k'ɯ^{21} no^{33} ɬu^{33}	天木到乃鲁	犯天木鲁怪[2]，
mi^{13} sɪ^{33} k'ɯ^{21} no^{33} to^{33}	地木到乃朵	犯地木朵怪[3]。
hu^{21} sɪ^{33} ɖu^{21}dzu^{21} ma^{13}	山木人居求	山木犯人居，
ndɪ^{21} sɪ^{33} ȵɪ^{33} ma^{21} ɬo^{33}	坝木乃无果	坝木不出界，
mɛ^{55} sɪ^{33} ȵɪ^{55} bu^{21} bi^{21}	妻木两臂沿	妻木在背沿，
ʐo^{33} sɪ^{33} ȵɪ^{55} ko^{21} to^{21}	夫木两脊背	夫木在脊背。
sɪ^{33} mo^{21} ɣa^{33} sɪ^{33} zu^{33}	木母也木子	树母与树子，

si^{33} la^{13} ga^{13} ʐɯ^{33} sɯ^{33}　　木手背也像　　手背木第三；

sɪ^{33} p'i^{55} ɣa^{33} sɪ^{33} p'i^{33}　　木祖也木妣　　祖木和妣木，

sɪ^{33} dzɯ^{55}dzɯ^{55} ɣa^{33} dzɯ^{21}　　木花花也凑　　花花木紧凑，

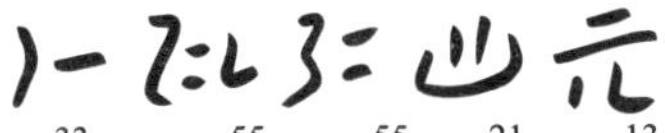

sɪ^{33} dzɯ^{55}dzɯ^{55}ɣɯ^{21}tɕ'o^{13}　　木花花也六　　还花木第六；

ɬu^{33} sɪ^{33} ɣa^{21} to^{33} sɪ^{33}　　鲁木也朵木　　山林鲁朵木，

sɪ^{33} dʐo^{13} zɛ^{21} ɣɯ^{21} tɕy^{33}　　木顶柱也九　　顶梁木第九。

pu^{13} zɯ^{33} sɛ^{21}tʂ'ɯ^{55} ɣo^{21}　　布掌主伸有　　布摩为人长志气，

ɳɪ^{21} k'u^{33} ʑi^{13} k'u^{33} tɕu^{55}　　坐规睡距间　　坐与卧之间，

sɪ^{33} mu^{33} lɪ^{21} k'o^{21}dʐa^{33}　　木炭来何样　　焚尸炭如何，

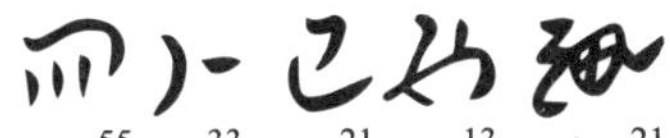

mɛ^{55} sɪ^{33} lɪ^{21} ɕi^{13} dʐʅ^{21}　　妻木来死连　　妻木连着死。

sɯ^{21} tʂ'u^{33} lɛ^{55} na^{33} ʂa^{13}　　半夜鸦黑躁　　半夜乌鸦躁，

ŋa^{33} na^{33} gu^{21} mi^{33} xɯ^{55}　　鸟黑寿衣拖　　黑鸟拖寿衣，

	dɯ^{21} tɕi^{13} mu^{33} hu^{21} sɛ^{21}	鸽子马魂牵	鸽子牵魂马，
	ɣo^{21} pu^{55} dʐɪ^{21} sɪ^{33} xɯ^{21}	鹧鸪焚木拖	鹧鸪拖焚尸柴，
	va^{13} na^{55} dʐɪ^{21} sɪ^{33}ndʐɯ^{33}	猪黑焚木收	黑猪收焚尸柴，
	ndʐɯ^{33}ɣo^{21}ʑo^{33}bu^{33}dɯ^{55}tʻɯ^{33}ndʐɯ^{33}	收也己魂世离收	收回离世魂，
	ndʐɯ^{33}ɣo^{21}tʂʻɯ^{33}sɪ^{33}dʐɪ^{21}bo^{21}ndʐɯ^{33}	收也焚木焚台收	收焚柴焚台。
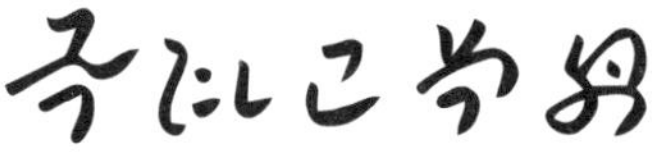	dʐɪ^{21} vi^{13} lɪ^{21} kʻo^{21}dʐa^{33}	丧灾来所在	凡犯死之灾，
	mi^{21} ȵɪ^{55} dʐɪ^{21} ɕi^{55} tɪ^{21}	女性丧七层	女性七层焚台，
	ko^{21} mo^{21} dʐɪ^{21} tɕy^{33} tɪ^{21}	男性丧九层	男性九层焚台，
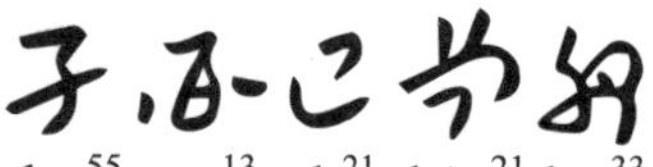	dɯ^{55} su^{13} lɪ^{21} kʻo^{21}dʐa^{33}	说者来所在	凡涉及到的，
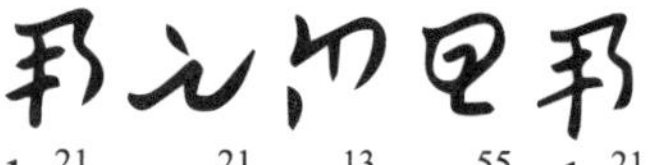	ly^{21} ɣo^{21} va^{13} na^{55} ly^{21}	求也猪黑求	必须用黑猪，
	ndʐɯ^{33}ɣo^{21}dʐɪ^{21}bu^{21}ndʐɯ^{33}	收也焚台收	收焚台之灾。
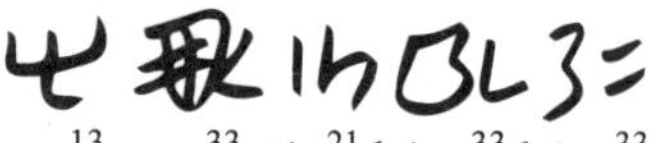	pu^{13} ŋɯ^{33} tʻa^{21} kʻɯ^{33} kʻɯ^{33}	布我一声叫	布摩我发声，

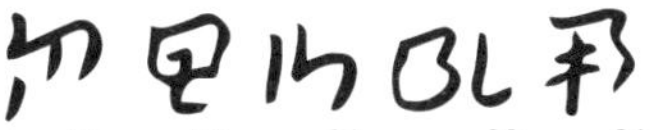 va^{13} na^{55} t‘a^{21} k‘ɯ^{33} ly^{21}	猪黑一次求	一次用黑猪，
 dʐɪ^{21} bo^{21} t‘a^{21} tɪ^{21}ndʐɯ^{33}	焚台一层拆	拆一层焚台；
 pu^{13} ŋɯ^{33} ȵɪ^{55}k‘ɯ^{33}k‘ɯ^{33}	布我二声叫	布摩发两声，
 va^{13} na^{55} ȵɪ^{55} k‘ɯ^{33} ly^{21}	猪黑二次求	二次用黑猪，
 dʐɪ^{21} bo^{21} ȵɪ^{55} tɪ^{21}ndʐɯ^{33}	焚台二层拆	拆二层焚台；
 pu^{13} ŋɯ^{33} sɯ^{33} k‘ɯ^{33} k‘ɯ^{33}	布我三声叫	布摩发三声，
 va^{13} na^{55} sɯ^{33} k‘ɯ^{33} ly^{21}	猪黑三次求	三次用黑猪，
 dʐɪ^{21} bo^{21} tɕy^{33} tɪ^{21}ndʐɯ^{33}	焚台九层拆	拆九层焚台。
 lu^{21} ʐɯ^{33} tɕy^{33} dʐo^{13} t‘ɛ^{33}	牛也九次倒	打九遍牛牲，
 dʐɪ^{21} bo^{21} tɕy^{33} tɪ^{21} bu^{33}	丧台九层破	破九层丧台。
 dʐɪ^{21} tu^{13} va^{13} lɪ^{21} tu^{13}	丧立猪来立	用猪架柴楼，
 dʐɪ^{21} ȶ‘a^{33} va^{13} lɪ^{21} ȶ‘a^{33}	丧破猪来破	用猪破焚台。

 ndʐɯ^{33} ɣo^{21} mu^{33} tɕ'u^{33} ma^{21} ndʐɯ^{33}	收也炭园不收	不收散木炭，
 ŋgɛ^{33} dzo^{33} gu^{33} tɛ^{13}	插 矛 立 盾	插矛竖盾，
 ʈ'ɛ^{33} ʈ'u^{13} tɕi^{13} ȵy^{21}	灵 台 顶 青	将青顶灵台，
 ʑo^{33} bu^{33} ɣa^{33} dɯ^{55} t'ɯ^{13}	己魂也世离	离世的灵魂，
 gu^{21} mu^{33} ʐɯ^{33} gu^{21} ʂa^{13}	尸衣也尸裙	尸衣尸裙，
 xɯ^{21} ʑi^{33} ɣa^{33} ȵɯ^{55} tʂ'ʅ^{21}	献水也茶谷	死者的茶水，
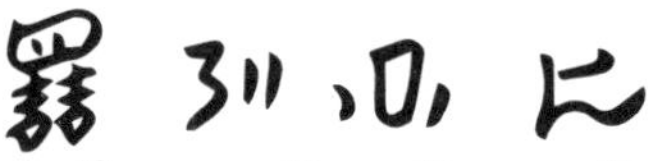 ȵy^{13} tɕ'u^{55} ʔɯ^{55} bu^{21}	哭 声 嚎 叫	哭嚎的声音，
 k'o^{21} ʐɯ^{33} la^{13} t'i^{33}	垫 也 上 裹	裹尸垫盖，
 mu^{33} ndu^{21} pu^{13} t'ɯ^{33}	牲 打 棍 棒	打牲棍棒，
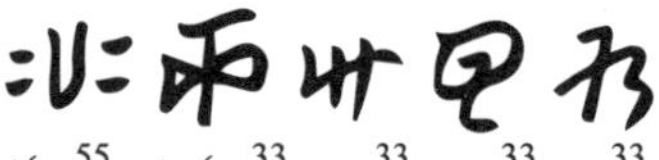 ʈ'u^{55} tɕ'u^{33} ɣa^{33} na^{33} ʂʅ^{33}	面罩也那史	面罩和《那史》，
 ve^{13} tɕo^{55} ɣa^{33} gu^{55} tɕo^{55}	穿灾也戴灾	死人衣物，
 tʂɯ^{55} lɯ^{21} sɪ^{33} k'ɪ^{33} tʂ'ɛ^{55}	收了木上挂	连丧柴一起收，

 ndɯ^{33}lɯ^{55}k‘ɯ^{21} tɕ‘ɯ^{33} hu^{21}	破的克园必	破后交给克神，
 ndʐɯ^{55}tɕ‘ɯ^{21}hu^{21}ʐɯ^{33}ʈ‘ɯ^{21}	窘园必园放	交给窘神处置。
 ʐɯ^{21} ɣo^{21} k‘ɯ^{33}k‘ɯ^{33}mu^{33}	图也安安的	图平平安安。
 tʂ‘ʅ^{21} t‘a^{33} dʐɪ^{21} lu^{21} no^{33}	此一场也呢	接着这一场，
 p‘i^{55} sɪ^{33} ɣa^{33} p‘i^{33} sɪ^{33}	祖木也妣木	祖妣的焚木，
 ndʐo^{21} ʐɯ^{21} ʐɪ^{13}	送 也 灵	送得灵验，
 sɪ^{33} ndʐo^{21} ʐɯ^{21}	木 送 也	焚木送得出，
 zɛ^{55} ȵy^{21} gu^{21} ʐɯ^{33}tʂ‘ɛ^{55}	箐青处也遣	送到青山里，
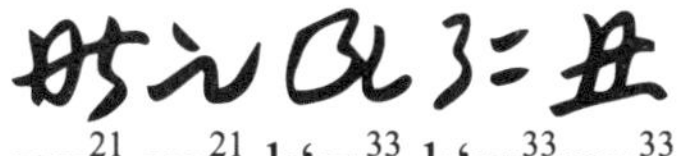 ʐɯ^{21} ɣo^{21} k‘ɯ^{33} k‘ɯ^{33}mu^{33}	图也安安的	图平平安安。
 sɪ^{33} mu^{33} ndɯ^{33}	木 炭 破	破焚尸柴灾，
 sɪ^{33} tɕ‘o^{21} tʂ‘ɛ^{55} ʐɯ^{33} du^{55}	木打发以后	把灾难打发，

 vi^{13} ɣo^{21} hu^{21} ȵɪ^{21} tsɯ^{13}	灾也百二十	所有的灾难，
 a^{21} lɯ^{21} hɛ^{33} du^{33} lɯ^{55}	阿娄吉处去	交阿娄去送，
 ndɯ^{33} k‘ɯ^{33} tɕy^{33} tɪ^{21}	破克九层	破后过九层克神道[4]，
 ndʑɯ^{55}tɕy^{33}tɪ^{21} ʑɯ^{33} ʈ‘ɯ^{21}	窘九层也越	九层窘神道[5]，
 ʑɯ^{21} ɣo^{21} k‘ɯ^{33}k‘ɯ^{33}mu^{33}	图也安安的	图平平安安。

注 释：

[1] 焚尸柴：又称“阴木”，彝族崇黑的部分实行火葬，即用木柴来焚烧尸体。文所用的“木”代表焚尸柴薪，引伸意为“犯死灾”。

[2] [3] 鲁怪，朵怪：鲁怪和朵怪被认为是所有邪恶之源。

[4] [5] 克神道，窘神道：即收灾、背灾的克神和窘神的道路。

sɿ^{55} ʂu^{33} ndɯ^{33}

破司署鬼[1]

sɿ^{55} ʂu^{33} tʂɯ^{55} lɯ^{21}ndɯ^{33}

司署收了破　　收司署并破除。

sɿ^{55} so^{21} sɿ^{55} zu^{33} tɕy^{33}

斯索司子九　　九个斯索司鬼[2]，

lɯ^{55} ɣo^{21} ʂu^{55} zu^{33} hɪ^{13}

娄娲署子八　　八个娄娲署鬼[3]，

sɿ^{55} ʐɯ^{33} tu^{13} bu^{55} dzu^{33}

司也杜波阻　　司鬼中的杜波阻[4]，

ʂu^{55} ʐɯ^{33} tɕi^{13} tʻo^{33} xɯ^{21}

署之纪妥侯　　署鬼中的纪妥侯[5]，

sɿ^{55} zu^{33} tsʻo^{21} dzu^{33}pʻu^{55}

司子人食族　　均为食人族，

tʂʻɿ^{21} kɯ^{21} lɪ^{33} ma^{21}dʐu^{13}

此收来不靠　　收拾无遗漏，

a^{21} hɛ^{21} tʂɯ^{55} lɯ^{21}ndɯ^{33}

而今收了破　　收了来破除。

pu^{13} zɯ^{33} sɛ^{21} tʂʻɯ^{55} ɣo^{21}

布掌主伸有　　布摩为人长志气，

ɖu^{21} dzu^{21}tʂʻɯ^{55} ɣo^{21} ʐɪ^{13}

人居发之家　　兴旺的人家，

 sɿ^{55} kɯ^{21} bu^{21} ȵy^{21}tɕ‘y^{13}	司收山青角	收高山司鬼，
 ʂu^{55} kɯ^{21} lo^{21} nɯ^{21} k‘o^{21}	署收谷赤蹄	降深谷署鬼，
 k‘o^{21} ʐɯ^{33} tʂ‘ɛ^{55}	凡 也 送	全都打发掉。
 ʐɯ^{21} ɣo^{21}k‘ɯ^{33}k‘ɯ^{33}mu^{33}	图也安安的	图平平安安。

注 释：

[1] 司署鬼：专门捉拿人的灵魂，使人死亡的鬼，分有十二大类。

[2] 斯索司鬼：高空的风神，风神下属的勾魂鬼。

[3] 娄娲署鬼：低空的风神，风神下属的勾魂鬼。

[4] 杜波阻：原本为雷神，因雷击人和动植物而被列入勾魂鬼。

[5] 纪安侯：雷神里的斧神，因攻击人和动植物而被列入勾魂鬼。

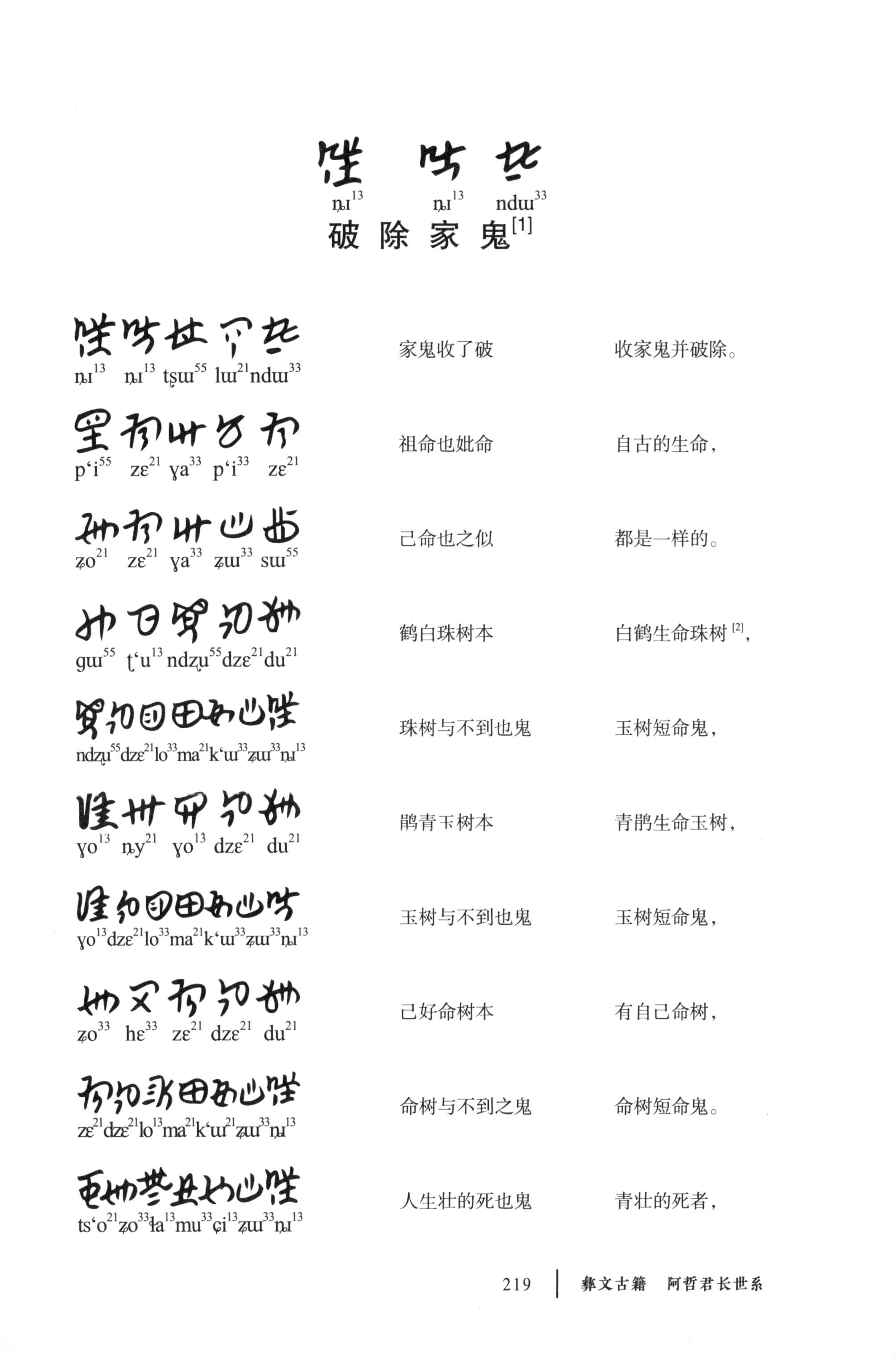

ȵɹ13 ȵɹ13 ndɯ33

破除家鬼[1]

ȵɹ13 ȵɹ13 tʂɯ55 lɯ21 ndɯ33	家鬼收了破	收家鬼并破除。
p'i55 zɛ21 ɣa33 p'i33 zɛ21	祖命也妣命	自古的生命，
ʑo21 zɛ21 ɣa33 ʑɯ33 sɯ55	己命也之似	都是一样的。
gɯ55 ʈ'u13 ndʐu55 dzɛ21 du21	鹤白珠树本	白鹤生命珠树[2]，
ndʐu55 dzɛ21 lo33 ma21 k'ɯ33 ʑɯ33 ȵɹ13	珠树与不到也鬼	玉树短命鬼，
ɣo13 ȵy21 ɣo13 dzɛ21 du21	鹃青玉树本	青鹃生命玉树，
ɣo13 dzɛ21 lo33 ma21 k'ɯ33 ʑɯ33 ȵɹ13	玉树与不到也鬼	玉树短命鬼，
ʑo33 hɛ33 zɛ21 dzɛ21 du21	己好命树本	有自己命树，
zɛ21 dzɛ21 lo13 ma21 k'ɯ21 ʑɯ33 ȵɹ13	命树与不到之鬼	命树短命鬼。
ts'o21 ʑo33 ɬa13 mu33 ɕi13 ʑɯ33 ȵɹ13	人生壮的死也鬼	青壮的死者，

	sɪ^{33}ʑo^{33}ȵɪ^{21}mu^{33}dɛ^{33}ʑɯ^{33}ȵɪ^{13}	树长青的倒也鬼	少年短命鬼，
	ȵy^{21} dy^{33} dy^{33}	青　幽　幽	好比青苗，
	vu^{33} ȵɪ^{13} zo^{21} ʑɯ^{33} ȵɪ^{13}	雪霜中也鬼	霜雪冻死鬼。
	ha^{33} tɕʻɪ^{21} tɕʻɪ^{21}	涨　腾　腾	好比开水，
	a^{33} dʑa^{55} tʻu^{55} ʑɯ^{33} ȵɪ^{13}	阿冷停也鬼	被冰浇冷鬼，
	no^{21}ʂu^{55}tsʻɿ^{33}ma^{21}zo^{21}ʑɯ^{33}ȵɪ^{13}	病鬼药不服也鬼	药不医的鬼。
	ɕi^{13}ʂu^{55}mo^{13}ma^{21}ʑu^{21}ʑɯ^{33}ȵɪ^{13}	死神尸不收也鬼	不收尸的鬼，
	ʑi^{21}ɣo^{21}mo^{13}ma^{21}tsʻɛ^{21}ʑɯ^{33}ȵɪ^{13}	水底尸不捞也鬼	不捞尸的鬼，
	sɿ^{55} ȵɿ^{13} ɣa^{33} ʂu^{55} ȵɪ^{13}	司鬼也署鬼	变司署的鬼，
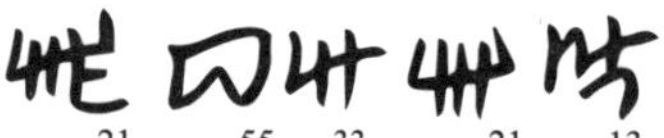	ŋgu^{21} ȵɯ^{55}ɣa^{33} ŋgu^{21} ȵɪ^{13}	横鬼也卧鬼	抛弃尸体鬼，
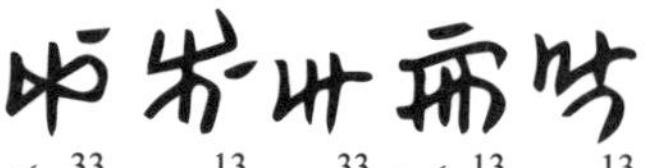	tʻɛ^{33} ȵɪ^{13} ɣa^{33} tʂʻɪ^{13} ȵɪ^{13}	倒鬼也冷鬼	孤魂与野鬼，
	a^{21} hɛ^{21} tʂɯ^{55} lɯ^{21} ndɯ^{33}	而今收了破	全收拢破除，

sɪ^{33} mu^{33} k‘ɪ^{55} lɯ^{33} tʂ‘ɛ^{55}

木炭上也送　　丧灾一并送，

sɪ^{33} ʐɛ^{21} tɕu^{55} lɯ^{33} ndʐɯ^{33}

木缘同也团　　犯死一同破。

ʐɯ^{21} ɣo^{21} k‘ɯ^{33} k‘ɯ^{33} mu^{33}

图也安安的　　图平平安安。

注　释：

[1] 家鬼：以户为单位的人家过世的人因为特殊原因没有被人收尸，没有祭祀与安置死者的灵魂，认为家里有灾难系它们所为，因而进行破除。

[2] 生命珠树：即生命树，布摩根据人出生的年月日时，从《吉禄札苏》里推算出某一种植物为其生命树，如生命树断者意味其短命，这里主要是列举家里各种带有短命鬼的灾难进行破除。

ko^{13} ɬɛ^{55} ŋɯ^{33}
赎 性 命[1]

	nu^{33} no^{33} ko^{13} ɬɛ^{55} ɣa^{33}	后乃命赎也	后赎回性命。
	ʑi^{21} mo^{21} zu^{33} tʻa^{21}dzɯ^{21}	河大子一对	大河的两子，
	ʔu^{33} ko^{13} pʻi^{33} mu^{33} dʐo^{21}	生命价也量	生命本无价；
	na^{33} lɯ^{21} zu^{33} tʻa^{21}dzɯ^{21}	消沉子一对	消沉的两子，
	na^{33} sɛ^{33} pʻi^{21} mu^{33} dʐo^{21}	生命价也量	为生命讨价。
	tʻu^{21} ʐɿ^{33} sɿ^{33}tʂʻɯ^{55} le^{33}	纸张木顶卷	纸张卷树尖，
	tʻu^{21} ʐɿ^{33} tsʻo^{21} ko^{13} ɬɛ^{55}	纸张人命赎	纸张赎生命，
	sɿ^{33} tʂɯ^{33} tsʻo^{21} ko^{13} po^{55}	木顶人命替	树尖为替身，
	tʂʻʅ^{21} dʐo^{21} tsʻo^{21} ma^{21} ʐɯ^{21}	此在人不靠	不要望靠人，
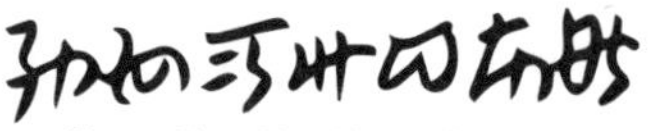	tʂʻʅ^{21}dʐo^{21}bu^{21}ɣa^{33}nɯ^{13}ka^{55}ʐɯ^{21}	此在羊也猪专靠	要依靠猪羊。

	ŋu^{33} dzu^{21} dzu^{33} su^{13} p'e^{13}	五饭吃者呕	吃绝命饭呕吐，
	ŋu^{33} ʑi^{21} ndo^{21} su^{13} p'e^{13}	五水饮者呕	饮绝命水呕吐。
	ŋu^{33} sɪ^{33} k'ɪ^{33} ʈ'ɯ^{55}	五 木 伐 放	脱离焚尸木，
	ŋu^{33} ʑi^{21} dʑy^{21} ts'ɿ^{33} ŋgo^{21}	五水身涤离	避开洗尸水，
	ʂu^{21} k'o^{21} k'ɯ^{33} ʑɯ^{33} ʑa^{33}	亡饭嘴也涤	吐出绝命饭，
	vu^{55} ɣa^{33} k'ɯ^{33} ʑɯ^{33} ka^{55}	鸡也嘴也放	放到鸡嘴里，
	gu^{21} mu^{33} lɛ^{21} ʑɯ^{33} lɯ^{13}	尸衣颈也退	把尸衣卸下，
	vu^{55} ɣa^{33} lɛ^{21} ʑɯ^{33} ʈu^{33}	鸡也颈也套	套在鸡颈上，
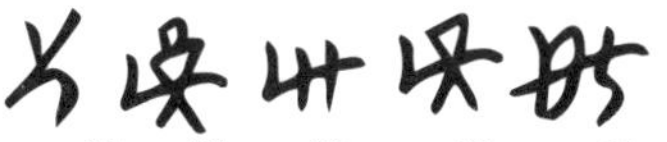	mu^{33}tsɛ^{55} ɣa^{33} dzɛ^{33} ʑɯ^{21}	马魂也骑去	离开驮魂马，
	ȵy^{33}ȵɯ^{55} ɣa^{33} no^{21} ʑɯ^{21}	牛牲也赶去	离开丧祭牲，
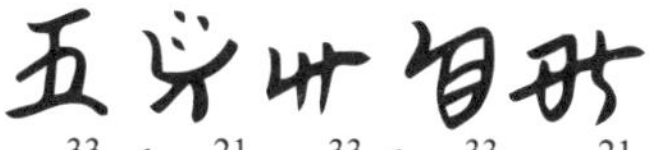	ŋu^{33} dzu^{21} ɣa^{33} dzu^{33} ʑɯ^{21}	五饭也吃去	离开绝命饭，
	ŋu^{33} nu^{55} ɣa^{33} ndɯ^{21} ʑɯ^{21}	五事也办去	死事挡回去，

 ŋu^{33} ve^{13} ɣa^{33} ve^{13} ʑɯ^{21}	五穿也穿去	脱去死人衣，
 ŋu^{33} gu^{55} ɣa^{33} gu^{55} ʑɯ^{21}	五装也装去	褪去死人装。
 tʂʻʅ^{21} dʐo^{21} tsʻo^{21}ma^{21}ʑɯ^{21}	此在人不去	人不去死界，
 tʂʻʅ^{21} dʐo^{21} vu^{55} ka^{55} ʑɯ^{21}	此在鸡专去	让鸡去死界，
 tʂʻʅ^{21} dʐo^{21} tɯ^{55} ma^{21} bu^{33}	此在单不了	还不仅如此，
 bɛ^{21} tʂʻu^{33} sɪ^{33} tʻa^{21} dzɛ^{13}	柿子树一棵	如棵柿子树，
 zɛ^{21} mu^{33} vu^{55} ka^{55} ʑɯ^{21}	命作鸡专应	死灾让给鸡，
 tsʻo^{21}ko^{13} vu^{55} lɪ^{21} po^{55}	人命鸡来赎	鸡作人替身，
 tsʻo^{21} ko^{13} vu^{55} lɪ^{21} ɬɛ^{55}	人命鸡来替	用鸡赎人命，
 ko^{13}ɬɛ^{55}ɣa^{33}ko^{13}po^{55}ɣa^{21}dɪ^{13}	命赎命替也要	要替身去赎回命。
 ʑɯ^{21} ɣo^{21} kʻɯ^{33}kʻɯ^{33}mu^{33}	图也安安的	图平平安安。

注　释：

[1] 赎性命：这里的赎性命原义指换回性命，但该词也有替身等引申义。赎性命即将鸡、猪、蛇、狗等作为替死鬼，除此，还会以松、桃、茅草人等作替死鬼。

vi^{13} bu^{33} tʂɯ^{55}

收灾祸

	nu^{33} no^{33} bu^{21} tʂɯ^{55} ɣa^{33}	再乃祸收也	专门收灾祸。
	sɯ^{21} tɕʻy^{13} sɯ^{33} nu^{33} tʻo^{21}	三角三耳下	三角三耳怪，
	ʂo^{13} du^{21} ɬɛ^{13} du^{21} dʐɪ^{21}	松杖桃杖生	生松杖桃杖；
	ɬu^{33} po^{33} to^{33} ɣo^{21} tʻo^{21}	鲁连朵以下	鲁与朵交合，
	dʐi^{33} du^{21} xɯ^{21} du^{21} dʐɪ^{21}	铜杖铁杖生	生铜杖铁杖，
	ȵy^{21} du^{21} nɯ^{21} du^{21} tʻo^{21}	青杖赤杖下	生青杖赤杖，
	ndʐo^{55} du^{21} bo^{21} du^{21} dʐɪ^{21}	藤杖蔓杖生	生藤杖蔓杖。
	tɕʻo^{13} du^{21} po^{55} ʂɪ^{33} ʂɪ^{33}	六杖威凛凛	六条杖威凛，
	hɪ^{13} dʐo^{21} va^{13} nu^{33} nu^{33}	八棍肃然然	八条棍肃然，
	vi^{13} bu^{33} tʻy^{21} lɪ^{21} tʂɯ^{55}	灾事它来收	把灾难收拾，

ho^{21} bu^{33} t‘y^{21} lɪ^{21} ʂo^{21}

祸事它来理　　把祸事收拾。

ndzu^{33}vi^{13}gɯ^{55} lɪ^{21} tʂɯ^{55}

君灾鹤来收　　鹤为君收灾，

mu^{55} vi^{13} ɣo^{13} lɪ^{21} tʂɯ^{55}

臣灾鹃来收　　鹃为臣收灾，

pu^{13} vi^{13} ʈa^{13} lɪ^{21} tʂɯ^{55}

布灾鹰来收　　鹰收布摩灾，

tʂ‘ʅ^{21} ʐɯ^{33} gɯ^{55}

此　也　鹤　　此非寻常鹤，

tʂ‘ʅ^{21} ʐɯ^{33} ɣo^{13}

此　也　鹃　　此非寻常鹃，

tʂ‘ʅ^{21} ʐɯ^{33} ʈa^{13} ma^{55} ŋɯ^{21}

此也鹰不是　　此非寻常鹰。

tɛ^{13} mɛ^{33} ma^{21} ʈu^{33} gɯ^{55}

云际不唳鹤　　是鹤不在云端唳，

ts‘u^{33}lu^{33} ma^{21} zu^{33} ɣo^{13}

地间不鸣鹃　　是鹃不在地上鸣，

hɪ^{21} gu^{21} ma^{21} dzʮ^{55} ʈa^{13}

天空不唤鹰　　是鹰不在空中叫，

sɯ^{33} vi^{13} t‘y^{21} lɪ^{21} tʂɯ^{55}

三灾它来收　　是三大收灾使者。

ndzu^{33} vi^{13} zɪ^{13}

君　灾　豹　　豹来收君灾，

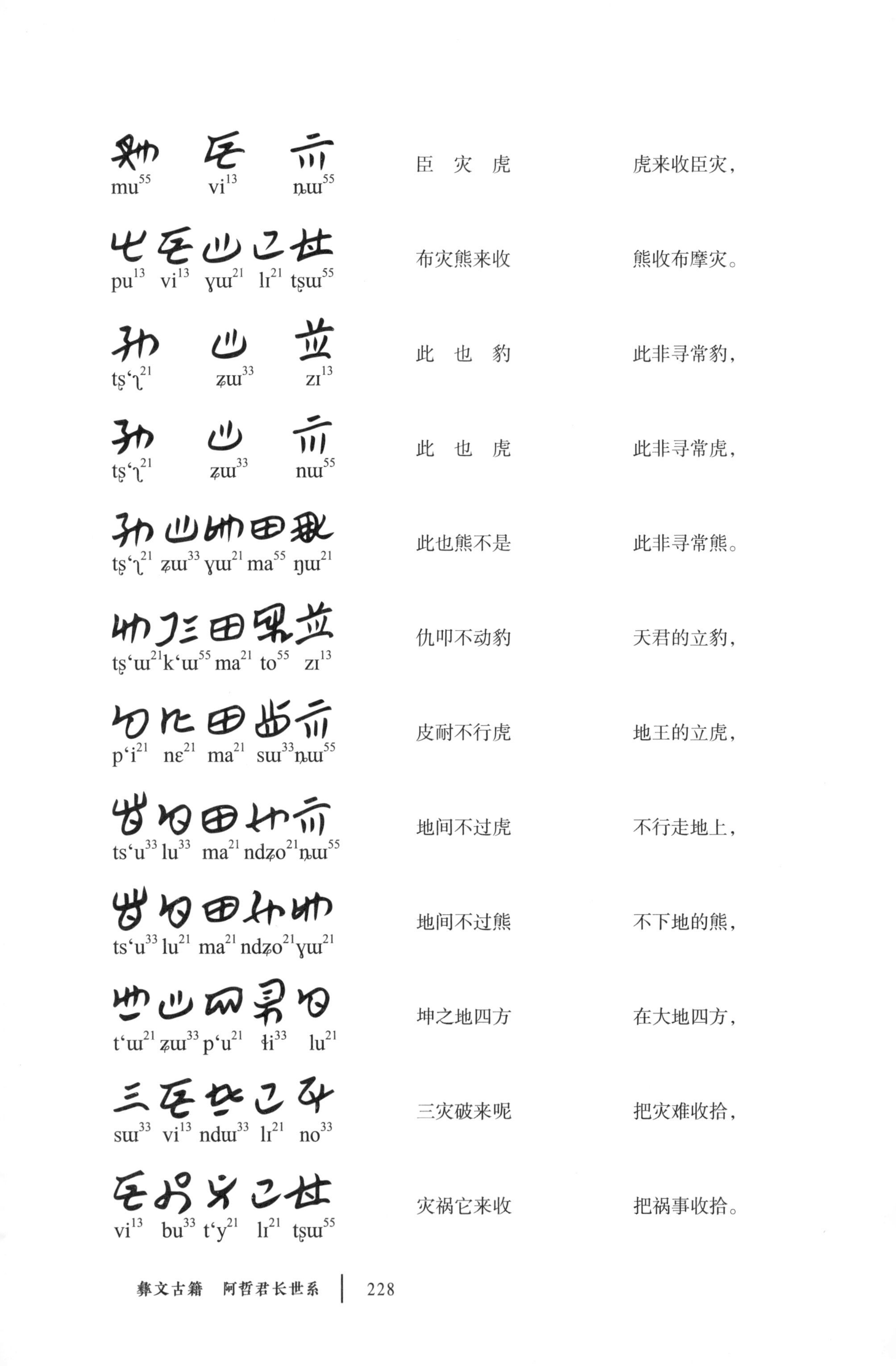

mu^{55} vi^{13} ɳɯ^{55}	臣　灾　虎	虎来收臣灾，
pu^{13} vi^{13} ɣɯ^{21} lɪ^{21} tʂɯ^{55}	布灾熊来收	熊收布摩灾。
tʂʻʅ^{21} ʐɯ^{33} zɪ^{13}	此　也　豹	此非寻常豹，
tʂʻʅ^{21} ʐɯ^{33} nɯ^{55}	此　也　虎	此非寻常虎，
tʂʻʅ^{21} ʐɯ^{33} ɣɯ^{21} ma^{55} ŋɯ^{21}	此也熊不是	此非寻常熊。
tʂʻɯ^{21} kʻɯ^{55} ma^{21} to^{55} zɪ^{13}	仇叩不动豹	天君的立豹，
pʻi^{21} nɛ^{21} ma^{21} sɯ^{33} ɳɯ^{55}	皮耐不行虎	地王的立虎，
tsʻu^{33} lu^{33} ma^{21} ndʐo^{21} ɳɯ^{55}	地间不过虎	不行走地上，
tsʻu^{33} lu^{21} ma^{21} ndʐo^{21} ɣɯ^{21}	地间不过熊	不下地的熊，
tʻɯ^{21} ʐɯ^{33} pʻu^{21} ɬi^{33} lu^{21}	坤之地四方	在大地四方，
sɯ^{33} vi^{13} ndɯ^{33} lɪ^{21} no^{33}	三灾破来呢	把灾难收拾，
vi^{13} bu^{33} tʻy^{21} lɪ^{21} tʂɯ^{55}	灾祸它来收	把祸事收拾。

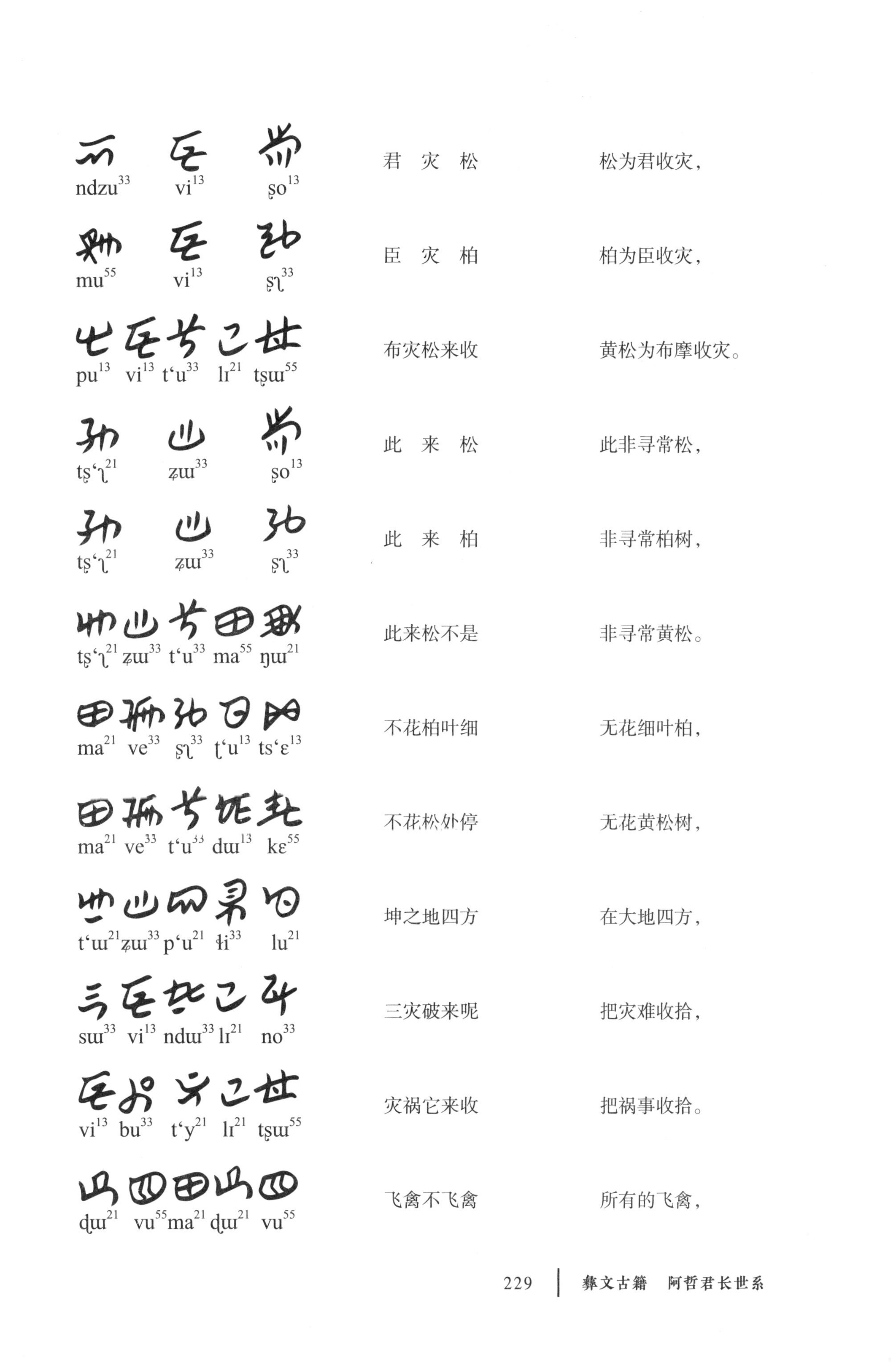

ndzu^{33} vi^{13} ʂo^{13}	君　灾　松	松为君收灾，
mu^{55} vi^{13} ʂʅ^{33}	臣　灾　柏	柏为臣收灾，
pu^{13} vi^{13} tʻu^{33} lɪ^{21} tʂɯ^{55}	布灾松来收	黄松为布摩收灾。
tʂʻʅ^{21} ʐɯ^{33} ʂo^{13}	此　来　松	此非寻常松，
tʂʻʅ^{21} ʐɯ^{33} ʂʅ^{33}	此　来　柏	非寻常柏树，
tʂʻʅ^{21} ʐɯ^{33} tʻu^{33} ma^{55} ŋɯ^{21}	此来松不是	非寻常黄松。
ma^{21} ve^{33} ʂʅ^{33} ʈʻu^{13} tsʻɛ^{13}	不花柏叶细	无花细叶柏，
ma^{21} ve^{33} tʻu^{33} dɯ^{13} kɛ^{55}	不花松处停	无花黄松树，
tʻɯ^{21} ʐɯ^{33} pʻu^{21} ɬi^{33} lu^{21}	坤之地四方	在大地四方，
sɯ^{33} vi^{13} ndɯ^{33} lɪ^{21} no^{33}	三灾破来呢	把灾难收拾，
vi^{13} bu^{33} tʻy^{21} lɪ^{21} tʂɯ^{55}	灾祸它来收	把祸事收拾。
ɖɯ^{21} vu^{55} ma^{21} ɖɯ^{21} vu^{55}	飞禽不飞禽	所有的飞禽，

	lɯ^{55} hɪ^{21} vi^{13} bu^{33} tʂɯ^{55}	闺房灾祸收	收家中灾祸，
	sɯ^{33} ȵɪ^{55} ma^{21} sɯ^{33} ȵɪ^{55}	走兽不走兽	所有的走兽，
	ȵɯ^{55} tɕɯ^{21} vi^{13} bu^{33} tʂɯ^{55}	彝园灾祸收	收家园灾祸。
	bu^{33} lu^{33} ma^{21} bu^{33} lu^{33}	蝴蝶不蝴蝶	所有的蝴蝶，
	k‘u^{33} hu^{33} vi^{13} bu^{33} tʂɯ^{55}	威势灾祸收	为威势收灾。
	vu^{55} nɯ^{21} nɯ^{21} lɯ^{55}ndɯ^{33}	鸟红红裙围	围红裙红鸟，
	dʐi^{21} lu^{21} vi^{13} bu^{33} tʂɯ^{55}	命运灾祸收	为命运收灾。
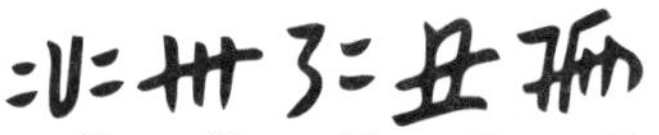	ʈ‘u^{55} ȵy^{21} ȵy^{21} mu^{33} ve^{13}	面青青的穿	穿青青面人，
	zɛ^{21} k‘a^{33} vi^{13} bu^{33} tʂɯ^{55}	寿命灾祸收	为寿命收灾。
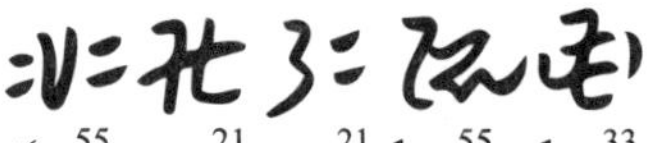	ʈ‘u^{55} nɯ^{21} nɯ^{21} lɯ^{55}ndɯ^{33}	面红红裙围	围裙红面人，
	kɛ^{55} fu^{33} vi^{13} bu^{33} tʂɯ^{55}	贵富灾祸收	为富贵收灾。
	ndɯ^{33}lɯ^{55} hu^{21} ɣa^{33} lu^{33}	破与马与牛	破后给牛马，

bu^{21} ɣa^{33} n̥ɯ^{55} ʐɯ^{33}k'ɯ^{33}	羊与猪也迎	给猪羊带走。
ʐɯ^{21} ɣo^{21}k'ɯ^{33}k'ɯ^{33}mu^{33}	图也安安的	图平平安安。

lɯ^{55} hɪ^{21} vi^{13} t'a^{21} fa^{13}	闺房灾别藏	家里别藏灾，
lɯ^{55} hɪ^{21} vi^{13} fa^{13} no^{33}	闺房灾藏呢	家里若藏灾，
lɯ^{55} hɪ^{21} na^{33} lɯ^{21} gɯ^{33}	闺房黑暗了	就无光明了；
n̥ɹ^{55} tɕ'ɯ^{21} vi^{13} t'a^{21} fa^{13}	彝园灾别藏	家园别藏灾，
n̥ɹ^{55} tɕ'ɯ^{21} vi^{13} fa^{13} no^{33}	彝园灾藏呢	家园藏着灾，
n̥ɹ^{55} tɕ'ɯ^{21} vu^{33} lɯ^{21} gɯ^{33}	彝园窄去了	家园就毁了；
ɣɯ^{21} tʂɛ^{13} vi^{13} t'a^{21} fa^{13}	廪仓灾别藏	仓廪别藏灾，
ɣɯ^{21} tʂɛ^{13} vi^{13} fa^{13} no^{33}	廪仓灾藏呢	仓廪藏着灾，
ɣɯ^{21} tʂɛ^{13} gu^{55} lɯ^{21} gɯ^{33}	廪仓空的了	仓廪就空了；

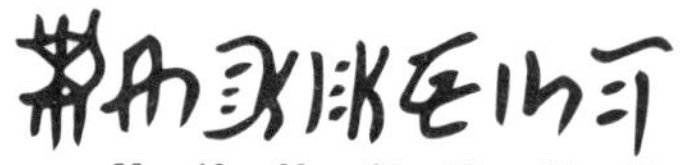	tɕʻu^{55}ɬy^{13}lo^{33}gu^{21}vi^{13}tʻa^{21}fa^{13}	园旧石圈灾别藏	石围园子别藏灾，
	tɕʻu^{55}ɬy^{13}lo^{33}gu^{21}vi^{131}fa^{13}no^{33}	园旧石圈灾藏呢	石围园子藏着灾，
	sɯ^{21} kʻa^{33} kʻɯ^{21} lɪ^{21} gɯ^{33}	叟卡到来了	叟卡灾难就来了 [1]。
	lɯ^{55} hɪ^{21} ɬi^{33} lu^{21} lu^{21}	闺房四方方	在家的四方，
	sɯ^{21} kʻa^{33} vi^{13} kʻo^{21} dʐa^{33}	叟卡灾凡在	凡有叟卡在，
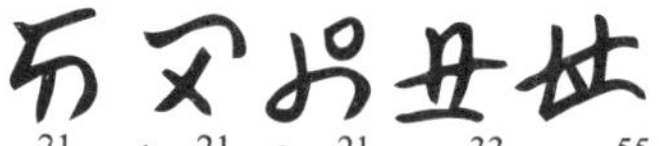	a^{21} hɛ^{21} bu^{21} mu^{33} tʂɯ^{55}	而今祸作收	当祸患收拾，
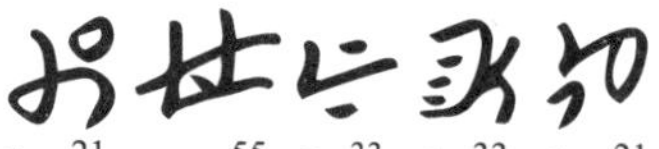	bu^{21} tʂɯ^{55} dy^{33} lo^{33} dzɛ^{21}	祸收净了落	收干净为止。
	nu^{33} no^{33} vi^{13} ʂu^{21} ɣa^{33}	再乃灾理也	把灾难清理。
	ȵy^{21} ʂu^{21} sɪ^{33} tʻa^{21} dzɛ^{13}	青理木一棵	清一棵青树，
	nɯ^{21} ʂu^{21} lu^{33} tʻa^{21} mo^{13}	赤理石一个	清一个赤石，
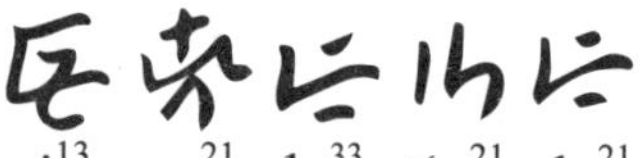	vi^{13} ʂu^{21} dy^{33} tʻa^{21} dy^{21}	灾理难一难	清一道灾难。
	mu^{33} ɣo^{13} vu^{55} ʈʻu^{13} bu^{21}	天南乌吐博	南边乌吐博 [2]，

	vu^{55} bu^{33} ʈa^{13} lɪ^{21} tʂɯ^{55}	鸟祸鹰来收	鹰为鸟收祸，
	mi^{33} k‘ɛ^{33} zɪ^{13} hu^{21} lu^{33}	天北任洪鲁	北边任洪鲁[3]，
	ȵɪ^{55} bu^{33} dzu^{33} lɪ^{21} ʂu^{21}	兽祸虎来理	虎为兽清祸。
	pu^{13} zɯ^{33} sɛ^{21} tʂ‘ɯ^{55} ɣo^{21}	布掌主伸有	布摩为人长志气，
	k‘o^{13} kɯ^{33} hu^{21} kɯ^{33}	年 灾 月 灾	收年灾月灾，
	tɯ^{13} to^{55} ŋgo^{21} hɪ^{13}	挑 拨 离 间	破挑拨离间，
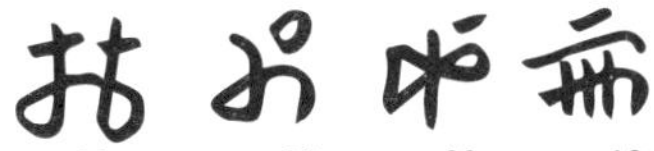	ɖa^{33} bu^{33} t‘ɛ^{33} tʂ‘ɪ^{13}	乱 祸 倒 冷	破兵荒马乱，
	hu^{21} vi^{13} ndɪ^{21} vi^{13}	山 灾 坝 灾	除山灾坝灾，
	sʅ^{33} vi^{13} ŋgu^{21} vi^{13}	神 灾 座 灾	破神座之灾，
	dzu^{33} p‘i^{55} ts‘ʅ^{21} tɕ‘ɯ^{21}	吃 祖 诅 咒	除诅咒之灾，
	tso^{13} pa^{33} sɯ^{21} k‘a^{33}	栽 赃 叟 卡	破叟卡栽赃，
	ɕi^{13} vi^{13} ʂɛ^{13} vi^{13}	血 灾 污 灾	除血污之灾，

	ndy^{55} ʂu^{33} ma^{21} hɛ^{21}	忧 愁 不 吉	去焦虑不安，
	zy^{55} vi^{13} bu^{33} vi^{13}	偶 灾 像 灾	除偶像之灾，
	du^{21} ʈ‘u^{13} du^{21} na^{33}	棍 白 棍 黑	破犯死刑杖，
	tɕɪ^{13} tʂ‘u^{55} tɕɪ^{13} ɖa^{33}	星 烂 星 破	破腐烂凶星，
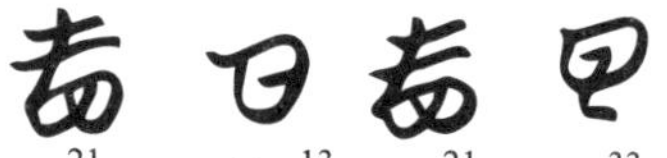	vɛ^{21} ʈ‘u^{13} vɛ^{21} na^{33}	灵 白 灵 黑	破灵桶之鬼，
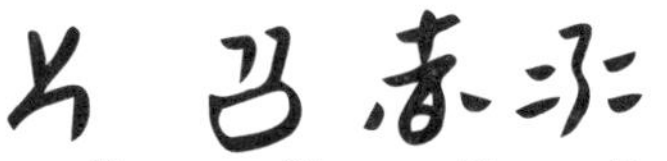	mu^{33} ndʑi^{21} dʑɪ^{12} ʑɪ^{33}	尸 皮 丧 影	破尸光死影，
	dʑi^{21} ʈ‘u^{13} dʑi^{12} na^{33}	丧 白 丧 黑	破犯死犯丧，
	ʑo^{33} bu^{33} dɯ^{55} t‘ɯ^{13}	己 魂 世 离	除离世之魂，
	xɯ^{21} ʑi^{21} ȵɯ^{55} tʂ‘ʅ^{21}	献 水 谷 茶	除死人茶水。
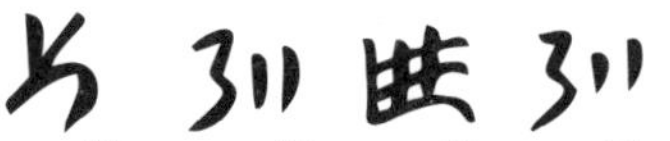	mu^{33} tɕ‘u^{33} ma^{13} tɕ‘u^{33}	兵 声 马 声	破兵马祸乱，
	sʅ^{55} ʂu^{33} hɛ^{21} hɯ^{21}	司 署 陷 阱	破司署陷阱，
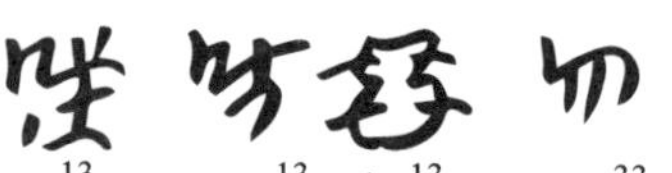	ȵɪ^{13} ȵɪ^{13} hɪ^{13} nu^{33}	家 鬼 牲 畜	破家鬼牲畜，

bu^{33} tʂɯ^{55} dy^{33} lo^{33} dzɛ^{21}

祸收净了落　　收干净为止，

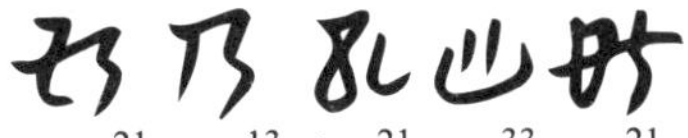

k'ɯ^{21}tɕ'y^{13} hu^{21} ʐɯ^{33} ʐɯ^{21}

克圈必利去　　交克神处置。

ʐɯ^{21} ɣo^{21} k'ɯ^{33} k'ɯ^{33}mu^{33}

图也安安的　　图平平安安。

nu^{33} no^{33} vi^{13} ndʐo^{21} ɣa^{33}

再也灾送了　　把灾难送出。

ɬu^{33} ʐɯ^{33} zo^{21} lu^{33} nɯ^{21}

鲁也杂牛赤　　鲁朵与赤鲁，

tɕ'o^{13} bu^{55} dzu^{33} lɪ^{21} ʐu^{21}

六汉子来捉　　六汉子来捉，

tɕi^{13} t'o^{33} xɯ^{21} lɪ^{21} fu^{33}

纪妥侯来杀　　纪妥侯来宰[4]，

ndʐi^{21}no^{33} bu^{33} tʂɯ^{55} dzɪ^{21}

皮乃祸收场　　皮置收祸场，

mi^{21} no^{33} bu^{33} tʂɯ^{55} ɬu^{33}

毛乃祸收垫　　毛垫着收祸，

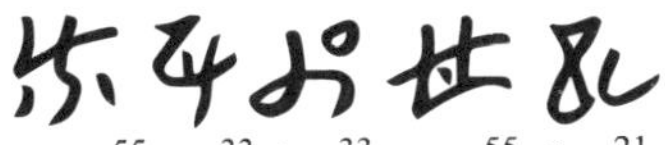

tɕ'y^{55} no^{33} bu^{33} tʂɯ^{55} hu^{21}

肺乃祸收马　　肺当马牲用，

sɛ^{55} no^{33} bu^{33} tʂɯ^{55} lu^{33}

肝乃祸收牛　　肝当牛牲用，

	vɛ^{21} ʔy^{13} bu^{33} tʂɯ^{55} bu^{33}	左肾祸收羊	左肾当羊牲，
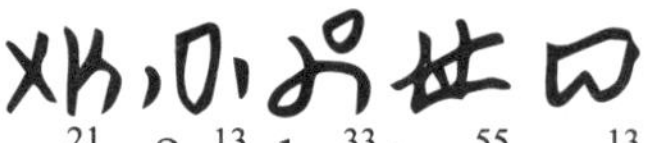	ʐu^{21} ʔy^{13} bu^{33} tʂɯ^{55} ɳɯ^{13}	右肾祸收猪	右肾当猪牲，
	tʅ^{13} no^{33} bu^{33} tʂɯ^{55} vu^{55}	脾乃祸收鸡	脾当鸡牲用。
	ɬi^{33} tɕʻi^{13} dzɯ^{55} ka^{33} ga^{33}	四肢花斑斑	四肢花斑斑，
	ʈʻu^{13} tsɯ^{55} pʻɛ^{33} dɯ^{13} lɯ^{33}	银挖锄生了	生成银挖锄，
	hɪ^{13} pʻɛ^{33} kʻa^{33} ʂa^{33} ʂa^{33}	八段响沙沙	八段沙沙响，
	ʂɛ^{13} tɕa^{13} la^{13} dɯ^{13} lɯ^{33}	金钉耙生了	生成金钉耙，
	fu^{33} hɪ^{21} no^{33} tʂʻo^{33} kʻɛ^{55}	肉肌乃伴列	肌肉分开摆，
	tsʻɯ^{21} ɳɪ^{55} tsu^{55}	十 二 管	分成十二份。
	mɛ^{21} no^{33} so^{21} tɕa^{33} vi^{21}	末乃利晾使	最后来晾着，
	ʈʻu^{13} tsɯ^{55} pʻɛ^{33} lɪ^{21} tsɯ^{55}	银挖锄来挖	用银锄来挖，
	ʂɛ^{13} tɕa^{33} la^{13} lɪ^{21} ve^{33}	金 钉 耙 扒	用金耙来扒，

tʂʻo^{33} tɕʻi^{13} ʂɛ^{13} lɪ^{21} kɛ^{33}

篱下倾来放　　倾倒篱笆下，

mo^{13} xo^{33} mo^{55} lɪ^{21} so^{21}

竹簸箕来簸　　用簸箕来簸，

dʐo^{13} ŋgo^{21} bu^{21}

中　门　槛　　从家中，

ȵɪ^{55} ŋgo^{21} tʻɯ^{21} ʐɯ^{33} ʈʻɯ^{21}

二门里也越　　扫出门外去。

ʐɯ^{21} ɣo^{21} kʻɯ^{33} kʻɯ^{33} mu^{33}

图也安安的　　图平平安安。

nu^{33} no^{33} vi^{13} ndʐo^{21} ɣa^{33}

再乃灾荡也　　把灾难荡除。

zɛ^{55} ȵy^{21} ȵɪ^{55} mu^{21} mu^{21}

箐青两高高　　高昂的青山，

ɬu^{33} to^{33} bu^{33} tʂɯ^{55} ndʐo^{21}

鲁朵祸收荡　　荡除鲁朵祸[5]，

nɯ^{21} fa^{13} ȵɪ^{55} bo^{33} fi^{13}

岩红两幅宽　　宽阔的悬崖，

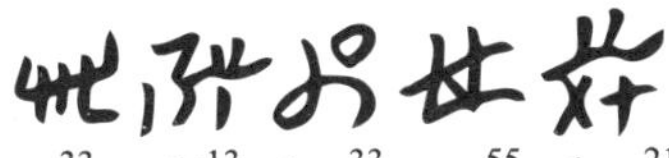
sɿ^{33} ɬi^{13} bu^{33} tʂɯ^{55} ndʐo^{21}

斯里祸收荡　　荡除斯里祸[6]，

na^{33} ʐi^{33} ȵɪ^{55} mɛ^{33} ve^{13}

黑水两尾交　　交汇的大江，

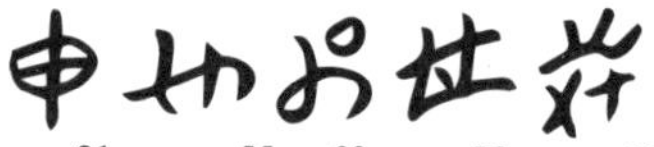 mi^{21}ndʑo^{55}bu^{33}tʂɯ^{55}ndʐo^{21}	迷觉祸收荡	荡除迷觉祸[7]。
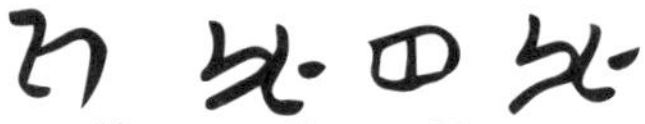 k'o^{13} kɯ^{33} hu^{21} kɯ^{33}	年 灾 月 灾	除年灾月灾，
 tɯ^{13} to^{55} ŋgo^{21} hɪ^{33}	挑 拨 离 间	破挑拨离间，
 ɳɹ^{21} vi^{13} tɕu^{55} vi^{13}	静 灾 动 灾	破动静之灾，
 ɕi^{13} vi^{13} lɯ^{13} vi^{13}	死 灾 退 灾	除死灾污灾，
 t'ɛ^{33} tʂ'ɹ^{13} fe^{13} hɛ^{21}	倒 冷 荒 饥	除倒霉饥荒，
 bu^{33} tʂɯ^{55} vi^{13}mu^{33}ndʐo^{21}	祸收灾也荡	荡除灾祸，
 hu^{21} vi^{13} ndɪ^{21} vi^{13}	山 灾 坝 灾	除山灾坝灾
 sɿ^{55} ŋgu^{21} mɛ^{33} dʐɯ^{33}	司 座 火 雷	除雷电之灾，
 lu^{33} p'u^{55} ts'ɿ^{21} tɕ'ɯ^{21}	遭 遇 诅 咒	破诅咒之灾，
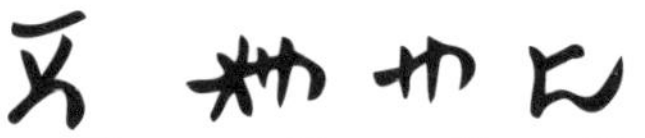 tso^{13} bu^{21} lɛ^{21} bu^{21}	谣 祸 翻 祸	除口舌之灾，
 sɯ^{21} mu^{33} sɯ^{21} k'a^{33}	三 样 叟 卡	破各种叟卡灾，

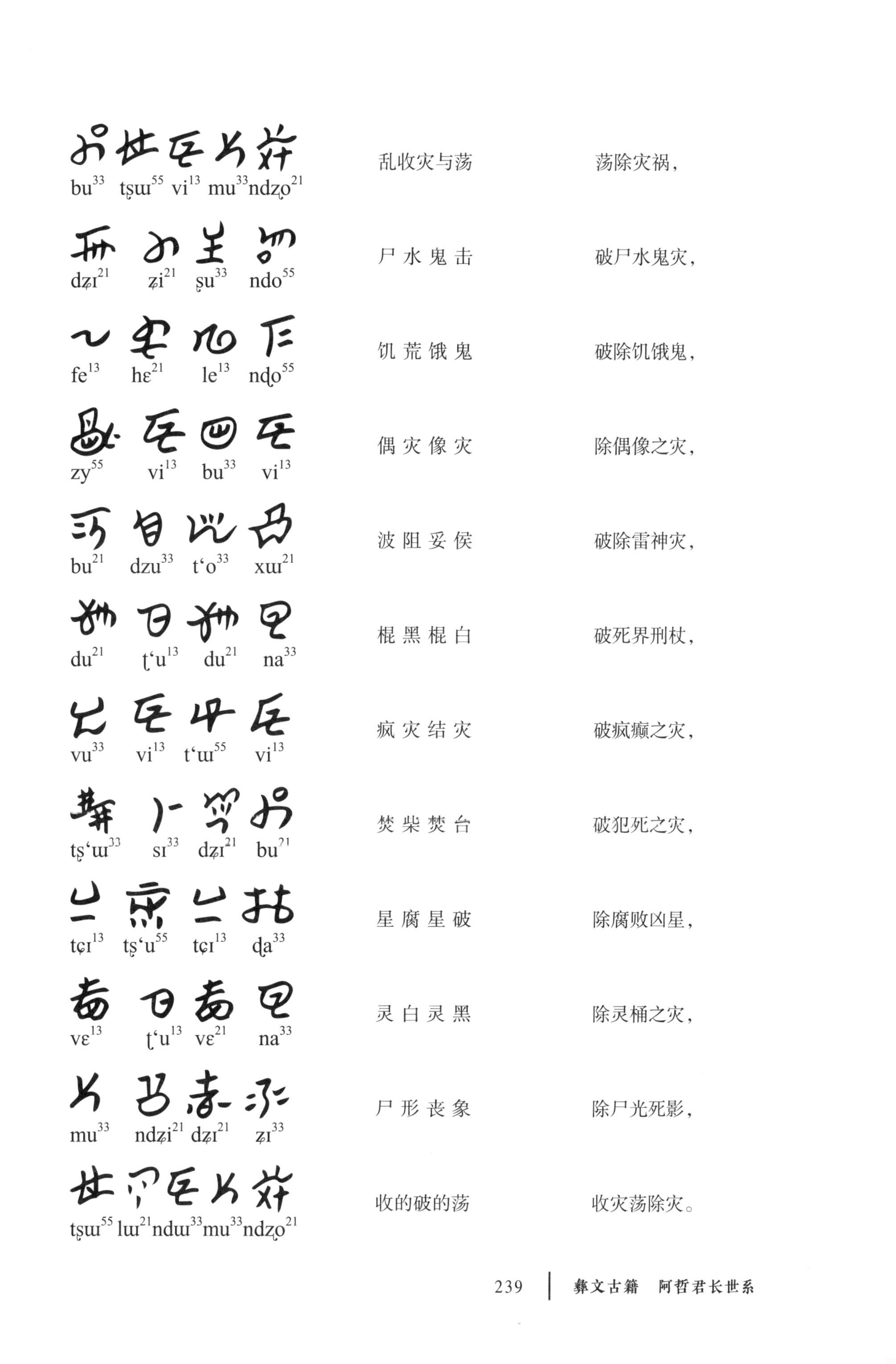

bu^{33} tʂɯ^{55} vi^{13} mu^{33}ndʐo^{21}	乱收灾与荡	荡除灾祸，
dʐɪ^{21} ʑi^{21} ʂu^{33} ndo^{55}	尸 水 鬼 击	破尸水鬼灾，
fe^{13} hɛ^{21} le^{13} nɖo^{55}	饥 荒 饿 鬼	破除饥饿鬼，
zy^{55} vi^{13} bu^{33} vi^{13}	偶 灾 像 灾	除偶像之灾，
bu^{21} dzu^{33} t‘o^{33} xɯ^{21}	波 阻 妥 侯	破除雷神灾，
du^{21} ʈ‘u^{13} du^{21} na^{33}	棍 黑 棍 白	破死界刑杖，
vu^{33} vi^{13} t‘ɯ^{55} vi^{13}	疯 灾 结 灾	破疯癫之灾，
tʂ‘ɯ^{33} sɪ^{33} dʐɪ^{21} bu^{21}	焚 柴 焚 台	破犯死之灾，
tɕɪ^{13} tʂ‘u^{55} tɕɪ^{13} ɖa^{33}	星 腐 星 破	除腐败凶星，
vɛ^{13} ʈ‘u^{13} vɛ^{21} na^{33}	灵 白 灵 黑	除灵桶之灾，
mu^{33} ndʑi^{21} dʐɪ^{21} ʐɪ^{33}	尸 形 丧 象	除尸光死影，
tʂɯ^{55} lɯ^{21}ndɯ^{33}mu^{33}ndʐo^{21}	收的破的荡	收灾荡除灾。

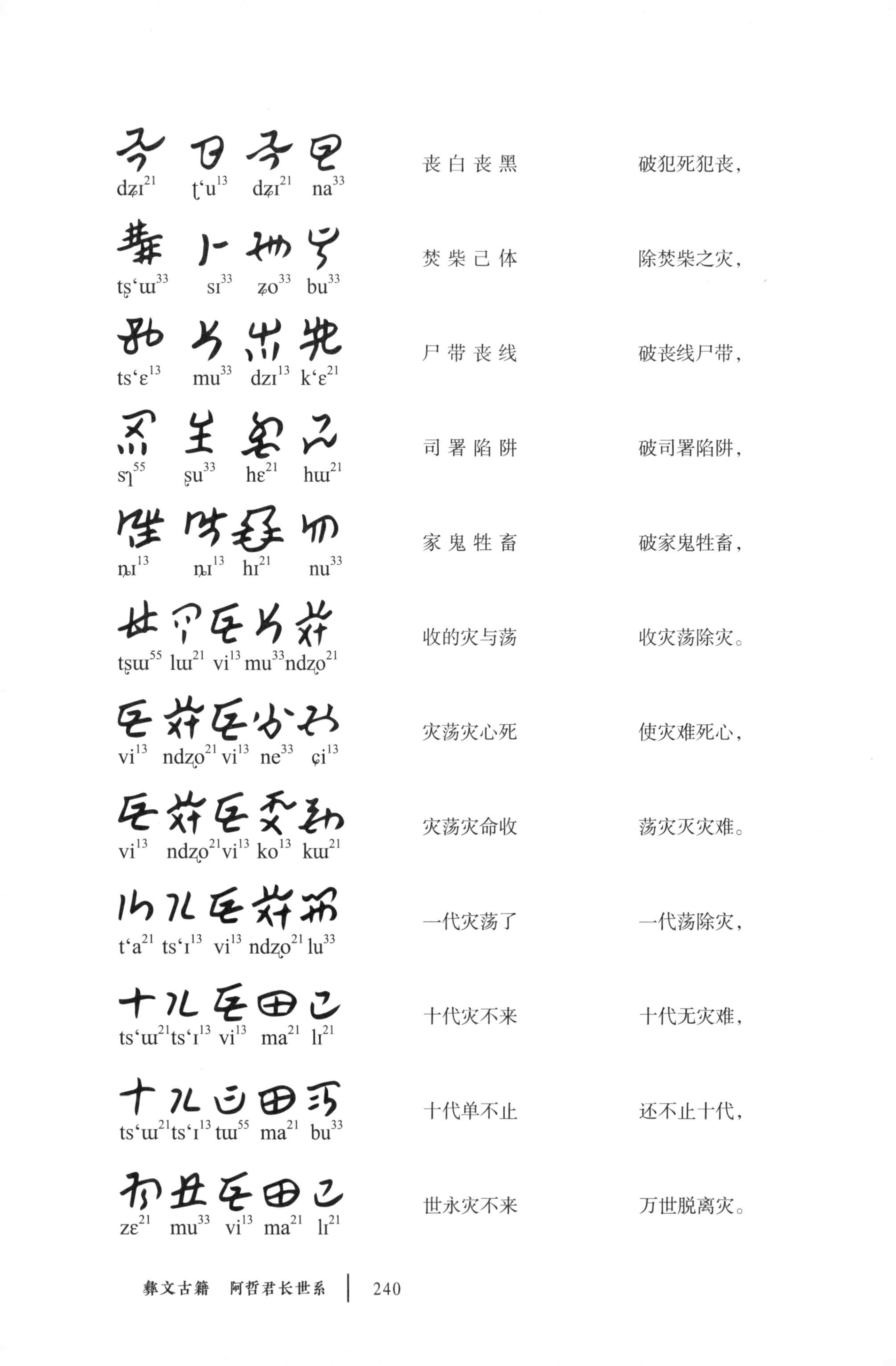

dʑɪ^{21} ʈ‘u^{13} dʑɪ^{21} na^{33}	丧白丧黑	破犯死犯丧，
tʂ‘ɯ^{33} sɪ^{33} ʑo^{33} bu^{33}	焚柴己体	除焚柴之灾，
ts‘ɛ^{13} mu^{33} dzɪ^{13} k‘ɛ^{21}	尸带丧线	破丧线尸带，
sɿ^{55} ʂu^{33} hɛ^{21} hɯ^{21}	司署陷阱	破司署陷阱，
ɳɪ^{13} ȵɪ^{13} hɪ^{21} nu^{33}	家鬼牲畜	破家鬼牲畜，
tʂɯ^{55} lɯ^{21} vi^{13} mu^{33} ndʐo^{21}	收的灾与荡	收灾荡除灾。
vi^{13} ndʐo^{21} vi^{13} ne^{33} ɕi^{13}	灾荡灾心死	使灾难死心，
vi^{13} ndʐo^{21} vi^{13} ko^{13} kɯ^{21}	灾荡灾命收	荡灾灭灾难。
t‘a^{21} ts‘ɪ^{13} vi^{13} ndʐo^{21} lu^{33}	一代灾荡了	一代荡除灾，
ts‘ɯ^{21} ts‘ɪ^{13} vi^{13} ma^{21} lɪ^{21}	十代灾不来	十代无灾难，
ts‘ɯ^{21} ts‘ɪ^{13} tɯ^{55} ma^{21} bu^{33}	十代单不止	还不止十代，
zɛ^{21} mu^{33} vi^{13} ma^{21} lɪ^{21}	世永灾不来	万世脱离灾。

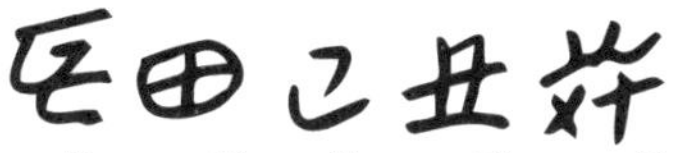	vi^{13} ma^{21} lɪ^{21} mu^{33}ndʐo^{21}	灾不来的荡	荡了绝灾路。
	vi^{13} ndʐo^{21} gu^{21} lu^{33} no^{33}	灾荡尽了呢	荡尽了灾后，
	bo^{21} mu^{33} ɬu^{33} a^{21} mɛ^{13}	山高鲁姑娘	高山鲁姑娘，
	tɕʻi^{55} ɣo^{21} vi^{13} ʂu^{55} tɕʻi^{55}	嫁也灾鬼嫁	嫁给了灾鬼；
	lo^{21} na^{21} to^{33} zu^{33} ɬa^{13}	谷黑朵小伙	深谷鲁小伙，
	tʂʻu^{33} ɣo^{21} vi^{13} ʂu^{55} tʂʻu^{33}	娶也灾鬼娶	把灾鬼迎娶。
	to^{55} ɣo^{21} vi^{13} to^{55}	起 也 灾 起	要灾难离开，
	sɯ^{33} ɣo^{21} vi^{13} ʂu^{33} sɯ^{33}	走也灾鬼走	要灾鬼走开。
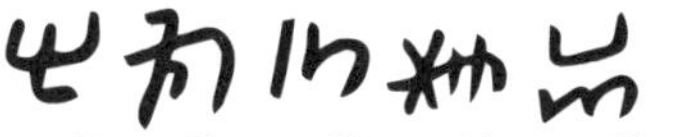	pu^{13} ŋo^{21} tʻa^{21} bo^{21} tʻo^{13}	布我一步踏	布摩跨一步，
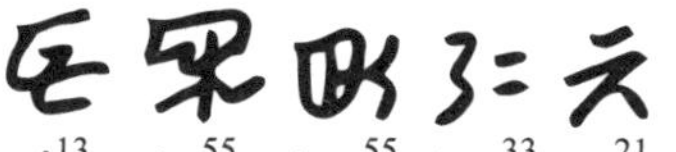	vi^{13} to^{55} tsu^{55} tsu^{33} ȵɪ^{21}	灾起蹲蹲坐	命灾难蹲着；
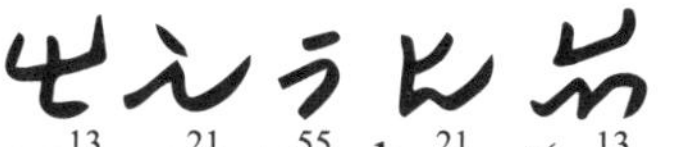	pu^{13} ɣo^{21} ȵɪ^{55} bo^{21} tʻo^{13}	布我二步踏	布摩跨两步，
	vi^{13} to^{55} tʂʻɛ^{33}tʂʻɛ^{33} hɛ^{13}	灾起扯扯站	命灾难东去；

	pu^{13} ŋo^{21} sɯ^{33} bo^{21} t‘o^{13}	布我三步踏，	布摩跨三步，
	sɯ^{33} bo^{21} t‘o^{13} lu^{21} no^{33}	三步踏了呢	迈出地三步，
	vi^{13} ʂu^{55} tɕy^{33} ga^{13} ɖɯ^{21}	灾鬼九山越	灾鬼翻九山。
	pu^{13} t‘a^{21} p‘u^{21} ʑɯ^{33} hɛ^{13}	布一地也站	布摩到一处，
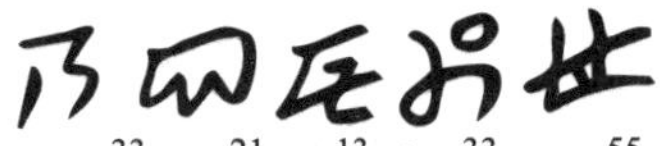	dʑy^{33} p‘u^{21} vi^{13} bu^{33} tʂɯ^{55}	高地灾祸收	收山地灾难；
	pu^{13} t‘a^{21} no^{13} ʑɯ^{33} hɛ^{13}	布一土也站	布摩到一方，
	ʂu^{33} no^{13} vi^{13} bu^{33} tʂɯ^{55}	大土灾祸收	收坝地灾难。
	p‘u^{55} sɪ^{21} p‘o^{33} sɪ^{33} tʂɯ^{21}	遇木躲木收	收明暗丧鬼，
	p‘o^{33} ɣo^{21} vi^{13} ʂu^{55} p‘o^{33}	搜也灾鬼翻	灾鬼搜个遍。
	tɯ^{21} lu^{33} to^{13} lu^{33} dzɯ^{21}	挑的唆的逼	不饶挑唆鬼，
	to^{55} ɣo^{21} vi^{13} ʂu^{55} to^{55}	起也灾鬼起	命灾鬼离开，
	k‘ɯ^{21} dzɯ^{21} fe^{13} dzɯ^{21} tsɯ^{21}	沿悬追悬齐	威与逼并用，

sɯ^{33} ɣo^{21} vi^{13} ʂu^{55} sɯ^{33}　走也灾鬼走　命灾鬼走开。

vi^{13} ʂu^{55} tɕʻy^{13} ma^{21} dɪ^{13}　灾鬼角不生　灾鬼不长角，

bu^{21} lo^{33} tɕʻy^{13} ŋu^{33} dɪ^{13}　羊也角五生　羊长五只角，

vi^{13} ʂu^{55} na^{33} ma^{21} dɪ^{13}　灾鬼眼不生　灾鬼不长眼，

n̥ɯ^{55} lo^{33} na^{33} ŋu^{33} dɪ^{13}　猪也眼五生　猪长五只眼。

vi^{13} ʂu^{55} du^{21} ma^{21} dɪ^{13}　灾鬼翅不生　灾鬼不长翅，

ŋu^{33} lo^{33} vi^{13}ɖɯ^{21} du^{21} dɪ^{13}　五石灾飞翅生　五方收灾石长翅，

pʻo^{21} ɣo^{21} vi^{13} ʂu^{55} pʻo^{21}　搜也灾鬼搜　把灾鬼搜遍，

zɛ^{21} ʐɯ^{33} vi^{13} ʂu^{55} xo^{21}　世也灾鬼送　永清除灾鬼，

ɣo^{21} ʐɯ^{33} vi^{13} ɖu^{55} kɛ^{33}　后也灾行停　把灾路堵绝。

ʈʻu^{13} tsɯ^{55} pʻɛ^{33} lɪ^{21} tsɯ^{55}　银锄头来挖　用银锄来挖，

ʂɛ^{13} tɕa^{33} la^{13} lɪ^{21} ve^{33}　金钉耙来扒　用金耙来扒，

tʂʻo^{33} tɕʻi^{13} ʂɛ^{13} lɪ^{21} kɛ^{33}

篱下长来拾　　倾倒篱笆下，

mo^{13} xo^{33} mo^{55} lɪ^{21} so^{21}

竹簸箕来簸　　用簸箕来簸，

dʐo^{13} ŋgo^{21} bu^{21}

中 门 槛　　从家中，

ȵɪ^{55} ŋgo^{21}tʻɯ^{21} ʐɯ^{33} ʈʻɯ^{21}

二门里也越　　扫出门外去。

ʐɯ^{21} ɣo^{21} kʻɯ^{33}kʻɯ^{33}mu^{33}

图也安安的　　图平平安安。

lɯ^{55} hɪ^{21} ɬi^{33} lu^{21} lu^{21}

闺房四方方　　在家的四方，

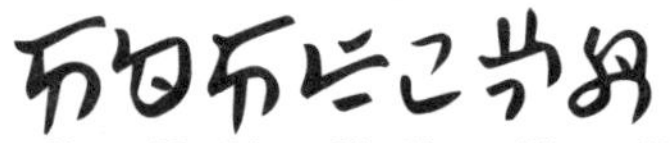

a^{21} lu^{33} a^{21} dy^{33}lɪ^{21}kʻo^{21}dʐa^{33}

阿鲁阿氏来所用　　凡阿鲁阿氏的用具，

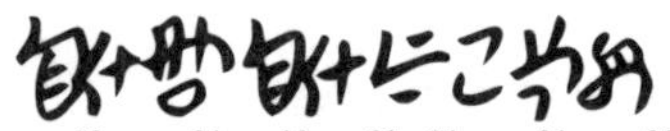

ba^{13} xo^{21}ba^{13}dy^{33}lɪ^{21}kʻo^{21}dʐa^{33}

颈套颈氏来所在　　凡套颈绳索，

dzu^{33}nɯ^{55}ŋge^{13}tʂa^{33}lɪ^{21}kʻo^{21}dʐa^{33}

豹虎系绳来所在　　凡虎豹套绳，

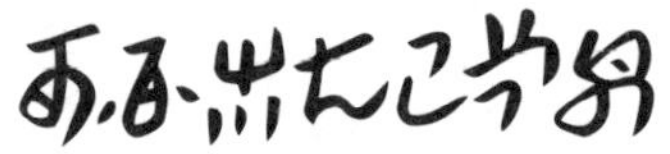

tɕʻy^{33}su^{13}dzɪ^{33}ha^{33}lɪ^{21}kʻo^{21}dʐa^{33}

偷者贼盗来所在　　凡强人盗贼，

tʂʻɛ^{55} ndʐi^{21} tɕa^{33} zɛ^{21}

挂 皮 晒 柱　　凡剐晾之皮，

lu^{33} ȵo^{21} tɯ^{13} tʂa^{13} p‘u^{21}

寨里凝煮锅　　凡寨中煮锅，

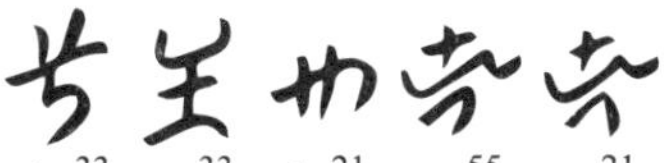
t‘u^{33} ʂu^{33} lɛ^{21} ʂu^{55} ʂu^{21}

畜鬼叫鬼理　　牲畜鬼怪理，

a^{21} lu^{33} tʂ‘ɯ^{55} k‘ɯ^{33}

阿 鲁 陷 阱　　到阿鲁陷阱，

a^{21} dɛ^{21} va^{13} mbɪ^{55} nu^{33}

阿德猪射箭　　阿德射猪箭，

a^{21} hɛ^{33} t‘ɯ^{13} lɯ^{55} ndɯ^{33}

而今除了破　　一律都破除。

t‘a^{21} bu^{33} vi^{13} bu^{33}

一路灾祸　　怕所有灾祸，

vi^{13} p‘u^{21} bu^{33} lɯ^{55} tɕi^{33}

灾群乱的怕　　成群乱了套，

su^{21} ȵy^{21} dʑi^{33} ŋgɛ^{33} dy^{21}

人青铜矛制　　制铜矛青人，

su^{21} nɯ^{21} xɯ^{21} gu^{33} bu^{55}

人红铁盾背　　背铁盾红人，

vi^{13} dʑo^{21} t‘y^{21} lɪ^{21} tɕ‘y^{55}

灾路其来阻　　把灾路阻断，

vi^{13} ga^{13} t‘y^{21} lɪ^{21} ndɛ^{21}

灾坳其来填　　把灾填山坳，

vi^{13} p‘u^{21} ne^{33} ma^{21} bu^{33}

灾遇心不薄　　遇灾不害怕，

	tɕʻɯ^{21} ʑɯ^{21} vi^{13} tɕʻɯ^{21} ʑɯ^{21}	扫走灾扫走	把灾难扫走，
	vi^{13} tɕʻɯ^{21} kʻɯ^{21} ʑɯ^{33} ʑɯ^{21}	灾扫固去利	灾难扫干净，
	ʑɯ^{21} ɣo^{21} kʻɯ^{33} kʻɯ^{33} mu^{33}	图也安安的	图平平安安。
	lɯ^{55} hɪ^{21} so^{21} ma^{21} kʻu^{33}	闺房适不服	家中不好过，
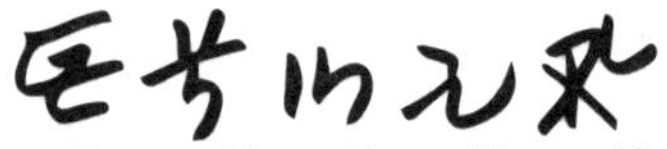	vi^{13} tʻu^{33} tʻa^{21} ɣo^{21} kʻu^{33}	灾破一有服	破灾后好过，
	ȵɪ^{55} tɕʻɯ^{21} so^{21} ma^{21} fɛ^{13}	彝园适不耗	家园不清静，
	ho^{21} tʻu^{55} tʻa^{21} ȵɪ^{21} fɛ^{33}	祸破一有耗	破灾才清静。
	tɕo^{13} ȵo^{33} mi^{55} lɪ^{21} ka^{13}	快慢语来分	好歹话分解，
	nu^{33} kʻa^{33} ɬu^{33} lɪ^{21} ʑɯ^{21}	耳难舌来服	难听怪舌头。
	tɛ^{13} mɛ^{33} ʈa^{13} ŋga^{13} no^{33}	云末鹰赶呢	赶着天边鹰，
	kɯ^{21} go^{13} vu^{55} tʻa^{21} tsy^{13}	园庭鸡别蓄	家中别养鸡；

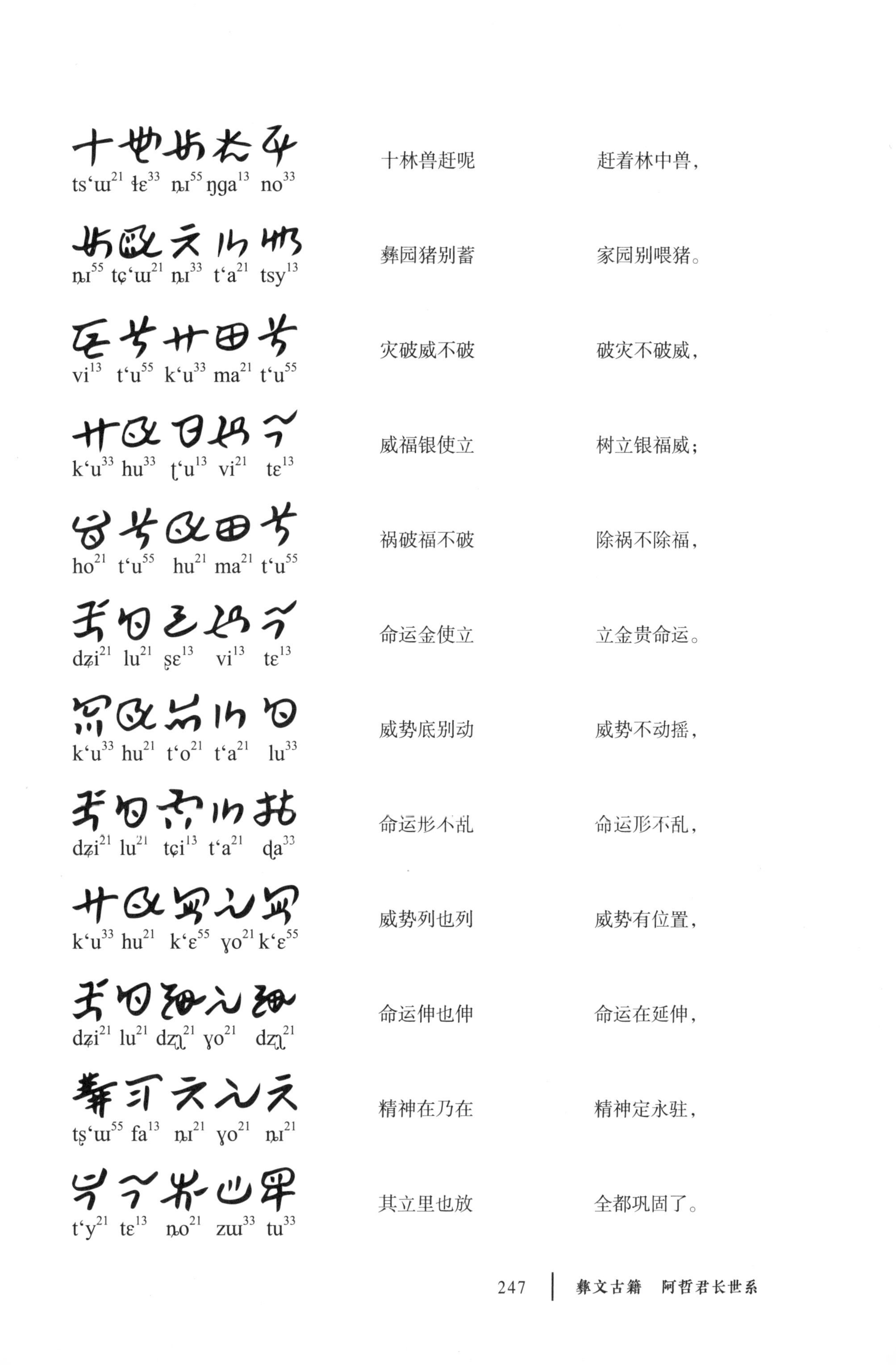

tsʻɯ^{21} ɬɛ^{33} ȵɪ^{55} ŋga^{13} no^{33}	十林兽赶呢	赶着林中兽，
ȵɪ^{55} tɕʻɯ^{21} ȵɪ^{33} tʻa^{21} tsy^{13}	彝园猪别蓄	家园别喂猪。
vi^{13} tʻu^{55} kʻu^{33} ma^{21} tʻu^{55}	灾破威不破	破灾不破威，
kʻu^{33} hu^{33} ʈʻu^{13} vi^{21} tɛ^{13}	威福银使立	树立银福威；
ho^{21} tʻu^{55} hu^{21} ma^{21} tʻu^{55}	祸破福不破	除祸不除福，
dʑi^{21} lu^{21} ʂɛ^{13} vi^{13} tɛ^{13}	命运金使立	立金贵命运。
kʻu^{33} hu^{21} tʻo^{21} tʻa^{21} lu^{33}	威势底别动	威势不动摇，
dʑi^{21} lu^{21} tɕi^{13} tʻa^{21} ɖa^{33}	命运形不乱	命运形不乱，
kʻu^{33} hu^{21} kʻɛ^{55} ɣo^{21} kʻɛ^{55}	威势列也列	威势有位置，
dʑi^{21} lu^{21} dʐʅ^{21} ɣo^{21} dʐʅ^{21}	命运伸也伸	命运在延伸，
tʂʻɯ^{55} fa^{13} ȵɪ^{21} ɣo^{21} ȵɪ^{21}	精神在乃在	精神定永驻，
tʻy^{21} tɛ^{13} ȵo^{21} zɯ^{33} tu^{33}	其立里也放	全都巩固了。

 pu^{13} zɯ^{33} sɛ^{21} tʂ‘ɯ^{55} ɣo^{21}	布掌主伸有	布摩为人长志气，
 ɬu^{33} dzo^{33} mi^{33} k‘ɛ^{33} dzo^{33}	鲁生天北生	鲁树长北边，
 ɬu^{33} ve^{33} mi^{33} k‘ɛ^{33} ɣɯ^{21}	鲁花天北荣	鲁花北边开，
 ʑi^{21} dʑu^{21} mi^{33} k‘ɛ^{33} bu^{21}	水路天北通	水路通北边，
 dʑɛ^{55} dʑu^{21} mi^{33} k‘ɛ^{33} ʂu^{21}	升路天北寻	归宿在北边，
 sɯ^{21} mu^{33} sɯ^{21} k‘a^{33}ndɯ^{33}	三类叟卡破	破所有叟卡，
 sɯ^{21} mu^{33} mi^{33}k‘ɛ^{33} tʂ‘ɛ^{55}	三类天北送	送到北边去。
 ɬu^{33} dzɛ^{21} mi^{33} ɣo^{13} dzo^{33}	鲁树天南生	鲁树长南边，
 ɬu^{33} ve^{33} mi^{33} ɣo^{13} ɣɯ^{21}	鲁花天南荣	鲁花南边开，
 ʑi^{21} dʑu^{21} mi^{33} ɣo^{13} bu^{21}	水路天南通	水路通南边，
 dʑɛ^{55} dʑu^{21} mi^{33} ɣo^{13} ʂu^{21}	升路天南寻	归宿在南边，
 sɯ^{21} mu^{33} sɯ^{21} k‘a^{33}ndɯ^{33}	三类叟卡破	破所有叟卡，

	sɯ^{21} mu^{33} mi^{33} ɣo^{13} tʂ‘ɛ^{55}	三类天南送	送到南边去。
	ɬu^{33} dzo^{21} mi^{33} fi^{55} dzo^{33}	鲁树天东生	鲁树长东边，
	ɬu^{33} ve^{33} mi^{33} fi^{55} ɣɯ^{21}	鲁花天东荣	花在东边开，
	ʐi^{21} dʐu^{21} mi^{33} fi^{55} bu^{21}	水路天东通	水路通东边，
	dʐɛ^{55}dʐu^{21} mi^{33} fi^{55} ʂu^{21}	升路天东寻	归宿在东边，
	sɯ^{21} mu^{33} sɯ^{21} k‘a^{33}ndɯ^{33}	三类叟卡破	破所有叟卡，
	sɯ^{21} mi^{33} fi^{55} ʐɯ^{33} tʂ‘ɛ^{55}	三类天东送	送到东边去。
	dʐɛ^{55}dʐu^{21} mi^{33} ɬo^{13} ʂu^{21}	升路天西寻	鲁树长西边，
	sɯ^{21} mu^{33} sɯ^{21} k‘a^{33} ndɯ^{33}	三类叟卡破	破所有叟卡，
	sɯ^{21} mu^{33} mi^{33} ɬo^{13} tʂ‘ɛ^{55}	三类天西送	送到西边去。
	ɬu^{33} dzɛ^{21} ɳɿ^{55} p‘u^{21} dzo^{33}	鲁树中部生	鲁树长中部，
	ɬu^{33} dzɛ^{21} ɳɿ^{55} p‘u^{21} ɣɯ^{21}	鲁树中部荣	花在中部开，

 ʐi^{21} dʐu^{21} ɳɪ^{55} pʻu^{21} bu^{21}	水路中部通	水路通中部，
 dʐɛ^{55} dʐu^{21} ɳɪ^{55} pʻu^{21} ʂu^{21}	升路中部寻	归宿在中部，
 sɯ^{21} mu^{33} sɯ^{21} kʻa^{33} ndɯ^{33}	三类叟卡破	破所有叟卡，
 sɯ^{21} ɳɪ^{55} pʻu^{21} ʐɯ^{33} tʂʻɛ^{55}	三中部也送	送到中部去。
 ʂa^{33} mi^{13} ɬi^{33} lɯ^{21} lɯ^{21}	外地四方方	外地的境内，
 ŋɛ^{21} ku^{33} tʻa^{21} ɣo^{21} ga^{13}	额古一也山	有座额古山。
 ɳɪ^{55} mi^{13} ɬi^{33} lɯ^{21} lɯ^{21}	彝地四方方	内地的范围，
 nɯ^{55} pʻu^{21} vi^{13} tɕʻɯ^{33} dɯ^{33}	彝地灾扫处	有扫灾地方，
 vi^{13} gɯ^{21} dɯ^{33} ŋɯ^{33} dʐu^{21}	灾尽处是靠	绝灾有希望。
 mu^{21} dʐu^{21} tʂɯ^{55} ʈʻu^{13} dʐu^{21}	高路露白路	高路白露过，
 nɛ^{33} dʐu^{21} na^{33} ʐi^{33} dʐu^{21}	低路黑水路	低路江河过，
 gu^{33} dʐu^{21} vi^{13} ɖu^{33} dʐu^{21}	中路灾行路	中路灾难过，

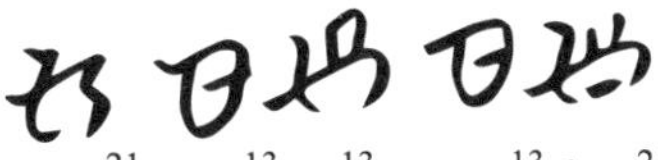 k‘ɯ^{21} ʈ‘u^{13} vi^{13} ʈ‘u^{13}dʐu^{21}	克白灾赶路	克吐白灾过，
 ndʐɯ^{55}na^{33} vi^{13} sɯ^{33} tɕ‘i^{13}	窘黑灾走脚	窘黑神座让灾行，
 dy^{33} na^{33} vi^{13} xɯ^{55} xo^{21}	氏黑灾引送	黑神引送灾，
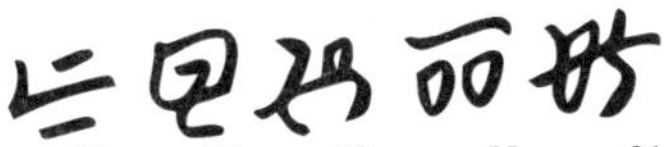 dy^{33} na^{33} vi^{13} xɯ^{55} ʐɯ^{21}	氏黑灾引去	黑神引开灾。
 ʐɯ^{21} ɣo^{21} k‘ɯ^{33}k‘ɯ^{33}mu^{33}	图也安安的	图平平安安。

注　释：

[1] 叟卡：一种专门使坏的鬼，它常常指使各种异物到人的家中捣乱，以致于发生灾祸。

[2] 乌吐博：山名，又称“阿武博”，南诏时封为南岳，在云南省曲靖市境内。

[3] 任洪鲁：山名，云南省丽江境内的玉龙雪山，南诏时封北岳。

[4] 纪妥侯：雷电之神，参见《破司署鬼》“纪妥侯”注。

[5] 鲁朵：山林的主宰者，常与邪恶为伍。

[6] 斯里：悬崖的主宰者。

[7] 迷觉：江河湖海的主宰者。

ŋgo^{21} t‘ɯ^{21} vi^{13} ndʐo^{33} ŋɯ^{33}

门 槛 锁 住 灾

	ŋgo^{21} bu^{21} xɛ^{21} ma^{21} ve^{13}	门槛甲不穿	门槛不披甲，
	ʔe^{21} ɳɹ^{21} xɛ^{21} na^{33} ve^{13}	今日甲黑穿	今日披坚甲，
	sɯ^{21} mu^{33} sɯ^{21} k‘a^{33}	三 类 叟 卡	对所有叟卡，
	ma^{13} lɪ^{21} xɛ^{21} mu^{33} to^{33}	不来甲的备	有备而无患；
	ŋgo^{21} bu^{21} da^{13} ma^{21} ts‘o^{13}	门槛戟不持	门槛不持戟，
	ʔe^{21} ɳɹ^{21} da^{13} na^{55}ts‘o^{13}	今日戟黑持	今日持利戟，
	sɯ^{21} mu^{33} sɯ^{21} k‘a^{33}	三 类 叟 卡	对所有叟卡，
	ma^{13} lɪ^{21} da^{13} mu^{33} ts‘o^{13}	不来戟的持	有备而无患。
	nu^{33} no^{33} ndʐo^{33}ndʐɯ^{33}ɣa^{33}	再乃锁收也	再行将锁收。
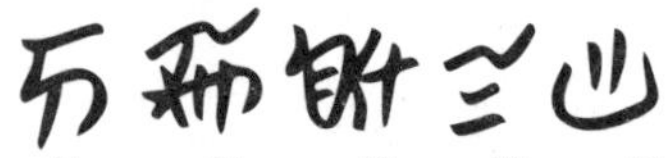	a^{21} bo^{21} ba^{13} lu^{33} ɣɯ^{21}	阿勃巴鲁也	阿勃巴鲁呢，

 ndʐo^{33}dɛ^{33}pʻu^{21} ma^{21} dɛ^{33}	锁打钥不打	打锁不打钥，
 tʻa^{21} ba^{13} ʂʅ^{33}	一 匹 捆	打一体的锁，
 tʻa^{21} ba^{21} kʻɪ^{33} mu^{33} dɛ^{33}	一匹连的打	一连串的打，
 ndʐo^{33}no^{33} ʔu^{33} mu^{33} to^{33}	锁乃头高齐	锁有头样高。

 ndʐo^{33}la^{13} ȵɪ^{55} pʻu^{21} so^{33}	锁手两开好	锁也好打开。
 pu^{13} zɯ^{33} sɛ^{21} tʂʻɯ^{55} ɣo^{21}	布也主伸有	布摩为人长志气，
 ɖu^{21} dzu^{21}tʂʻɯ^{55}ɣo^{21} ʑɪ^{13}	人居发之家	兴旺的人家，
 tʂɯ^{55} dʑi^{21} lu^{21} ma^{21}ndʐo^{33}	牧命运不锁	不锁放牧命，
 ŋu^{33} dʑi^{21} lu^{21} ma^{21}ndʐo^{33}	耕命运不锁	不锁耕地命。
 gu^{33} dʑi^{21} lu^{21}	耕 命 运	耕地的命，
 ɬo^{13} dʑi^{21} lu^{21}	牧 命 运	放牧的命，

 tɕy^{33} dʑi^{21} lu^{21}	九 命 运	各种命，
 ts‘ɯ^{21} vɛ^{21} dʐu^{55}	十 生 意	所有生意，
 k‘ɯ^{33} p‘e^{33} lu^{33}	嘴 唇 物	口里吃的，
 la^{13} to^{55} vɛ^{21}	手 持 买	手里拿的，
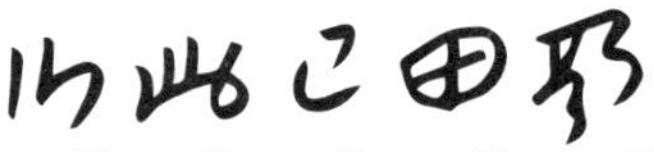 t‘a^{21} kɛ^{13} lɪ^{33} ma^{21}ndʐo^{33}	一样来不锁	一样都不锁，
 t‘a^{21}tʂ‘u^{21}lɪ^{33}ma^{21}ndʐo^{33}ŋɯ^{33}no^{33}	一种来不锁是呢	无一种例外。
 ndʐo^{33}k‘o^{13}kɯ^{33} hu^{21} kɯ^{33}	锁年灾月灾	锁年灾月灾，
 ma^{21} lɪ^{21} dʑu^{21} mu^{33}ndʐo^{33}	不来路不锁	未来路上锁。
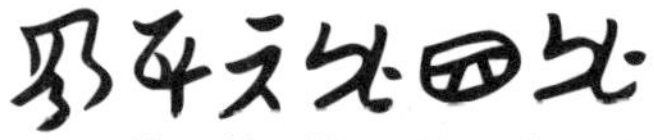 ndʐo^{33}no^{33}ȵɪ^{21}kɯ^{33}ha^{13}kɯ^{33}	锁乃日灾夜灾	锁时间之灾，
 t‘u^{55} kɯ^{33} dʐo^{21} dzɯ^{21}	时 灾 在 错	锁错日子灾，
 ma^{21} lɪ^{21} dʑu^{21}mu^{33}ndʐo^{33}	不来路不锁	未为路上锁。
 ndʐo^{33}no^{33}ma^{21}hɛ^{21}dzo^{33}hɯ^{21}	锁乃倒霉陷阱	锁霉运陷阱，

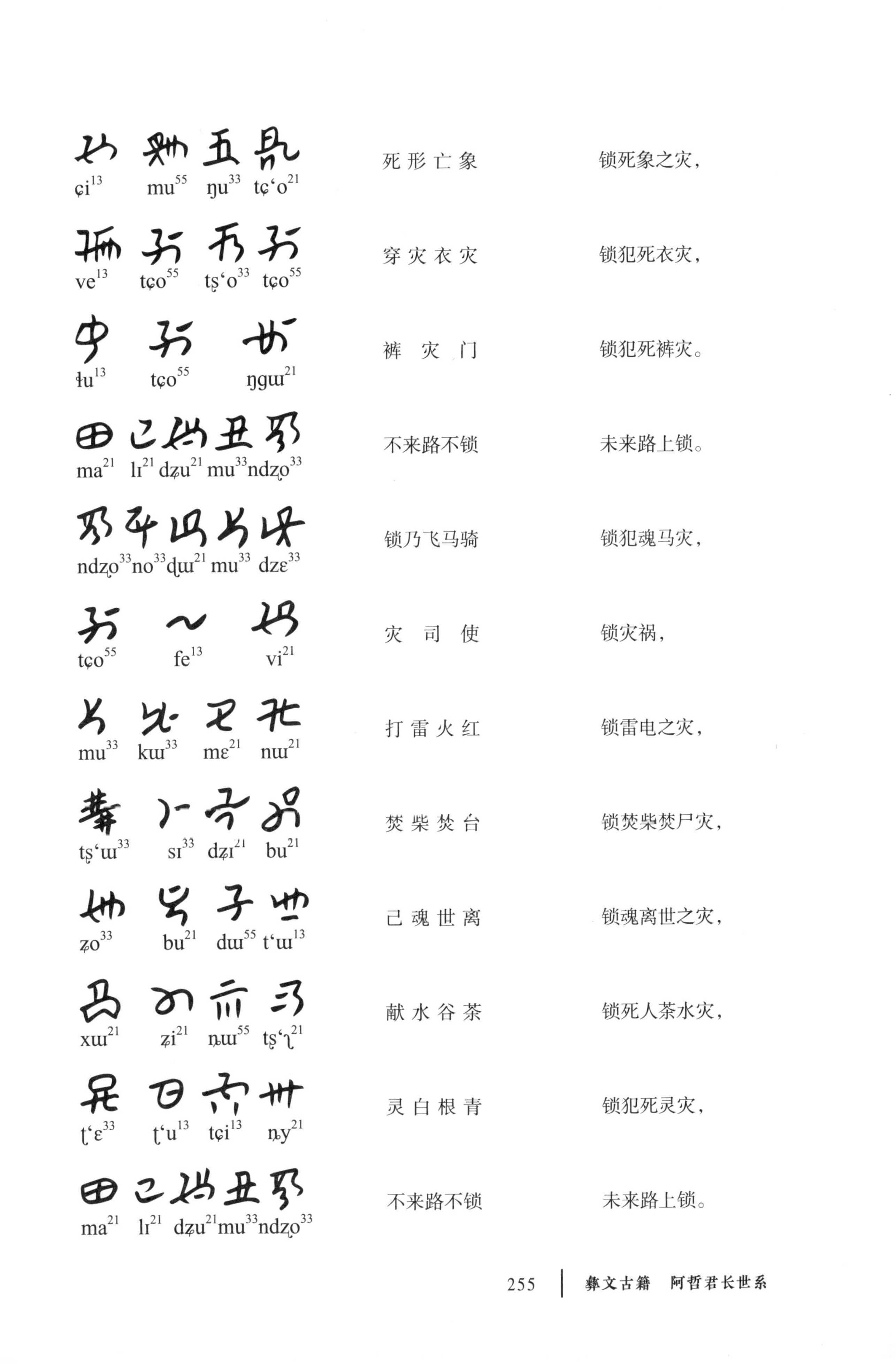

ɕi^{13} mu^{55} ŋu^{33} tɕʻo^{21}	死形亡象	锁死象之灾，
ve^{13} tɕo^{55} tʂʻo^{33} tɕo^{55}	穿灾衣灾	锁犯死衣灾，
ɬu^{13} tɕo^{55} ŋgɯ^{21}	裤灾门	锁犯死裤灾。
ma^{21} lɪ^{21} dʑu^{21} mu^{33} ndʐo^{33}	不来路不锁	未来路上锁。
ndʐo^{33} no^{33} ɖɯ^{21} mu^{33} dzɛ^{33}	锁乃飞马骑	锁犯魂马灾，
tɕo^{55} fe^{13} vi^{21}	灾司使	锁灾祸，
mu^{33} kɯ^{33} mɛ^{21} nɯ^{21}	打雷火红	锁雷电之灾，
tʂʻɯ^{33} sɪ^{33} dʑɪ^{21} bu^{21}	焚柴焚台	锁焚柴焚尸灾，
ʑo^{33} bu^{21} dɯ^{55} tʻɯ^{13}	己魂世离	锁魂离世之灾，
xɯ^{21} ʑi^{21} ȵɯ^{55} tʂʻʅ^{21}	献水谷茶	锁死人茶水灾，
tʻɛ^{33} tʻu^{13} tɕi^{13} ȵy^{21}	灵白根青	锁犯死灵灾，
ma^{21} lɪ^{21} dʑu^{21} mu^{33} ndʐo^{33}	不来路不锁	未来路上锁。

	ndʐo^{33}no^{33}ȵy^{13}tɕʻu^{33}ŋɯ^{33}bo^{21}	锁乃哭声嚎音	锁哭嚎之灾，
	su^{13} kʻu^{33} la^{13} tʻi^{33}	人 垫 上 裹	锁裹尸垫盖灾，
	hu^{21} ʂɪ^{33} mo^{13} bo^{21}	魂 捆 伤 包	锁困魂伤灾，
	mu^{33} ndʑi^{21} dʐɪ^{21} ʐɪ^{33}	尸 皮 丧 影	锁尸光死影灾，
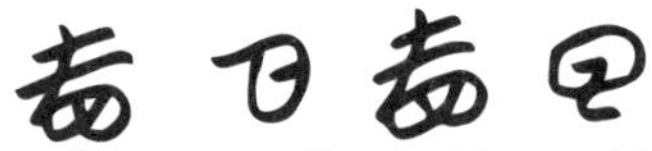	vɛ^{21} ʈʻu^{13} vɛ^{21} na^{33}	灵 白 灵 黑	锁灵桶之灾。
	ma^{21} lɪ^{21} dʐu^{21} mu^{33}ndʐo^{33}	不来路不锁	无路不上锁。
	ndʐo^{33}no^{33}le^{13}ȵy^{13} lu^{33} ȵy^{13}	锁乃鬼哭牲哭	锁鬼哭之灾，
	le^{13} nɖo^{55} lu^{33} nɖo^{33}	畜 鬼 牲 鬼	锁牲畜鬼灾，
	fe^{13} ȵy^{21} kʻu^{33} ȵɪ^{13}	祸 鬼 道 鬼	锁祸患鬼灾，
	tʻi^{13} sɪ^{33} ndʐo^{33} bu^{21}	裹 丧 锁 开	锁开的丧锁，
	bu^{33} mu^{21} ɖa^{33} ʑɛ^{21}	乱 由 破 因	锁破败之灾，
	hɛ^{21} mu^{33} hɯ^{21} ʑɛ^{21}	霉 由 陷 因	锁霉运陷阱。

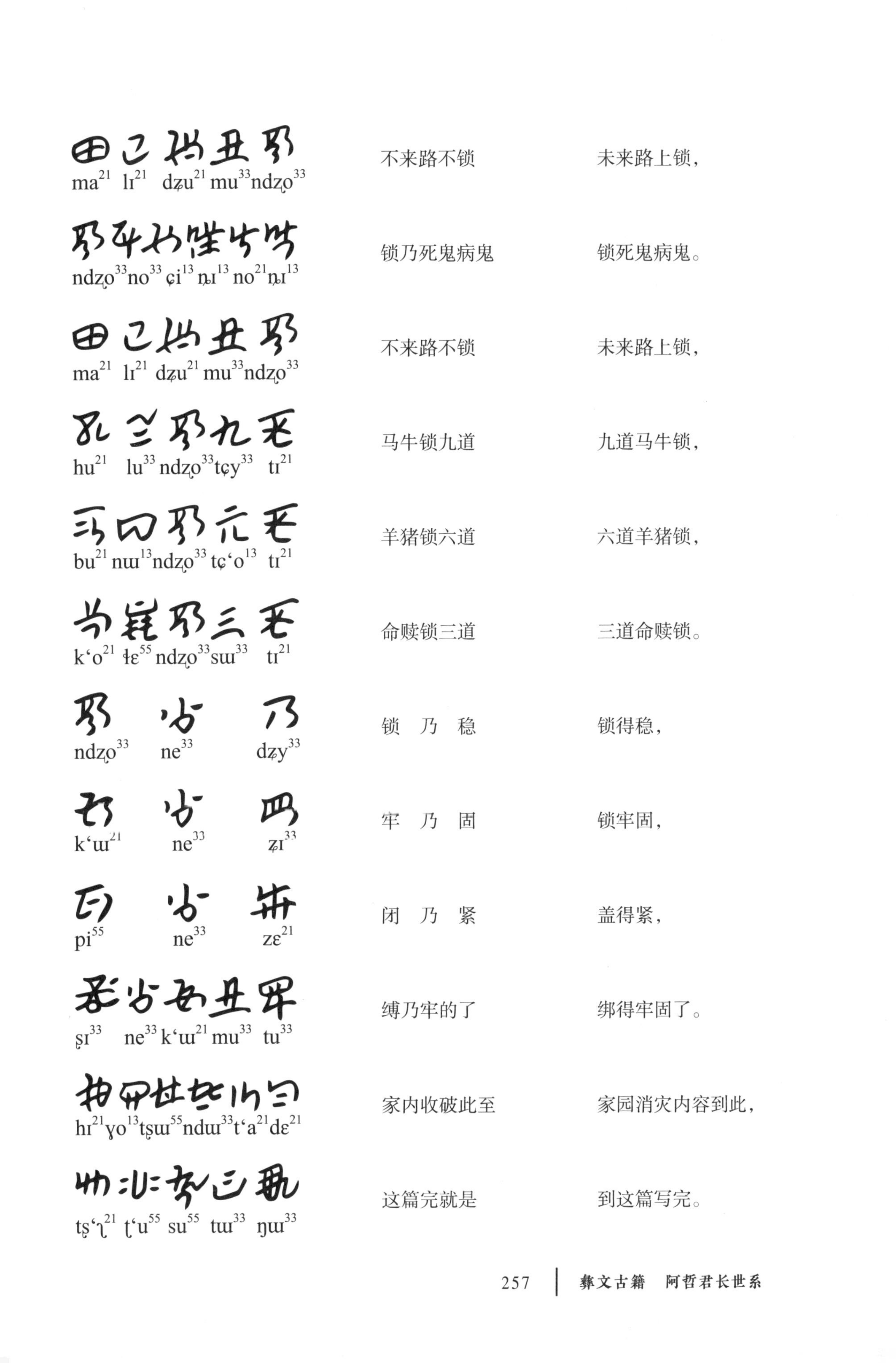

ma^{21} lɪ^{21} dʐu^{21} mu^{33} ndʐo^{33}	不来路不锁	未来路上锁，
ndʐo^{33} no^{33} ɕi^{13} ȵɪ^{13} no^{21} ȵɪ^{13}	锁乃死鬼病鬼	锁死鬼病鬼。
ma^{21} lɪ^{21} dʐu^{21} mu^{33} ndʐo^{33}	不来路不锁	未来路上锁，
hu^{21} lu^{33} ndʐo^{33} tɕy^{33} tɪ^{21}	马牛锁九道	九道马牛锁，
bu^{21} nɯ^{13} ndʐo^{33} tɕʻo^{13} tɪ^{21}	羊猪锁六道	六道羊猪锁，
kʻo^{21} ɬɛ^{55} ndʐo^{33} sɯ^{33} tɪ^{21}	命赎锁三道	三道命赎锁。
ndʐo^{33} ne^{33} dʐy^{33}	锁 乃 稳	锁得稳，
kʻɯ^{21} ne^{33} ʐɪ^{33}	牢 乃 固	锁牢固，
pi^{55} ne^{33} zɛ^{21}	闭 乃 紧	盖得紧，
ʂɪ^{33} ne^{33} kʻɯ^{21} mu^{33} tu^{33}	缚乃牢的了	绑得牢固了。
hɪ^{21} ɣo^{13} tʂɯ^{55} ndɯ^{33} tʻa^{21} dɛ^{21}	家内收破此至	家园消灾内容到此，
tʂʻʅ^{21} ȶʻu^{55} su^{55} tɯ^{33} ŋɯ^{33}	这篇完就是	到这篇写完。

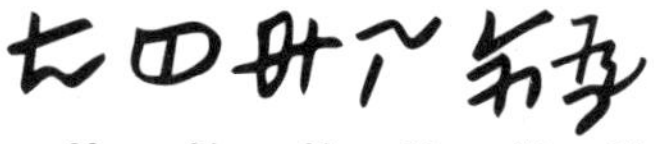

ha^{33} hu^{21} da^{33} hɪ^{13} go^{33}su^{55}

鼠月上八写　　冬月初八抄写，

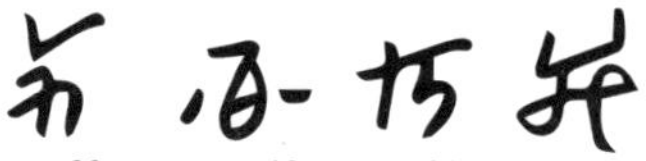

go^{33} su^{13} zɛ^{21} ʂɛ^{13}

写 者 命 长　　写的人长命，

ʑy^{21} su^{13} k‘a^{13}mu^{21}lo^{13}sɿ^{33}

读者寿高了　　读的人高寿。

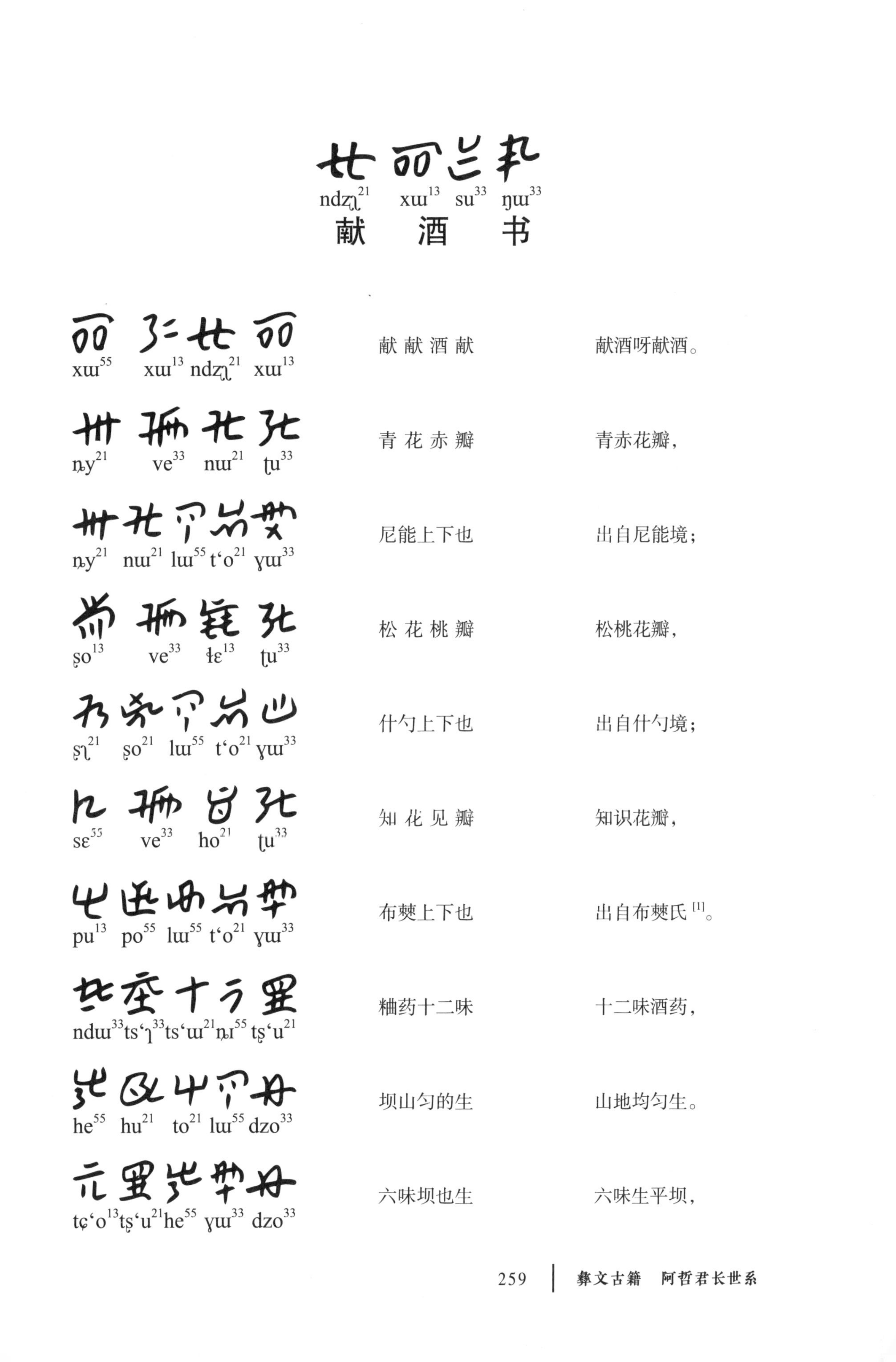

ndʐʅ21 xɯ13 su33 ŋɯ33
献 酒 书

xɯ55 xɯ13 ndʐʅ21 xɯ13	献 献 酒 献	献酒呀献酒。
ȵy21 ve33 nɯ21 ʈu33	青 花 赤 瓣	青赤花瓣，
ȵy21 nɯ21 lɯ55 t'o21 ɣɯ33	尼能上下也	出自尼能境；
ʂo13 ve33 ɬɛ13 ʈu33	松 花 桃 瓣	松桃花瓣，
ʂʅ21 ʂo21 lɯ55 t'o21 ɣɯ33	什勺上下也	出自什勺境；
sɛ55 ve33 ho21 ʈu33	知 花 见 瓣	知识花瓣，
pu13 po55 lɯ55 t'o21 ɣɯ33	布僰上下也	出自布僰氏[1]。
ndɯ33 ts'ʅ33 ts'ɯ21 ȵɪ55 tʂ'u21	釉药十二味	十二味酒药，
he55 hu21 to21 lɯ55 dzo33	坝山匀的生	山地均匀生。
tɕ'o13 tʂ'u21 he55 ɣɯ33 dzo33	六味坝也生	六味生平坝，

 he^{55} a^{21} mɛ^{13} lɪ^{21} tʂ‘u^{33}	坝姑娘来折	坝中女来摘，
 tɕ‘o^{13}tʂ‘u^{21} hu^{21} ɣɯ^{33} dzo^{33}	六味山也生	六味生高山，
 hu^{21} bu^{33} zu^{33} lɪ^{21} xa^{13}	山边男来采	高山男来采。
 tʂ‘ʅ^{21}ndzɯ^{21}ȵy^{13} ɣo^{21} ɣo^{21}	此议青鲜鲜	趁着新鲜时，
 k‘ɯ^{33}ndzɯ^{21}ȵɪ^{33}lɯ^{55} ɣo^{21}	嘴议来的后	一番商议后，
 ʑɪ^{33} ɣo^{13} sɛ^{55} ndʐo^{33} bu^{21}	哎也知锁开	哎知识锁开[2]，
 t‘u^{33} to^{33} tɕy^{33} ʐɯ^{33}mbo^{55}	乾立九也盖	乾坤管全局[3]，
 ʈ‘u^{13} dzɛ^{21} mu^{21}	银 树 高	像高大银树，
 ʂɛ^{13} xɯ^{21} ɖɛ^{21} dɯ^{13} lɯ^{33}	金海满出了	像漫溢金海，
 ʈ‘u^{13} dzɛ^{21}ve^{33} p‘u^{21}p‘u^{21}	银树花芃芃	银树花开茂，
 ʂɛ^{13} xɯ^{21} ha^{33} ʂɪ^{33} ʂɪ^{33}	金海涨腾腾	金海涨腾腾，
 xɯ^{13} ʐɯ^{33} tʂ‘ʅ^{21} dɯ^{13} lɯ^{55}	献也此生了	献酒俗兴起。

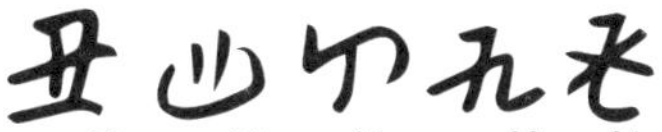

mu^{21} ʑɯ^{33} hɪ^{21} tɕy^{33} tɪ^{21}

高也天九层　　高的九层天，

ndzu^{33}ʑɯ^{33} fu^{33} lɪ^{21} ȵɪ^{21}

君也王来坐　　住天君地王，

tʂu^{13}dzu^{33}ko^{33}ta^{33}ɣo^{21}ȵo^{33}ɣɯ^{21}

租吃税征后里也　　征租吃税是使命。

sɛ^{55} t'u^{33} lu^{33}

知 宇 宙　　认识宇宙时，

ndʐʅ^{21}ma^{21}ndʑo^{21}ʑɯ^{33} sʅ^{33}

酒不过也兮　　酒还未出现，

kɯ^{55} ʂʅ^{33} ʑɯ^{33}ndʑo^{21}

搭 先 也 过　　如搭桥过河，

ȵy^{21}ndʐọ^{33} ve^{21} lu^{21} bu^{21}

青锁花朵开　　天锁花打开，

mo^{21}ts'ɯ^{21}dʑy^{33} tso^{55} za^{13}

种落禾蒂下　　种子颗粒降，

xɯ^{13}mbo^{55}ndʑo^{13}ʑɛ^{21} ɬi^{55}

献盖过因生　　献酒得繁荣，

hɪ^{21} k'ɪ^{33} dʑy^{33}mo^{21} dɯ^{13}

根分禾果生　　五谷源头现，

dʑy^{33} tɕu^{55} dʑy^{33} mo^{21}

林 禾 林 果　　各粮食作物，

□□

dʑɪ^{21} ɣo^{21} ȵɪ^{55}

生也中□□　　遍地……

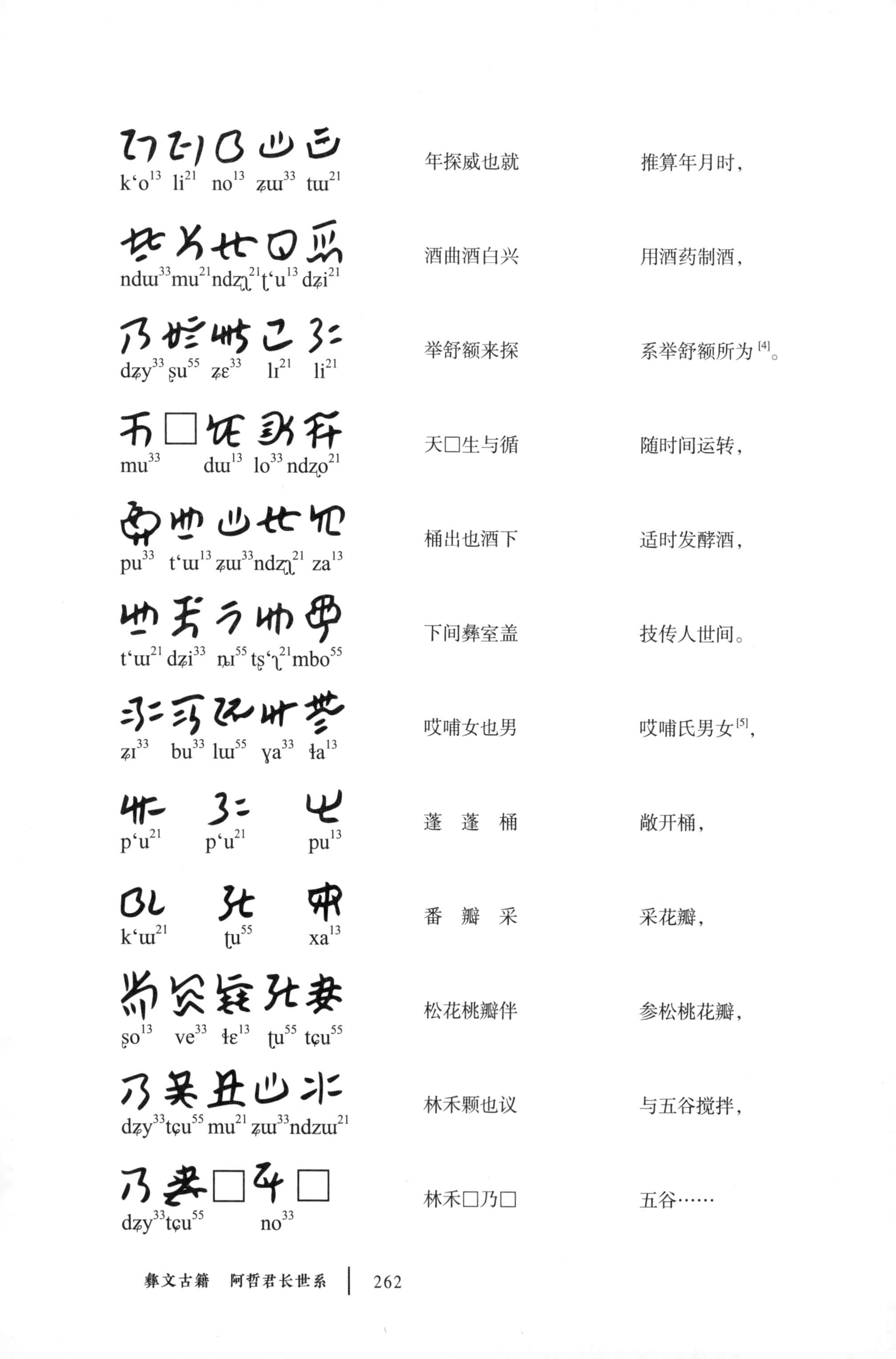

k‘o^{13} li^{21} no^{13} ʑɯ^{33} tɯ^{21}	年探威也就	推算年月时，
ndɯ^{33}mu^{21}ndʐʅ^{21}ʈ‘u^{13} dʑi^{21}	酒曲酒白兴	用酒药制酒，
dʑy^{33} ʂu^{55} ʑɛ^{33} lɪ^{21} li^{21}	举舒额来探	系举舒额所为[4]。
mu^{33} dɯ^{13} lo^{33} ndʐo^{21}	天□生与循	随时间运转，
pu^{33} t‘ɯ^{13} ʑɯ^{33}ndʐʅ^{21} za^{13}	桶出也酒下	适时发酵酒，
t‘ɯ^{21} dʑi^{33} ɳɪ^{55} tʂ‘ʅ^{21}mbo^{55}	下间彝室盖	技传人世间。
ʑɪ^{33} bu^{33} lɯ^{55} ɣa^{33} ɬa^{13}	哎哺女也男	哎哺氏男女[5]，
p‘u^{21} p‘u^{21} pu^{13}	蓬 蓬 桶	敞开桶，
k‘ɯ^{21} ʈu^{55} xa^{13}	番 瓣 采	采花瓣，
ʂo^{13} ve^{33} ɬɛ^{13} ʈu^{55} tɕu^{55}	松花桃瓣伴	参松桃花瓣，
dʑy^{33}tɕu^{55} mu^{21} ʑɯ^{33}ndzɯ^{21}	林禾颗也议	与五谷搅拌，
dʑy^{33}tɕu^{55} no^{33}	林禾□乃□	五谷……

 tɕi^{13}ʐɯ^{33}ʂɛ^{13}bu^{33}ɣa^{33}ʐɯ^{33}ka^{55}	先也金桶里也盛	盛在金桶里，
□□ ndʐu^{55}mbɪ^{33}ɣo^{13}	美杆得□	酒杆美……

注　释：

[1] 布僰氏：彝族历史第四个时期，即米靡时期的布摩氏族，分为布氏和僰氏。

[2] 哎知识：即八卦中演绎的知识，八为地数，九为天数。

[3] 乾坤：彝族乾坤中的乾为哎，坤为哺。

[4] 举舒额：人名，哎哺时期的著名布摩，后变为天上的布摩。

[5] 哎哺氏：氏族名，哎哺时期的代表，《西南彝志》和《彝族源流》记录有其二十三代父子连名谱，完整的有十九族各十代的连名谱。

ndʐʅ^{21} xɯ^{13} su^{33} ŋɯ^{33}
献 酒 书

xɯ^{13} xɯ^{13} ndʐʅ^{21} xɯ^{13}	献 献 酒 献	献酒呀献酒。
ȵy^{21} ve^{33} nɯ^{21} ʈu^{55}	青 花 赤 瓣	青赤花瓣，
ȵy^{21} nɯ^{21} lɯ^{55} to^{21} ɣɯ^{33}	尼能上下也	出自尼能境。
bu^{33} ʑɛ^{33} bu^{33} ȵɪ^{13} ka^{55}	桶大桶小装	装大桶小桶，
ndʐu^{55} mbɪ^{33} ɣo^{13} mbɪ^{33}	玉 杆 珠 杆	华丽咂酒杆[1]，
ʂo^{13} ve^{33} ɬɛ^{13} ʈu^{55}	松 花 桃 瓣	松桃花瓣，
t‘u^{33} lu^{33} la^{33} ʑɯ^{21} tɛ^{13}	宇宙上也放	放在宇宙上，
nɛ^{21} ʑɯ^{33} hɪ^{21} ʂʅ^{33} ts‘u^{33}	低也恒始楚	由恒始楚[2]，
t‘ɯ^{21} ndʐa^{13} mu^{33} lɪ^{21}	特乍姆来探	特乍姆来用[3]。

	lɯ^{21} t‘o^{21} ɣɯ^{21}	□□上下也	……的境内，
	ʑɛ^{33} ʑɛ^{33} lo^{33} xɯ^{13}	大 大 与 献	献长者，
	hɪ^{21} ndzu^{33} dʑy^{33} ɣa^{33} xɯ^{13}	天君大也献	献天君长者，
	ndzu^{33} ɣa^{33} fu^{33} tsɯ^{21} ta^{33}	君与王齐受	君王同享受。
	ts‘ɯ^{21} tʂ‘u^{21} hɪ^{55} ndo^{21}	十 种 天 饮	天君长来喝，
	ts‘ɯ^{21} dʑy^{33} ndzu^{33} zɛ^{21} ʂɛ^{13}	策举祖命长	策举祖长寿[4]；
	hɪ^{13} du^{33} fu^{33} lɪ^{21} ndo^{21}	恒度府来饮	恒度府来饮[5]，
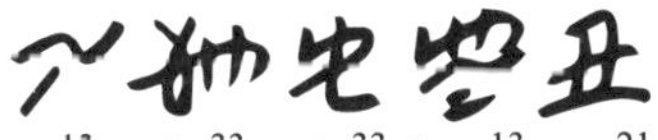	hɪ^{13} du^{33} fu^{33} k‘a^{13} mu^{21}	恒度府寿高	恒度府高寿，
	sɛ^{21} ɖu^{13} lɪ^{33}	□□神成来	……神威成。
	hɪ^{21} dzu^{21} dʑy^{33} p‘u^{21} dɯ^{13}	恒居高原出	恒氏得高天[6]，
	t‘ɯ^{21} dzu^{21} ʂu^{33} no^{13} dɯ^{13}	特住大地生	特氏有大地[7]，
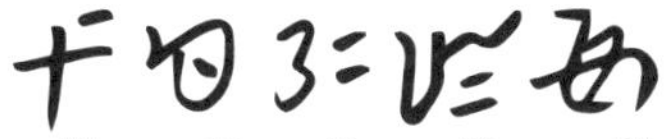	tu^{13} lu^{55} lu^{21} tʂɛ^{55} k‘ɯ^{21}	千份份根牢	成千根基稳，

tɕi^{13} sa^{33} sa^{33} hɪ^{21} hɛ^{33}　亿计计本好　上万根本好，

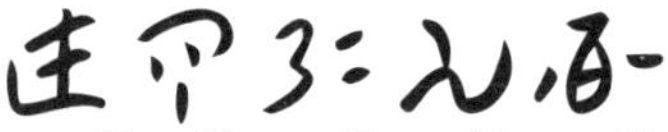

dzu^{33}lɯ^{33} lɯ^{21} ɣo^{21} su^{13}　益了了得者　受益的原因，

ndʐʅ^{21} xɯ^{13}ʑɯ^{21} ŋɯ^{33} vi^{21}　酒献灵是焉　是献酒灵验。

ndʐʅ^{21} dʑɪ^{21}tʻɯ^{21} ʑɯ^{33} dɯ^{13}　酒生地也出　酒出在地上，

ndʐʅ^{21}dɯ^{13} lɪ^{21} ʑɯ^{33} ɣo^{21}　酒出来以后，　酒出现之后，

ndʐʅ^{21} xɯ^{13} sɛ^{21} ma^{21} dzo^{33}　酒献主不在　没有人献酒，

ndʐʅ^{21} lɪ^{21} tɕɪ^{13} ma^{21} ho^{21}　酒来根不见　不知酒来历，

ndʐʅ^{21} ta^{33} sɛ^{21} ma^{21} sɛ^{55}　酒受主不知　不知献给谁。

ɖu^{21} tʂʻɯ^{55} ɣo^{21} ʑɯ^{21}　人 伸 得 利　兴旺之家，

tʂʻʅ^{21} kʻo^{13} tʻa^{21} kʻo^{13} no^{33}　今年一年呢　在一整年里，

ndy^{55} nu^{33} ma^{21} hɛ^{21}　想 多 不 讳　多想无忌讳，

kʻo^{13} kʻa^{33} hu^{21} kʻa^{33}　年 难 月 难　消年月之灾，

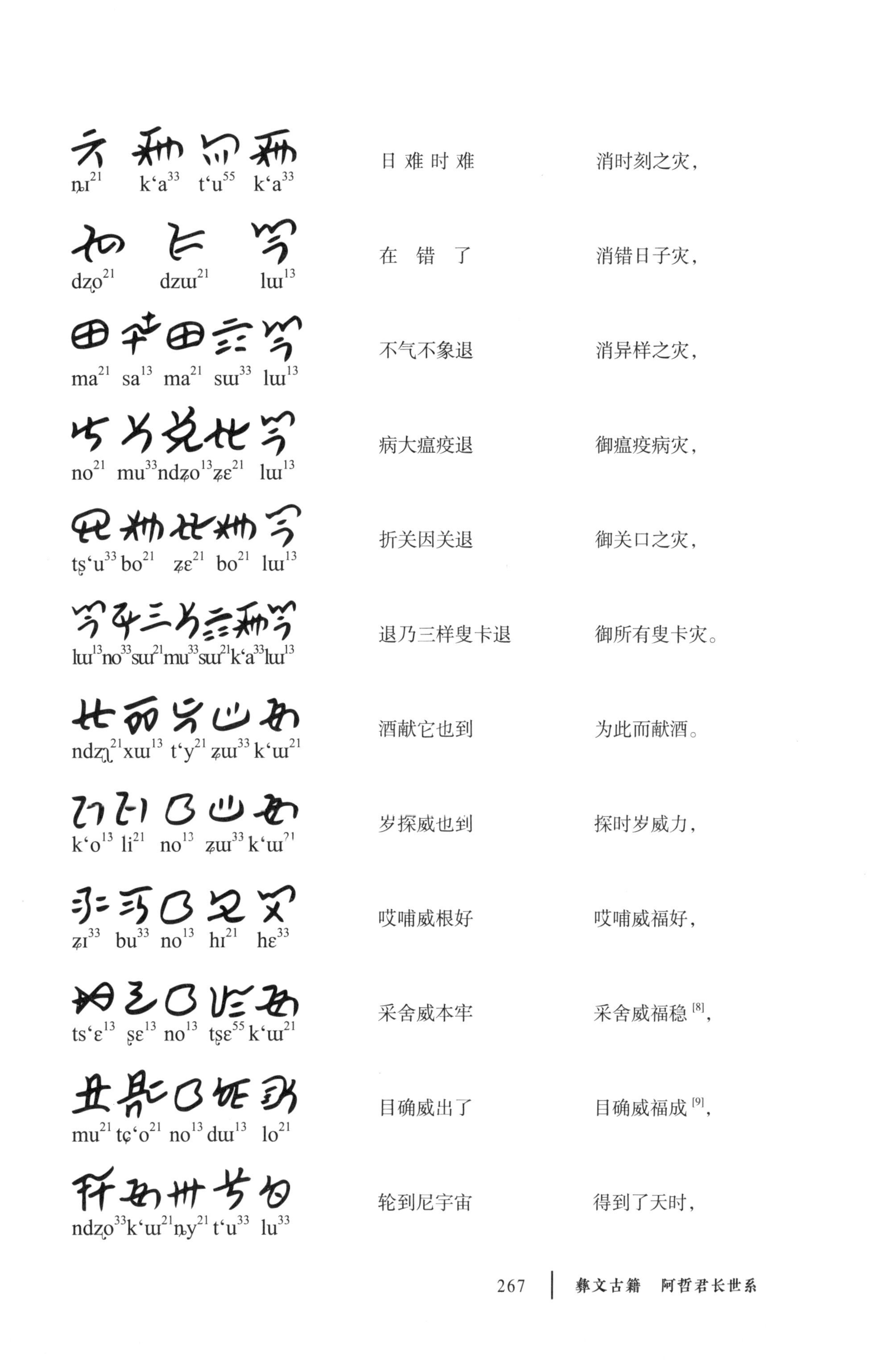

ȵɪ^{21} k'a^{33} t'u^{55} k'a^{33}	日 难 时 难	消时刻之灾，
dʐo^{21} dzɯ^{21} lɯ^{13}	在 错 了	消错日子灾，
ma^{21} sa^{13} ma^{21} sɯ^{33} lɯ^{13}	不气不象退	消异样之灾，
no^{21} mu^{33}ndʑo^{13}ʑε^{21} lɯ^{13}	病大瘟疫退	御瘟疫病灾，
tʂ'u^{33} bo^{21} ʑε^{21} bo^{21} lɯ^{13}	折关因关退	御关口之灾，
lɯ^{13}no^{33}sɯ^{21}mu^{33}sɯ^{21}k'a^{33}lɯ^{13}	退乃三样叟卡退	御所有叟卡灾。
ndʐʅ^{21}xɯ^{13} t'y^{21} ʑɯ^{33} k'ɯ^{21}	酒献它也到	为此而献酒。
k'o^{13} li^{21} no^{13} ʑɯ^{33} k'ɯ^{21}	岁探威也到	探时岁威力，
ʑɪ^{33} bu^{33} no^{13} hɪ^{21} hε^{33}	哎哺威根好	哎哺威福好，
ts'ε^{13} ʂε^{13} no^{13} tʂε^{55} k'ɯ^{21}	采舍威本牢	采舍威福稳[8]，
mu^{21} tɕ'o^{21} no^{13} dɯ^{13} lo^{21}	目确威出了	目确威福成[9]，
ndʐo^{33}k'ɯ^{21}ȵy^{21} t'u^{33} lu^{33}	轮到尼宇宙	得到了天时，

	ɣɯ^{21} so^{21} no^{13} tsɪ^{13} ka^{13}	额索威经营	额索经营威福[10]。
	ndzu^{33} no^{13} hɪ^{21} mo^{21} mo^{21}	君威风类类	君威福类多，
	mu^{55} no^{13} p‘u^{21} p‘u^{21}	臣威□勃勃	臣威福勃勃，
	pu^{13} no^{13} dzɛ^{21} mu^{33} mu^{33}	布威树高高	布摩威福高。
	ma^{21} lɪ^{21} ɣo^{21} ga^{13} no^{33}	麻列峨嘎呢	布摩仪式场，
	no^{13} lɪ^{21} gu^{33} no^{33} dzu^{21}	威来福乃合	威与福结合，
	no^{13} lɪ^{21} no^{33}	威来□福□	威与福……
	no^{13} sɛ^{21} gu^{33} sɛ^{21} ȵɪ^{21}	威神福神坐	威神福神在，
	ndʐʅ^{21} xɯ^{13} ȵɪ^{33} lo^{33} k‘ɯ^{33}	酒献呢与到	与他们献酒。
	pu^{13} ndʐʅ^{33} ʑɯ^{33} k‘ɯ^{21}	布□祭也到	布摩来献祭，
	ɖu^{21} dzu^{21} tʂ‘ɯ^{55} ɣo^{21} ʑɪ^{33}	人居伸之家	兴旺的人家，
	na^{33} ʑi^{33} gɯ^{55} ɬo^{33} ndʐʅ^{33}	黑水渡过祭	为渡过大江献祭，

nɯ^{21} fa^{13} da^{33} ɬo^{33}ndʐʅ^{33}

岩红攀过祭　　为攀越大岩献祭，

t‘u^{33} lu^{33} po^{55} ŋgo^{21}ndʐʅ^{33}

宇宙护门祭　　为天地保佑献祭，

lɯ^{55} hɪ^{21} ɖu^{21} ɖɛ^{21}ndʐʅ^{33}

闺房人满祭　　为人丁兴旺献祭，

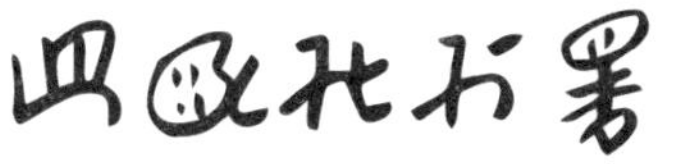
ɳɪ^{55} tɕ‘ɯ^{21} ʈu^{33} do^{33}ndʐʅ^{33}

彝园光出祭　　为家园风光献祭，

ɣɯ^{21} tʂɛ^{13} tɕu^{55} ɖɛ^{21}ndʐʅ^{33}

廪仓谷满祭　　为五谷满仓献祭，

ɣɯ^{21} bu^{33} kɛ^{55} tsy^{13}ndʐʅ^{33}

内堂贵召祭　　为家召富贵献祭，

nɛ^{33} lɪ^{21} fu^{33} ɬu^{33}ndʐʅ^{33}

近来富唤祭　　为户纳富贵献祭，

ndʐʅ^{33} bi^{55} ku^{33} zɯ^{33}ndʐʅ^{33}

祭献纲持祭　　为祭礼献祭，

vu^{33} gɯ^{55} fa^{13} ʂɪ^{55} ndʐʅ^{33}

奠过顺利祭　　为顺利献祭。

ɖu^{21} dzu^{21} na^{21} t‘a^{33} ʑɪ^{33}

人居你一家　　祝人丁兴旺，

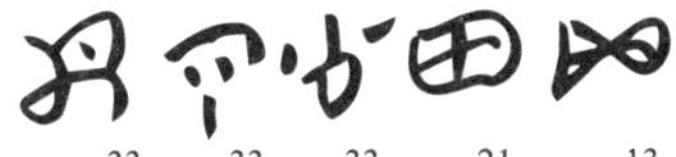
dʐa^{33} lɯ^{33} ne^{33} ma^{21} ts‘ɛ^{13}

在的心不细　　生活能大方。

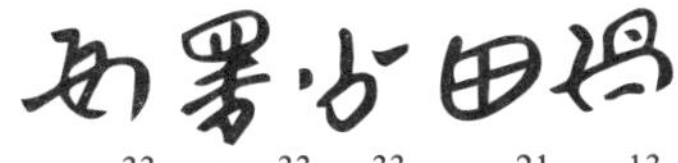
k‘ɯ^{33} ndʐʅ^{33}ne^{33} ma^{21} ɳɪ^{13}

求祭心不小　　大胆地献祭，

ndʐʅ^{33}ȵɪ^{33} tsʻɯ^{21} ȵɪ^{55} sɛ^{21}　　祭乃十二神　　所有的神灵，

ndʐʅ^{21} xɯ^{13} tʻy^{21}ʑɯ^{33}kʻɯ^{33}　　酒献它也到　　酒都献到了，

ku^{33} zɯ^{33} dʑy^{33} fa^{13} ʂɪ^{33}　　纲持大岩顺　　献礼显严肃，

ʑɪ^{13} □ pʻu^{55} tɕɪ^{13} ʂu^{21}　　益□祖根理　　理谱而得益。

ɕi^{13} dʐɛ^{55}dɯ^{33}ʑɯ^{33}kʻɯ^{33}　　祖灵处也到　　到了祖灵边，

ŋo^{21} ȵɪ^{21} pʻi^{55} pʻi^{33} dzɪ^{13}　　鄂乃祖先祭　　把远祖祭祀。

dzɪ^{13} mo^{21} nɯ^{21} pʻi^{33}　　祭 为 您 边　　您旁边献祭，

pʻi^{33} go^{21} go^{21} lo^{33} xɯ^{13}　　边专专与献　　虔诚地献酒。

ŋo^{21} ŋɯ^{33} pʻu^{55} tʻa^{21} ʂu^{21}　　鄂见祖一理　　把远祖料理，

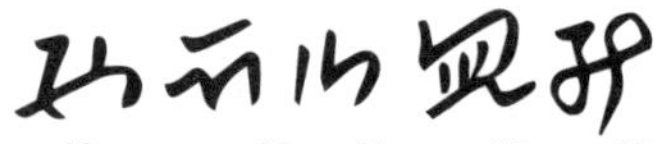

ɕi^{13} dʐɛ^{55}tʻa^{21} kʻɛ^{55} ʂɛ^{13}　　祖灵一布长　　祖灵排得长，

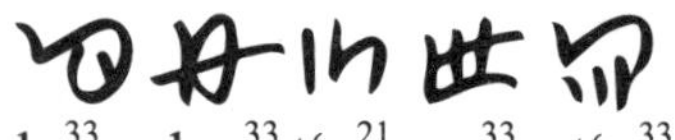

lu^{33} dzo^{33} tʻa^{21} po^{33} tʻu^{33}　　寨在一层厚　　人户住密集。

pʻu^{55} tɯ^{33} zu^{33} hɛ^{33} kʻu^{33}　　祖只子好佑　　祖佑子孙好，

tʂʻɿ^{21} tʻa^{33} kʻu^{33} lɪ^{21} lo^{13}

此一好来了　　表现在此处，

pʻi^{33} tɯ^{33} nɯ^{13}ndʐu^{55}dʑy^{33}

妣只女美佑　　佑子女圆满，

tʂʻɿ^{21}ndʐu^{55}dʑy^{33} lɪ^{21} lo^{13}

此美愿来了　　在此圆满了。

pʻi^{55} pʻi^{33} hɪ^{21} sɯ^{33} tɪ^{21}

祖妣根三层　　祖灵分三层，

ndʐɿ^{21}xɯ^{13} tʻy^{21} lo^{33} kʻɯ^{33}

酒献它也到　　酒都献到了。

hɪ^{21} dzu^{21} bo^{21} kʻu^{33} mu^{33}

天在山威高　　得天山高威，

bo^{21} tɕy^{33} lɯ^{33} tʂʻa^{33} ʂu^{21}

山九座根理　　理九座山根，

bo^{21} tɕʻo^{13} lɯ^{33} lo^{33} dzo^{33}

山六座与生　　在六座山上；

bo^{21} tɕʻo^{13}lɯ^{33} tʂʻa^{33} ʂu^{21}

山六座根理　　理六座山根，

bo^{21} sɯ^{33} lɯ^{33} lo^{33} dzo^{33}

山三座与生　　在三座山上；

bo^{21} sɯ^{33} lɯ^{33} tʂʻa^{33} ʂu^{21}

山三座根理　　理三座山根，

bo^{21} tʻa^{21} lɯ^{33} lo^{33} dzo^{33}

山一座与生　　在一座山上。

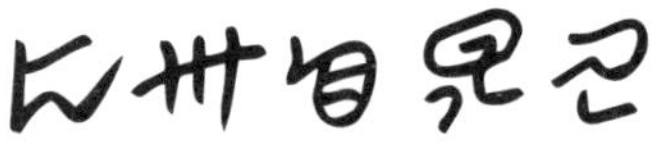 bu^{21} ȵy^{21} dzu^{33} ʑi^{13} tɕʻi^{33}	山青虎栖角	虎栖青山顶，
 dzu^{33} ʑi^{13} no^{33} dʑɪ^{21} ʈʻu^{13}	虎栖乃场白	虎栖有场地，
 tʂo^{13} ne^{33} ȵɪ^{55} tʻa^{21} ndʑɯ^{55}	转乃兽别捕	别转身捕兽；
 lo^{21} nɯ^{21} dzu^{33} nɖo^{33} kʻo^{21}	谷红虎踢脚	红谷虎驻足，
 tʂo^{13} ne^{33} ȵɪ^{55} tʻa^{21} nɖo^{33}	转乃兽别踢	别转身抓兽。
 nɛ^{13} do^{33} dʑy^{33} mo^{21} mo^{21}	春出山微微	春至山温暖，
 ɬo^{13} tʻu^{55} kʻɯ^{33} no^{33}	牧 时 到 呢	该到放牧时，
 ɬo^{13} tʻy^{21} tɕi^{13} kʻɯ^{33}	牧 其 样 到	就把牧来放，
 dʐo^{21} kɯ^{55} ku^{33} zɯ^{33} dʑy^{33}	生会纲掌稳	生活会平稳，
 dʑy^{33} fa^{13} kʻɯ^{33} mu^{33} tu^{33}	野岩稳的立	如岩般严肃。
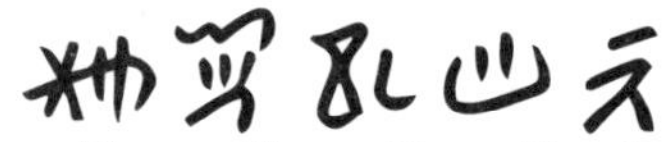 bo^{21} dʑi^{21} hu^{21} ʐɯ^{33} ȵɪ^{21}	山兴岭也在	山上有山岭，
 ʔu^{33} tsʻo^{33} ma^{21} dɯ^{13} sɿ^{33}	类人未出兮	人未产生前，

 hu^{21} ndɪ^{21} ʂɿ^{33} ʐɯ^{33} dɯ^{13}	山坝先也生	山岭平坝已产，
 ʔu^{33} ts‘o^{33}ma^{21} ɖu^{21} sɿ^{33}	类人未成兮	人未形成前，
 hu^{21} ndɪ^{21} ʂɿ^{33} ʐɯ^{33} ɖu^{21}	山坝先也成	山岭平坝已形成。
 hu^{21} lɪ^{21} ʔu^{33} ts‘o^{33} p‘u^{55}	山来类人父	高山是人的父亲，
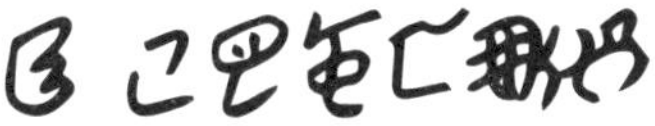 ndɪ^{21}lɪ^{21}ʔu^{33}ts‘o^{33}mo^{21}ŋɯ^{33}vi^{21}	坝来类人母是焉	平坝是人的母亲。
 hu^{21} ndzu^{33} ʂɿ^{13} a^{21} vu^{33}	山君什阿武	山君什阿武[11]，
 hu^{21} mu^{55} ʂu^{21} lu^{33} sɛ^{21}	山臣勺鲁色	山臣勺鲁色[12]，
 bu^{21} pu^{13} bo^{21} ɣa^{33} fu^{33}	山布博雅辅	山的布摩博雅辅[13]。
 hu^{21} ʈ‘u^{13} hu^{21} na^{33} ɕi^{55}	山白山黑死	黑白大山死，
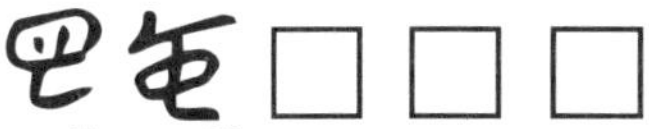 ʔu^{33} ts‘o^{33}	类人□□□	人……
 ndɪ^{21} zu^{33} ʐo^{33}	坝 子 生	坝子生成。
 ndɪ^{21} ɣo^{13} dʐo^{33}	坝 得 在	得坝子住。

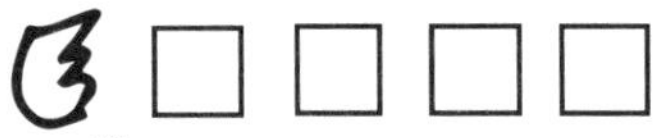	ndɪ^{21} ……	坝□□□□	坝……
	hu^{21} ts'ɪ^{13} ndɪ^{21} ts'ɪ^{13} ʂɛ^{13}	山代坝代长	高山坝子历史长，
	hu^{21} bo^{21} no^{13} bo^{21} fe^{13}	岳有山幅厚	大山显山威，
	hu^{21} pu^{13} ʈ'u^{13} du^{21} to^{33}	山布银杖拄	山布摩持银杖，
	ndɪ^{21} pu^{13} ʂɛ^{13} du^{21} vi^{21}	坝布金杖使	坝布摩使金杖，
	hu^{21} so^{33} ʑɛ^{55}	山　适　赎	赎宜居的山，
	no^{13} dʐɯ^{33} so^{21} ʑɛ^{55} lo^{13}	土畜适赎了	赎宜居土地，
	hu^{21} sɛ^{21} ndɪ^{21} sɛ^{21} ȵɪ^{33}	山神坝神坐	山神坝神在，
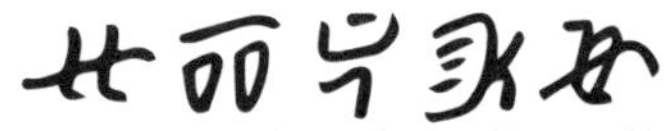	ndʐʅ^{21} xɯ^{13} t'y^{21} lo^{33} k'ɯ^{33}	酒献它与到	酒献到它们。
	sɛ^{21} ndʐʅ^{21} pu^{13} lɪ^{21} vi^{21}	主酒布来用	布摩为人家，
	hu^{21} sɛ^{21} ndɪ^{21} sɛ^{21} xɯ^{13}	山神坝神献	向山神坝神献酒。
	mi^{13} dɯ^{33} mi^{13} sɛ^{21} sʅ^{33}	地生地神先	地在神之前，

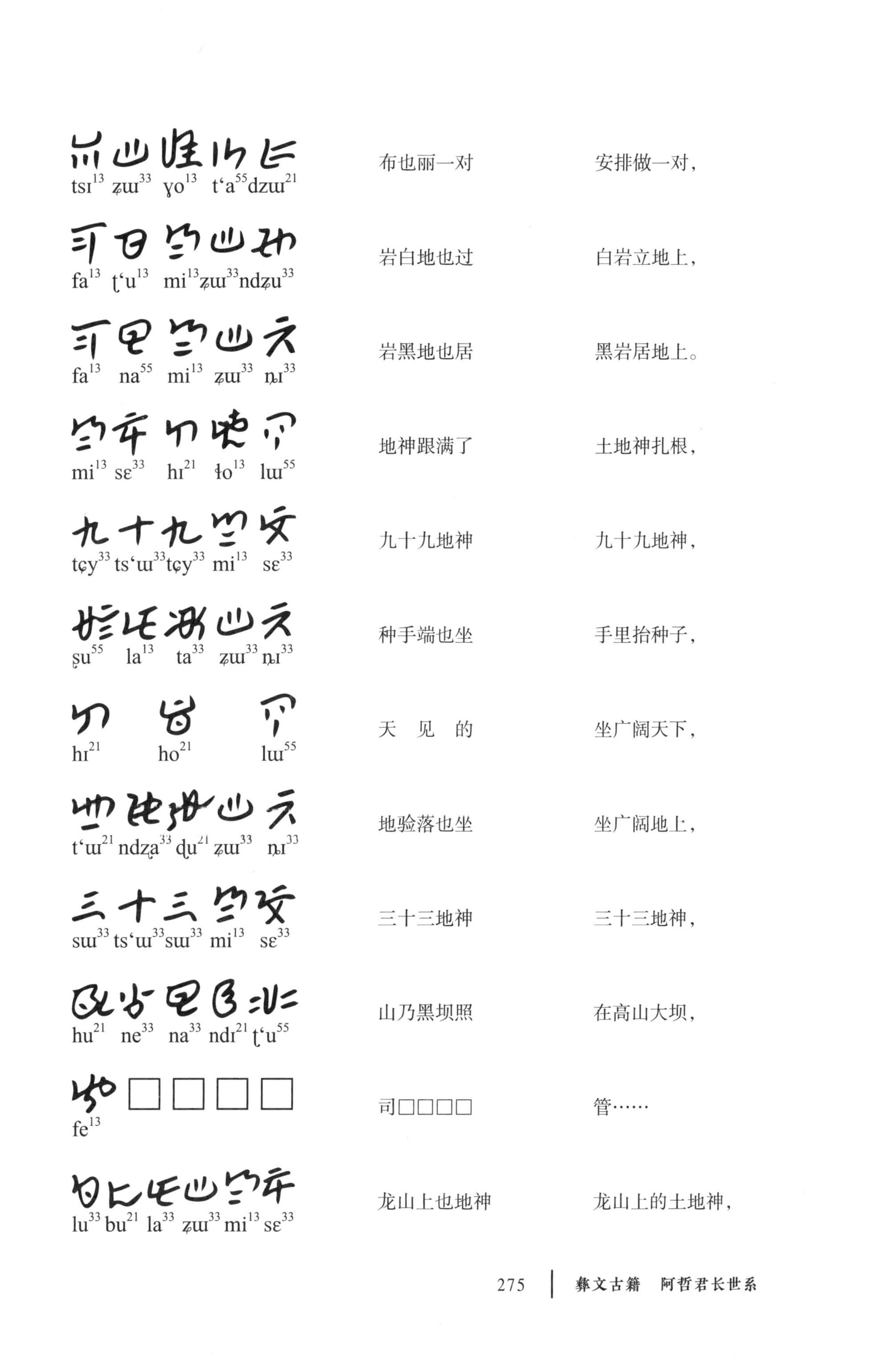

tsɪ^{13} ʐɯ^{33} ɣo^{13} t‘a^{55}dzɯ^{21}	布也丽一对	安排做一对，
fa^{13} ʈ‘u^{13} mi^{13}ʐɯ^{33}ndʐu^{33}	岩白地也过	白岩立地上，
fa^{13} na^{55} mi^{13} ʐɯ^{33} ɳɪ^{33}	岩黑地也居	黑岩居地上。
mi^{13} sɛ^{33} hɪ^{21} ɬo^{13} lɯ^{55}	地神跟满了	土地神扎根，
tɕy^{33} ts‘ɯ^{33}tɕy^{33} mi^{13} sɛ^{33}	九十九地神	九十九地神，
ʂu^{55} la^{13} ta^{33} ʐɯ^{33} ɳɪ^{33}	种手端也坐	手里抬种子，
hɪ^{21} ho^{21} lɯ^{55}	天 见 的	坐广阔天下，
t‘ɯ^{21} ndʐa^{33} ɖu^{21} ʐɯ^{33} ɳɪ^{33}	地验落也坐	坐广阔地上，
sɯ^{33} ts‘ɯ^{33}sɯ^{33} mi^{13} sɛ^{33}	三十三地神	三十三地神，
hu^{21} ne^{33} na^{33} ndɪ^{21} ʈ‘u^{55}	山乃黑坝照	在高山大坝，
fe^{13} □□□□	司□□□□	管……
lu^{33} bu^{21} la^{33} ʐɯ^{33} mi^{13} sɛ^{33}	龙山上也地神	龙山上的土地神，

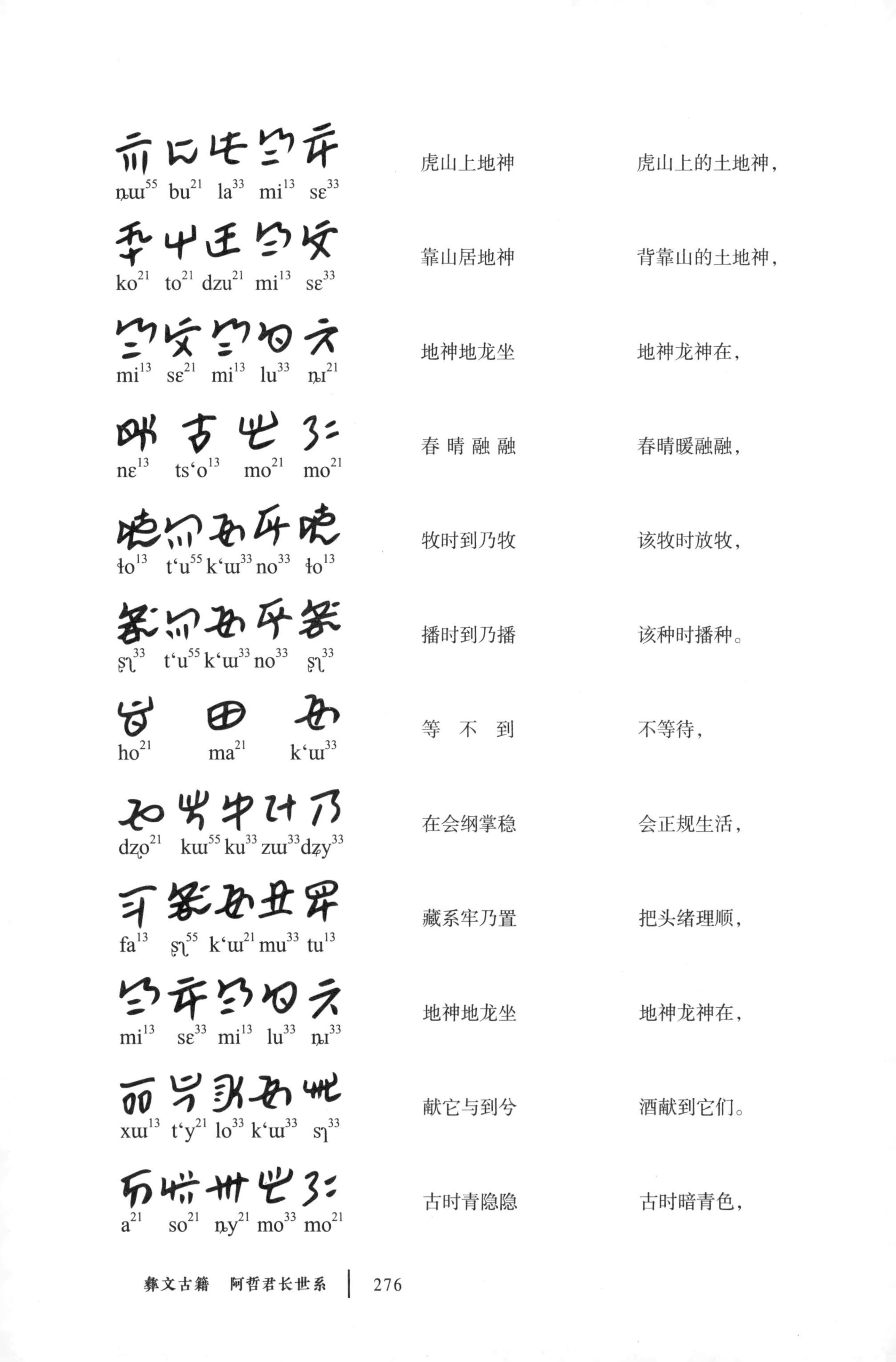

ȵɯ^{55} bu^{21} la^{33} mi^{13} sɛ^{33}	虎山上地神	虎山上的土地神，
ko^{21} to^{21} dzu^{21} mi^{13} sɛ^{33}	靠山居地神	背靠山的土地神，
mi^{13} sɛ^{21} mi^{13} lu^{33} ȵɪ^{21}	地神地龙坐	地神龙神在，
nɛ^{13} ts‘o^{13} mo^{21} mo^{21}	春 晴 融 融	春晴暖融融，
ɬo^{13} t‘u^{55} k‘ɯ^{33} no^{33} ɬo^{13}	牧时到乃牧	该牧时放牧，
ʂʅ^{33} t‘u^{55} k‘ɯ^{33} no^{33} ʂʅ^{33}	播时到乃播	该种时播种。
ho^{21} ma^{21} k‘ɯ^{33}	等 不 到	不等待，
dʐo^{21} kɯ^{55} ku^{33} zɯ^{33} dʑy^{33}	在会纲掌稳	会正规生活，
fa^{13} ʂʅ^{55} k‘ɯ^{21} mu^{33} tu^{13}	藏系牢乃置	把头绪理顺，
mi^{13} sɛ^{33} mi^{13} lu^{33} ȵɪ^{33}	地神地龙坐	地神龙神在，
xɯ^{13} t‘y^{21} lo^{33} k‘ɯ^{33} sʅ^{33}	献它与到兮	酒献到它们。
a^{21} so^{21} ȵy^{21} mo^{33} mo^{21}	古时青隐隐	古时暗青色，

	su^{13} ʐɿ^{33} ɣa^{33} sɯ^{33} mu^{33}	人影也似样	像人的模样，
	kɛ^{55} dzɛ^{21} t‘a^{21} ɣo^{21} dzo^{33}	贵树一有生	长所有贵树，
	ʈu^{21} zɯ^{33} zɯ^{33} su^{13} lɿ^{33}	光闪闪者来	闪闪放光芒，
	p‘o^{21} ka^{13} hu^{21} so^{33}	勃 枝 山 适	枝勃适宜山，
	kɛ^{55} dzɛ^{21} ȵɿ^{55} ɣo^{21} dzo^{33}	贵树乃得生	贵树得生长，
	ʂɛ^{13} mu^{33} mu^{33} su^{13} lɿ^{33}	金显显者来	显示出金贵。
	tʂu^{21} dʐɛ^{55} k‘u^{33} mu^{33}	祝 遮 苦 姆	祝遮苦姆地方[14]，
	kɛ^{55} dzɛ^{21} sɯ^{33} ɣo^{21} dzo^{33}	贵树三得生	长二重贵树，
	tsɯ^{21} tɕ‘u^{33} lɯ^{55} a^{21} mɛ^{13}	策曲娄阿默	策曲娄阿默地方[15]，
	kɛ^{55} ȵɿ^{21} na^{13} ŋɯ^{33} vi^{21}	贵在深也焉	贵根很深厚，
	kɛ^{55} po^{33} ɣo^{21} ʐɯ^{33} mu^{55}	贵翻内也向	贵向着里面，
	fu^{33} po^{33} ɣo^{21} ʐɯ^{33} hɿ^{21}	富翻里也生	富向着里面。

 ndzu^{33} no^{13} bu^{21} lɯ^{33} lɯ^{33}	君威明朗朗	君威明朗朗，
 mu^{55} no^{13} ve^{33} p‘u^{21} p‘u^{21}	臣威花芃芃	臣威花样茂，
 pu^{13} no^{13} ʂo^{13} vɛ^{21} t‘u^{33}	布威找维庹	布摩威靠芶维庹[16]，
 ʑy^{21} no^{13} t‘ɯ^{33} ȵɪ^{21} ȵɪ^{21}	舅威澈清清	舅家威清澈，
 su^{55} no^{13} ʑɪ^{13} ka^{13} ka^{13}	甥威荫条条	甥家威不乱，
 tsɪ^{13} no^{13} ȵy^{21} dy^{33} dy^{33}	宗威青幽幽	宗威青幽幽，
 vi^{21} no^{13} ve^{33} ʈu^{33} ɖu^{21}	族威花朵成	族威花成朵。
 na^{33} ɬi^{55} dʑy^{33} ʈ‘u^{13}	你 生 林 嫩	幼稚的你，
 a^{21} hɛ^{21} ɡu^{33} mɛ^{13} lɪ^{33}	而今福及来	而今福来到，
 no^{13} mɛ^{13} lɪ^{21} no^{33}	威 及 来 呢	威也来到了。
 ʔe^{21} ȵɪ^{21} sɿ^{55} vu^{33} ʑɛ^{33}	而今司力大	今天司鬼力气大
 ʔe^{21} ȵɪ^{21} ʂu^{33} vu^{33} ʑɛ^{33}	而今署力大	署鬼力气大，

 ʔe^{21} n̡ɪ^{21} pu^{13} vu^{33} ʑɛ^{33}	而今布力大	布摩力更大，
 ɣo^{21} sɛ^{21} vu^{33}	得 神 力	得神力，
 ɣo^{21} n̡ɪ^{21} no^{13} vu^{33} ʑɛ^{33}	后乃威力大	威力变大了，
 tʂ'ʅ^{21} mu^{33} lɪ^{21} lu^{21} no^{33}	这样来了呢	这样一来，
 k'u^{33} ʑɯ^{33} ɕi^{13} k'ɯ^{55} ʑɛ^{33}	位也死道大	为尊的死者[17]，
 na^{21} ne^{33} n̡y^{21} dʑi^{21} hu^{21} bu^{21}	你乃太阳月亮	像太阳月亮。

注　释：

[1] 咂酒杆：用来吸饮咂酒的杆子，用麻杆或竹杆制成。

[2] 恒始楚：人名，米靡时期的首席布摩，布僰布摩经典文化的创始人之一。

[3] 特乍姆：人名，米靡时期的布摩，布僰布摩经典文化的创始人之一。

[4] 策举祖：神名，天上的最高主宰。

[5] 恒度府：神名，地上的最高主宰。

[6] 恒氏：氏族名，米靡时期的统治氏族，又称“米氏”。

[7] 特氏：氏族名，米靡时期的统治氏族，又称“靡氏”。

[8][9] 采舍，目确：氏族名，由哎哺氏族分支出来的氏族。

[10] 额索：氏族名，米靡时期分支出来的亦君长亦布摩的氏族，有典型的“鬼主”特色，分布在今云南省西部一带。

[11] 什阿武：原本为什勺君长兼布摩的角色，神话中为山的君长。

[12] 勺鲁色：人名，原本为什勺氏的头领兼布摩的角色，神话中为山的臣子。

[13] 博雅辅：由山王而演化为山的布摩。

[14] 祝遮苦姆：地名，在云南省弥渡县的红崖一带，是彝族指引亡魂归祖的必经地。

[15] 策曲娄阿默：地名，在云南省弥渡县的红崖一带，是彝族指引亡魂归祖的必经地。

[16] 艿维庹：布摩神器名，一种神筒。

[17] 为尊的死者：这里的《献酒经》是用于消灾祈福的，出现“为尊的死者”这类只有丧事祭祀经典才出现的语句，可能是末尾处在补写时带进了丧事祭祀一类的经典所致。